KB267059

사경인 회계학

양치기 모의고사 1

공무원 회계학 │ 2026 최신개정판

"아는 것과 시험에 합격하는 것,
이 둘 사이에는 분명한 간극이 있습니다."

많이 아는 것 같은데 시험에 계속 떨어지는 수험생이 있고, 겉으로 보기엔 부족해 보이지만 합격하는 수험생이 있습니다. 공무원 회계학은 단 20문제로 평가됩니다. 100문항 시험이라면 실력대로 점수가 수렴하겠지만, 20문항 시험은 전략이 결과에 큰 영향을 미칩니다. 이 책은 합격 확률을 높이는 전략을 세우도록 돕기 위해 쓰였습니다.

공무원 시험에서 아는 것과 합격하는 것 사이의 간극을 만드는 가장 큰 변수는 시간입니다. 시간이 충분히 주어진다면 아는 만큼 점수를 얻을 수 있습니다. 그러나 실제 시험은 대체로 시간이 부족합니다. 이 때문에 주어진 시간을 잘 활용할 수 있는 전략을 세워야 합니다. 이 책을 통해 다음을 연습하시기 바랍니다.

첫째, 시간이 오래 걸리는 문제는 과감히 버리십시오!

두 문제 정도는 틀려도 괜찮습니다. 우리의 목표는 회계학 100점을 맞는 것이 아니라, 공무원 시험에 합격하는 것입니다. 합격에 필요한 점수는 80점 내외입니다. 회계학 시험에는 계산이 오래 걸리는 고난도 문제가 종종 출제되는데, 한 문제도 놓치지 않으려는 집착이 화를 불러 올 수 있습니다. 시간이 오래 걸리는 고난도 문제를 붙잡고 늘어지다, 쉬운 문제를 읽어 보지도 못하고 놓치는 것이야말로 가장 비싼 실수입니다. 어려운 주제, 시간이 오래 걸리는 문제는 틀려도 된다는 생각으로 일단 건너뛰시기 바랍니다. 쉬운 문제를 먼저 푼 다음 남은 시간을 어려운 문제에 할애하면 됩니다. 그것이 합격을 향한 가장 효율적인 선택입니다.

둘째, 막판에 범위를 넓히지 마십시오!

시험에는 분명 기존에 출제되지 않았던 새로운 주제들이 등장할 수 있습니다. 마지막 모의고사에서 이러한 주제들을 만나면 수험생은 불안해집니다. 그러나 합격권의 점수는 새로운 문제를 맞혀서 얻는 점수가 아니라, 아는 문제를 틀리지 않아서 확보하는 점수입니다. 새로운 주제는 틀려도 되는 영역에 속합니다. 시험장에서 만나도 당황하지 않도록 용어의 뜻이나 의미 정도만 파악하면 충분합니다. 중요한 영역을 더 단단히 다지는 것이 최선의 전략이라는 것을 잊지 마시기 바랍니다.

셋째, 실제 시험보다 약간 더 어렵게 대비하십시오!

시험장에서는 실력의 100%가 나오지 않습니다. 낯선 환경에서 오는 긴장과 떨어지면 안 된다는 두려움이 주는 부담은 생각보다 큽니다. 집에 돌아와 다시 풀어보면 '도대체 이렇게 쉬운 문제를 왜 틀렸을까?' 싶을 것입니다. 시험은 예상되는 난이도의 120% 수준으로 대비해야 합니다. 긴장감 속에서도 너끈히 풀어낼 수 있도록 준비해야 합니다. 범위를 넓히기보다 깊이를 더하십시오. 출제위원이 응용을 하고 함정을 파더라도 흔들림 없이 맞히는 실력을 만들어야 합니다.

이제는 여태 쏟아 부었던 자신의 노력을 믿고 그것들을 정리하는 시간입니다. 이 책이 당신 대신 합격의 길을 걸어가 줄 수는 없지만, 당신이 합격의 문을 찾아가는 데 좋은 나침반이 되어줄 것이라 기대합니다.

2026년 2월

사경인

1 최종점검을 위한 문제구성

01회부터 05회까지는 저자의 공타기출 회계학에 포함된 기출문제를 모의고사 형태로 재구성하였습니다. 기출문제 회독이 잘 이루어졌는지 현재 상태를 점검해보고 메타인지를 키울 수 있습니다. 뒤이어 나오는 모의고사는 후반부로 갈수록 난도를 조금씩 높여 자연스레 실력 상승이 되도록 유도하였습니다.

2 차별화된 25회 분량의 모의고사

대부분의 모의고사가 10회 내외의 분량을 가지고 있는데, 실전 연습을 위해서는 부족한 분량입니다. 한 권의 모의고사만으로도 충분한 대비가 될 수 있도록 총 25회 분량의 모의고사를 수록하였습니다.

3 회계원리 응시생을 위한 추가문제

회계학(회계원리, 원가회계, 정부회계) 응시생과 회계원리(관세직) 응시생 모두 실제 시험에 대비할 수 있도록 문제를 구성하였습니다. 회계원리 준비생을 위해 원가회계와 정부회계를 대신할 추가문제를 회차별로 수록하였습니다. 회계학을 풀다가 '⇨ [회계원리]'라는 표시가 등장하면 페이지를 넘겨 회계원리 추가문제를 풀면 됩니다.

4 상세한 해설

기본 이론강의나 문제풀이 강의를 들었던 수험생이라면, 해설만으로도 충분히 내용을 파악할 수 있도록 상세한 해설을 추가하였습니다. 필요한 경우에는 풀이 외에도 수험전략이나 Tip을 별도로 기재하여 아는 것이 점수로 연결될 수 있도록 하였습니다.

5 나의 위치 확인 서비스 제공

공단기 홈페이지를 통해 '나의 위치 확인 서비스'를 제공합니다. 정답을 입력하면 전체 응시자들의 데이터를 모아 분석한 성적 정보를 제공합니다. 자신의 실력 백분위, 문항별 정답률, 취약 파트 등을 확인할 수 있습니다.

문제편

> 본 과목 풀이 시 기업의 보고기간(회계기간)은 매년 1월 1일부터 12월 31일까지이며, 기업은 계속해서 「한국채택국제회계기준」을 적용해 오고 있다고 가정한다. 또한, 자료에서 제시하지 않은 사항(예: 법인세 효과 등)은 고려하지 않는다.

01

유용한 재무정보의 보강적 질적 특성에 대한 설명으로 옳지 않은 것은?

① 보고기업에 대한 정보는 다른 기업에 대한 유사한 정보와 비교할 수 있어야 한다.

② 재무보고서는 나타내고자 하는 현상을 완전하고, 중립적이며 오류가 없이 서술하여야 한다.

③ 의사결정에 영향을 미칠 수 있도록 의사결정자가 정보를 제때에 이용가능하게 하여야 한다.

④ 정보는 의사결정자가 이해가능하도록 명확하고 간결하게 분류하고, 특징지으며, 표시하여야 한다.

02

다음 자료를 이용한 기말 자산총계는?

• 기초 자산총계	₩800
• 기초 부채총계	₩400
• 기말 부채총계	₩300
• 당기순이익	₩100
• 기중 유상증자액	₩200
• 기중 발생한 재평가잉여금	₩50

① ₩700

② ₩850

③ ₩900

④ ₩1,050

03

㈜관세의 20×1년 말 재무상태표의 현금및현금성자산은 ₩30,000이다. 다음 자료를 이용할 때 20×1년 말 ㈜관세의 외국환통화($)는? (단, 20×1년 말 기준환율은 $1=₩1,100이다)

• 지점전도금	₩500	• 우편환	₩3,000
• 당좌예금	₩400	• 선일자수표	₩1,000
• 만기가 도래한 국채 이자표	₩500	• 외국환통화	(?)
• 배당금지급통지표	₩7,500	• 차용증서	₩1,000
• 양도성예금증서 (취득: 20×1년 12월 1일, 만기: 20×2년 1월 31일)	₩500		

① $10

② $16

③ $20

④ $26

04

㈜한국은 실지재고조사법을 적용하고 있으며, 20×1년 12월 31일 화재로 인해 창고에 보관하고 있던 재고자산 일부가 소실되었다. ㈜한국의 과거 매출총이익률은 25%이고, 20×1년 중 재고자산 거래 내역이 다음과 같을 때, 기말재고자산 추정액은?

• 총매출액	₩215,000	• 총매입액	₩140,000
• 매입환출	₩5,000	• 기초재고자산	₩18,000
• 매출에누리	₩20,000	• 매입할인	₩13,000
• 매입운임	₩10,000	• 매출환입	₩15,000

① ₩5,000

② ₩8,000

③ ₩15,000

④ ₩20,000

05

다음은 ㈜한국이 20×1년과 20×2년에 ㈜대한의 지분상품을 거래한 내용이다.

20×1년			20×2년
취득금액	매입수수료	기말 공정가치	처분금액
₩1,000	₩50	₩1,100	₩1,080

동 지분상품을 당기손익 - 공정가치 측정 금융자산 또는 기타포괄손익 - 공정가치 측정 금융자산으로 분류하였을 경우, 옳지 않은 것은?

① 당기손익 - 공정가치 측정 금융자산으로 분류할 경우, 20×1년 당기이익이 ₩50 증가한다.
② 기타포괄손익 - 공정가치 측정 금융자산으로 분류할 경우, 20×1년 기타포괄손익누계액이 ₩50 증가한다.
③ 당기손익 - 공정가치 측정 금융자산으로 분류할 경우, 20×2년 당기이익이 ₩20 감소한다.
④ 기타포괄손익 - 공정가치 측정 금융자산으로 분류할 경우, 20×2년 기타포괄손익누계액이 ₩30 감소한다.

06

㈜서울은 20×1년 10월 1일에 연구개발용 설비를 ₩100,000에 취득하면서 정부로부터 ₩40,000의 상환의무가 없는 정부보조금을 수령하였다. ㈜서울은 동 설비에 대해서 내용연수 5년, 잔존가치 ₩0, 정액법으로 감가상각을 하고 있다. 정부보조금을 관련 자산에서 차감하는 원가차감법으로 회계처리 할 경우에, 20×2년도 동 설비의 감가상각비와 기말장부금액은 각각 얼마인가?

	감가상각비	기말장부금액
①	₩12,000	₩45,000
②	₩12,000	₩75,000
③	₩20,000	₩45,000
④	₩20,000	₩75,000

07

㈜한국은 20×1년 10월 1일 기계장치를 ₩80,000(내용연수 5년, 잔존가치 ₩5,000, 연수합계법, 월할 상각)에 취득하였다. 동 기계장치를 20×3년 3월 31일 ₩40,000에 처분할 경우, 처분시점의 장부금액과 처분손익을 바르게 연결한 것은? (단, 기계장치는 원가모형을 적용하고 손상차손은 발생하지 않았다)

	장부금액	처분손익
①	₩35,000	손실 ₩5,000
②	₩35,000	이익 ₩5,000
③	₩45,000	손실 ₩5,000
④	₩45,000	이익 ₩5,000

08

㈜한국은 2017년 4월 1일 사채(표시이자율 10%, 만기 3년, 액면금액 ₩100,000)를 ₩95,200에 발행하였다. 한편, 사채의 발행과 관련된 사채발행비 ₩2,000이 발생하였다. ㈜한국이 사채발행으로 만기까지 인식해야 할 이자비용 총액은?

① ₩30,000
② ₩34,800
③ ₩35,200
④ ₩36,800

09

기타포괄손익 중 재분류조정이 가능한 것은?

① 유형자산의 재평가잉여금
② 확정급여제도의 재측정요소
③ 기타포괄손익-공정가치 측정항목으로 지정한 지분상품의 평가손익
④ 기타포괄손익-공정가치 측정 채무상품의 평가손익

10

고객과의 계약으로부터 발생하는 수익에서 거래가격 산정에 대한 설명으로 옳지 않은 것은?

① 거래가격을 산정하기 위해서는 계약 조건과 기업의 사업관행을 참고한다.
② 기업에 특성이 비슷한 계약이 많은 경우에 '기댓값'은 변동대가(금액)의 적절한 추정치일 수 있다.
③ 고객과의 계약에서 약속한 대가는 고정금액, 변동금액 또는 둘 다를 포함할 수 있다.
④ 비현금대가의 공정가치가 대가의 형태만이 아닌 이유로 변동된다면, 변동대가 추정치의 제약규정을 적용하지 않는다.

11

㈜한국은 제품A를 3개월 이내 반품가능 조건으로 판매하고 있다. 20×1년 말에 200개를 개당 ₩40에 판매하였고, 반품률은 10%로 예상하고 있다. 제품의 원가율이 80%일 경우, 해당 판매가 ㈜한국의 20×1년 당기순이익에 미치는 영향은?

① ₩800 증가
② ₩1,440 증가
③ ₩1,600 증가
④ ₩2,240 증가

12

결산과정에서 아래의 수정사항을 반영하기 전 법인세비용차감전순이익이 ₩100,000인 경우, 수정사항을 반영한 후의 법인세비용차감전순이익은? (단, 수정전시산표상 재평가잉여금과 기타포괄손익-공정가치 측정(FVOCI) 금융자산 평가손익의 잔액은 없다)

- 선급보험료 ₩30,000 중 1/3의 기간이 경과하였다.
- 대여금에 대한 이자발생액은 ₩20,000이다.
- 미지급급여 ₩4,000이 누락되었다.
- 자산재평가손실 ₩50,000이 누락되었다.
- 기타포괄손익-공정가치 측정(FVOCI) 금융자산 평가이익 ₩16,000이 누락되었다.
- 자기주식처분이익 ₩30,000이 누락되었다.

① ₩56,000
② ₩72,000
③ ₩102,000
④ ₩106,000

13

㈜대한은 2016년에 처음 회계감사를 받았는데, 기말상품재고에 대하여 다음과 같은 오류가 발견되었다. 각 연도별로 ㈜대한이 보고한 당기순이익이 다음과 같을 때, 2016년의 오류 수정 후 당기순이익은? (단, 법인세효과는 무시한다)

연도	당기순이익	기말상품재고 오류
2014년	₩15,000	₩2,000(과소평가)
2015년	₩20,000	₩3,000(과소평가)
2016년	₩25,000	₩2,000(과대평가)

① ₩25,000
② ₩23,000
③ ₩22,000
④ ₩20,000

14

유동비율이 150%일 때, 유동비율을 감소시키는 거래는?

① 매출채권의 현금회수
② 상품의 외상매입
③ 매입채무의 현금지급
④ 장기대여금의 현금회수

15

원가에 대한 설명으로 옳지 않은 것은?

① 기회원가는 여러 대안 중 최선안을 선택함으로써 포기된 차선의 대안에서 희생된 잠재적 효익을 의미하며, 실제로 지출되는 원가는 아니다.
② 매몰원가는 과거 의사결정의 결과에 의해 이미 발생한 원가로서 경영자가 더 이상 통제할 수 없는 과거의 원가로 미래의 사결정에 영향을 미치지 못하는 원가이다.
③ 당기총제조원가는 특정 기간 동안 완성된 제품의 제조원가를 의미하며, 당기제품제조원가는 특정 기간 동안 재공품 계정에 가산되는 총금액으로 생산완료와는 상관없이 해당 기간 동안 투입된 제조원가가 모두 포함된다.
④ 관련 범위 내에서 조업도 수준이 증가함에 따라 총변동원가는 증가하지만 단위당 변동원가는 일정하다.

16

㈜한국은 제품 1단위에 2kg의 원재료를 사용하고 있으며, 원재료 1kg당 가격은 ₩10이다. 각 분기 말 원재료 재고량은 다음 분기 원재료 예상사용량의 10%를 유지하고 있다. ㈜한국이 1분기 초에 보유하고 있는 원재료는 220kg이다. 분기별 실제(= 목표) 생산량이 다음과 같을 때, 1분기의 원재료 예산구입액은? (단, 재공품 및 제품 재고는 없다)

	1분기	2분기
실제생산량(= 목표생산량)	1,100개	1,500개

① ₩17,200
② ₩18,800
③ ₩22,800
④ ₩23,000

17

㈜한국은 결합제품 A, B를 생산하고 있으며, 결합원가는 분리점에서의 상대적 순실현가치를 기준으로 배분한다. ㈜한국의 20×1년 원가자료는 다음과 같다.

구분	제품 A	제품 B
생산량	2,000단위	5,000단위
단위당 추가가공원가	₩100	₩80
추가가공 후 단위당 판매가격	₩400	₩160
결합원가		₩350,000

기초와 기말제품재고는 없다고 가정할 때, 20×1년도 제품 A와 제품 B의 매출총이익은?

	제품 A	제품 B
①	₩325,000	₩325,000
②	₩390,000	₩260,000
③	₩425,000	₩225,000
④	₩500,000	₩150,000

18

단일제품을 생산·판매하는 ㈜한국은 20×1년에 영업을 시작하여 당해 연도에 제품 200단위를 단위당 ₩1,000에 판매하였다. ㈜한국의 20×1년도 공헌이익률이 40%, 영업레버리지도가 5일 때, 손익분기점 판매량은?

① 100단위
② 120단위
③ 140단위
④ 160단위

19

「국가회계기준에 관한 규칙」에 대한 설명으로 옳은 것은?

① 회계처리와 재무제표 작성을 위한 계정과목과 금액은 그 중요성에 따라 실용적인 방법으로 결정하여야 한다.
② 자산항목과 부채 또는 순자산항목을 상계함으로써 그 전부 또는 일부를 재정상태표에서 제외할 수 있다.
③ 이 규칙에서 정하는 것 외의 사항에 대해서는 일반적으로 인정되는 회계원칙을 따를 수 있으나, 일반적으로 공정하고 타당하다고 인정되는 회계관습은 따르지 않는다.
④ 재무제표는 재정상태표, 재정운영표, 순자산변동표, 현금흐름표로 구성하되 재무제표에 대한 주석은 제외한다.

20

다음의 자료를 이용하여 중앙관서 A의 재정운영표를 작성하는 경우 재정운영순원가는?

• 프로그램순원가	₩300,000
• 관리운영비	₩150,000
• 이자비용	₩130,000
• 유형자산처분이익	₩150,000
• 부담금수익	₩30,000
• 채무면제이익	₩300,000

① ₩150,000
② ₩220,000
③ ₩380,000
④ ₩430,000

15

다음은 기업에서 발생한 사건들을 나열한 것이다. 이 중 회계상의 거래에 해당되는 것을 모두 고른 것은?

> ㄱ. 현금 ₩50,000,000을 출자하여 회사를 설립하였다.
> ㄴ. 원재료 ₩30,000,000을 구입하기로 계약서에 날인하였다.
> ㄷ. 종업원 3명을 고용하기로 하고 근로계약서를 작성하였다. 계약서에는 월급여액과 상여금액을 합하여 1인당 ₩2,000,000으로 책정하였다.
> ㄹ. 회사 사무실 임대계약을 하고 보증금 ₩100,000,000을 송금하였다.

① ㄱ, ㄴ, ㄷ, ㄹ
② ㄱ, ㄴ, ㄹ
③ ㄱ, ㄹ
④ ㄴ, ㄷ

16

유동부채에 대한 설명으로 옳지 않은 것은?

① 매입채무 그리고 종업원 및 그 밖의 영업원가에 대한 미지급비용과 같은 유동부채는 기업의 정상영업주기 내에 사용되는 운전자본의 일부이다. 이러한 항목은 보고기간 후 12개월 후에 결제일이 도래한다 하더라도 유동부채로 분류한다.

② 기업이 보고기간말 현재 기존의 대출계약조건에 따라 보고기간 후 적어도 12개월 이상 부채를 연장할 권리가 있다면, 보고기간 후 12개월 이내에 만기가 도래한다 하더라도 비유동부채로 분류한다. 만약 기업에 그러한 권리가 없다면, 차환가능성을 고려하지 않고 유동부채로 분류한다.

③ 대여자가 보고기간말 이전에 보고기간 후 적어도 12개월 이상의 유예기간을 주는 데 합의하여 그 유예기간 내에 기업이 위반사항을 해소할 수 있고, 또 그 유예기간 동안에는 대여자가 즉시 상환을 요구할 수 없다면 그 부채는 비유동부채로 분류한다.

④ 보고기간말 이전에 장기차입약정을 위반했을 때 대여자가 즉시 상환을 요구할 수 있는 채무는 보고기간 후 재무제표 발행승인일 전에 채권자가 약정위반을 이유로 상환을 요구하지 않기로 합의한다면 비유동부채로 분류한다.

17

㈜한국은 고객에게 60일을 신용기간으로 외상매출을 하고 있으며, 연령분석법을 사용하여 기대신용손실을 산정하고 있다. 2017년 말 현재 ㈜한국은 매출채권의 기대신용손실을 산정하기 위해 다음과 같은 충당금설정률표를 작성하였다. 2017년 말 매출채권에 대한 손실충당금(대손충당금) 대변잔액 ₩20,000이 있을 때, 결산시 인식할 손상차손(대손상각비)은?

구분	매출채권금액	기대신용손실률
신용기간 이내	₩1,000,000	1.0%
1~30일 연체	₩400,000	4.0%
31~60일 연체	₩200,000	20.0%
60일 초과 연체	₩100,000	30.0%

① ₩66,000
② ₩76,000
③ ₩86,000
④ ₩96,000

18

㈜한국은 20×1년 초 차량 A(내용연수 4년, 잔존가치 ₩0, 감가상각방법 연수합계법 적용)를 ₩900,000에 매입하면서 취득세 ₩90,000을 납부하였고, 의무적으로 매입해야 하는 국공채를 액면가 ₩100,000(현재가치 ₩90,000)에 매입하였다. 차량 A를 취득한 후 바로 영업활동에 사용하였을 때, 차량 A와 관련하여 ㈜한국이 인식할 20×2년 감가상각비는?

① ₩300,000
② ₩324,000
③ ₩400,000
④ ₩432,000

19

㈜한국은 액면 ₩1,000,000의 사채를 2015년 초에 ₩950,260 으로 발행하였다. 발행 당시 사채의 유효이자율은 10%, 표시이 자율은 8%, 이자는 매년 말 후급, 만기일은 2017년 말이다. ㈜ 한국이 해당 사채 전액을 2016년 초에 ₩960,000의 현금을 지급하고 상환할 경우 사채상환이익(손실)은?

① ₩5,286 손실
② ₩5,286 이익
③ ₩6,436 손실
④ ₩6,436 이익

20

㈜한국의 20×1년 초 자본잉여금은 ₩1,000,000이다. 당기에 다음과 같은 거래가 발생하였을 때, 20×1년 말 자본잉여금은? (단, 다음 거래를 수행하는 데 충분한 계정 금액을 보유하고 있 으며, 자기주식에 대하여 원가법을 적용한다)

- 2월에 1주당 액면금액이 ₩2,000인 보통주 500주를 1주당 ₩3,000에 발행하였다.
- 3월에 주주총회에서 총액 ₩200,000의 배당을 결의하였다.
- 4월에 자기주식 100주를 1주당 ₩2,500에 취득하였다.
- 3월에 결의한 배당금을 4월에 현금으로 지급하였다.
- 4월에 취득한 자기주식 40주를 9월에 1주당 ₩4,000에 처분하 였다.

① ₩1,000,000
② ₩1,110,000
③ ₩1,510,000
④ ₩1,560,000

회계학

> 본 과목 풀이 시 기업의 보고기간(회계기간)은 매년 1월 1일부터 12월 31일까지이며, 기업은 계속해서 「한국채택국제회계기준」을 적용해 오고 있다고 가정한다. 또한, 자료에서 제시하지 않은 사항(예: 법인세 효과 등)은 고려하지 않는다.

01

다음은 ㈜한국의 임차료와 지급어음의 장부마감 전 계정별 원장이다. 장부 마감 시 각 계정별 원장에 기입할 내용으로 옳은 것은?

임차료		지급어음
현금 ₩50,000	선급비용 ₩40,000	외상매입금 ₩50,000

① 임차료계정 원장의 차변에 차기이월 ₩10,000으로 마감한다.
② 임차료계정 원장의 대변에 집합손익 ₩10,000으로 마감한다.
③ 지급어음계정 원장의 대변에 차기이월 ₩50,000으로 마감한다.
④ 지급어음계정 원장의 차변에 집합손익 ₩50,000으로 마감한다.

02

재무제표와 관련된 설명 중 옳은 것만을 모두 고른 것은?

> ㄱ. 현금흐름표는 일정 회계기간 동안의 기업의 영업활동, 투자활동, 재무활동으로 인한 현금의 유입과 유출에 관한 정보를 제공한다.
> ㄴ. 재무상태표는 일정시점의 기업의 재무상태에 관한 정보를 제공한다.
> ㄷ. 자본변동표는 일정 회계기간 동안의 기업의 경영성과에 관한 정보를 제공한다.
> ㄹ. 재무제표의 작성과 표시에 대한 책임은 소유주인 주주에게 있고, 반드시 공인회계사에게 외부검토를 받아야 한다.
> ㅁ. 포괄손익계산서에서는 당기순손익에 기타포괄손익을 더한 총포괄손익을 나타낸다.

① ㄱ, ㄴ, ㄷ
② ㄱ, ㄴ, ㅁ
③ ㄴ, ㄷ, ㄹ
④ ㄷ, ㄹ, ㅁ

03

도소매기업인 ㈜한국의 2016년 1월 1일부터 12월 31일까지 영업활동과 관련된 자료가 다음과 같을 때, 2016년 매출원가는? (단, 모든 매입거래는 외상 매입거래이다)

기초매입채무	₩43,000
기말매입채무	₩41,000
매입채무 현금상환	₩643,000
기초재고자산	₩30,000
기말재고자산	₩27,000

① ₩642,000
② ₩644,000
③ ₩646,000
④ ₩647,000

04

㈜한국의 회계자료가 다음과 같을 때, 기말 재무상태표에 표시될 매출채권은?

• 당기현금매출액	₩500	• 기초매출채권	₩1,500
• 기초상품재고액	₩1,000	• 기말상품재고액	₩1,200
• 당기매출총이익	₩700	• 당기매출채권회수액	₩2,000
• 당기상품매입액	₩2,500		

① ₩1,500
② ₩2,000
③ ₩2,500
④ ₩3,000

05

㈜감평은 20×1년 초 주당 액면금액이 ₩150인 ㈜한국의 보통주 20주를 주당 ₩180에 취득하였고, 총거래원가 ₩150을 지급하였다. ㈜감평은 동 주식을 기타포괄손익-공정가치 측정 금융자산으로 분류하였고 20×1년 말 동 주식의 공정가치는 주당 ₩240이다. 동 금융자산과 관련하여 20×1년 인식할 기타포괄이익은?

① ₩1,050
② ₩1,200
③ ₩1,350
④ ₩1,600

07

<보기>는 ㈜서울의 연구·개발과 관련된 자료이다. <보기>와 관련하여 ㈜서울이 당기손익으로 인식할 연구비는? (단, 개발비로 분류되는 지출의 경우 개발비 자산인식요건을 충족한다고 가정한다)

<보기>

• 새로운 지식을 얻고자 하는 활동의 지출	₩10,000
• 새롭거나 개선된 재료, 장치, 제품, 공정, 시스템이나 용역에 대한 여러가지 대체안을 제안, 설계, 평가, 최종 선택하는 활동의 지출	₩10,000
• 생산이나 사용 전의 시제품과 모형을 설계, 제작, 시험하는 활동의 지출	₩10,000
• 상업적 생산 목적으로 실현가능한 경제적 규모가 아닌 시험공장을 설계, 건설, 가동하는 활동의 지출	₩10,000
• 무형자산을 창출하기 위한 내부 프로젝트를 연구단계와 개발단계로 구분할 수 없는 경우 그 프로젝트에서 발생한 지출	₩10,000

① ₩20,000
② ₩30,000
③ ₩40,000
④ ₩50,000

06

㈜한국은 20×1년 7월 1일 생산에 필요한 기계장치를 ₩1,200,000에 취득(내용연수 4년, 잔존가치 ₩200,000)하였다. 동 기계장치를 연수합계법을 적용하여 감가상각할 때, 20×4년 손익계산서에 보고할 감가상각비는? (단, 원가모형을 적용하고 손상차손은 없으며, 감가상각은 월할 계산한다)

① ₩50,000
② ₩150,000
③ ₩180,000
④ ₩250,000

08

㈜한국은 20×1년 1월 1일 총계약금액 ₩60,000의 건설공사를 수주하였다. ㈜한국이 진행기준을 사용하여 해당 건설공사를 회계처리하는 경우, 20×2년 말 재무상태표에 표시할 미청구공사(유동자산) 금액은?

항목	20×1년	20×2년	20×3년
발생 누적계약원가	₩8,000	₩35,000	₩50,000
총계약예정원가	₩40,000	₩50,000	₩50,000
계약대금청구	₩10,000	₩30,000	₩20,000
계약대금회수	₩7,000	₩28,000	₩25,000

① ₩2,000
② ₩3,000
③ ₩40,000
④ ₩42,000

09

㈜서울은 이자수취일이 다음 회계연도에 도래하는 대여금에 대한 이자수익을 당기에 계상하는 기말수정분개를 누락하였다. 이러한 누락이 당기 재무제표에 미치는 영향으로 적절한 설명은?

① 당기에 현금으로 수취해야 할 이자수익이 수익으로 계상되지 않았으므로 기말현금이 과소계상된다.

② 당기에 이자수익이 과소 계상되며 이로 인해 당기 재무상태표상 순자산이 과대계상된다.

③ 당기 포괄손익계산서상 당기순이익과 당기 재무상태표상 자본 및 자산은 과소계상된다.

④ 당기 재무상태표상 자산, 부채, 자본에 영향을 주지 않으며 다음 회계연도의 재무상태표상 자산이 과대계상된다.

10

㈜한국의 20×1년 법인세비용차감전순이익은 ₩1,000,000이다. 다음 자료를 이용하여 간접법으로 구한 영업활동현금흐름은?

감가상각비	₩50,000	유상증자	₩2,000,000
유형자산처분손실	₩20,000	건물의 취득	₩1,500,000
사채의 상환	₩800,000	매출채권의 증가	₩150,000
매입채무의 감소	₩100,000	재고자산의 증가	₩200,000

① ₩320,000

② ₩620,000

③ ₩1,070,000

④ ₩1,380,000

11

신설법인인 ㈜한국의 당기순이익은 ₩805,000이며, 보통주 1주당 ₩200의 현금배당을 실시하였다. 유통보통주식수는 1,000주(주당 액면금액 ₩500), 우선주식수는 500주(주당 액면금액 ₩100, 배당률 10%)이다. 보통주의 주당 시가를 ₩4,000이라 할 때 옳은 것은? (단, 적립금은 고려하지 않는다)

① 보통주의 기본주당순이익은 ₩805이다.

② 보통주의 주가수익비율은 20%이다.

③ 보통주의 배당수익률은 5%이다.

④ 배당성향은 20%이다.

12

㈜한국은 20×1년 1월 1일에 액면금액 ₩100,000, 액면이자율 연 8%, 5년 만기의 사채를 ₩92,416에 발행하였다. 이자는 매년 12월 31일에 지급하기로 되어 있고 20×1년 1월 1일 시장이자율은 연 10%이다. 동 사채의 회계처리에 대한 설명으로 옳지 않은 것은? (단, 계산결과는 소수점 아래 첫째 자리에서 반올림한다)

① 사채발행 시 차변에 현금 ₩92,416과 사채할인발행차금 ₩7,584을 기록하고, 대변에 사채 ₩100,000을 기록한다.

② 20×1년 12월 31일 이자지급 시 차변에 사채이자비용 ₩9,242을 기록하고 대변에 현금 ₩8,000과 사채할인발행차금 ₩1,242을 기록한다.

③ 20×1년 12월 31일 사채의 장부금액은 ₩91,174이다.

④ 사채만기까지 인식할 총 사채이자비용은 액면이자 합계액과 사채할인발행차금을 합한 금액이다.

13

㈜한국은 주식할인발행차금 잔액 ₩500,000이 있는 상태에서 주당 액면금액 ₩5,000인 보통주 1,000주를 주당 ₩10,000에 발행하였다. 주식발행과 관련한 직접적인 총비용은 ₩800,000이 발생하였다. 이 거래의 결과에 대한 설명으로 옳은 것은? (단, 모든 거래는 현금거래이다)

① 주식발행관련비용 ₩800,000은 비용처리 된다.
② 자본증가액은 ₩9,200,000이다.
③ 주식할인발행차금 잔액은 ₩500,000이다.
④ 주식발행초과금 잔액은 ₩4,500,000이다.

14

㈜한국은 2016년 4월 1일에 ㈜대한의 의결권 있는 주식 25%를 ₩1,000,000에 취득하였다. 취득 당시 ㈜대한의 자산과 부채의 공정가치는 각각 ₩15,000,000, ₩12,000,000이다. ㈜대한은 2016년 당기순이익으로 ₩600,000을 보고하였으며 2017년 3월 1일에 ₩200,000의 현금배당을 지급하였다. 2017년 9월 1일에 ㈜한국은 ㈜대한의 주식 전부를 ₩930,000에 처분하였다. 위의 관계기업투자에 대한 설명으로 옳은 것은?

① ㈜대한의 순자산 공정가치는 ₩3,000,000이므로 ㈜한국은 ㈜대한의 주식 취득 시 ₩250,000의 영업권을 별도로 기록한다.
② ㈜대한의 2016년 당기순이익은 ㈜한국의 관계기업투자 장부금액을 ₩150,000만큼 증가시킨다.
③ ㈜대한의 현금배당은 ㈜한국의 당기순이익을 ₩50,000만큼 증가시킨다.
④ ㈜한국의 관계기업투자 처분손실은 ₩70,000이다.

15

「국가회계기준에 관한 규칙」의 수익과 비용에 대한 설명으로 옳은 것은?

① 정부가 부과하는 방식의 국세는 납세의무자가 세액을 자진신고하는 때에 수익으로 인식한다.
② 신고·납부하는 방식의 국세는 국가가 고지하는 때에 수익으로 인식한다.
③ 원가는 중앙관서의 장 또는 기금관리주체가 프로그램의 목표를 달성하고 성과를 창출하기 위하여 직접적·간접적으로 투입한 경제적 자원의 가치를 말한다.
④ 재화나 용역제공 등 국가재정활동 수행을 위해 자산이 감소하고 그 금액을 합리적으로 측정할 수 있을 때 또는 금액을 합리적으로 측정할 수 없더라도 법령 등에 따라 지출에 대한 의무가 존재한다면 비용으로 인식한다.

16

다음은 ㈜한국의 20×1년 6월 생산과 관련된 원가 자료이다.

- 재고 자산 현황

구분 일자	직접재료	재공품	제품
6월 1일	₩3,000	₩6,000	₩9,000
6월 30일	₩2,000	₩2,000	₩8,000

- 6월의 직접재료 매입액은 ₩35,000이다.
- 6월 초 직접노무원가에 대한 미지급 임금은 ₩5,000, 6월에 현금 지급한 임금은 ₩25,000, 6월 말 미지급 임금은 ₩10,000이다.
- 6월에 발생한 제조간접원가는 ₩22,000이다.

20×1년 6월의 매출원가는?

① ₩74,000
② ₩88,000
③ ₩92,000
④ ₩93,000

17

㈜한국은 하나의 공정에서 단일 제품을 생산하며 선입선출법을 적용하여 완성품 환산량을 계산한다. 직접재료 중 1/2은 공정 초에 투입되고 나머지는 가공이 50% 진행된 시점부터 공정의 종점까지 공정 진행에 따라 비례적으로 투입된다. 가공원가는 공정 전반에 걸쳐 균등하게 투입된다. 검사는 공정의 60% 시점에서 실시되며 일단 검사를 통과한 제품에 대해서는 더 이상 공손이 발생하지 않는 것으로 가정한다. 정상공손은 검사통과수량의 10%로 잡고 있다. 3월의 수량 관련 자료가 다음과 같을 때, 비정상공손수량 직접재료원가의 완성품환산량은?

	수량(개)	가공원가완성도(%)
기초재공품	2,800	30%
완성량	10,000	
공손량	2,000	
기말재공품	3,000	70%

① 420개

② 430개

③ 440개

④ 450개

18

㈜한국은 당기에 손톱깎이 세트 1,000단위를 생산·판매하는 계획을 수립하였으며, 연간 최대 조업능력은 1,200단위이다. 손톱깎이 세트의 단위당 판매가격은 ₩1,000, 단위당 변동원가는 ₩400이며, 총 고정원가는 ₩110,000이다. 한편, ㈜한국은 당기에 해외 바이어로부터 100단위를 단위당 ₩600에 구매하겠다는 특별주문을 받았으며, 이 주문을 수락하기 위해서는 단위당 ₩150의 운송원가가 추가로 발생한다. 특별주문의 수락이 ㈜한국의 당기이익에 미치는 영향은?

① ₩35,000 감소

② ₩5,000 감소

③ ₩5,000 증가

④ ₩20,000 증가

19

「국가회계기준에 관한 규칙」과 「지방자치단체 회계기준에 관한 규칙」상 자산, 부채의 평가에 대한 설명으로 옳지 않은 것은?

① 국가의 도로는 관리, 유지 노력에 따라 취득 당시의 용역잠재력을 그대로 유지할 수 있는 경우 감가상각 대상에서 제외할 수 있다.

② 재정상태표에 기록하는 자산의 가액은 해당 자산의 취득원가를 기초로 하여 계상함을 원칙으로 한다.

③ 부채의 가액은 따로 정한 경우를 제외하고는 원칙적으로 만기상환가액으로 평가한다.

④ 국가외 지방자치단체의 일반유형자산과 사회기반시설은 공정가액으로 재평가하여야 한다.

20

㈜서울이 판매하고 있는 제품 A와 제품 B의 단위당 공헌이익은 각각 ₩10과 ₩20이다. 총고정비는 ₩6,000이며 그 밖의 다른 비용은 없다. 현재 제품 A와 제품 B의 판매수량비율은 2:1이나, 향후 1:2로 변경될 것으로 예측된다. 판매수량비율 변경에 따른 회사 전체의 손익분기점 판매수량 차이는?

① 90개 감소

② 90개 증가

③ 180개 감소

④ 차이 없음

15

㈜한국은 보험료 지급 시 전액을 자산으로 회계처리하며 20×1년 재무상태표상 기초와 기말 선급보험료는 각각 ₩200,000과 ₩310,000이다. 20×1년 중 보험료를 지급하면서 자산으로 회계처리한 금액이 ₩1,030,000이라면, 20×1년 포괄손익계산서상 보험료 비용은?

① ₩520,000

② ₩920,000

③ ₩1,030,000

④ ₩1,140,000

16

㈜한국의 2018년 12월 31일 결산일 현재 다음의 현금 및 예금 등의 자료를 이용할 때, 2018년 재무상태표에 보고할 현금및현금성자산 금액은?

• 현금	₩30,000
• 우편환증서	₩100,000
• 우표와 수입인지	₩20,000
• 은행발행 자기앞수표	₩20,000
• 보통예금(사용제한 없음)	₩10,000
• 정기적금(만기 2022년 1월 31일)	₩200,000
• 당좌차월	₩50,000
• 당좌개설보증금	₩80,000
• 환매조건부 채권 (2018년 12월 1일 취득, 만기 2019년 1월 31일)	₩300,000

① ₩360,000

② ₩440,000

③ ₩460,000

④ ₩660,000

17

㈜한국은 20×1년 초 타사발행 사채A(액면금액 ₩500,000, 액면이자율 연 8%, 유효이자율 연 10%, 이자 매년 말 후급)를 ₩460,000에 취득하고, 이를 '기타포괄손익 - 공정가치측정 금융자산'으로 분류하였다. 사채A의 20×1년 기말 공정가치는 ₩520,000이며, 20×2년 초 사채A의 50%를 ₩290,000에 처분하였다. 사채A와 관련하여 ㈜한국이 인식할 20×1년 평가이익과, 20×2년 처분이익은?

① 평가이익 ₩54,000, 처분이익 ₩30,000

② 평가이익 ₩54,000, 처분이익 ₩57,000

③ 평가이익 ₩60,000, 처분이익 ₩30,000

④ 평가이익 ₩60,000, 처분이익 ₩57,000

18

㈜한국은 원가모형을 적용하던 기계장치를 20×1년 1월 1일에 매각하고 처분대금은 2년 후 일시불로 ₩100,000을 받기로 하였다. 매각 당시 기계장치의 취득원가는 ₩100,000, 감가상각누계액은 ₩80,000이다. 기계장치 처분대금의 명목금액과 현재가치의 차이는 중요하며, 본 거래에 적용할 유효이자율은 6%이다. 본 거래가 20×1년 ㈜한국의 당기순이익에 미치는 영향은? (단, 2기간 6% 단일금액 ₩1의 현재가치계수는 0.89이며, 법인세효과는 고려하지 않는다)

① ₩5,660 증가

② ₩69,000 증가

③ ₩74,340 증가

④ ₩80,000 증가

19

㈜한국의 20×1년 1월 1일 자본의 내역은 다음과 같다. ㈜한국은 20×1년 3월 15일 20×0년 재무제표를 확정하고 20×0년 12월 28일을 배당기준일로 하여 1주당 ₩200의 현금배당을 결의하였다. ㈜한국은 현금배당의 10%를 이익준비금으로 적립하고 있으며, 20×1년 당기순이익은 ₩50,000이다. 20×1년 12월 31일 미처분이익잉여금은 얼마인가?

- 보통주 자본금(100주×₩500)	₩50,000
- 주식발행초과금	₩32,000
- 이익준비금	₩20,000
- 미처분이익잉여금	₩100,000

① ₩78,000

② ₩128,000

③ ₩130,000

④ ₩150,000

20

회계변경 또는 회계선택 결과로 당기순이익이 감소하는 것은?
(단, 회계변경은 모두 정당한 변경으로 간주한다)

① 매입한 재고자산의 단가가 계속 상승할 때, 재고자산 단위원가 결정방법을 가중평균법에서 선입선출법으로 변경하였다.

② 정액법을 적용하여 감가상각하는 비품의 내용연수를 5년에서 7년으로 변경하였다.

③ 신규취득 기계장치의 감가상각비 계산 시 정액법이 아닌 정률법을 선택하였다.

④ 정액법으로 감가상각하는 기계장치에 대해 수선비가 발생하여 이를 수익적 지출이 아닌 자본적 지출로 처리하였다.

회계학

본 과목 풀이 시 기업의 보고기간(회계기간)은 매년 1월 1일부터 12월 31일까지이며, 기업은 계속해서 「한국채택국제회계기준」을 적용해오고 있다고 가정한다. 또한, 자료에서 제시하지 않은 사항(예: 법인세 효과 등)은 고려하지 않는다.

01

기업회계기준서 제1008호 '회계정책, 회계추정의 변경 및 오류'에 대한 설명으로 옳은 것은?

① 회계정책의 변경은 특정기간에 미치는 영향이나 누적효과를 실무적으로 결정할 수 없는 경우를 제외하고는 소급적용한다.
② 과거에 발생하지 않았거나 발생하였어도 중요하지 않았던 거래, 기타 사건 또는 상황에 대하여 새로운 회계정책을 적용하는 경우는 회계정책의 변경에 해당된다.
③ 유형자산이나 무형자산에 대하여 재평가하는 회계정책을 최초로 적용하는 경우의 회계정책 변경은 소급법을 적용한다.
④ 회계정책의 변경과 회계추정의 변경을 구분하기가 어려운 경우에는 이를 회계정책의 변경으로 본다.

02

㈜한국은 매월 말 결산을 하고 재무제표를 작성한다. ㈜한국의 20×1년 3월 31일 수정전시산표상 총수익과 총비용은 각각 ₩10,000과 ₩4,500이다. 다음과 같은 수정분개 사항이 있다고 할 때, 20×1년 3월 31일에 보고할 포괄손익계산서상 당기순이익은?

- 직원의 3월 급여 ₩900이 발생하였으며 4월 10일에 지급될 예정이다.
- 3월 건물 임대료가 ₩500 발생하였으나 아직 현금으로 수취하지 못하였다.
- 건물에 대한 3월 감가상각비가 ₩400이다.
- 2월에 구입하여 자산으로 기록한 소모품 중 3월에 사용한 소모품은 ₩200이다.
- 2월에 선수수익으로 계상한 금액 중 3월에 제공한 용역이 ₩1,200이다.

① ₩4,500
② ₩5,200
③ ₩5,700
④ ₩6,100

03

㈜서울은 20×1년 1월 1일에 기계장치 X(내용연수 5년, 잔존가치 ₩0, 정액법 상각)를 ₩600,000에 취득하여 원가모형을 적용하고 있다. 20×3년 5월 1일 사용하던 기계장치 X를 기계장치 Y와 교환하였다. 교환시점에서의 기계장치 X와 기계장치 Y의 공정가치는 각각 ₩300,000과 ₩280,000이었으며, ㈜서울은 현금 ₩20,000을 수령하고 기계장치 Y를 취득하였다. 교환거래에서 상업적 실질이 있는 경우와 상업적 실질이 없는 경우 각각에 대해 ㈜서울이 인식할 기계장치 Y의 취득원가는? (단, 감가상각은 월할 계산한다)

	상업적 실질이 있는 경우	상업적 실질이 없는 경우
①	₩280,000	₩300,000
②	₩280,000	₩320,000
③	₩320,000	₩300,000
④	₩320,000	₩320,000

04

㈜한국은 2008년 1월 1일에 추정내용연수가 8년이고 잔존가치는 ₩800,000인 절삭기계를 구입하였다. 연수합계법에 따라 2011년 12월 31일에 계상한 감가상각비는 ₩1,000,000이었다. 이 기계의 취득원가는?

① ₩7,200,000
② ₩8,000,000
③ ₩9,800,000
④ ₩9,000,000

05

㈜한국이 20×1년 초 투자목적으로 취득한 건물과 관련된 자료
는 다음과 같다.

- 취득원가: ₩50,000
- 잔존가치: ₩0
- 내용연수: 5년
- 감가상각방법: 정액법
- 20×1년 말 공정가치: ₩60,000

㈜한국이 해당 건물에 대하여 원가모형과 공정가치모형을 각각
적용하였을 경우, 20×1년도 당기순이익에 미치는 영향을 바르
게 연결한 것은?

	원가모형	공정가치모형
①	₩0	₩0
②	₩10,000 감소	₩20,000 증가
③	₩10,000 감소	₩10,000 증가
④	₩20,000 증가	₩20,000 감소

06

유용한 재무정보의 질적 특성에 대한 설명으로 옳지 않은 것은?

① 표현충실성은 모든 면에서 정확한 것을 의미하지는 않는다.
오류가 없다는 것은 현상의 기술에 오류나 누락이 없고, 보고
정보를 생산하는 데 사용되는 절차의 선택과 적용 시 절차상
오류가 없음을 의미한다.
② 비교가능성은 통일성이 아니다. 정보가 비교가능하기 위해서
는 비슷한 것은 비슷하게 보여야 하고 다른 것은 다르게 보여
야 한다
③ 보강적 질적특성은 가능한 한 극대화되어야 한다. 그러나 보
강적 질적특성은 정보가 목적적합하지 않거나 나타내고자 하
는 바를 충실하게 표현하지 않으면 개별적으로든 집단적으로
든 그 정보를 유용하게 할 수 없다.
④ 하나의 경제적 현상은 여러 가지 방법으로 충실하게 표현될
수 있어 동일한 경제적 현상에 대해 대체적인 회계처리방법
을 허용하면 비교가능성이 증가한다.

07

중간재무보고에 대한 설명으로 옳지 않은 것은?

① 중간재무보고는 6개월, 3개월 등으로 보고기간을 설정할 수
있다.
② 직전 연차 재무보고서를 연결기준으로 작성하였다면 중간재
무보고서도 연결기준으로 작성해야 한다.
③ 중간재무보고서는 당해 회계연도 누적기간을 직전 연차보고
기간 말과 비교하는 형식으로 작성한 재무상태표를 포함하여
야 한다.
④ 중간재무보고서는 당해 회계연도 누적기간을 직전 회계연도
의 동일기간과 비교하는 형식으로 작성한 현금흐름표를 포함
하여야 한다.

08

다음의 자료를 이용한 20×3년 6월 30일 조정 전 은행측 잔액
증명서상의 금액은?

(1) 20×3년 6월30일 조정 전 회사측 당좌예금 잔액 ₩ 200,000
(2) 은행측 잔액증명서상의 금액과 회사측 잔액과의 차이를 나타내
는 원인
 - 은행예금 이자 ₩15,000
 - 회사발행미지급수표 ₩100,000
 - 어음추심수수료 ₩1,000
 - 회사에 미통지 된 예금 ₩120,000

① ₩234,000
② ₩334,000
③ ₩384,000
④ ₩434,000

09

20×1년 초 ㈜한국은 거래처에 상품을 판매하고 액면금액 ₩100,000인 무이자부어음(6개월 만기)을 수취하였다. ㈜한국은 3개월간 해당 어음을 보유한 후 거래은행에 연 10%로 할인받았다. ㈜한국이 받을어음 소유에 따른 위험과 보상의 대부분을 거래은행에 이전하였다면 받을어음 할인 시점에 인식할 매출채권처분손실은? (단, 이자는 월할 계산한다)

① ₩0
② ₩2,500
③ ₩3,000
④ ₩5,000

10

㈜한국의 2017년도 재고자산과 관련된 자료는 다음과 같다. 선입선출법에 의한 소매재고법을 적용할 경우 기말재고자산 원가는?

구분	원가	소매가
기초재고	₩48,000	₩80,000
당기매입	₩120,000	₩160,000
매출	-	₩150,000

① ₩54,000
② ₩58,500
③ ₩63,000
④ ₩67,500

11

사채의 발행 및 발행 후 회계처리에 대한 설명으로 옳지 않은 것은?

① 상각후원가로 측정하는 사채의 경우 사채발행비가 발생한다면 액면발행, 할인발행, 할증발행 등 모든 상황에서 유효이자율은 사채발행비가 발생하지 않는 경우보다 높다.
② 사채를 할증발행한 경우 사채이자비용은 현금이자지급액에 사채 할증발행차금 상각액을 가산하여 인식한다.
③ 사채의 할증발행 시 유효이자율법에 의해 상각하는 경우 기간경과에 따라 매기 인식하는 할증발행차금의 상각액은 증가한다.
④ 사채의 할인발행 시 유효이자율법에 의해 상각하는 경우 기간경과에 따라 매기 인식하는 할인발행차금의 상각액은 증가한다.

12

㈜한국은 20×1년 1월 1일 영업을 시작하였으며, 20×2년 말 현재 자본금 계정은 다음과 같다.

- 보통주(주당액면가액 ₩5,000, 발행주식수 80주) ₩400,000
- 우선주A(배당률 10%, 비누적적 · 비참가적; 주당 액면가액 ₩5,000, 발행주식수 40주) ₩200,000
- 우선주B(배당률 5%, 누적적 · 완전참가적; 주당 액면가액 ₩5,000, 발행주식수 80주) ₩400,000

모든 주식은 영업개시와 동시에 발행하였으며, 그 이후 아직 배당을 한 적이 없다. 20×3년 초 ₩100,000의 배당을 선언하였다면 배당금 배분과 관련하여 옳은 것은?

① 보통주 소유주에게 배당금 ₩20,000 지급
② 보통주 소유주에게 배당금 우선 지급 후 우선주A 소유주에게 배당금 지급
③ 우선주A 소유주에게 배당금 ₩30,000 지급
④ 우선주B 소유주에게 배당금 ₩50,000 지급

13

회계기준에 제시된 현금흐름표에 대한 설명으로 옳지 않은 것은?

① 하나의 거래에는 서로 다른 활동으로 분류되는 현금흐름이 포함될 수 있다.

② 재무상태표에 자산으로 인식되는 지출만이 투자활동으로 분류하기에 적합하다.

③ 역사적 영업현금흐름의 특정 구성요소에 대한 정보를 다른 정보와 함께 사용하면, 미래 영업현금흐름을 예측하는 데 유용하다.

④ 현금및현금성자산을 구성하는 항목 간 이동은 영업활동, 투자활동 및 재무활동의 일부일 수 있으므로 이러한 항목 간의 변동은 현금흐름에 포함한다.

14

다음 자료를 토대로 계산한 ㈜한국의 당기순이익은?

- 평균총자산액 ₩3,000
- 부채비율(=부채/자본) 200%
- 매출액순이익률 20%
- 총자산회전율(평균총자산 기준) 0.5회

① ₩100
② ₩200
③ ₩300
④ ₩400

15

다음 자료를 이용하여 직접재료원가를 계산하면?

영업사원급여	₩35,000	간접재료원가	₩50,000
공장감가상각비	₩50,000	매출액	₩700,000
공장냉난방비	₩60,000	기본(기초)원가	₩350,000
본사건물임차료	₩40,000	가공(전환)원가	₩300,000

① ₩160,000
② ₩190,000
③ ₩210,000
④ ₩250,000

16

20×1년 초에 영업을 개시한 ㈜한국은 동 기간에 5,000단위의 제품을 생산·완성하였으며, 단위당 ₩1,200에 판매하고 있다. 영업활동에 관한 자료는 다음과 같다.

단위당 직접재료원가	₩450	고정제조간접원가	₩500,000
단위당 직접노무원가	₩300	고정판매관리비	₩300,000
단위당 변동제조간접원가	₩100		
단위당 변동판매관리비	₩100		

전부원가계산에 의한 영업이익이 변동원가계산에 의한 영업이익보다 ₩300,000이 많을 경우, 20×1년 판매수량은?

① 1,000단위
② 2,000단위
③ 3,000단위
④ 4,000단위

17

「지방자치단체 회계기준에 관한 규칙」에 대한 다음의 설명 중 가장 옳지 않은 것은?

① 무상으로 취득한 자산의 가액은 공정가액을 취득원가로 한다.
② 재정운영순원가는 사업순원가에서 관리운영비 및 비배분비용은 더하고, 비배분수익을 빼서 표시한다.
③ 자산은 미래에 공공서비스를 제공할 수 있거나 직접적 또는 간접적으로 경제적 효익을 창출하거나 창출에 기여할 가능성이 높고 그 가액을 신뢰성 있게 측정할 수 있을 때에 인식한다.
④ 지방자치단체의 재무제표는 일반회계 · 기타특별회계 · 기금회계 및 지방공기업특별회계의 유형별 재무제표를 통합하여 작성한다. 이 경우 내부거래는 상계하고 작성한다.

18

정부 기관인 A부처는 2016년 7월 1일 ㈜한국과 수익(교환 또는 비교환)이 발생하는 계약을 체결하였다. 계약기간은 2016년 9월 1일부터 2017년 8월 31일까지이며, 계약금액 총액은 ₩1,200,000이다. 계약서상 청구권 확정/고지일과 금액이 다음과 같을 때, A부처가 2016년에 인식할 수익에 대한 설명으로 옳은 것은? (단, 해당 수익이 교환수익이면 사용료수익, 비교환수익이면 부담금수익으로 가정한다)

청구권 확정/고지일	청구 금액
2016. 10. 31.	₩200,000
2017. 1. 31.	₩300,000
2017. 4. 30.	₩300,000
2017. 8. 31.	₩400,000

① 교환수익에 해당할 경우 비교환수익에 해당할 경우보다 수익을 ₩800,000 덜 인식한다.
② 교환수익에 해당할 경우 비교환수익에 해당할 경우보다 수익을 ₩200,000 더 인식한다.
③ 교환수익에 해당할 경우와 비교환수익에 해당할 경우 인식할 수익금액은 동일하다.
④ 비교환수익에 해당할 경우 인식할 수익금액은 ₩400,000이다.

19

㈜한국은 가중평균법을 이용한 종합원가계산을 적용하고 있다. 모든 원가는 공정 전반에 걸쳐 균등하게 발생하고, 기초재공품원가는 ₩2,000, 당기에 투입된 직접재료원가와 가공원가의 합계는 ₩10,000이다. 생산 활동에 관한 자료가 다음과 같고, 완성품 환산량 단위당 원가가 ₩30이라면 기말재공품의 완성도는?

구분	수량	완성도
기말재공품	200개	?
완성품	300개	100%

① 30%
② 35%
③ 45%
④ 50%

20

㈜한국은 제품 X, Y를 생산하고 있으며 관련 자료는 다음과 같다.

	제품 X	제품 Y
단위당 판매가격	₩110	₩550
단위당 변동원가	₩100	₩500
총 고정원가	₩180,000	

㈜한국은 제품 X, Y를 하나의 묶음으로 판매하고 있으며, 한 묶음은 X제품 4개, Y제품 1개로 구성된다. 손익분기점에서 각 제품의 판매량은?

	제품 X	제품 Y
①	1,000개	1,000개
②	2,000개	2,000개
③	2,000개	8,000개
④	8,000개	2,000개

15

다음과 같은 현금 원장의 내용에 기반하여 추정한 날짜별 거래로 옳지 않은 것은?

현금

1/15	용역수익	70,000	1/2	소모품	50,000
1/18	차입금	100,000	1/5	비품	75,000
			1/31	미지급급여	20,000

① 1월 2일 소모품 구입을 위하여 현금 ₩50,000을 지급하였다.
② 1월 15일 용역을 제공하고 현금 ₩70,000을 수취하였다.
③ 1월 18일 차입금 상환을 위하여 현금 ₩100,000을 지급하였다.
④ 1월 31일 미지급급여 ₩20,000을 현금으로 지급하였다.

16

다음 ㈜한국의 재무자료를 이용한 이익잉여금은?

• 현금	₩2,000	• 매출채권	₩2,500
• 선수수익	₩800	• 대손충당금 (매출채권)	₩300
• 재고자산	₩3,000		
• 매입채무	₩1,500	• 기계장치	₩14,000
• 자본금	₩4,000	• 감가상각누계액 (기계장치)	₩5,000
		• 이익잉여금	?

① ₩9,900
② ₩10,700
③ ₩11,000
④ ₩16,000

17

<보기>는 ㈜서울의 재고자산과 관련된 자료이다. 재고자산에 대한 원가흐름의 가정으로 선입선출법을 적용하는 경우 평균법을 적용하는 경우 대비 매출원가의 감소액은? (단, 재고자산과 관련된 감모손실이나 평가손실 등 다른 원가는 없으며, ㈜서울은 재고자산 매매거래에 대해 계속기록법을 적용한다)

<보기>

일자	구분	수량	매입단가
1월 1일	기초재고	100개	₩10
5월 8일	매입	50개	₩13
8월 23일	매출	80개	
11월 15일	매입	30개	₩14

① ₩80
② ₩120
③ ₩200
④ ₩240

18

다음은 ㈜한국의 기계장치 장부금액 자료이다.

	2014년 기말	2015년 기말
기계장치	₩11,000,000	₩12,500,000
감가상각누계액	(₩4,000,000)	(₩4,500,000)

㈜한국은 2015년 초에 장부금액 ₩1,500,000(취득원가 ₩2,500,000, 감가상각누계액 ₩1,000,000)인 기계장치를 ₩400,000에 처분하였다. 2015년에 취득한 기계장치의 취득원가와 2015년에 인식한 감가상각비는? (단, 기계장치에 대해 원가모형을 적용한다)

	취득원가	감가상각비
①	₩3,000,000	₩500,000
②	₩3,000,000	₩1,500,000
③	₩4,000,000	₩1,500,000
④	₩4,000,000	₩2,000,000

19

충당부채, 우발부채 및 우발자산에 대한 설명으로 옳지 않은 것은?

① 충당부채는 결제에 필요한 미래 지출의 시기 또는 금액에 불확실성이 있다는 점에서 매입채무와 미지급비용과 같은 그 밖의 부채와 구별된다.

② 과거사건에 의하여 발생하였으나, 기업이 전적으로 통제할 수 없는 하나 이상의 불확실한 미래사건의 발생 여부에 의하여서만 그 존재가 확인되는 잠재적 의무는 충당부채로 처리한다.

③ 우발자산은 미래에 전혀 실현되지 않을 수도 있는 수익을 인식하는 결과를 가져올 수 있기 때문에 재무제표에 인식하지 아니한다.

④ 충당부채의 인식요건인 현재의 의무는 법적의무뿐만 아니라 의제의무도 포함한다.

20

㈜한국은 2012년에 ㈜민국과 컨설팅용역을 3년간 제공하기로 하는 계약을 체결하였으며, 총 계약금액은 ₩5,000,000이다. ㈜한국의 용역수익 인식은 진행기준을 적용하고 있으며, 3년 동안의 컨설팅 용역과 관련된 원가 자료는 다음과 같다. ㈜한국의 2013년 용역이익은?

	2012년	2013년	2014년
당기발생 용역원가	₩600,000	₩900,000	₩1,700,000
용역완료 시까지 추가소요 용역원가	₩2,400,000	₩1,500,000	

① ₩600,000

② ₩975,000

③ ₩1,000,000

④ ₩1,600,000

회계학

> 본 과목 풀이 시 기업의 보고기간(회계기간)은 매년 1월 1일부터 12월 31일까지이며, 기업은 계속해서 「한국채택국제회계기준」을 적용해 오고 있다고 가정한다. 또한, 자료에서 제시하지 않은 사항(예: 법인세 효과 등)은 고려하지 않는다.

01

재무제표 요소의 측정기준에 관한 설명으로 옳은 것은?

① 공정가치는 측정일 현재 동등한 자산의 원가로서 측정일에 지급할 대가와 그 날에 발생할 거래원가를 포함한다.

② 현행원가는 자산을 취득 또는 창출할 때 발생한 원가의 가치로서 자산을 취득 또는 창출하기 위하여 지급한 대가와 거래원가를 포함한다.

③ 사용가치는 기업이 자산의 사용과 궁극적인 처분으로 얻을 것으로 기대하는 현금흐름 또는 그 밖의 경제적효익의 현재가치이다.

④ 이행가치는 측정일에 시장참여자 사이의 정상거래에서 부채를 이전할 때 지급하게 될 가격이다.

02

비용의 분류에 대한 설명으로 옳지 않은 것은?

① 비용은 빈도, 손익의 발생가능성 및 예측가능성의 측면에서 서로 다를 수 있는 재무성과의 구성요소를 강조하기 위해 세분류로 표시한다.

② 비용을 성격별로 분류하면 기능별 분류로 배분할 필요가 없어 적용이 간단하고 배분의 주관적 판단을 배제할 수 있다.

③ 비용을 기능별로 분류하면 재무제표 이용자에게 더욱 목적적합한 정보를 제공할 수 있지만 비용을 기능별로 배분하는 데에 자의적 판단이 개입될 수 있다.

④ 비용을 성격별로 분류하는 기업은 감가상각비, 종업원급여비용 등을 포함하여 비용의 기능별 분류에 대한 추가 정보를 제공한다.

03

㈜한국은 모든 매출이 외상으로 발생하는 회사이다. 당기 총매출액은 ₩800,000이며, 매출채권으로부터 회수한 현금유입액은 ₩600,000이다. 다음의 당기 매출채권 관련 자료를 사용하여 ㈜한국이 인식할 당기 손상차손(대손상각비)은?

	기초	기말
매출채권	₩500,000	₩450,000
손실충당금(대손충당금)	₩50,000	₩50,000

① ₩250,000

② ₩350,000

③ ₩450,000

④ ₩550,000

04

토지의 취득원가에 포함해야 할 항목을 모두 고른 것은?

> ㄱ. 토지 중개수수료 및 취득세
> ㄴ. 직전 소유자의 체납재산세를 대납한 경우, 체납재산세
> ㄷ. 회사가 유지·관리하는 상하수도 공사비
> ㄹ. 내용연수가 영구적이지 않은 배수공사비용 및 조경공사비용
> ㅁ. 토지의 개발이익에 대한 개발부담금

① ㄱ, ㄴ, ㄷ

② ㄱ, ㄴ, ㅁ

③ ㄱ, ㄷ, ㄹ

④ ㄱ, ㄷ, ㅁ

㈜한국은 유형자산에 대하여 재평가모형을 사용하고 있으며, 토지를 20×1년 초 ₩1,000,000에 취득하였다. 20×1년 말 재평가 결과 토지의 공정가치는 ₩900,000이었고, 20×2년 말 재평가 결과 토지의 공정가치가 ₩1,050,000인 경우, 20×2년 말 당기손익에 포함될 자산재평가이익과 자본항목에 표시될 재평가잉여금은?

	자산재평가이익	재평가잉여금
①	₩0	₩50,000
②	₩50,000	₩100,000
③	₩100,000	₩50,000
④	₩150,000	₩150,000

06

자본에 관한 설명 중 옳지 않은 것은?

① 자본조정은 당해 항목의 성격상 자본거래에 해당하지만, 자본의 차감 성격을 가지는 것으로 자본금이나 자본잉여금으로 처리할 수 없는 누적적 적립금의 성격을 갖는 계정이다.

② 상환우선주의 보유자가 발행자에게 상환을 청구할 수 있는 권리를 보유하고 있는 경우, 이 상환우선주는 자본으로 분류하지 않는다.

③ 자본잉여금은 납입된 자본 중에서 액면금액을 초과하는 금액 또는 주주와의 자본거래에서 발생하는 잉여금을 처리하는 계정이다.

④ 기타포괄손익누계액 중 일부는 당기손익으로의 재분류조정 과정을 거치지 않고 직접 이익잉여금으로 대체할 수 있다.

07

㈜서울의 20×1년 초 자본 총계가 ₩100,000이고, 20×1년 중 자본 관련 거래가 <보기>와 같을 때 20×1년 말 자본 총계는?

<보기>

- 주당 액면가 ₩1,000의 보통주 10주를 주당 ₩900에 발행하였다.
- 전기에 주당 ₩2,000에 매입한 자기주식 10주를 소각하였다(상법상 자본금 감소 규정에 따름).
- 현금배당 ₩1,000을 실시하고 이익준비금으로 ₩100을 적립하였으며, 주식배당 ₩1,000을 결의하고 지급하였다.
- 기타포괄손익-공정가치 측정 금융자산의 공정가치가 ₩2,500 증가하였다.
- 20×1년의 총포괄이익은 ₩5,000이다.

① ₩111,000

② ₩112,000

③ ₩113,000

④ ₩114,000

08

㈜한국은 20×1년 제품A, B, C를 인도하고 거래가격 ₩1,000의 대가를 받는 계약을 체결하였고, 고객과의 계약에서 생기는 수익을 인식하기 위한 모든 조건을 충족하였다. 제품A와 제품B는 20×1년 11월 1일에 인도하였고, 제품C는 20×2년 2월 1일에 인도하였다. 20×1년 말에 제품의 개별판매가격이 변동하여 거래가격도 ₩900으로 변경되었다. 개별판매가격의 자료가 다음과 같을 때, ㈜한국이 20×1년에 인식할 수익은 얼마인가?

구분	제품A	제품B	제품C
20×1년 계약 개시시점 개별판매가격	₩360	₩240	₩600
20×1년 말 개별판매가격	₩350	₩200	₩450

① ₩450

② ₩495

③ ₩500

④ ₩550

09

다음은 ㈜한국과 관련된 거래이다. 기말 수정분개가 재무제표에 미치는 영향으로 옳은 것은? (단, 기간은 월할 계산한다)

- 8월 1일 건물을 1년간 임대하기로 하고, 현금 ₩2,400을 수취하면서 임대수익으로 기록하였다.
- 10월 1일 거래처에 현금 ₩10,000을 대여하고, 1년 후 원금과 이자(연 이자율 4%)를 회수하기로 하였다.
- 11월 1일 보험료 2년분 ₩2,400을 현금지급하고, 보험료로 회계처리하였다.

① 자산이 ₩2,100만큼 증가한다.
② 비용이 ₩200만큼 증가한다.
③ 수익이 ₩100만큼 증가한다.
④ 당기순이익이 ₩900만큼 증가한다.

10

㈜서울은 20×1년과 20×2년에 당기순이익으로 각각 ₩1,000,000과 ₩2,000,000을 보고하였다. 그러나 20×1년과 20×2년의 당기순이익에는 <보기>와 같은 중요한 오류가 포함되어 있었다. 이러한 오류가 20×1년과 20×2년의 당기순이익에 미친 영향으로 가장 옳은 것은?

<보기>

구분	20×1년	20×2년
감가상각비	₩100,000 과대계상	₩200,000 과대계상
기말선급보험료	₩30,000 과소계상	₩20,000 과소계상
기말미지급임차료	₩10,000 과대계상	₩40,000 과대계상
기말재고자산	₩70,000 과소계상	₩50,000 과소계상

	20×1년	20×2년
①	₩210,000 과대계상	₩200,000 과대계상
②	₩210,000 과대계상	₩200,000 과소계상
③	₩210,000 과소계상	₩200,000 과대계상
④	₩210,000 과소계상	₩200,000 과소계상

11

다음의 자료를 이용하여 20×3년의 현금흐름표를 직접법에 의하여 작성할 경우 공급자에 대한 현금 유출액은?

- 20×3년 보고기간 동안 매출원가는 ₩50,000이다.
- 20×3년 재고자산 및 매입채무 관련 자료

	20×3년 1월 1일	20×3년 12월 31일
재고자산	₩5,000	₩7,000
매입채무	₩2,000	₩3,000

① ₩49,000
② ₩50,000
③ ₩51,000
④ ₩52,000

12

㈜한국의 20×1년 기초 보통주식수는 10,000주이며, 20×1년도 보통주식수 변동내역은 다음과 같다.

- 4월 1일: 보통주 2,000주를 시장가격으로 유상증자하였다.
- 10월 1일: 무상증자 20%를 실시하였다.
- 11월 1일: 자기주식 1,200주를 취득하였다.

㈜한국의 20×1년 당기순이익이 ₩13,600,000인 경우 기본주당이익은? (단, 유통보통주식수는 월할 계산한다)

① ₩1,000
② ₩1,150
③ ₩1,200
④ ₩1,360

13

재고자산에 대한 설명으로 옳지 않은 것은?

① 재고자산은 취득원가와 순실현가능가치 중 낮은 금액으로 측정하고, 취득원가는 매입원가, 전환원가 및 재고자산을 현재의 장소에 현재의 상태로 이르게 하는 데 발생한 기타 원가 모두를 포함한다.
② 재고자산을 순실현가능가치로 감액하는 저가법은 항목별로 적용한다. 그러나 경우에 따라서는 서로 비슷하거나 관련된 항목들을 통합하여 적용하는 것이 적절할 수 있다.
③ 재고자산의 순실현가능가치가 상승한 증거가 명백한 경우 최초의 장부금액을 초과하지 않는 범위 내에서 평가손실을 환입한다. 그 결과 새로운 장부금액은 취득원가와 수정된 순실현가능가치 중 큰 금액이 된다.
④ 순실현가능가치의 상승으로 인한 재고자산 평가손실의 환입은 환입이 발생한 기간의 비용으로 인식된 재고자산 금액의 차감액으로 인식한다.

14

다음 자료를 이용한 당기 매입채무 현금지급액은?

• 당기 매출액	₩200
• 기초 상품재고액	₩30
• 기말 상품재고액	₩20
• 기초 매입채무	₩50
• 기말 매입채무	₩60
• 매출총이익률	20%
• 당기 매입액 중 외상매입 비율	60%

① ₩80
② ₩90
③ ₩140
④ ₩150

15

다음 자료를 토대로 계산한 ㈜대한의 매출총이익은?

- 당기 중 직접재료원가는 전환원가의 50%이다.
- 직접노무원가 발생액은 매월 말 미지급임금으로 처리되며 다음 달 초에 지급된다. 미지급임금의 기초금액과 기말금액은 동일하며, 당기 중 직접노무원가의 지급액은 ₩450이다.
- 재공품 및 제품의 기초금액과 기말금액은 ₩100으로 동일하다.
- 기타 발생비용으로 감가상각비(생산현장) ₩100, 감가상각비(영업점) ₩100, CEO 급여 ₩150, 판매수수료 ₩100이 있다. CEO 급여는 생산현장에 1/3, 영업점에 2/3 배부된다.
- 매출액은 ₩2,000이다.

① ₩1,050
② ₩1,100
③ ₩1,150
④ ₩1,200

16

㈜한국의 당기 실제 제품 생산량은 400개, 직접노무비 실제 발생액은 ₩31,450, 제품 단위당 표준 직접노동시간은 5시간이다. 표준원가계산하에서 계산된 직접노무비 임률차이는 ₩3,700 불리한 차이, 직접노무비 능률차이는 ₩2,250 유리한 차이이다. 직접노무비의 시간당 표준임률은?

① ₩14
② ₩15
③ ₩16
④ ₩17

17

정상개별원가계산을 적용하는 ㈜대한은 제조간접원가를 예정배부하며, 예정 배부율은 직접노무원가의 50%이다. 제조간접원가의 배부차이는 매기말 매출원가에서 전액 조정한다. 당기에 실제 발생한 직접재료원가는 ₩24,000이며, 직접노무원가는 ₩16,000이다. 기초재공품은 ₩5,600이며, 기말재공품에는 직접재료원가 ₩1,200과 제조간접원가 배부액 ₩1,500이 포함되어 있다. 또한 기초제품은 ₩4,700이며 기말제품은 ₩8,000이다. 제조간접원가 배부차이를 조정한 매출원가가 ₩49,400이라면 당기에 발생한 실제 제조간접원가는?

① ₩8,000
② ₩10,140
③ ₩12,800
④ ₩13,140

18

「지방자치단체 회계기준에 관한 규칙」에서 규정하는 자산의 회계처리에 대한 설명으로 옳은 것은?

① 재고자산은 구입가액에 부대비용을 더하고 이에 총평균법을 적용하여 산정한 가액을 취득원가로 평가함을 원칙으로 한다.
② 장기투자증권은 매입가격에 부대비용을 더하고 이에 종목별로 선입선출법을 적용하여 산정한 취득원가로 평가함을 원칙으로 한다.
③ 주민편의시설 중 상각대상 자산에 대한 감가상각은 정액법을 원칙으로 한다.
④ 사회기반시설 중 유지보수를 통하여 현상이 유지되는 도로, 도시철도, 하천부속시설 등에 대한 감가상각은 사용량비례법을 원칙으로 한다.

19

「지방자치단체 회계기준에 관한 규칙」상 현금흐름표에 대한 설명으로 옳지 않은 것은?

① 현금흐름표는 회계연도 동안의 현금자원의 변동 즉, 자금의 원천과 사용결과를 표시하는 재무제표로서 영업활동, 투자활동, 재무활동으로 구분하여 표시한다.
② 현금의 유입과 유출은 회계연도 중의 증가나 감소를 상계하지 아니하고 각각 총액으로 적는 것이 원칙이지만, 거래가 잦아 총 금액이 크고 단기간에 만기가 도래하는 경우에는 순증감액으로 적을 수 있다.
③ 현물출자로 인한 유형자산 등의 취득, 유형자산의 교환 등 현금의 유입과 유출이 없는 거래 중 중요한 거래에 대하여는 주석으로 공시한다.
④ 투자활동은 자금의 융자와 회수, 장기투자증권 · 일반유형자산 · 주민편의시설 · 사회기반시설 및 무형자산의 취득과 처분 등을 말한다.

20

다음은 20×1년 ㈜한국의 기계가동시간과 제조간접원가에 대한 분기별 자료이다.

분기	기계가동시간	제조간접원가
1	5,000시간	₩256,000
2	4,000시간	₩225,000
3	6,500시간	₩285,000
4	6,000시간	₩258,000

㈜한국은 고저점법을 이용하여 원가를 추정하며, 제조간접원가의 원가동인은 기계가동시간이다. 20×2년 1분기 기계가동시간이 5,500시간으로 예상될 경우, 제조간접원가 추정 금액은?

① ₩252,000
② ₩258,500
③ ₩261,000
④ ₩265,000

15

금융자산에 대한 설명으로 옳은 것은?

① 금융자산은 상각후원가로 측정하거나 기타포괄손익 - 공정가치로 측정하는 경우가 아니라면, 당기손익 - 공정가치로 측정한다.

② 계약상 현금흐름을 수취하기 위해 보유하는 것이 목적인 사업모형 하에서 금융자산을 보유하고, 계약 조건에 따라 특정일에 원금과 원금잔액에 대한 이자 지급만으로 구성되어 있는 현금흐름이 발생한다면 금융자산을 기타포괄손익 - 공정가치로 측정한다.

③ 계약상 현금흐름의 수취와 금융자산의 매도 둘 다를 통해 목적을 이루는 사업모형하에서 금융자산을 보유하고, 계약조건에 따라 특정일에 원리금 지급만으로 구성되어 있는 현금흐름이 발생한다면 금융자산을 상각후원가로 측정한다.

④ 당기손익 - 공정가치로 측정되는 지분상품에 대한 특정 투자에 대하여는 후속적인 공정가치 변동을 기타포괄손익으로 표시하도록 최초 인식시점에 선택할 수도 있다. 다만, 한번 선택했더라도 이를 취소할 수 있다.

16

㈜한국은 차세대 통신기술 연구개발을 위해 다음과 같이 지출하였다.

구분	2016년	2017년
연구단계	₩100,000	₩100,000
개발단계	-	₩600,000

2017년 개발단계 지출액 ₩600,000은 무형자산 인식기준을 충족하였으며, 동년 7월 1일에 개발이 완료되어 사용하기 시작하였다. 동 무형자산은 원가모형을 적용하며, 정액법(내용연수 10년, 잔존가치 ₩0)으로 상각한다. 회수가능액이 2017년 말 ₩500,000이라고 할 때, 결산 시 인식할 손상차손은? (단, 상각비는 월할계산한다)

① ₩40,000

② ₩70,000

③ ₩100,000

④ ₩260,000

17

㈜한국은 20×1년 1월 1일에 액면가 ₩10,000, 만기 3년, 표시이자율 8%, 이자지급일이 매년 12월 31일인 사채를 ₩9,503에 할인발행하였다. 이 사채를 20×2년 1월 1일에 ₩9,800을 지급하고 조기상환할 때, 사채상환손익은? (단, 발행일의 유효이자율은 10%이고, 금액은 소수점 첫째자리에서 반올림한다)

① 사채상환손실 ₩18

② 사채상환손실 ₩147

③ 사채상환이익 ₩18

④ 사채상환이익 ₩147

18

다음은 제조업을 영위하는 ㈜한국의 2017년 말 회계자료이다. 2017년 포괄손익계산서에 보고할 영업이익은?

• 매출액	₩300,000
• 매출원가	₩128,000
• 대손상각비(매출채권)	₩4,000
• 급여(판매사원)	₩30,000
• 사채이자비용	₩2,000
• 감가상각비(본사건물)	₩3,000
• 임차료(영업점)	₩20,000
• 임대료	₩15,000
• 법인세비용	₩50,000

① ₩83,000

② ₩106,000

③ ₩115,000

④ ₩130,000

19

다음 자료를 이용하여 ㈜한국의 자본을 재무자본유지개념(불변구매력단위)과 실물자본유지개념으로 측정할 때, 20×1년도에 인식할 이익은? (단, 20×1년 중 다른 자본거래는 없다)

구분	20×1년 초	20×1년 말
자산 총계	₩100,000	₩300,000
부채 총계	₩50,000	₩150,000
일반물가지수	100	150
재고자산 단위당 구입가격	₩1,000	₩2,000

	재무자본유지개념 (불변구매력단위)	실물자본유지개념
①	₩75,000	₩50,000
②	₩75,000	₩100,000
③	₩100,000	₩50,000
④	₩100,000	₩100,000

20

다음은 ㈜한국의 20×1년도 및 20×2년도 말 부분재무제표이다.

구분	20×1년	20×2년
자산 총계	₩45,000	₩47,000
부채 총계	₩15,000	₩14,600
당기순이익	₩4,000	₩1,500

20×2년도 중에 ㈜한국은 ₩2,000을 유상증자하였고 현금배당 ₩3,000, 주식배당을 ₩1,000하였다. ㈜한국의 20×2년도 포괄손익계산서상 기타포괄손익은?

① ₩1,600

② ₩1,700

③ ₩1,800

④ ₩1,900

회계학

본 과목 풀이 시 기업의 보고기간(회계기간)은 매년 1월 1일부터 12월 31일까지이며, 기업은 계속해서 「한국채택국제회계기준」을 적용해 오고 있다고 가정한다. 또한, 자료에서 제시하지 않은 사항(예: 법인세 효과 등)은 고려하지 않는다.

01

재무제표 요소의 측정에 관한 설명으로 옳지 않은 것은?

① 공정가치가 활성시장에서 직접 관측되지 않는 경우에는 현금흐름기준 측정법 등을 사용하여 간접적으로 결정된다.

② 가격 변동이 유의적일 경우, 현행원가를 기반으로 한 이익은 역사적 원가를 기반으로 한 이익보다 미래이익을 예측하는 데 더 유용할 수 있다.

③ 사용가치와 이행가치는 미래현금흐름에 기초하기 때문에 자산을 취득하거나 부채를 인수할 때 발생하는 거래원가는 포함하지 않는다.

④ 역사적 원가는 자산의 손상이나 손실부담에 따른 부채와 관련되는 변동과 같은 가치의 변동을 반영하지 않는다.

02

㈜한국은 20×1년 초에 토지를 새로 구입한 후, 토지 위에 새로운 사옥을 건설하기로 하였다. 이를 위해 토지 취득 후 토지 위에 있는 창고건물을 철거하였다. 토지의 취득 후 바로 공사를 시작하였으며, 토지 취득 및 신축 공사와 관련된 지출내역은 다음과 같다. 20×1년 12월 31일 현재 사옥 신축공사가 계속 진행 중이라면 건설중인자산으로 계상할 금액은?

• 토지의 구입가격	₩20,000
• 토지의 구입에 소요된 부대비용	₩1,300
• 토지 위의 창고 철거비용	₩900
• 새로운 사옥의 설계비	₩2,000
• 기초공사를 위한 땅 굴착비용	₩500
• 건설자재 구입비용	₩4,000
• 건설자재 구입과 직접 관련된 차입금에서 발생한 이자	₩150
• 건설 근로자 인건비	₩1,700

① ₩8,200 ② ₩8,350

③ ₩9,100 ④ ₩9,250

03

㈜관세의 다음 자료를 바탕으로 유동자산으로 분류할 수 있는 금액의 합계액은?

• 정상영업주기 내 판매하거나 소비될 것으로 예상되는 재고자산	₩250,000
• 주로 단기매매목적으로 보유하고 있는 다른 회사 발행 주식	₩1,000,000
• 기업의 정상영업주기내 회수될 것으로 예상하는 매출채권	₩700,000
• 보고기간 후 12개월 이내에 회수될 것으로 예상되는 대여금	₩370,000
• 보고기간 후 12개월 이내에 만기가 도래하는 부채의 상환에 쓰도록 용도가 제한된 현금	₩440,000

① ₩1,370,000

② ₩1,950,000

③ ₩2,320,000

④ ₩2,760,000

04

다음 수정분개를 반영하지 못할 경우 재무상태와 손익에 미치는 영향으로 옳은 것은?

• 종업원급여 미지급액	₩10,000
• 선급보험료(자산) 중 기간이 경과하여 실현된 금액	₩10,000
• 외상매출금 중 현금으로 회수된 금액	₩10,000
• 선수임대료(부채) 중 기간이 경과하여 실현된 금액	₩10,000
• 차입금 이자 미지급액	₩10,000

① 법인세차감전순이익은 ₩20,000 과소 계상된다.

② 비용은 ₩30,000 과대 계상된다.

③ 부채는 ₩10,000 과소 계상된다.

④ 자산은 ₩30,000 과소 계상된다.

05

㈜한국은 다음과 같이 1개월 동안의 경영성과에 대해 현금기준 포괄손익계산서를 작성하였다. 발생기준 포괄손익계산서로 작성할 경우 당기순이익은? (단, 법인세는 무시한다)

- 현금기준 포괄손익계산서 (3월 1일 ~ 3월 31일)

매출 관련 현금수입	₩1,820,000
급료 및 일반관리비 관련 현금지출	₩1,220,000
당기순이익	₩600,000

- 3월 1일과 3월 31일의 매출채권, 매입채무, 미지급비용, 선급비용 내역

	3월 1일	3월 31일
매출채권	₩35,000	₩43,000
매입채무	₩48,000	₩54,000
미지급비용	₩42,000	₩35,000
선급비용	₩21,000	₩26,000

① ₩590,000

② ₩600,000

③ ₩610,000

④ ₩614,000

06

㈜한국은 제조업을 영위하는 기업으로 20×1년 말 ₩3,000,000에 해당하는 매출채권 포트폴리오를 갖고 있으며 한 지역에서만 영업한다. ㈜한국의 고객들은 다수의 작은 고객들로 구성되어 있으며 유의적인 금융요소가 없다. 20×1년 초 손실충당금(대손충당금) 잔액은 ₩20,000이다. 20×1년 중 회수가 불가능하게 되어 장부에서 제거한 매출채권은 ₩7,500이고, 20×0년에 회수불능으로 장부에서 제거한 매출채권 ₩3,000을 20×1년 중에 다시 회수하였다. ㈜한국은 매출채권의 기대신용손실을 결정하기 위하여 충당금 설정률표를 이용한 결과 20×1년 말의 손실충당금 잔액을 ₩58,500으로 추정하였다. ㈜한국의 매출채권과 관련한 회계처리가 당기순이익에 미치는 영향을 계산하시오.

① ₩15,500 감소

② ₩38,500 감소

③ ₩43,000 감소

④ ₩58,500 감소

07

재고자산의 회계처리에 대한 설명으로 옳지 않은 것은?

① 재고자산의 취득 시 구매자가 인수운임, 하역비, 운송기간 동안의 보험료 등을 지불하였다면, 이는 구매자의 재고자산의 취득원가에 포함된다.

② 위탁상품은 수탁기업의 판매시점에서 위탁기업이 수익으로 인식한다.

③ 재고자산의 매입단가가 지속적으로 하락하는 경우, 선입선출법을 적용하였을 경우의 매출총이익이 평균법을 적용하였을 경우의 매출총이익보다 더 높게 보고된다.

④ 재고자산의 매입단가가 지속적으로 상승하는 경우, 계속기록법하에서 선입선출법을 사용할 경우와 실지재고조사법하에서 선입선출법을 사용할 경우의 매출원가는 동일하다.

08

㈜한국은 20×1년 7월 1일 기계장치(정액법 상각, 내용연수 3년, 잔존가치 ₩0)를 ₩36,000에 취득하여 원가모형을 적용하고 있다. 기계장치의 순공정가치와 사용가치는 다음과 같다.

구분	20×1년 말	20×2년 말
순공정가치	₩25,000	₩17,000
사용가치	₩24,000	₩19,000

㈜한국이 20×2년 말에 인식해야 할 손상차손환입액은? (단, 자산의 회수가능액 변동은 기계장치의 손상 혹은 그 회복에 따른 것이라고 가정하며, 감가상각은 월할 계산한다)

① ₩2,000

② ₩3,000

③ ₩4,000

④ ₩5,000

09

20×1년 초 ㈜한국은 ㈜대한을 합병하였다. 합병일 현재 ㈜대한의 자산에 대한 장부가치는 ₩4,700이며, 이 중 유형자산은 ₩3,500, 무형자산은 ₩1,200이다. ㈜대한의 자산에 대한 공정가치 평가 결과, 유형자산의 공정가치는 ₩4,000이며, 무형자산의 공정가치는 신뢰성 있게 측정할 수 없었다. ㈜대한의 부채의 장부가치와 공정가치가 각각 ₩3,100과 ₩3,500이다. ㈜한국이 ㈜대한에 이전대가를 ₩2,000 지급한 경우, ㈜한국이 인식할 영업권은?

① ₩200
② ₩400
③ ₩1,500
④ ₩1,600

10

㈜한국의 20×1년 12월 31일의 재무상태표상의 자본은 보통주자본금 ₩100,000(주식수 100주, 주당 액면금액 ₩1,000), 주식발행초과금 ₩30,000, 이익잉여금 ₩50,000으로 구성되어 있다. 20×2년의 자본과 관련된 거래내역이 다음과 같을 때, 자본 변동에 대한 설명으로 옳지 않은 것은? (단, 자기주식에 대하여 원가법을 적용하고, 기초 자기주식처분손익은 없다)

- 3월 10일: 주주에게 보통주 한 주당 0.1주의 주식배당을 결의하였다.
- 3월 31일: 3월 10일에 결의한 주식배당을 실시하였다.
- 4월 9일: 자기주식 10주를 주당 ₩2,100에 취득하였다.
- 6월 13일: 4월 9일 취득한 자기주식 4주를 주당 ₩2,200에 매각하였다.
- 8월 24일: 4월 9일 취득한 자기주식 6주를 주당 ₩1,700에 매각하였다.
- 11월 20일: 보통주 1주를 2주로 하는 주식분할을 의결하고 시행하였다.

① 자본과 관련된 거래로 인해 이익잉여금은 ₩8,000 감소한다.
② 자기주식처분손실은 ₩2,000이다.
③ 20×2년 12월 31일의 보통주자본금은 ₩110,000이다.
④ 20×2년 12월 31일의 보통주 주식수는 220주이다.

11

다음은 ㈜한국의 2014년도 회계자료의 일부이다. 2014년도 현금흐름표에 표시될 간접법에 의한 영업활동 현금흐름은? (단, 투자활동이나 재무활동과 명백하게 관련된 법인세 등의 납부는 없다)

- 당기순이익 ₩2,000,000
- 미수수익의 순증가액 ₩150,000
- 매입채무의 순증가액 ₩200,000
- 법인세비용 ₩400,000
- 매출채권의 순감소액 ₩500,000
- 미지급비용의 순감소액 ₩300,000

① ₩1,850,000
② ₩2,250,000
③ ₩2,350,000
④ ₩2,650,000

12

충당부채의 측정에 관한 설명으로 옳지 않은 것은?

① 화폐의 시간가치 효과가 중요한 경우 충당부채는 의무를 이행하기 위하여 예상되는 지출액의 현재가치로 평가한다.
② 현재가치 평가에 사용되는 할인율은 부채의 특유위험과 화폐의 시간가치에 대한 현행 시장의 평가를 반영한 세전 이율이다.
③ 현재가치 평가에 사용되는 할인율에 반영되는 위험에는 미래 현금흐름을 추정할 때 고려된 위험까지 반영한다.
④ 충당부채 금액에 영향을 미치는 미래사건이 발생할 것이라는 충분하고 객관적인 증거가 있는 경우에는 그러한 미래사건을 감안하여 충당부채 금액을 추정한다.

13

㈜한국은 2016년 초 보통주 200주(주당 액면금액 ₩5,000, 주당 발행금액 ₩6,000)를 발행하였으며, 주식 발행과 관련된 직접원가 ₩80,000과 간접원가 ₩10,000이 발생하였다. ㈜한국의 주식발행에 대한 설명으로 옳은 것은? (단, 기초 주식할인발행차금은 없다고 가정한다)

① 자본의 증가는 ₩1,200,000이다.
② 자본잉여금의 증가는 ₩120,000이다.
③ 주식발행초과금의 증가는 ₩110,000이다.
④ 주식발행과 관련된 직·간접원가 ₩90,000은 비용으로 인식한다.

→ [회계원리]

14

다음은 ㈜한국의 20×1년 기초 및 기말 재고자산과 관련한 자료이다.

구분	기초	기말
직접재료	₩2,000	₩7,000
재공품	₩8,000	₩5,000
제품	₩7,000	₩10,000

㈜한국은 매출원가의 20%를 매출원가에 이익으로 가산하여 제품을 판매하고 있으며, 20×1년 매출액은 ₩60,000이다. ㈜한국의 20×1년 직접재료 매입액은 ₩15,000이고, 제조간접원가는 가공원가(conversion cost)의 40%일 때, 20×1년의 기초원가(prime cost)는?

① ₩24,000
② ₩32,800
③ ₩34,000
④ ₩40,000

15

「지방자치단체 회계기준에 관한 규칙」상 재무제표의 작성원칙으로 옳지 않은 것은?

① 개별 회계실체의 재무제표를 작성할 때에는 지방자치단체 안의 다른 개별 회계실체와의 내부거래를 상계한다.
② 지방자치단체의 재무제표는 일반회계, 기타특별회계, 기금회계 및 지방공기업특별회계의 유형별 재무제표를 통합하여 작성한다.
③ 유형별 회계실체의 재무제표를 작성할 때에는 해당 유형에 속한 개별 회계실체의 재무제표를 합산하여 작성한다.
④ 재무제표는 당해 회계연도분과 직전 회계연도분을 비교하는 형식으로 작성되어야 한다.

16

㈜한국은 제조부문인 조립부문과 도장부문이 있으며, 보조부문으로 전력부문이 있다. 20×1년 3월 중에 부문별로 발생한 제조간접원가와 제조부문이 사용한 전력의 실제사용량과 최대사용가능량은 다음과 같다. 한편, 전력부문에서 발생한 제조간접원가 ₩325,000은 변동원가가 ₩100,000이고, 고정원가는 ₩225,000이다.

구분	전력부문	조립부문	도장부문	합계
제조간접원가	₩325,000	₩250,000	₩400,000	₩975,000
실제사용량		300kW	700kW	1,000kW
최대사용가능량		500kW	1,000kW	1,500kW

㈜한국이 이중배분율법을 적용하여 보조부문원가를 제조부문에 배부할 때, 조립부문에 배분되는 전력부문의 원가는?

① ₩97,500
② ₩105,000
③ ₩108,330
④ ₩120,000

17

㈜한국은 종합원가계산제도를 채택하고 있으며, 가중평균법을 적용하고 있다. 다음의 자료를 이용한 완성품원가는?

- 기초 재공품 수량: 300단위(완성도: 직접재료원가 100%, 가공원가 50%)
- 기초 재공품 원가: 직접재료원가 ₩5,000, 가공원가 ₩4,000
- 당기 착수량: 2,200단위
- 당기 투입원가: 직접재료원가 ₩20,000, 가공원가 ₩40,000
- 기말 재공품 수량: 500단위(완성도: 직접재료원가 100%, 가공원가 40%)
- 직접재료는 생산 착수 시에 투입되며, 가공원가는 공정 전반에 걸쳐 균일하게 발생한다.

① ₩60,000
② ₩62,000
③ ₩64,000
④ ₩65,000

18

20×1년 초에 영업을 개시한 ㈜한국의 원가관련 자료는 다음과 같다.

생산량	10,000개
판매량	8,000개
단위당 변동제조원가	₩110
단위당 변동판매관리비	₩40
고정제조간접원가	₩180,000
고정판매관리비	₩85,000

제품의 단위당 판매가격이 ₩200인 경우에 ㈜한국의 20×1년 말 변동원가계산에 의한 영업이익과 기말제품 재고액은?

	영업이익	기말제품 재고액
①	₩135,000	₩220,000
②	₩135,000	₩256,000
③	₩171,000	₩220,000
④	₩171,000	₩256,000

19

㈜한국은 내부관리 목적으로 표준원가계산시스템을 채택하고 있고, 표준노무시간은 제품단위당 5시간이다. 제품의 실제생산량은 2,100단위이고 고정제조간접원가 실제발생액은 ₩900,000이다. 이 회사는 고정제조간접원가를 노무시간을 기준으로 배부하며 기준조업도는 10,000노무시간이다. 고정제조간접원가 예산차이가 ₩100,000 유리하다면 조업도차이는?

① ₩40,000 불리
② ₩40,000 유리
③ ₩50,000 불리
④ ₩50,000 유리

20

「지방자치단체 회계기준에 관한 규칙」상의 자산 및 부채평가와 관련된 다음 설명 중 가장 옳은 것은?

① 사회기반시설 중 유지보수를 통하여 현상이 유지되는 도로, 도시철도, 하천부속시설 등도 감가상각하여야 한다.
② 지방채증권은 발행가액으로 평가하되, 발행가액은 지방채증권 발행수수료 및 발행과 관련하여 직접 발생한 비용을 가산한 가액으로 한다.
③ 일반유형자산과 주민편의시설에 대한 사용수익권은 해당 자산의 차감항목으로 표시한다.
④ 퇴직급여충당부채는 회계연도말 현재 「공무원연금법」을 적용받는 지방공무원이 일시에 퇴직할 경우 지방자치단체가 지급하여야 할 퇴직금에 상당한 금액으로 한다.

14

다음 중 고객과의 계약으로 회계처리하기 위한 충족기준에 해당되지 않는 것은?

① 계약 당사자들이 계약을 서면으로, 구두로, 그 밖의 사업 관행에 따라 승인하고 각자의 의무를 수행하기로 확약한다.

② 이전할 재화나 용역의 지급조건을 식별할 수 있다.

③ 고객에게 이전할 재화나 용역에 대하여 받을 권리를 갖게 될 대가의 회수 가능성이 높다.

④ 계약 당사자들이 그 활동이나 과정에서 생기는 위험과 효익을 공유한다.

15

다음은 ㈜한국의 20×1년 주당이익 계산과 관련한 자료이다. ㈜한국의 배당결의가 이미 이루어졌을 경우 기본주당이익은?

- 기초유통보통주식수: 800주(액면금액 ₩1,000)
- 기초전환우선주: 500주(액면금액 ₩1,000, 비누적적, 비참가적)
- 20×1년 7월 1일에 400주의 전환우선주가 400주의 보통주로 전환(기중 전환된 우선주에 대해서는 보통주 배당금 지급)
- 당기순이익: ₩50,000
- 연 배당률: 우선주 10%, 보통주 8%

① ₩30

② ₩35

③ ₩40

④ ₩62.5

16

「재무보고를 위한 개념체계」 중 부채에 대한 설명으로 옳지 않은 것은?

① 부채는 과거사건의 결과로 기업이 경제적자원을 이전해야 하는 현재의무이다.

② 경제적자원의 이전가능성이 낮다면 그 의무는 부채의 정의를 충족하지 못한다.

③ 많은 의무가 계약, 법률 또는 이와 유사한 수단에 의해 성립되며, 당사자가 채무자에게 법적으로 집행할 수 있도록 한다.

④ 기업이 실무 관행, 공개한 경영방침, 특정 성명과 상충되는 방식으로 행동할 실제 능력이 없는 경우, 기업의 그러한 실무 관행, 경영방침이나 성명에서 의무가 발생할 수도 있다.

17

시산표를 작성함으로써 발견할 수 있는 오류는?

① 상품을 판매한 거래에 대하여 두 번 분개한 경우

② 거래를 분개함에 있어서 차입금 계정의 차변에 기록하여야 하는데 대여금 계정의 차변에 기록한 경우

③ 실제 거래한 금액과 다르게 대변과 차변에 동일한 금액을 전기한 경우

④ 매출채권 계정의 차변에 전기해야 하는데 대변으로 전기한 경우

18

㈜한국의 20×1년 기초재고자산은 ₩100,000, 당기매입액은 ₩200,000이다. ㈜한국은 20×1년 12월 말 결산과정에서 재고자산 실사 결과 기말재고가 ₩110,000인 것으로 파악되었으며, 다음의 사항은 고려하지 못하였다. 이를 반영한 후 ㈜한국의 20×1년 매출원가는?

- 도착지 인도조건으로 매입한 상품 ₩20,000은 20×1년 12월 31일 현재 운송 중이며, 20×2년 1월 2일 도착 예정이다.
- 20×1년 12월 31일 현재 시용판매를 위하여 고객에게 보낸 상품 ₩40,000(원가) 가운데 50%에 대하여 고객이 구매의사를 표시하였다.
- 20×1년 12월 31일 현재 ㈜민국에 담보로 제공한 상품 ₩50,000은 창고에 보관 중이며, 재고자산 실사 시 이를 포함하였다.

① ₩170,000
② ₩180,000
③ ₩190,000
④ ₩220,000

19

㈜서울은 20×1년 1월 1일에 건물을 ₩2,000,000에 취득하였다(내용연수 5년, 잔존가치 0, 정액법에 의한 감가상각). ㈜서울은 이 건물에 대하여 매년 말 공정가치로 재평가한다. 한편, 건물의 공정가치는 20×1년 12월 31일과 20×2년 12월 31일에 각각 ₩1,800,000과 ₩1,050,000이다. 동 건물에 대한 회계처리가 ㈜서울의 20×2년 당기순손익에 미치는 영향은? (결산일은 매년 12월 31일이며, 재평가잉여금은 후속기간에 이익잉여금으로 대체하지 않는다)

① 순손실 ₩100,000
② 순손실 ₩300,000
③ 순손실 ₩450,000
④ 순손실 ₩550,000

20

㈜신성축산은 20×1년 1월 초에 수익용으로 젖소를 ₩1,500,000에 매입하였는데, 그 젖소는 농림어업자산의 인식요건을 충족한다. 20×1년 12월 31일 젖소의 공정가치는 ₩2,250,000이며 사육에 소요된 비용은 ₩450,000이다. 20×1년 12월 말에 젖소로부터 원유를 생산하기 시작하였으며, 생산된 원유를 공정가치 ₩300,000에 판매하였다. 판매를 위해 ₩50,000의 비용이 발생되었다면, 20×1년도 ㈜신성축산의 당기순이익은?

① ₩300,000
② ₩550,000
③ ₩600,000
④ ₩1,000,000

본 과목 풀이 시 기업의 보고기간(회계기간)은 매년 1월 1일부터 12월 31일까지이며, 기업은 계속해서 「한국채택국제회계기준」을 적용해 오고 있다고 가정한다. 또한, 자료에서 제시하지 않은 사항(예: 법인세 효과 등)은 고려하지 않는다.

01

한국채택국제회계기준서 제1023호 '차입원가'에서는 적격자산을 의도된 용도로 사용하거나 판매가능한 상태에 이르게 하는 데 상당한 기간을 필요로 하는 자산으로 규정하고 있다. 다음 중 한국채택국제회계기준서 제1023호 '차입원가'에 따라 적격자산이 될 수 없는 것은?

① 투자부동산
② 금융자산
③ 제조설비자산
④ 전력생산설비

02

다음 여러 가지 분개 중에서 기말에 행할 결산수정 분개에 해당하지 않는 것은?

①	(차)	소모품	(대)	소모품비
②	(차)	감가상각비	(대)	감가상각누계액
③	(차)	대손충당금	(대)	매출채권
④	(차)	재고자산평가손실	(대)	재고자산평가충당금

03

㈜한국의 20×2년 손익계산서상 이자비용은 ₩1,000,000, 임차료는 ₩2,000,000이다. ㈜한국의 20×1년 말과 20×2년 말 계정잔액은 다음과 같다. ㈜한국이 20×2년 현금으로 지급한 이자와 임차료는 얼마인가?

구 분	20×1년 말	20×2년 말
미지급이자	₩200,000	₩120,000
선급임차료	₩400,000	₩640,000

	현금이자	현금임차료
①	₩920,000	₩1,760,000
②	₩920,000	₩2,240,000
③	₩1,080,000	₩1,760,000
④	₩1,080,000	₩2,240,000

04

「재무보고를 위한 개념체계」의 위상과 목적에 관한 다음 설명 중 옳지 않은 것은?

① 한국회계기준위원회가 일관된 개념에 기반하여 한국채택국제회계기준을 제·개정하는 데 도움을 준다.
② 특정 거래나 다른 사건에 적용할 회계기준이 없거나 회계기준에서 회계정책 선택이 허용되는 경우에 재무제표 작성자가 일관된 회계정책을 개발하는 데 도움을 준다.
③ 개념체계의 어떠한 내용도 회계기준이나 회계기준의 요구사항에 우선하지 아니한다.
④ 개념체계가 개정되면 그에 따라 회계기준도 자동으로 개정된다.

05

㈜한국은 20×1년 7월 2일 ㈜미국의 발행주식 중 5%에 해당하는 50주를 장기투자목적으로 주당 ₩8,000에 취득하고 기타포괄손익-공정가치 측정(FVOCI) 금융자산으로 분류하였다. ㈜미국 주식의 1주당 공정가치가 20×1년 말 ₩9,500, 20×2년 말 ₩9,000이라면 20×2년 말 재무상태표에 금융자산평가손익으로 표시될 금액은 얼마인가?

① 평가손실 ₩25,000
② 평가손실 ₩50,000
③ 평가이익 ₩50,000
④ 평가이익 ₩75,000

06

다음은 ㈜한국이 기계장치를 취득하면서 지불한 내역이다. 이 외의 지출내역이 없다고 할 때, 기계장치의 취득원가는 얼마인가?

• 기계장치 대금 　(정가 ₩100,000에 현금구입으로 10% 할인받음)	₩90,000
• 운반비	₩10,000
• 설치장소 준비비	₩6,000
• 시운전비	₩5,000
• 시운전과정에서 생산된 재화의 매각금액	₩2,000
• 가동 후 재배치에 소요된 원가	₩4,000

① ₩111,000
② ₩113,000
③ ₩123,000
④ ₩125,000

07

㈜대한은 20×1년 초에 이전대가로 주식(액면금액 ₩100,000, 공정가치 ₩400,000)을 발행·교부하여 ㈜민국을 합병하였다. 합병 직전 ㈜민국의 순자산 장부금액은 ₩200,000이었고 유형자산의 공정가치가 장부금액보다 ₩70,000 더 높았다. 그 외 자산과 부채의 장부금액과 공정가치는 일치하였다. 합병 당시 ㈜민국이 수행 중인 연구개발프로젝트와 관련하여 신뢰성 있게 측정된 공정가치 ₩50,000의 무형자산이 추가로 식별되었다. 합병일에 ㈜대한이 인식할 영업권은?

① ₩50,000
② ₩70,000
③ ₩80,000
④ ₩100,000

08

㈜한국은 20×1년 1월 1일에 액면 ₩10,000의 사채를 3년 만기, 표시이자율 8%(이자는 연말 후급)의 조건으로 ₩9,502에 발행하였다. 사채의 발행 당시 유효이자율은 10%였으며, 사채할인발행차금은 유효이자율법으로 상각한다. ㈜한국이 20×2년 7월 1일에 사채를 ₩9,687(기간경과이자 포함)에 상환하였다면 조기상환에 따른 사채상환손익은 얼마인가? (단, 계산금액은 소수점 첫째자리에서 반올림하고, 단수차이로 인한 오차가 있으면 가장 근사치를 선택한다)

① 사채상환이익 ₩136
② 사채상환손실 ₩448
③ 사채상환이익 ₩448
④ 사채상환손실 ₩140

09

「한국채택국제회계기준」에 따른 재무제표의 작성과 표시에 관한 설명으로 옳은 것은?

① 재무상태표의 모든 자산과 부채는 유동성의 순서에 따라 표시한다.

② 보고기간 후 12개월 이내에 실현될 것으로 예상되지 않는다면 유동자산으로 분류할 수 없다.

③ 수익과 비용의 어느 항목도 당기손익과 기타포괄손익을 표시하는 보고서 또는 주석에 특별손익 항목으로 표시할 수 없다.

④ 주석에는 '적용한 유의적인 회계정책의 요약'을 '한국채택국제회계기준을 준수하였다는 사실'보다 먼저 표시하는 것이 일반적이다

10

20×1년 12월 31일 ㈜한국의 장부상 당좌예금잔액은 ₩400,000으로 은행에서 보내온 은행계정명세서와 일치하였다. 이 때문에 담당자는 당좌예금 잔액을 ₩400,000으로 보고하였으나 감사과정에서 다음과 같은 사항이 발견되었다. ㈜한국의 재무상태표에 당좌예금으로 보고될 올바른 금액은 얼마인가?

• 회사가 거래처에 발행한 수표 중 인출되지 않은 금액	₩40,000
• 은행이 추심완료한 어음액 중 회사에 통보되지 않은 금액	150,000
• 은행이 통보하지 않은 어음추심수수료	30,000
• 회사측에 통보되지 않은 부도수표	40,000
• 은행기입착오(과소계상)	120,000

① ₩320,000

② ₩400,000

③ ₩440,000

④ ₩480,000

11

㈜한국의 기말 재고자산 관련 자료는 다음과 같다. 회사는 원재료 A를 투입해서 제품 A를 만들고, 원재료 B를 투입해서 제품 B를 생산한다. 회사가 인식할 재고자산평가손실은 얼마인가?

구분	취득원가	순실현가능가치
원재료 A	₩30,000	₩28,000
원재료 B	₩52,000	₩50,000
제품 A	₩75,000	₩72,000
제품 B	₩92,000	₩95,000

① ₩4,000

② ₩5,000

③ ₩6,000

④ ₩7,000

12

㈜한국은 20×1년 자기주식 100주를 주당 ₩2,000에 취득하였다. 20×2년 자기주식 50주를 주당 ₩3,000에 처분하였고, 20×2년 말 자기주식의 공정가치는 주당 ₩2,500이다. 이에 대한 설명으로 옳지 않은 것은?

① 20×1년 자기주식 취득시점에 자본총계는 ₩200,000 감소한다.

② 20×2년 자기주식 처분시점에 자본총계는 ₩150,000 증가한다.

③ 20×2년 자기주식 처분시에 자기주식처분이익이 ₩50,000 발생한다.

④ 20×2년 결산시에 자기주식평가이익 ₩25,000이 발생한다.

13

다음 중 기간에 걸쳐 수행의무를 이행하는 것으로 볼 수 없는 경우는?

① 고객은 기업이 수행하는 대로 기업의 수행에서 제공하는 효익을 동시에 얻고 소비한다.

② 기업이 수행하여 만들어지거나 가치가 높아지는 대로 고객이 통제하는 자산을 기업이 만들거나 그 자산 가치를 높인다.

③ 기업이 수행하여 만든 자산이 기업 자체에는 대체 용도가 없고, 지금까지 수행을 완료한 부분에 대해 집행 가능한 지급청구권이 기업에 있다.

④ 기업이 수행의무를 완료하지 못한 상태에서 다른 기업이 고객에게 나머지 수행의무를 이행한다고 가정할 때, 기업이 지금까지 완료한 업무를 다른 기업이 실질적으로 다시 수행해야 한다.

→ [회계원리]

14

「국가재정법」에 따른 결산보고서의 작성 및 제출에 대한 설명으로 옳지 않은 것은?

① 각 중앙관서의 장은 「국가회계법」에서 정하는 바에 따라 회계연도마다 작성한 결산보고서를 다음 연도 3월 말일까지 재정경제부장관에게 제출하여야 한다.

② 재정경제부장관은 「국가회계법」에서 정하는 바에 따라 회계연도마다 작성하여 대통령의 승인을 받은 국가결산보고서를 다음 연도 4월 10일까지 기획예산처장관과 감사원에 각각 제출하여야 한다.

③ 감사원은 제출된 국가결산보고서를 검사하고 그 보고서를 다음 연도 5월 20일까지 재정경제부장관에게 송부하여야 한다.

④ 정부는 감사원의 검사를 거친 국가결산보고서를 다음 연도 5월 31일까지 국회에 제출하여야 한다.

15

㈜한국은 장마철 침수로 인해 원가 ₩100,000의 재고자산에 피해가 발생했다. 침수된 재고자산은 ₩30,000에 처분하거나, ₩10,000의 수선비를 지출하여 ₩50,000에 처분할 수 있다. 하지만 ㈜한국은 침수된 재고자산을 분해해서 생산과정에 재투입하여 가공하기로 결정했다. 이러한 재가공에 따른 기회원가는 얼마인가?

① ₩30,000

② ₩40,000

③ ₩50,000

④ ₩100,000

16

㈜한국은 조립부문과 도장부문을 통해 제품을 생산하고 있으며, 조립부문은 노동시간, 도장부문은 기계시간을 기준으로 제조간접원가를 배부하고 있다. ㈜한국이 생산한 A, B제품에 대한 원가정보는 아래와 같다.

	조립부문	도장부문	합계
· 제조간접원가	₩800,000	₩700,000	₩1,500,000
· 노 동 시 간	400시간	600시간	1,000시간
· 기 계 시 간	200시간	500시간	700시간

		A제품	B제품
· 직접재료원가		₩50,000	₩30,000
· 직접노무원가		₩100,000	₩80,000
· 조립부문	노동시간	30시간	10시간
	기계시간	20시간	20시간
· 도장부문	노동시간	20시간	20시간
	기계시간	30시간	20시간

㈜한국의 A제품과 B제품에 대한 제품별 제조원가는 각각 얼마인가?

	A제품	B제품
①	₩232,000	₩178,000
②	₩252,000	₩158,000
③	₩232,000	₩158,000
④	₩252,000	₩178,000

17

노트북을 제조하여 판매하는 ㈜한국의 20×1년 총 판매량은 100개이며, 단위당 판매가격은 ₩12,000이다. 회사의 제조원가명세서상 직접재료원가와 직접노무원가는 각각 ₩500,000, ₩300,000이며, 나머지 제조비용 ₩200,000은 모두 고정원가이다. 회사의 손익분기점 판매액은?

① ₩600,000
② ₩750,000
③ ₩800,000
④ ₩1,000,000

18

㈜한국은 총 직접재료원가 ₩100,000인 원재료 2,000단위로 완제품 2,000단위를 생산할 것으로 예상되는 표준예산을 수립하였다. 20×1년 회사가 실제 생산한 완성품은 2,200단위였고 원재료는 2,300단위가 투입되었으며, 원재료의 실제단위원가는 ₩48이었다. 직접재료원가의 가격차이와 수량차이는?

	가격차이	수량차이
①	₩4,600 유리	₩5,000 불리
②	₩4,600 불리	₩5,000 유리
③	₩5,000 유리	₩4,600 불리
④	₩5,000 불리	₩4,600 유리

19

「국가회계기준에 관한 규칙」 중 재정운영표에 대한 내용으로 옳지 않은 것은?

① 프로그램순원가는 프로그램을 수행하기 위해 투입한 원가 합계에서 다른 프로그램으로부터 배부받은 원가를 더하고, 다른 프로그램에 배부한 원가는 빼며, 프로그램의 수행과정에서 발생한 수익 등을 빼서 표시한다.
② 비배분비용이란 국가회계실체에서 발생한 비용 중 프로그램에 대응되지 않는 비용을 말한다.
③ 재정운영결과는 재정운영순원가에서 비배분수익 등을 빼서 표시한다.
④ 국가의 분야별 재정운영표는 사업순원가, 재정운영순원가, 재정운영결과로 구분하여 표시한다.

20

㈜한국은 종합원가계산제도를 채택하고 있으며 두 가지 직접재료를 투입하여 단일제품을 생산한다. 직접재료 A는 공정 초기에 전량 투입되고, 직접재료 B는 완성도 50% 시점에 전량 투입되며 가공원가는 공정 전반을 통해서 균등하게 발생한다. ㈜한국의 당월 생산 자료가 다음과 같을 때, 선입선출법하에서 직접재료원가A, 직접재료원가B, 가공원가 각각에 대한 완성품환산량은?

• 월초재공품(완성도 80%)	1,000개
• 당월완성품	5,000개
• 월말재공품(완성도 40%)	1,500개

	직접재료원가A	직접재료원가B	가공원가
①	5,500개	4,000개	4,600개
②	5,500개	4,000개	4,800개
③	6,500개	5,000개	4,600개
④	6,500개	5,500개	4,800개

14

다음은 ㈜한국의 20×1년 4월 한 달간 재고자산의 입·출고 수불부 자료이다. 회사가 재고자산의 원가흐름가정으로 선입선출법을 적용하는 경우와 총평균법을 적용하는 경우, 각각 20×1년 4월말 재고자산 금액은?

일자	구분	수량	단가
4월 1일	월초재고	20개	₩120
4월 5일	매입	40개	₩130
4월 8일	매출	50개	₩150
4월 12일	매입	40개	₩140
4월 25일	매출	30개	₩165

	선입선출법	총평균법
①	₩2,400	₩2,600
②	₩2,400	₩2,640
③	₩2,800	₩2,600
④	₩2,800	₩2,640

15

㈜한국은 20×1년 1월 1일에 취득한 기계장치(원가모형 적용)를 내용연수 4년, 잔존가치는 취득원가의 10%로 하여 연수합계법으로 상각하였다. 회사는 이 기계장치를 20×2년 9월 1일 ₩400,000에 처분하고 이 때 유형자산처분손실 ₩60,000을 인식하였다. 기계장치의 최초 취득원가는 얼마인가?

① ₩800,000
② ₩960,000
③ ₩1,000,000
④ ₩1,200,000

16

㈜한국은 스마트폰을 제조하여 판매하는데 판매한 제품에 대해서는 2년간 무상으로 품질보증서비스를 제공한다. 이에 대한 회계처리로 옳지 않은 것은?

① 보증의무를 이행하기 위하여 경제적 효익이 있는 자원을 유출할 가능성이 높고, 의무를 이행하기 위한 금액을 신뢰성 있게 추정할 수 있다면 충당부채로 계상한다.
② 보증의무를 이행하기 위한 자원의 유출 가능성은 높으나, 금액을 신뢰성 있게 추정할 수 없다면 우발부채로 공시한다.
③ 과거에 우발부채로 처리하였더라도 미래 경제적 효익의 유출 가능성이 높아진 경우에는 그러한 가능성의 변화가 생긴 기간의 재무제표에 충당부채로 인식한다.
④ 보증의무를 이행하기 위하여 경제적 효익이 있는 자원을 유출할 가능성이 희박하다면 충당부채로 계상하지 않고 우발부채로 공시한다.

17

다음 재무상태표를 통해 유동비율을 계산하면 얼마인가?

자산		부채	
현금	₩32,000	매입채무	₩13,000
매출채권	₩5,000	단기차입금	₩9,000
재고자산	₩63,000	선수수익	₩3,000
토지	₩270,000	유동성장기부채	₩25,000
건물	₩45,000	장기차입금	₩98,000
기계장치	₩87,000	장기충당부채	₩83,000
비품	₩53,000	자본	
영업권	₩45,000	:	
관계기업투자	₩132,000	:	

① 100%
② 200%
③ 300%
④ 400%

18

다음 중 기업이 자산을 궁극적으로 처분할 때 발생할 것으로 기대되는 거래원가의 현재가치가 포함되는 측정기준은?

① 사용가치와 이행가치
② 공정가치
③ 역사적 원가
④ 현행원가

19

㈜한국은 20×1년 12월 31일 은행 차입금을 상환하였다. 차입한 원금은 ₩1,000이며 이에 대한 이자 ₩100을 포함하여 ₩1,100을 지급하였다고 할 때 상환시점에 재무제표에 생겨나는 변화에 해당하지 않는 것은?

① 수익의 발생
② 비용의 발생
③ 자산의 감소
④ 부채의 감소

20

㈜한국은 매출채권의 대손에 충당금설정법을 적용하고 있다. 매출채권 및 대손에 관한 자료가 다음과 같을 때, 회사가 20×2년 중에 회수불능으로 대손처리한 금액은 얼마인가?

- 20×1년 말 재무상태표상 매출채권은 ₩4,200,000, 대손충당금은 ₩210,000이다.
- 20×2년 말 매출채권 잔액 ₩5,300,000에 대해 평가한 결과 미래현금흐름의 현재가치는 ₩4,960,000으로 추정되었다.
- 20×2년 손익계산서에 비용으로 인식한 대손상각비는 ₩200,000이다.

① ₩0
② ₩70,000
③ ₩130,000
④ ₩200,000

> 본 과목 풀이 시 기업의 보고기간(회계기간)은 매년 1월 1일부터 12월 31일까지이며, 기업은 계속해서 「한국채택국제회계기준」을 적용해오고 있다고 가정한다. 또한, 자료에서 제시하지 않은 사항(예: 법인세 효과 등)은 고려하지 않는다.

01

다음 중 계속기업의 가정에 대한 설명으로 옳지 않은 것은?

① 기업은 예상가능한 기간 동안 영업을 계속할 것이라는 가정이다.
② 계속기업의 가정에 따라 유형자산의 감가상각은 정당화된다.
③ 자산과 부채에 대한 유동 및 비유동 구분을 가능하게 한다.
④ 기업이 청산될 것으로 예상되는 경우 해당 기업의 자산은 역사적원가에 의해서 측정되어야 한다.

02

㈜한국은 대손에 대해 충당금설정법을 적용하고 있으며, 추정 미래현금흐름에 대한 자료는 다음과 같다. 회사가 당기중에 ₩2,500의 매출채권을 대손확정 처리했으며, 기말에 인식한 대손상각비가 ₩3,200이라고 할 때 회사의 20×1년 말 매출채권에 대한 추정 미래현금흐름은 얼마인가? (단, 미래현금흐름추정액의 명목금액과 현재가치 차이는 중요하지 않다)

구분	20×1년 말	20×2년 말
매출채권	₩78,000	₩86,000
추정미래현금흐름	?	₩81,800

① ₩72,000
② ₩73,800
③ ₩74,500
④ ₩74,800

03

재고자산의 취득원가에 관한 설명으로 옳지 않은 것은?

① 재고자산의 취득원가는 매입원가, 전환원가 및 재고자산을 현재의 장소에 현재의 상태로 이르게 하는 데 발생한 기타 원가 모두를 포함한다.
② 후속 생산단계에 투입하기 전에 보관이 필요한 경우 이외의 보관원가는 재고자산의 취득원가에 포함할 수 없으며 발생기간의 비용으로 인식한다.
③ 재료원가, 노무원가 및 기타제조원가 중 비정상적으로 낭비한 부분은 재고자산의 취득원가에 포함할 수 없다.
④ 비정상적으로 많은 생산이 이루어진 경우에는, 재고자산이 원가 이상으로 측정되지 않도록 생산단위당 고정제조간접원가 배부액을 증가시켜야 한다.

04

㈜한국은 자금조달 목적으로 액면금액 ₩1,000,000, 표시이자율 연 10%, 만기 3년인 사채를 20×1년 1월 1일 발행하였다. 이자는 1년에 2번, 6월 30일과 12월 31일에 지급하며 동 사채에 적용된 유효이자율은 6개월에 6%이다. 현재가치표가 다음과 같을 때, 사채의 발행금액은 얼마인가?

	₩1의 현재가치		연금 ₩1의 현재가치	
	3기간	6기간	3기간	6기간
5%	0.864	0.746	2.723	5.076
6%	0.840	0.705	2.673	4.917
10%	0.751	0.564	2.487	4.355
12%	0.712	0.507	2.402	4.111

① ₩912,550
② ₩950,850
③ ₩952,200
④ ₩967,300

05

기타포괄손익 항목 중 재분류조정과 관련하여 성격이 다른 것은?

① 재평가잉여금
② 기타포괄손익-공정가치로 측정하는 채무상품에 대한 투자에서 발생한 손익
③ 해외사업환산손익
④ 현금흐름위험회피 파생상품평가손익 중 위험회피에 효과적인 부분

06

다음 중 회사의 자본총계 금액이 변하는 경우는?

① 연구개발준비금을 적립한다.
② 자기주식을 소각한다.
③ 전환사채가 전환되었다.
④ 무상감자를 실시한다.

07

㈜한국은 20×1년 10월 1일 총 계약금액 ₩36,000인 건설계약을 수주하여 20×2년 상반기에 완성하였다. 회사는 동 건설계약에 대해 진행기준을 적용하였으며 관련 자료가 다음과 같을 때, ㈜한국이 20×2년에 인식할 계약이익은?

	20×1년	20×2년
당기 발생 계약원가	₩7,500	₩24,000
당기 말 추정한 예상추가원가	₩22,500	-
청구한 금액	₩10,000	₩26,000
결제 받은 금액	₩8,000	₩28,000

① ₩2,700
② ₩3,000
③ ₩3,375
④ ₩4,500

08

㈜한국은 20×3년 결산 과정에서 다음과 같은 오류를 발견했다. 이에 대한 오류수정 분개로 옳은 것은?

- 20×1년 1월 1일 기계장치에 대한 수선비 ₩100,000을 수익적지출로 비용처리해야 했으나, 자본적지출로 기계장치 장부가액에 가산하였다.
- 기계장치의 최초 취득원가는 ₩1,000,000이며 20×1년 1월 1일 수선비 지출시점에 잔존 내용연수는 5년, 잔존가치는 없다. 기계장치에 대한 감가상각방법은 정액법이다.
- 회사는 이러한 오류를 20×3년 재무제표 마감 전에 발견하였다.

① (차) 이익잉여금　　₩60,000　(대) 기계장치　　₩100,000
　　　감가상각누계액　₩60,000　　　감가상각비　₩20,000

② (차) 이익잉여금　　₩40,000　(대) 기계장치　　₩100,000
　　　감가상각누계액　₩60,000

③ (차) 이익잉여금　　₩100,000　(대) 기계장치　　₩100,000
　　　감가상각누계액　₩60,000　　　감가상각비　₩60,000

④ (차) 이익잉여금　　₩100,000　(대) 기계장치　　₩100,000
　　　감가상각누계액　₩20,000　　　감가상각비　₩20,000

09

「한국채택국제회계기준」의 현금흐름표에 대한 설명으로 옳지 않은 것은?

① 금융회사의 경우 이자지급, 이자수입 및 배당금수입은 일반적으로 영업활동 현금흐름으로 분류한다.
② 금융업이 아닌 경우 이자지급이나 배당금지급은 영업활동 또는 투자활동으로 분류할 수 있다.
③ 금융업이 아닌 경우 이자수입 및 배당금수입은 영업활동 또는 투자활동으로 분류할 수 있다.
④ 법인세로 인한 현금흐름은 별도로 공시하며, 재무활동과 투자활동에 명백히 관련되지 않는 한 영업활동 현금흐름으로 분류한다.

10

㈜한국은 20×1년 1월 1일에 내용연수가 5년이고 공정가치가 ₩1,000,000인 차량을 4년간 리스하는 계약을 체결하였다. 리스료는 매년 12월 31일에 ₩200,000씩을 지급한다. ㈜한국의 증분차입이자율은 10%이고, 리스의 내재이자율은 8%이다. ㈜한국은 리스를 체결하기 위하여 리스개설직접원가 ₩50,000을 부담하였다. 이자율에 따른 연금현가계수가 다음과 같을 때, 리스계약체결일에 ㈜한국이 리스부채와 사용권자산으로 인식할 금액은 얼마인가?

이자율	8%	10%
4기간 연금현가	3.31	3.17

	리스부채	사용권자산
①	₩634,000	₩584,000
②	₩634,000	₩684,000
③	₩662,000	₩612,000
④	₩662,000	₩712,000

11

다음 중 시산표에 의해 추적이 불가능한 오류는?

① ₩50,000의 매출채권을 현금으로 회수시, 현금 ₩50,000은 차변기입 하였으나 매출채권 ₩45,000으로 대변기입하는 분개를 하였다.
② ₩200,000의 매출채권을 현금으로 회수시, 현금 ₩200,000을 차변기입 하였고 매출채권 ₩200,000 역시 차변기입하는 분개를 하였다.
③ ₩100,000의 매출채권을 현금으로 회수하면서, 분개는 적정하게 하였지만 원장으로 전기할 때 차변에 현금계정 대신 토지계정으로 전기하였다.
④ ₩1,000,000의 매입채무를 상환하면서, 매입채무 ₩100,000을 차변기입 하였고 현금 ₩1,000,000을 대변기입하는 분개를 하였다.

12

㈜한국은 20×1년 초에 A회사의 3년 만기, 액면가 ₩10,000, 표시이자율 6%(매년 말 지급)의 사채를 ₩9,000에 취득하였다. 취득당시의 유효이자율은 10%이고 회사는 동 채권을 기타포괄손익-공정가치 측정(FVOCI) 금융자산으로 분류하였다. 회사채의 연도말 공정가치가 다음과 같을 때 회계처리에 대한 설명으로 옳지 않은 것은?

일자	20×1년 말	20×2년 말
공정가치	₩9,400	₩9,600

① 20×1년 재무상태표에 보고되는 금융자산평가이익은 ₩100이다.
② 20×2년 회사가 인식할 이자수익은 ₩930이다.
③ 20×2년말 재무상태표에 보고되는 금융자산은 ₩9,630이다.
④ 20×2년말 재무상태표에 보고되는 금융자산평가손실은 ₩30이다.

13

㈜한국은 20×1년 1월 1일 기계장치를 ₩100,000에 취득하였다. 기계장치에 대한 내용연수는 4년, 잔존가치는 ₩10,000으로 추정된다. 회사는 감가상각방법으로 이중체감법과 연수합계법 중 어느 것이 당기순이익에 더 유리한지 고민 중에 있다. 두 방법 중 20×1년 당기순이익을 더 높게 보고하는 방법과 당기순이익 차이금액을 계산하면? (단, 회사는 기계장치에 대하여 원가모형을 적용한다)

	당기순이익을 높게 보고하는 방법	당기순이익 차이
①	이중체감법	₩9,000
②	이중체감법	₩14,000
③	연수합계법	₩10,000
④	연수합계법	₩14,000

14

㈜한국은 평균법에 의한 종합원가계산을 채택하고 있다. 직접재료는 공정 초기에 전량 투입되고 가공원가는 공정 전반에 걸쳐 균등하게 발생된다. 회사가 원가산정을 위해 계산한 자료는 다음과 같다.

• 직접재료원가 완성품환산량	4,000개
• 가공원가 완성품환산량	3,600개
• 당기완성품수량	2,400개

위 자료를 이용하여 계산한 기말재공품의 가공원가 완성도는?

① 50%
② 60%
③ 75%
④ 80%

15

㈜한국의 20×1년 제품 단위당 판매가격은 ₩2,000, 단위당 변동원가는 ₩1,600, 연간 총 고정원가는 ₩400,000으로 예상된다. 회사는 제품 100단위에 대한 특별주문을 받았는데 여유설비는 충분하다. 특별주문을 수락할 경우 단위당 변동원가 중 변동판매비와 관리비에 해당하는 ₩400은 절감할 수 있으며, 주문에 대한 배송비 ₩20,000은 추가로 발생한다. ㈜한국이 특별주문을 수락하기 위한 최소한의 판매가격은 얼마인가?

① ₩1,200
② ₩1,300
③ ₩1,400
④ ₩1,500

16

다음 자료를 이용하여 직접재료원가를 구하면?

• 간접재료원가	₩20,000	• 판매사원급여	₩60,000
• 본사건물감가상각비	₩25,000	• 공장건물감가상각비	₩40,000
• 공장수도광열비	₩15,000	• 매출원가	₩225,000
• 기본원가	₩170,000	• 전환원가	₩135,000

① ₩95,000
② ₩110,000
③ ₩130,000
④ ₩150,000

17

「국가회계기준에 관한 규칙」상 일반원칙에 해당하지 않는 것은?

① 재무제표의 양식, 과목 및 회계용어는 이해하기 쉽도록 간단 명료하게 표시하여야 한다.
② 재무정보는 의사결정에 영향을 미칠 수 있도록 의사결정자가 정보를 제때에 이용가능하게 하여야 한다.
③ 중요한 회계방침, 회계처리기준, 과목 및 금액에 관하여는 그 내용을 재무제표에 충분히 표시하여야 한다.
④ 회계처리에 관한 기준 및 추정(推定)은 기간별 비교가 가능하도록 기간마다 계속하여 적용하고 정당한 사유 없이 변경해서는 아니 된다.

18

㈜한국은 두 개의 보조부문(S1, S2)과 두 개의 제조부문(P1, P2)을 통해 제품을 생산하고 있으며, 직접배부법을 이용하여 보조부문원가를 제조부문에 배부한다. 20×1년 4월 중 용역제공부문이 용역사용부문에 제공한 용역의 비율과 각 부문별 제조간접원가 실제발생액은 다음과 같다.

용역제공 부문	용역사용부문			
	보조부문 S1	보조부문 S2	제조부문 P1	제조부문 P2
보조부문 S1	-	50%	20%	30%
보조부문 S2	20%	-	40%	40%
원가발생액	₩50,000	₩60,000	₩200,000	₩250,000

직접배부법에 의하여 20×1년 4월 중 실제로 발생한 보조부문의 원가를 제조부문에 배부한 후, 제조부문 P1과 제조부문 P2에 집계될 제조간접원가 금액은 각각 얼마인가?

	제조부문 P1	제조부문 P2
①	₩200,000	₩230,000
②	₩220,000	₩250,000
③	₩230,000	₩280,000
④	₩250,000	₩310,000

19

다음은 ㈜한국의 생산 및 원가관련 예상자료이다. ㈜한국이 12%의 총자산이익률을 달성하기 위해서는 제품가격을 얼마로 결정해야 하는가?

• 연간 예상판매량	10,000개
• 제품단위당 변동원가	₩200
• 연간 총고정원가	₩450,000
• 평균총자산	₩3,000,000

① ₩264
② ₩270
③ ₩281
④ ₩290

20

다음 중 「지방자치단체 회계기준에 관한 규칙」에 의한 주민편의시설에 해당하지 않는 항목은?

① 도로
② 공원
③ 주차장
④ 박물관

14

㈜한국은 20×1년 1월 1일에 건물을 ₩5,000,000에 취득(내용연수 10년, 잔존가치 ₩0, 정액법 감가상각)하였다. 20×1년 말 및 20×2년 말 기준 원가모형을 적용하는 건물의 순공정가치는 각각 ₩3,600,000과 ₩3,900,000이고, 사용가치는 각각 ₩3,000,000과 ₩4,300,000이다. ㈜한국은 건물의 회수가능액과 장부금액의 차이가 중요하고 손상징후가 있는 것으로 판단하여 손상차손(손상차손환입)을 인식하였다. 관련 설명으로 옳지 않은 것은?

① 20×2년도에 감가상각비로 ₩400,000을 인식한다.

② 20×1년 말 재무상태표에 표시되는 건물 장부금액은 ₩3,600,000이다.

③ 20×1년도에 손상차손으로 ₩900,000을 인식한다.

④ 20×2년도에 손상차손환입으로 ₩1,100,000을 인식한다.

15

「한국채택국제회계기준」의 무형자산에 대한 설명으로 옳지 않은 것은?

① 무형자산을 최초로 인식할 때에는 원가로 측정한다.

② 내부적으로 창출한 영업권은 자산으로 인식하지 아니한다.

③ 최초에 비용으로 인식한 무형항목에 대한 지출은 그 이후에 무형자산의 원가로 인식할 수 없다.

④ 외부에서 대가를 지급하고 취득한 개별 고객목록에 대한 취득 후의 지출은 고객목록의 장부금액에 포함한다.

16

㈜한국의 20×1년 결산 시 당기순이익이 ₩300,000이었으나, 다음 사항이 누락되었음을 발견하였다. 누락 사항을 반영한 당기순이익은? (단, 법인세 효과는 무시한다)

- 당기에 최초로 소모품을 ₩50,000에 구입하고 전액 비용처리 하였으나 기말 현재 ₩20,000이 남아 있다.
- 20×1년 10월 1일 은행에 ₩1,000,000을 예금하였다. 연이자율은 8%이며, 이자지급일은 매년 9월 30일이다.
- 12월분 급여 ₩100,000에 대해 기말 현재 지급이 이루어지지 않았다.

① ₩240,000

② ₩280,000

③ ₩320,000

④ ₩360,000

17

㈜한국의 20×1년 기초 및 기말의 유동비율은 각각 150%와 200%이다. 20×1년 중 유동항목의 변화가 다음과 같을 때, 20×1년 말 유동부채 금액은 얼마인가?

- 매출채권의 감소　₩3,000
- 재고자산의 증가　₩15,000
- 매입채무의 감소　₩5,000
- 단기차입금의 증가　₩8,000

① ₩9,000

② ₩12,000

③ ₩15,000

④ ₩18,000

18

「한국채택국제회계기준」에 따라 비용을 기능별로 분류하여 표시할 때, 다음 중 매출원가에 영향을 미치는 경우는?

① 전 직원에게 급여를 지급하였다.
② 자선단체에 기부를 하였다.
③ 유형자산을 처분하여 손실이 발생하였다.
④ 원재료 확보를 위해 계약을 체결하며 선급금을 지급하였다.

19

㈜한국의 20×1년 기초와 기말 자산 및 부채 총계는 다음과 같다.

	기초	기말
자산 총계	₩56,000	₩90,000
부채 총계	₩32,000	₩48,000

회사는 당기중에 이익처분으로 현금배당 ₩2,000, 주식배당 ₩1,000, 이익준비금 적립 ₩1,000을 실시하였다. ㈜한국의 20×1년 포괄손익계산서상 당기순이익은 얼마인가?

① ₩19,000
② ₩20,000
③ ₩21,000
④ ₩22,000

20

다음 중 한국채택국제회계기준에 따른 '현금및현금성자산'에 해당하지 않는 것은?

① 당좌예금 잔액
② 거래처가 발행하여 지급한 수표
③ 취득 당시 만기가 3개월 이내에 도래하는 상환우선주
④ 취득 당시 2개월 후에 처분하기로 한 지분상품

회계학

본 과목 풀이 시 기업의 보고기간(회계기간)은 매년 1월 1일부터 12월 31일까지이며, 기업은 계속해서 「한국채택국제회계기준」을 적용해 오고 있다고 가정한다. 또한, 자료에서 제시하지 않은 사항(예: 법인세 효과 등)은 고려하지 않는다.

01

「재무보고를 위한 개념체계」에 제시된 유용한 재무정보의 근본적 질적 특성에 대한 설명이 아닌 것은?

① 목적적합한 재무정보는 이용자들의 의사결정에 차이가 나도록 할 수 있다.

② 특정 보고기업에 대한 재무정보를 제공하는 일반목적재무보고서에 정보를 누락하거나 잘못기재하거나 불분명하게 하여, 이를 기초로 내리는 주요 이용자들의 의사결정에 영향을 줄 것으로 합리적으로 예상할 수 있다면 그 정보는 중요한 것이다.

③ 목적적합하지 않은 현상에 대한 표현충실성과 목적적합한 현상에 대한 충실하지 못한 표현 모두 이용자들이 좋은 결정을 내리는 데 도움이 되지 않는다.

④ 정보를 명확하고 간결하게 분류하고, 특징지으며, 표시하는 것은 정보를 이해가능하게 한다.

02

재고자산의 측정에 대한 설명으로 옳지 않은 것은?

① 재고자산의 취득원가는 매입원가, 전환원가 및 재고자산을 현재의 장소에 현재의 상태로 이르게 하는 데 발생한 기타 원가 모두를 포함한다.

② 재고자산의 지역별 위치나 과세방식이 다른 경우에는 동일한 재고자산에 대하여 다른 단위원가 결정방법을 적용하는 것이 정당화될 수 있다.

③ 완성될 제품이 원가 이상으로 판매될 것으로 예상하는 경우에는 그 생산에 투입하기 위해 보유하는 원재료 및 기타 소모품을 감액하지 아니한다.

④ 고정제조간접원가는 생산설비의 정상조업도에 기초하여 전환원가에 배부하는데, 실제조업도가 정상조업도와 유사한 경우에는 실제조업도를 사용할 수 있다.

03

㈜한국은 A회사 주식을 취득하고, 이를 당기손익-공정가치측정(FVPL)금융자산으로 분류하였다. A회사 주식거래와 관련된 정보가 다음과 같을 때, 옳은 설명은?

구분	20×1년 기중	20×1년 기말	20×2년 기말	20×3년 기말
회계처리	취득	후속평가	후속평가	처분
공정가치	₩100,000	₩110,000	₩95,000	₩96,000
거래원가	₩3,000	-	-	₩2,000

① 20×1년 기중 당기손익-공정가치측정금융자산의 취득원가는 ₩103,000이다.

② 20×1년 기말 당기손익-공정가치측정금융자산의 평가이익은 ₩7,000이다.

③ 20×2년 기말 당기손익-공정가치측정금융자산의 평가손실은 ₩5,000이다.

④ 20×3년 처분시 당기손실은 ₩1,000이다.

04

다음은 ㈜한국의 재무자료 중 일부이다.

• 기초자산	₩60,000	• 기초부채	₩24,000
• 기말부채	₩28,000	• 총수익	₩62,000
• 총비용	₩49,000	• 현금배당	₩4,000

당기 중 액면 ₩5,000의 주식에 대해서 현금 ₩3,000을 지급하는 유상감자를 실시하였다. 회사의 기말 자산총액은 얼마인가?

① ₩40,000

② ₩42,000

③ ₩68,000

④ ₩70,000

05

다음은 ㈜한국의 당기와 전기 재무제표 중 일부이다. 회사의 당기 대손상각비는 ₩21,000이고, 매출채권 회수액은 ₩1,340,000일 때, 당기 매출액은 얼마인가?

	기초	기말
매출채권	₩180,000	₩195,000
대손충당금	₩16,000	₩21,500

① ₩1,355,000
② ₩1,370,500
③ ₩1,535,000
④ ₩1,550,500

06

㈜한국은 보유중인 기계장치(취득원가 ₩300,000, 감가상각누계액 ₩100,000)에 대해서 ㈜민국의 기계장치와 교환을 검토 중에 있다. 다음 세 가지 상황이 모두 독립적이라고 가정할 때, ㈜한국의 입장에서 유형자산처분이익이 높은 순서대로 배열한 것을 고르시오.

> ㄱ. ㈜한국의 기계장치에 대한 공정가치는 ₩220,000이다. 공정가치가 ₩200,000인 ㈜민국의 트럭과 교환하며 추가로 ₩50,000의 현금을 수령한다. 이 거래는 상업적 실질이 있다.
> ㄴ. ㈜한국의 기계장치에 대한 공정가치는 ₩230,000이다. 공정가치가 ₩220,000인 ㈜민국의 승용차와 교환하며 추가로 ₩20,000의 현금을 지급한다. 이 거래는 상업적 실질이 있다.
> ㄷ. ㈜한국의 기계장치에 대한 공정가치는 ₩240,000이다. 공정가치가 ₩260,000인 ㈜민국의 기계장치와 교환하며 추가로 ₩20,000의 현금을 지급한다. 이 거래는 상업적 실질이 없다.

① ㄴ > ㄱ > ㄷ
② ㄱ > ㄷ > ㄴ
③ ㄷ > ㄱ > ㄴ
④ ㄱ > ㄴ > ㄷ

07

유형자산의 재평가에 대한 설명으로 적절하지 않은 것은?

① 특정 유형자산을 재평가할 때, 해당 자산이 포함되는 유형자산 분류 전체를 재평가한다.
② 자산의 장부금액이 재평가로 인하여 증가된 경우에 그 증가액은 기타포괄손익으로 인식하고 재평가잉여금의 과목으로 자본에 가산한다.
③ 자산의 장부금액이 재평가로 인하여 감소된 경우에 그 감소액은 부의 기타포괄손익으로 인식하고 재평가잉여금의 과목으로 하여 부(-)의 금액으로 표시한다.
④ 재평가의 빈도는 급격한 공정가치의 변동 때문에 매년 재평가가 필요한 유형자산도 있으며, 반면에 공정가치의 변동이 경미한 유형자산에 대하여는 예로 매 3년이나 5년마다 재평가하는 것도 용인된다.

08

다음 자료를 이용하여 계산한 ㈜한국의 20×1년 매출액순이익률은?

• 자산총액	₩900억
• 자기자본순이익률 (당기순이익/자본)	15%
• 총자산회전율	0.5회
• 부채비율(부채/자본)	200%
• 기초자산과 기말자산 금액은 동일	
• 기초자본과 기말자본 금액은 동일	

① 8%
② 10%
③ 12%
④ 14%

09

㈜한국은 12월 결산법인으로 20×1년 신기술 개발을 위해 ₩100,000을 지출하였다. 신기술은 20×2년 1월 1일부터 4월 30일까지 ₩60,000을 추가로 지출한 다음 완성되었다. 회사는 이 신기술에 대한 특허를 신청하였는데, 변리사 수수료로 ₩30,000 등록비로 ₩10,000을 지출하여 20×2년 10월 1일 특허권을 취득하였다. 이 특허권에 대한 법적 권리는 10년간 보장되지만 경제적 효익이 발생하는 기간은 4년으로 예상될 때, 회사가 무형자산을 정액법으로 상각한다면 20×2년 특허권에 대한 상각비는 얼마인가?

① ₩2,500
② ₩10,000
③ ₩12,500
④ ₩50,000

10

다음 중 이익잉여금 계정잔액을 증가시키거나 감소시키는 경우가 아닌 것은?

① 이익잉여금 중 일부를 상법에 따라 이익준비금으로 적립한다.
② 이익잉여금을 재원으로 하여 주식배당을 한다.
③ 주식할인발행차금 잔액을 이익잉여금의 처분으로 상각한다.
④ 이익잉여금을 재원으로 하여 현금배당을 한다.

11

자산의 손상징후에 관한 설명으로 옳지 않은 것은?

① 내용연수가 비한정인 무형자산이나 아직 사용할 수 없는 무형자산은 일 년에 한 번은 손상검사를 한다.
② 사업결합으로 취득한 영업권의 경우 손상징후 유무에 관계없이 일 년에 한 번은 손상검사를 한다.
③ 순자산 장부금액이 시가총액보다 작은 경우 손상징후에 해당한다.
④ 자산의 매입에 드는 현금이나 자산의 운영·관리에 쓰는 후속적인 현금이 당초 예상 수준보다 유의적으로 많은 경우 자산 손상 징후 증거에 해당한다.

12

㈜한국의 20×2년 오류수정 전 당기순이익은 ₩200,000이다. 감사과정에서 다음과 같은 오류를 발견하였을 때, 20×2년 오류수정 후 당기순이익은?

오류사항	20×1년	20×2년
기말 재고자산	₩20,000 과소계상	₩10,000 과대계상
선급비용을 당기비용으로 처리	₩12,000	₩15,000
미지급비용 인식 누락	₩8,000	₩5,000

① ₩176,000
② ₩187,000
③ ₩213,000
④ ₩224,000

13

㈜한국은 20×1년도 손익계산서에 보험료로 ₩69,800을 보고하였다. 20×1년도 말 현재 선급보험료는 ₩25,760이며, 20×1년도에 현금으로 지급된 선급보험료는 ₩79,200이다. 20×1년도에 미지급보험료와 관련된 거래는 없다고 할 때 20×1년 기초의 선급보험료 잔액은 얼마인가?

① ₩95,560
② ₩69,800
③ ₩25,760
④ ₩16,360

→ [회계원리]

14

「국가회계기준에 관한 규칙」상 재정상태표에 대한 설명으로 옳지 않은 것은?

① 재정상태표는 재정상태표일 현재의 자산과 부채의 명세 및 상호관계 등 재정상태를 나타내는 재무제표로서 자산, 부채 및 순자산으로 구성된다.
② 현재 세대와 미래 세대를 위하여 정부가 영구히 보존하여야 할 자산으로서 역사적, 자연적, 문화적, 교육적 및 예술적으로 중요한 가치를 갖는 자산은 자산으로 인식하지 아니하고 그 종류와 현황 등을 주석으로 공시한다.
③ 자산은 공공서비스를 제공할 수 있거나 직접적 또는 간접적으로 경제적 효익을 창출할 가능성이 높고 그 가액을 신뢰성 있게 측정할 수 있을 때에 인식한다.
④ 자산, 부채 및 순자산은 총액으로 표시한다. 이 경우 자산 항목과 부채 또는 순자산 항목을 상계함으로써 그 전부 또는 일부를 재정상태표에서 제외해서는 아니 된다.

15

㈜한국은 활동기준원가계산에 의하여 간접원가를 배부하고 있다. 20×6년 중 고객 갑은 10회를 주문하였다. 20×6년도 간접원가 관련 자료가 다음과 같을 때, 고객 갑에게 배부될 간접원가 총액은?

(1) 연간 간접원가

구분	금액
급여	₩500,000
임대료	₩200,000
통신비	₩100,000
계	₩800,000

(2) 활동별 간접원가 배부비율

구분	주문처리	고객대응
급여	60%	40%
임대료	50%	50%
통신비	70%	30%

(3) 활동별 원가동인과 연간 활동량

활동	원가동인	활동량
주문처리	주문횟수	1,000회
고객대응	고객수	110명

① ₩4,700
② ₩5,170
③ ₩6,850
④ ₩7,700

16

㈜한국은 화학공정을 통해 하나의 분리점에서 A, B, C 세 가지 제품을 생산한 다음 추가 가공하여 판매하고 있다. 세 가지 제품을 생산하기 위해 발생한 결합원가는 ₩1,000,000이며, 관련된 자료는 다음과 같다. 회사가 순실현가치를 기준으로 결합원가를 배분하는 경우 A제품에 배분될 kg당 결합원가는?

제품	생산량	분리후 가공원가	판매단가(kg당)
A	200kg	₩40,000	₩500
B	150kg	₩40,000	₩400
C	100kg	₩20,000	₩600
합계	450kg	₩100,000	

① ₩2,000
② ₩2,500
③ ₩2,700
④ ₩3,000

17

㈜한국은 단일제품을 생산하고 있으며 판매가격 및 원가와 관련된 자료는 다음과 같다. 법인세율이 20%인 경우, 세후 목표이익 ₩400,000을 달성하기 위한 판매량은?

• 단위당 판매가격	₩2,000	• 단위당 직접재료원가	₩500
• 단위당 직접노무원가	₩300	• 단위당 변동제조간접원가	₩250
• 단위당 변동판매원가	₩150	• 총고정원가	₩500,000

① 1,000개
② 1,200개
③ 1,250개
④ 1,500개

18

「국가회계기준에 관한 규칙」상 투자증권 및 정부출자금의 평가에 대한 설명으로 옳지 않은 것은?

① 투자증권은 매입가액에 부대비용을 더하고 종목별로 총평균법 등을 적용하여 산정한 가액을 취득원가로 한다.
② 정부출자금은 출자액 또는 매입가액에 부대비용을 더하고 품목별로 총평균법 등을 적용하여 산정한 가액을 취득원가로 한다.
③ 채무증권은 상각후취득원가로 평가하고, 지분증권은 취득원가로 평가한다. 다만, 재정상태표일 현재 신뢰성 있게 공정가액을 측정할 수 있으면 그 공정가액으로 평가한다.
④ 투자증권을 공정가액으로 평가하는 경우 장부가액과 공정가액의 차이금액은 재정운영순원가에 반영한다.

19

㈜한국은 20×1년 3월 ₩100,000의 재료를 제품생산에 투입했다. 월말의 재고가 월초에 비해 ₩25,000 증가하였다면 ㈜한국이 20×1년 3월에 구입한 재료는?

① ₩25,000
② ₩75,000
③ ₩100,000
④ ₩125,000

20

㈜한국은 기계작업시간을 기준으로 제조간접원가를 예정배부한다. 다음 자료를 바탕으로 제조간접원가 실제발생액을 구하면?

• 제조간접원가 예산	₩300,000
• 예정조업도	1,000시간
• 실제조업도	900시간
• 제조간접원가 배부차이	₩12,000 과대배부

① ₩258,000
② ₩282,000
③ ₩288,000
④ ₩312,000

14

자본유지개념에 대한 설명으로 옳지 않은 것은?

① 재무자본유지개념 하에서 이익은 해당 기간 동안 소유주에게 배분하거나 소유주가 출연한 부분을 제외하고 기말 순자산의 재무적 측정금액이 기초 순자산의 재무적 측정금액을 초과하는 경우에만 발생한다.

② 실물자본유지개념 하에서 이익은 해당 기간 동안 소유주에게 배분하거나 소유주가 출연한 부분을 제외하고 기업의 기말 실물생산능력이나 조업능력이 기초 실물생산능력을 초과하는 경우에만 발생한다.

③ 재무자본유지개념은 특정한 측정기준의 적용을 요구하지 아니한다.

④ 실물자본유지개념을 사용하기 위해서는 공정가치기준에 따라 측정해야 한다.

15

㈜한국의 20×1년 상품거래에 대한 자료이다. 회사가 계속기록법하에서 개별법을 적용한다고 할 때 매출원가는 얼마인가?

- 전기이월된 기초 상품은 ₩8,000이다.
- 3월 1일 상품을 현금으로 구매하였다. 상품대금은 ₩20,000이며 운임을 별도로 ₩2,000 지급하였다.
- 7월 1일 기초에 보유하고 있던 상품 전부를 현금 ₩11,000에 판매하였 다.
- 10월 15일 당기에 구입한 상품 중 절반을 ₩15,000에 외상판매하였다.

① ₩17,000
② ₩18,000
③ ₩19,000
④ ₩20,000

16

㈜한국의 20×1년 결산수정사항이 다음과 같을 경우, 기말수정분개가 미치는 영향으로 틀린 것은?

- 9월 1일 1년간의 임차료 ₩90,000을 현금으로 지급하고 이를 모두 임차료로 처리하였다.
- 실적에 따른 직원 성과급 ₩20,000이 발생되었으나 기말 현재 미지급 상태이다.

① 당기순이익이 ₩40,000만큼 증가한다.
② 자산총액이 ₩60,000만큼 증가한다.
③ 부채총액이 ₩20,000만큼 증가한다.
④ 수정후시산표의 차변합계가 ₩80,000만큼 증가한다.

17

㈜한국의 20×1년 손익계산서상 당기순이익은 ₩400,000이다. 다음 자료를 바탕으로 현금흐름표에 표시될 영업활동 현금흐름은 얼마인가?

감가상각비	₩80,000	유형자산처분이익	₩40,000
사채상환손실	₩120,000	장기차입금의 증가	₩150,000
매입채무의 증가	₩50,000	매출채권의 증가	₩80,000

① ₩450,000
② ₩530,000
③ ₩590,000
④ ₩680,000

18

㈜한국은 20×1년도에 사채를 할인발행하고, 할인발행차금을 유효이자율법이 아닌 정액법을 적용하여 상각하였다. 유효이자율법 대신 정액법을 사용한 결과가 재무제표에 미치는 영향을 바르게 나타낸 것은?

	사채 장부금액	당기순이익
①	증가	증가
②	감소	감소
③	증가	감소
④	감소	증가

19

다음은 각각 독립적인 사건으로, '재무제표에 인식된 금액의 수정을 요하는 보고기간후사건'에 해당하는 것을 모두 고른 것은?

> ㄱ. 보고기간말에 존재하였던 현재의무가 보고기간 후에 소송사건의 확정에 의해 확인되는 경우
> ㄴ. 보고기간말과 재무제표 발행승인일 사이에 투자자산의 공정가치가 하락하는 경우
> ㄷ. 보고기간말 이전에 구입한 자산의 취득원가나 매각한 자산의 대가를 보고기간 후에 결정하는 경우

① ㄱ
② ㄴ
③ ㄴ, ㄷ
④ ㄱ, ㄷ

20

㈜한국은 20×1년 7월 1일 액면금액 ₩5,000의 보통주 100주를 주당 ₩8,000에 유상증자하였다. 유상증자일 현재 주식할인발행차금 미상각 잔액이 ₩200,000 계상되어 있으며, 증자와 직접 관련하여 발생한 원가는 ₩20,000이고 간접 관련하여 발생한 원가는 ₩10,000이다. 동 유상증자 직후 주식발행초과금의 잔액은 얼마인가?

① ₩70,000
② ₩80,000
③ ₩100,000
④ ₩300,000

> 본 과목 풀이 시 기업의 보고기간(회계기간)은 매년 1월 1일부터 12월 31일까지이며, 기업은 계속해서 「한국채택국제회계기준」을 적용해 오고 있다고 가정한다. 또한, 자료에서 제시하지 않은 사항(예: 법인세 효과 등)은 고려하지 않는다.

01

고객과의 계약에서 거래가격을 산정하는 내용으로 옳은 것은?

① 거래가격은 고객에게 약속한 재화나 용역을 이전하고 그 대가로 기업이 받을 권리를 갖게 될 것으로 예상하는 금액이며, 제삼자를 대신해서 회수한 금액을 포함한다.

② 고객과의 계약에서 약속한 대가는 고정금액이거나 변동금액일 수 있지만, 동시에 이 둘 다를 포함할 수는 없다.

③ 변동대가는 발생할 가능성이 가장 높은 금액이 있더라도 단일 금액으로 추정해서는 안 되며, 가능한 대가의 범위에 있는 모든 금액에 각 확률을 곱한 기댓값으로 추정해야 한다.

④ 고객에게서 받은 대가의 일부나 전부를 고객에게 환불할 것으로 예상하는 경우에는 환불부채를 인식하고, 이에 대해서는 보고기간 말마다 상황의 변동을 반영하여 새로 수정한다.

02

㈜한국은 20×1년 말 다음과 같은 결산수정분개를 하였다. 20×1년 중에는 소모품을 구입하기 위해 ₩12,000의 현금을 지급하였으며 당기 초에 소모품재고는 없었다. 20×1년 말에 ㈜한국이 소유하고 있는 소모품은 얼마인가?

(차) 소모품	₩8,000	(대) 소모품비	₩8,000

① ₩4,000

② ₩6,000

③ ₩8,000

④ ₩10,000

03

「재무보고를 위한 개념체계」의 내용 중 신중성에 대한 설명으로 옳지 않은 것은?

① 신중성은 불확실한 상황에서 판단할 때 주의를 기울이는 것인데, 중립성은 신중을 기함으로써 뒷받침된다.

② 신중을 기한다는 것은 자산과 수익이 과대평가되지 않고 부채와 비용이 과소평가되지 않는 것을 의미하며, 마찬가지로 자산이나 수익의 과소평가나 부채나 비용의 과대평가도 허용하지 않는다.

③ 신중을 기하는 것은 비대칭의 필요성을 내포하므로, 비대칭은 유용한 재무정보의 질적특성에 해당한다.

④ 나타내고자 하는 바를 충실하게 표현하는 가장 목적적합한 정보를 선택하려는 결정의 결과가 비대칭성이라면, 특정 회계기준에서 비대칭적인 요구사항을 포함할 수도 있다.

04

기타포괄손익에 관한 설명으로 옳지 않은 것은?

① 재평가잉여금의 변동은 기타포괄손익으로 인식된 후, 자산이 사용되는 후속기간에 당기손익으로 재분류한다.

② 비지배지분이 있는 경우에 회계기간의 기타포괄손익은 비지배지분과 지배기업의 소유주에 귀속되는 몫으로 배분하여 포괄손익계산서에 공시한다.

③ 기타포괄손익의 구성요소는 법인세효과를 차감한 순액으로 표시할 수 있다.

④ 기타포괄손익은 주주와의 자본거래를 제외한 거래나 사건으로 인하여 회계기간동안 발생한 자본의 변동 중 당기손익에 포함하지 않은 손익항목이다.

05

다음은 ㈜한국의 20×1년 매출 및 매입활동과 관련된 잔액 내역이다.

	기 초	기 말
매출채권	₩32,000	₩45,000
재고자산	₩20,000	₩24,000
매입채무	₩40,000	₩44,000

회사가 현금으로 회수한 매출채권은 ₩128,000, 현금으로 지급한 매입채무는 ₩132,000이다. 회사의 모든 매출과 매입이 외상으로 이루어진다고 할 때, 20×1년 손익계산서에 보고될 매출총이익은 얼마인가?

① ₩6,000

② ₩7,000

③ ₩8,000

④ ₩9,000

06

㈜한국은 20×1년 초에 발행된 A회사의 사채(액면금액 ₩1,000,000)를 ₩950,000에 취득하여 기타포괄손익-공정가치 측정 금융자산으로 인식하였다. 사채의 표시이자율은 연 8%, 취득시점의 유효이자율은 연 10%이다. 동 사채의 연도말 공정가치가 다음과 같을 때, 20×2년에 기타포괄손익으로 인식할 금융자산평가손익은?

일자	20×1년 말	20×2년 말
공정가치	₩968,000	₩982,000

① 평가손실 ₩2,500

② 평가손실 ₩500

③ 평가이익 ₩500

④ 평가이익 ₩2,500

07

㈜한국은 20×1년 1월 1일 전기차 1대를 ₩30,000,000(공정가치)에 취득하였다. 차량 구입대금 가운데 ₩20,000,000은 상환의무가 없는 정부보조금으로 충당하였다. 차량의 내용연수는 5년, 잔존가치는 ₩1,000,000이며 연수합계법에 의하여 상각한다. 20×2년말 차량의 장부금액(순액)은 얼마인가? (정부보조금은 관련된 유형자산의 차감계정으로 표시하는 회계정책을 적용하고 있다)

① ₩4,000,000

② ₩4,600,000

③ ₩8,600,000

④ ₩12,600,000

08

㈜한국은 20×1년 1월 1일 내용연수 5년, 잔존가치 ₩400,000인 기계장치를 구입했다. 회사는 기계장치에 대한 감가상각방법으로 이중체감법을 적용한다. 20×2년말 기계장치의 순장부금액이 ₩720,000이라면 기계장치의 취득원가는 얼마인가?

① ₩2,000,000

② ₩2,400,000

③ ₩2,800,000

④ ₩3,000,000

09

㈜한국은 20×1년부터 연구•개발하기 시작한 신기술을 20×2년 7월 1일에 완성하여 사용하기 시작하였다. 이 기술과 관련하여 20×1년 연구단계에서 ₩60,000, 개발단계에서 ₩40,000의 지출이 발생하였으며 20×2년 1월 1일부터 6월 30일까지 개발단계에서 ₩80,000이 지출되었다. 개발단계의 지출은 무형자산 인식요건을 모두 충족한다. 회사는 무형자산에 대해서 원가모형을 채택하며, 내용연수 8년에 잔존가치 없이 정액법으로 상각한다. 이와 관련하여 20×2년 말 회사의 재무제표에 무형자산으로 계상된 금액은 얼마인가?

① ₩105,000
② ₩112,500
③ ₩168,750
④ ₩180,000

10

복합금융상품에 대한 설명으로 틀린 것은?

① 전환사채권자가 전환권을 행사하면 주금을 납입하지 않아도 된다.
② 상환할증금이 있는 전환사채를 만기까지 전환하지 않는 경우 사채권자는 상환할증금을 수령한다.
③ 신주인수권부사채는 신주를 인수할 때 주금납입이 필요하다.
④ 신주인수권부사채를 보유하고 있는 사채권자는 회사의 요청이 있으면 신주를 반드시 인수해야 한다.

11

다음은 ㈜한국의 20×1년 말 자본내역이다.

자본	
자본금(액면 @₩500)	₩100,000
주식발행초과금	₩200,000
이익준비금	₩50,000
미처분이익잉여금	₩150,000
자본 총계	₩500,000

회사는 20×2년 3월 15일 주주총회를 통해 100주의 주식배당과 100주의 무상증자를 실시하기로 하였다. 주식배당과 무상증자가 완료된 다음 회사의 자본금과 자본총계는 어떻게 바뀌는가?

	자본금	자본총계
①	₩100,000	₩500,000
②	₩150,000	₩550,000
③	₩200,000	₩500,000
④	₩200,000	₩600,000

12

㈜한국은 20×1년 중 취득원가 ₩100,000인 토지를 ₩120,000에 처분하고 대금은 1년 뒤에 받기로 하였다. 또한 장부금액 ₩120,000(취득원가 ₩200,000, 감가상각누계액 ₩80,000)인 기계장치를 ₩140,000에 처분하고 즉시 대금을 지급받았다. ㈜한국의 현금흐름표에서 투자활동으로 인한 현금유입액은 얼마로 보고되는가?

① ₩40,000
② ₩140,000
③ ₩220,000
④ ₩260,000

13

㈜한국의 20×1년 말 현재 총 보통주식수는 500주이고 년간 가중평균유통보통주식수는 300주이다. 20×1년의 당기순이익은 ₩120,000이다. 회사의 우선주식은 총 100주로 주당 액면금액은 ₩5,000, 액면배당률은 6%(누적적, 비참가적)라고 할 때, ㈜한국의 20×1년 기본주당순이익은 얼마인가?

① ₩180

② ₩200

③ ₩240

④ ₩300

14

'환율변동효과'에 관한 설명으로 옳지 않은 것은?

① 기능통화란 영업활동이 이루어지는 주된 경제 환경의 통화를 말한다.

② 재무제표는 어떠한 통화로도 보고할 수 있으며, 표시통화와 기능통화가 다른 경우에는 경영성과와 재무상태를 기능통화로 환산한다.

③ 외환차이란 특정 통화로 표시된 금액을 변동된 환율을 사용하여 다른 통화로 환산할 때 생기는 차이를 말한다.

④ 화폐성항목이란 보유하는 화폐단위들과 확정되었거나 결정 가능한 화폐단위 수량으로 회수하거나 지급하는 자산•부채를 말한다.

15

㈜대한은 단일제품을 생산•판매하고 있다. 제품 1단위를 생산하기 위해서는 직접재료 0.5kg이 필요하고, 직접재료의 kg당 구입가격은 ₩10이다. 1분기 말과 2분기 말의 재고자산은 다음과 같이 예상된다.

	재고자산	
	1분기 말	2분기 말
직접재료	100kg	120kg
제품	50단위	80단위

2분기의 제품 판매량이 900단위로 예상될 경우, 2분기의 직접재료 구입예산은? (단, 각 분기말 재공품 재고는 무시한다)

① ₩4,510

② ₩4,600

③ ₩4,850

④ ₩4,900

16

정상개별원가계산을 적용하는 ㈜한국은 제조간접원가를 직접노무원가를 기준으로 예정배부한다. 20×1년 제조간접원가 예정배부율은 직접노무원가의 40%이다. 당기에 실제 발생한 직접재료원가는 ₩12,000이며, 직접노무원가는 ₩10,000이다. 기초재공품은 ₩2,400이며, 기말재공품에는 직접재료원가 ₩1,500과 제조간접원가 배부액 ₩400이 포함되어 있다. 또한 기초제품은 ₩2,500이며 기말제품은 ₩6,000이다. 제조간접원가의 배부차이는 매기말 매출원가에서 전액 조정한다. 제조간섭원가 배부차이를 조정한 매출원가가 ₩23,400이라면 당기에 발생한 실제 제조간접원가는?

① ₩2,600

② ₩3,000

③ ₩3,600

④ ₩5,400

17

국가회계법에서 규정하는 결산보고서의 구성항목에 포함되지 않는 것은?

① 결산개요
② 세입세출결산
③ 감사보고서
④ 성과보고서

18

다음은 어느 지방자치단체의 재정운영표 내용이다. 사업순원가, 재정운영순원가, 재정운영결과는 각각 얼마인가?

• 사업총원가	₩80,000	• 사업수익	₩24,000
• 관리운영비	₩20,000	• (일반)수익	₩6,000
• 비배분수익	₩5,000	• 비배분비용	₩12,000

	사업순원가	재정운영순원가	재정운영결과
①	₩56,000	₩82,000	₩77,000
②	₩56,000	₩83,000	₩77,000
③	₩76,000	₩82,000	₩83,000
④	₩76,000	₩83,000	₩77,000

19

㈜한국은 단일의 원재료를 결합공정에 투입하여 두 가지 결합제품 A와 B를 생산하고 있다. 결합제품 A는 분리점에서 즉시 판매되나, 결합제품 B는 분리점에서 시장이 존재하지 않아 추가가공을 거친 후 판매된다. ㈜한국의 20×1년도 제품별 생산 및 판매관련 자료는 다음과 같다. 단, 각 제품의 기초재고와 기말재공품은 없었다.

제품	생산량	추가가공원가	판매량	단위당 최종 판매가격
A	800단위	-	600단위	₩10
B	500단위	₩3,500	400단위	₩15

20×1년 중 실제 발생한 결합원가는 ₩6,000이었으며, ㈜한국은 순실현가능가치를 기준으로 결합원가를 배부하고 있다. 20×1년 중 결합제품 A와 B에 배부되는 결합원가는 각각 얼마인가?

	결합제품 A	결합제품 B
①	₩2,000	₩4,000
②	₩3,000	₩3,000
③	₩4,000	₩2,000
④	₩5,000	₩1,000

20

㈜한국은 제품생산을 위한 부품 A를 매월 300단위씩 자가제조하고 있다. 부품 A의 변동제조원가는 단위당 ₩120이고 월간 고정제조간접원가 총액은 ₩40,000이다. 그런데 ㈜대한으로부터 부품 A를 단위당 ₩150에 공급하겠다는 제안이 들어왔다. 부품을 외부구입할 경우 고정제조간접원가의 60%를 절감할 수 있으며, 설비는 다른 회사에 임대할 수 있다. A부품을 외부구입함으로써 ₩20,000의 이익을 얻으려면, 여유설비의 임대료를 얼마로 책정해야 하는가?

① ₩5,000
② ₩15,000
③ ₩25,000
④ ₩35,000

15

투자부동산의 회계처리에 관한 설명으로 옳지 않은 것은?

① 운용리스로 제공하기 위하여 보유하고 있는 미사용 건물은 투자부동산에 해당한다.
② 투자부동산의 공정가치모형에서는 투자부동산의 공정가치 변동으로 발생하는 손익을 발생한 기간의 당기손익에 반영한다.
③ 투자부동산을 재개발하여 미래에도 투자부동산으로 사용하고자 하는 경우에도 재개발기간 동안 자가사용부동산으로 대체한다.
④ 부동산 소유자가 부동산 사용자에게 부수적인 용역을 제공할 때 전체 계약에서의 해당 용역의 비중이 중요한 경우 부동산은 투자부동산이 아닌 자가사용부동산으로 분류한다.

16

㈜한국의 결산일(20×1년 12월 31일) 현재 계정잔액은 다음과 같다. 재무상태표에 각각 현금및현금성자산, 매출채권으로 보고될 금액을 바르게 나열한 것은?

• 지점전도금	₩8,000
• 약속어음	₩13,000
• 차용증	₩5,000
• 자기앞수표	₩10,000
• 선일자수표	₩12,000
• 20×1년 10월 1일 취득한 양도성예금증서 (만기: 20×2년 1월 15일)	₩6,000
• 20×1년 12월 1일 취득한 수익증권 (만기: 20×2년 1월 31일)	₩3,000
• 20×1년 3월 1일 취득한 환매채 (만기: 20×2년 9월 1일)	₩2,000

	현금및현금성자산	매출채권
①	₩18,000	₩13,000
②	₩18,000	₩25,000
③	₩21,000	₩13,000
④	₩21,000	₩25,000

17

㈜한국은 20×1년 3월 10일 액면가액 ₩5,000의 주식 100주를 주당 ₩5,000에 액면발행하여 설립된 회사다. 회사는 이후로 주식발행이나 감소가 없다가 20×3년 처음으로 감자를 결의한다. 감자는 7월 1일과 10월 1일 두 차례로 나누어 이루어졌는데 7월 1일에는 주당 ₩6,000에 10주를 매입하여 즉시 소각하였고, 10월 1일에는 주당 ₩4,000에 20주를 매입하여 즉시 소각하였다. 이에 대한 설명으로 잘못된 것은?

① 7월 1일 자본금이 ₩50,000 감소한다.
② 7월 1일 감자차손 잔액은 ₩10,000이다.
③ 10월 1일 자본금이 ₩100,000 감소한다.
④ 10월 1일 감자차익 잔액은 ₩20,000이다.

18

K-IFRS 제 1008호 '회계정책, 회계추정치 변경과 오류'에 대한 설명으로 옳지 않은 것은?

① 「한국채택국제회계기준」에서 특정 범주별로 서로 다른 회계정책을 적용하도록 규정하거나 허용하는 경우를 제외하고는 유사한 거래, 기타 사건 및 상황에는 동일한 회계정책을 선택하여 일관성 있게 적용한다.
② 측정기준의 변경은 회계정책의 변경이 아니라 회계추정치 변경에 해당한다.
③ 회계정책의 변경과 회계추정치 변경을 구분하는 것이 어려운 경우에는 이를 회계추정치 변경으로 본다.
④ 회계추정치 변경은 과거기간과 연관되지 않으며 오류수정으로 보지 아니한다.

19

㈜서울의 20×1년 회계자료이다. 이에 의해 20×1년 말의 매출채권을 계산하면 얼마인가?

• 20×1년 초 매출채권	₩800,000
• 20×1년 중 매출채권 회수액	₩2,600,000
• 20×1년 중 현금매출액	₩500,000
• 20×1년 초 기초상품재고액	₩1,200,000
• 20×1년 말 기말상품재고액	₩1,100,000
• 20×1년 중 상품매입액	₩2,000,000
• 20×1년 중 매출총이익	₩900,000

① ₩700,000

② ₩1,000,000

③ ₩1,200,000

④ ₩1,300,000

20

㈜한국은 20×1년 1월 1일 액면금액 ₩10,000, 표시이자율 8%(연말 후급조건), 만기 3년인 사채를 ₩9,500에 발행하였다. 발행 당시 사채에 적용된 유효이자율은 10%이다. 회사는 20×3년 1월 1일 동 사채를 조기상환하였다. 상환시점에 회사가 인식한 사채상환이익이 ₩65이라면, 회사가 사채를 상환하기 위해 지급한 금액은 얼마인가?

① ₩9,685

② ₩9,750

③ ₩9,815

④ ₩9,880

회계학

본 과목 풀이 시 기업의 보고기간(회계기간)은 매년 1월 1일부터 12월 31일까지이며, 기업은 계속해서 「한국채택국제회계기준」을 적용해 오고 있다고 가정한다. 또한, 자료에서 제시하지 않은 사항(예: 법인세 효과 등)은 고려하지 않는다.

01

측정기준 중 역사적 원가에 대한 설명으로 옳지 않은 것은?

① 역사적 원가 측정치는 적어도 부분적으로 자산, 부채 및 관련 수익과 비용을 발생시키는 거래나 그 밖의 사건의 가격에서 도출된 정보를 사용하여 자산, 부채 및 관련 수익과 비용에 관한 화폐적 정보를 제공한다.

② 현행가치와 달리 역사적 원가는 자산의 손상이나 손실부담에 따른 부채와 관련되는 변동을 제외하고는 가치의 변동을 반영하지 않는다.

③ 부채가 발생하거나 인수할 때의 역사적 원가는 발생시키거나 인수하면서 수취한 대가에서 거래원가를 가산한 가치이다.

④ 역사적 원가 측정기준을 금융자산과 금융부채에 적용하는 한 가지 방법은 상각후원가로 측정하는 것이다.

02

다음 중 한국채택국제회계기준(K-IFRS)의 '재무제표의 표시'에 관한 설명으로 옳은 것은?

① 기타포괄손익의 당기손익으로의 재분류조정은 확정급여제도의 재측정요소에 의해서도 발생할 수 있다.

② 수익과 비용의 특정항목이 특별손익의 인식요건을 만족하는 경우에는 포괄손익계산서 또는 주석에 특별손익의 항목을 별도로 표시하여야 한다.

③ 기타포괄손익의 항목은 관련 법인세 효과를 차감한 순액으로만 표시한다.

④ 기타포괄손익은 후속적으로 당기손익으로 재분류되지 않는 항목과 특정 조건을 충족하는 때에 후속적으로 당기손익으로 재분류되는 항목으로 구분하여 표시한다.

03

㈜한국의 20×1년도 말 매출채권은 ₩120,000이며 대손충당금은 ₩10,000이었다. 20×2년 ㈜한국의 총매출액은 ₩800,000이며 매출에누리가 ₩40,000 발생했다. 매출채권 중 ₩4,000은 대손이 확정되었으며 20×2년 말 매출채권에 대한 미래현금흐름의 현재가치는 ₩160,000원으로 추정된다. 회사가 20×2년 중 현금으로 회수한 매출채권 금액이 ₩700,000이라고 할 때 당기에 비용으로 인식할 대손상각비는 얼마인가?

① ₩10,000

② ₩12,000

③ ₩14,000

④ ₩16,000

04

㈜한국은 창고에서 근무하던 담당자가 재고자산을 횡령한 후 도주하였다. 회사는 횡령한 재고자산 금액을 파악하기 위해 관련 자료를 다음과 같이 취합하였다.

기초재고자산 금액	₩12,000	횡령 후 남아 있는 재고자산	₩4,000
당기매입액	₩130,000	매입할인액	₩2,000
매입에누리 및 환출	₩4,000	당기매출액	₩140,000
매출할인액	₩4,000	매출에누리 및 환입	₩6,000

회사의 매출총이익률이 30%라면, 횡령금액은 얼마로 추정되는가?

① ₩30,308

② ₩32,000

③ ₩40,000

④ ₩41,000

05

금융자산 손상에 관한 설명으로 옳지 않은 것은?

① 당기손익-공정가치 측정(FVPL) 금융자산에 대해서는 채무상
품에 대해서도 손상차손을 인식하지 않는다.
② 계약상 현금흐름이 없는 지분상품에 대해서는 손상차손을 인
식하지 않는다.
③ 최초 인식 후에 금융상품의 신용위험이 유의적으로 증가하지
아니한 경우에는 손상차손을 인식하지 않는다.
④ 금융상품의 신용위험이 유의적으로 증가한 경우에는 매 보고
기간 말에 전체기간 기대신용손실에 해당하는 금액으로 손실
충당금을 측정한다.

06

㈜한국은 20×1년 초에 구축물을 취득하였는데, 내용연수가 종료
되면 관련 법에 따라 원상복구를 해야 한다. 구축물의 취득원가는
₩300,000(내용연수 5년, 잔존가치 ₩0, 정액법 상각)이며, 5년
뒤 추정되는 복구원가는 ₩50,000(현재가치 ₩40,000)이다.
이에 대한 회계처리로 옳지 않은 것은?

① 구축물의 최초 취득원가는 ₩340,000이다.
② 최초 취득시점에 ₩40,000을 충당부채로 인식한다.
③ 원상회복에 소요되는 원가의 명목금액과 현재가치의 차이
₩10,000은 5년 동안 감가상각비에서 차감한다.
④ 실제 원상회복 시점에 복구원가가 ₩50,000을 초과한다면 발
생시점에 비용으로 인식한다.

07

㈜한국은 20×1년 초 건물(내용연수 5년, 잔존가치 ₩100,000)
을 ₩1,000,000에 취득하여 재평가모형을 적용하고, 이중체감
법(상각률 40%)으로 감가상각하였다. 재평가일인 20×1년 말
건물의 공정가치가 ₩900,000이고 자산의 총장부금액에서 감
가상각누계액을 제거하는 방법으로 재평가 회계처리할 때, 재
평가 회계처리로 옳은 것은?

① (차)감가상각누계액 400,000 (대)건물   100,000
                                    재평가잉여금   300,000

② (차)감가상각누계액 260,000 (대)재평가잉여금 260,000

③ (차)감가상각누계액 360,000 (대)건물   100,000
                                    재평가잉여금   260,000

④ (차)감가상각누계액 400,000 (대)재평가잉여금 400,000

08

㈜중앙은 20×1년초에 ㈜지방의 발행주식 40%를 ₩200,000
에 취득하여 유의적인 영향력을 행사하게 되었다. 취득당시 ㈜
지방의 순자산장부금액은 공정가치와 일치하였으며 투자차액
은 없었다. 20×1년 말 ㈜지방은 ₩40,000의 당기순이익을 보
고하였다. 20×1년 중 ㈜지방이 지급한 현금배당이 ₩10,000이
라면, ㈜중앙의 20×1년 말 지분법손익과 관계기업투자주식은
얼마인가?

	지분법손익	관계기업투자주식
①	₩6,000	₩206,000
②	₩12,000	₩212,000
③	₩16,000	₩206,000
④	₩16,000	₩212,000

09

재매입약정에 대한 회계처리로 잘못된 것은?

① 기업이 자산을 다시 살 수 있는 권리가 있다면, 고객은 자산을 통제하지 못한다.
② 기업이 자산을 다시 사야 하는 의무가 있다면, 자산에 대한 통제권은 고객에게 있다.
③ 고객이 자산을 통제하지 못하는 경우, 기업이 자산을 원래 판매가격보다는 낮은 금액으로 다시 살 수 있다면 리스거래로 보아 회계처리한다.
④ 고객이 자산을 통제하지 못하는 경우, 기업이 자산을 원래 판매가격 이상의 금액으로 다시 살 수 있다면 금융약정으로 보아 회계처리한다.

10

㈜한국은 20×1년 1월 1일에 액면금액 ₩1,000,000(이자지급일 매년 12월 31일, 만기일 20×3년 12월 31일)의 사채를 ₩925,395에 할인발행하였다. 사채발행일 현재 유효이자율은 연 10%이다. 동 사채의 20×2년 1월 1일 장부가액은 ₩947,935이다. 사채의 표시이자율은 얼마인가?

① 6%
② 7%
③ 8%
④ 10%

11

다음은 ㈜한국의 기말 자본관련 계정 잔액이다. ㈜한국의 자본총액은 얼마인가?

• 보통주자본금	₩50,000	• 주식발행초과금	₩30,000
• 자기주식	₩10,000	• 감자차손	₩12,000
• 이익준비금	₩35,000	• 재평가잉여금	₩28,000

① ₩121,000
② ₩141,000
③ ₩143,000
④ ₩165,000

12

다음 자료를 바탕으로 회사의 재무활동 현금흐름을 계산하면?

• 단기금융상품의 취득	₩12,000
• 단기차입금 차입	₩24,000
• 단기대여금 회수	₩30,000
• 전환사채의 발행	₩20,000
• 장기차입금 상환	₩34,000
• 유상증자(액면금액 ₩20,000)	₩40,000

① ₩38,000
② ₩50,000
③ ₩80,000
④ ₩84,000

13

㈜한국의 20×1년 1월 1일 유통보통주식수는 1,000주이며 20×1년 중 보통주식수에 대한 변동내역은 다음과 같다.

일자	변동내역
3월 1일	시장가격으로 600주 유상증자
5월 1일	자기주식 300주 취득
7월 1일	무상증자 20% 실시
10월 1일	자기주식 200주 처분

20×1년 기본주당순이익이 ₩200이고, 보통주 이외의 발행주식이 없다면 ㈜한국의 20×1년 당기순이익은 얼마인가?

① ₩296,000

② ₩302,000

③ ₩320,000

④ ₩322,000

→ [회계원리]

14

「국가회계기준에 관한 규칙」상 재무제표가 제공해야 하는 정보에 해당하지 않는 것은?

① 국가의 재정상태 및 그 변동과 재정운영결과에 관한 정보

② 국가사업의 목적을 능률적, 효과적으로 달성하였는지에 관한 정보

③ 당기의 수입이 당기의 서비스를 제공하기에 충분하였는지 또는 미래의 납세자가 과거에 제공된 서비스에 대한 부담을 지게 되는지에 대한 기간간 형평성에 관한 정보

④ 예산과 그 밖에 관련 법규의 준수에 관한 정보

15

「국가회계기준에 관한 규칙」상 재고자산의 평가에 대한 내용으로 잘못된 것은?

① 재고자산은 제조원가 또는 매입가액에 부대비용을 더한 금액을 취득원가로 하고 품목별로 선입선출법을 적용하여 평가하며 다른 평가방법은 적용할 수 없다.

② 재고자산의 시가가 취득원가보다 낮은 경우에는 시가를 재정상태표 가액으로 한다.

③ 원재료 외의 재고자산의 시가는 순실현가능가액을 말한다.

④ 생산과정에 투입될 원재료의 시가는 현재 시점에서 매입하거나 재생산하는 데 드는 현행대체원가를 말한다.

16

㈜한국은 실제원가계산을 적용하고 있으며, 20×1년 1월의 재고자산 금액은 다음과 같다.

	직접재료	재공품	제품
월초	₩42,000	₩24,000	₩15,000
월말	₩50,000	₩20,000	₩25,000

1월 중에 가공원가는 ₩160,000이 발생했으며, 재공품계정의 차변금액 합계는 ₩260,000이었다. 회사의 1월 중 직접재료 구입액과 매출원가는 각각 얼마인가?

	직접재료 구입액	매출원가
①	₩68,000	₩230,000
②	₩68,000	₩250,000
③	₩84,000	₩230,000
④	₩84,000	₩250,000

17

자동차를 생산하는 ㈜한국은 두 개의 제조부문(절단, 용접)과 두 개의 보조부문(동력, 수선)으로 구성되어 있다. 부문별 용역수수 자료가 다음과 같을 때 절단부문에 최종적으로 집계되는 원가는? (단, 보조부문원가의 배부는 다른 보조부문에 제공한 서비스 제공비율이 큰 부문을 먼저 배부한다)

구분	절단	용접	동력	수선
발생원가	₩80,000	₩100,000	₩50,000	₩60,000
<서비스 제공비율>				
동력	40%	40%	-	20%
수선	30%	40%	30%	-

① ₩130,000

② ₩132,000

③ ₩158,000

④ ₩160,000

18

다음은 ㈜한국의 원가자료이다. 회사의 모든 원가요소는 완성도에 비례하여 발생한다고 할 때, 완성품 환산량 단위당 원가는?

• 월초재공품	0개(없음)	• 월말재공품(완성도: 50%)	150개
• 완성품	525개	• 당월총제조원가	₩720,000

① ₩800

② ₩900

③ ₩1,000

④ ₩1,200

19

㈜한국은 단위당 판매가격 ₩250인 제품 A를 생산·판매하고 있다. 이 제품의 생산·판매와 관련하여 단위당 변동원가는 ₩150이고, 월 고정원가는 ₩35,000이다. ㈜한국은 현재 이 제품을 월 평균 400단위를 생산·판매하고 있다. 회사의 판매 관리자는 월 광고비를 ₩10,000만큼 증가시키면 월 매출액이 ₩30,000 증가할 것으로 추정하였다. ㈜한국이 월 광고비를 ₩10,000 증액한다면 회사의 월 영업이익에 미치는 영향은 얼마인가?

① ₩1,000 증가

② ₩1,000 감소

③ ₩2,000 증가

④ ₩2,000 감소

20

㈜한국의 전기 매출은 ₩1,000, 공헌이익은 ₩600, 영업레버리지도는 3이었다. 당기의 원가구조는 전기와 동일하다. 당기 총변동원가가 ₩500이라면 당기의 영업이익은 얼마인가?

① ₩320

② ₩350

③ ₩380

④ ₩400

14

20×1년에 설립된 ㈜한국의 매출채권과 대손에 관한 자료가 다음과 같을 때, ㈜한국의 20×2년도 포괄손익계산서에 표시될 대손상각비(손상차손)는?

- 20×1년 12월 31일의 매출채권잔액은 ₩1,000,000이고 이 금액 중 ₩100,000이 회수불가능하다고 추정되었다.
- 20×2년 6월 29일에 전기에 매출한 ₩250,000의 매출채권이 회수불가능하다고 판명되었다.
- 20×2년 8월 16일에는 6월 29일에 대손확정된 ₩250,000 중 ₩70,000이 현금으로 회수되었다.
- 20×2년 12월 31일의 매출채권잔액은 ₩700,000이며, 이 금액 중 ₩85,000이 회수불가능하다고 추정되었다.

① ₩150,000
② ₩165,000
③ ₩235,000
④ ₩265,000

15

㈜한국의 20×1년 기초 재고자산은 ₩10,000이며, 당기 매입액은 ₩50,000이다. 기말재고실사 결과 창고에 보관중인 재고자산 금액은 ₩20,000인데 여기에는 다음과 같은 자산이 포함되어 있다. 회사의 20×1년 매출원가는?

항목	원가	비고
저당상품	₩3,000	차입금에 대해 저당권이 설정되었으며 저당권은 실행되지 않았다.
수탁상품	₩4,000	위탁자에게 부탁받은 물품 중 미판매된 상품
미인도상품	₩2,000	고객에게 판매완료하고 대금을 수령하였으나, 고객의 요청으로 창고에 일시 보관 중인 상품

① ₩38,000
② ₩41,000
③ ₩46,000
④ ₩49,000

16

무형자산의 상각에 대한 설명으로 옳지 않은 것은?

① 무형자산의 회계정책으로 원가모형이나 재평가모형을 선택할 수 있다.
② 무형자산이 순현금유입을 창출할 것으로 기대되는 기간에 대하여 예측가능한 제한이 없을 경우, 무형자산의 내용연수가 비한정인 것으로 본다.
③ 내용연수가 비한정인 무형자산은 상각하지 아니한다.
④ 비한정 내용연수를 유한 내용연수로 변경하는 것은 회계원칙의 변경으로 회계처리한다.

17

충당부채의 회계처리에 관한 설명으로 옳지 않은 것은?

① 화폐의 시간가치 영향이 중요한 경우에 충당부채는 의무를 이행하기 위하여 예상되는 지출액의 현재가치로 평가한다.
② 현재의무를 이행하기 위하여 필요한 지출 금액에 영향을 미치는 미래 사건이 일어날 것이라는 충분하고 객관적인 증거가 있는 경우에는 그 미래 사건을 고려하여 충당부채 금액을 추정한다.
③ 충당부채와 관련하여 포괄손익계산서에 인식한 비용은 제삼자의 변제와 관련하여 인식한 금액과 상계하여 표시할 수 있다.
④ 예상되는 자산 처분이 충당부채를 생기게 한 사건과 밀접하게 관련되었다면 예상되는 자산 처분이익은 충당부채에 반영하여 순액으로 측정한다.

18

㈜한국은 20×1년 초에 설립되었다. 설립시 자본금은 다음과 같다.

• 보통주(주당 액면금액 ₩5,000)	₩50,000,000
• 우선주(주당 액면금액 ₩5,000, 배당률 5%, 누적적, 비참가적)	₩10,000,000

설립 이후 회사의 자본금 변동은 없으며, 20×3년 3월 20일 주주총회에서 설립 후 최초로 ₩2,400,000의 현금배당을 결의하였다. 보통주 주주에게 지급할 배당금은 얼마인가?

① ₩900,000

② ₩1,000,000

③ ₩1,200,000

④ ₩1,400,000

19

㈜한국은 20×1년 자체결산 결과 당기순이익이 ₩520,000이었다. 그러나 외부감사과정에서 다음 수정사항이 누락되었음이 발견되었다. 수정사항을 고려한 당기순이익은?

• 미지급이자	₩60,000	• 선수임대료	₩120,000
• 선급보험료	₩80,000	• 미계상 감가상각비	₩50,000

① ₩370,000

② ₩420,000

③ ₩620,000

④ ₩670,000

20

다음 자료를 이용하여 ㈜한국의 매출채권 평균회수기간을 구하면 얼마인가? 단, 1년은 360일로 계산하며, 모두 신용매출이다.

• 기초매출채권	₩500,000
• 기말매출채권	₩800,000
• 당기 매출액	₩5,200,000

① 24일

② 36일

③ 45일

④ 72일

본 과목 풀이 시 기업의 보고기간(회계기간)은 매년 1월 1일부터 12월 31일까지이며, 기업은 계속해서 「한국채택국제회계기준」을 적용해 오고 있다고 가정한다. 또한, 자료에서 제시하지 않은 사항(예: 법인세 효과 등)은 고려하지 않는다.

01

「재무보고를 위한 개념체계」에 제시된 다음 질적 특성 중 성격이 다른 것은?

① 목적적합성
② 비교가능성
③ 검증가능성
④ 이해가능성

02

다음 중 시산표를 작성함으로써 발견할 수 있는 오류는?

① 상품을 판매한 다음 이에 대한 분개를 아예 누락하였다.
② 자금을 차입한 다음 분개시 대변에 차입금이 아닌 자본금으로 기록하였다.
③ 매출채권 계정 잔액 ₩120,000을 시산표에 전기하면서 ₩210,000으로 기록하였다.
④ 급여를 ₩54,000 지급하면서 현금과 급여를 ₩45,000으로 분개하였다.

03

㈜대한은 20×1년 4월 1일 거래처에 상품을 판매하고 액면금액 ₩1,000,000, 표시이자율 연 8%, 만기일 20×1년 7월 1일인 어음을 수취하였다. 20×1년 6월 1일 ㈜대한이 동 어음을 민국은행에 연 12%로 할인받은 경우 은행으로부터 수취할 금액은?

① ₩990,000
② ₩999,900
③ ₩1,009,800
④ ₩1,010,200

04

재고자산의 취득원가에 관한 설명으로 옳지 않은 것은?

① 재고자산의 취득원가는 매입원가, 전환원가 및 재고자산을 현재의 장소에 현재의 상태로 이르게 하는 데 발생한 기타 원가 모두를 포함한다.
② 수입관세와 제세금, 매입할인, 리베이트 및 기타 유사한 항목은 매입원가를 결정할 때 모두 차감한다.
③ 고정제조간접원가는 생산설비의 정상조업도에 기초하여 전환원가에 배부하는데, 실제조업도가 정상조업도와 유사한 경우에는 실제조업도를 사용할 수 있다.
④ 재고자산을 후불조건으로 취득하는 경우 계약이 실질적으로 금융요소를 포함하고 있다면, 해당 금융요소는 금융이 이루어지는 기간 동안 이자비용으로 인식한다.

05

㈜한국은 20×1년 7월 1일에 A주식 100주를 거래수수료 ₩20,000을 포함한 ₩550,000에 취득하였다. A주식의 20×1년 말 주당 공정가치는 ₩5,100이다. 회사는 동 주식 전부를 20×2년 8월 1일 ₩578,000에 매도하였다. ㈜한국이 동 주식을 당기손익-공정가치 측정(FVPL) 금융자산으로 분류했을 경우와 기타포괄손익-공정가치 측정(FVOCI) 금융자산으로 분류했을 경우로 구분하여, 주식처분이 20×2년 당기순이익에 미치는 영향을 계산하면 얼마인가?

	FVPL 금융자산	FVOCI 금융자산
①	₩28,000	₩0
②	₩28,000	₩28,000
③	₩68,000	₩0
④	₩68,000	₩48,000

06

㈜한국의 20×2년 거래처로부터의 현금수입액은 ₩200,000이며, 선수금과 매출채권 잔액은 다음과 같다.

구 분	20×1년 말	20×2년 말
선수금	₩15,000	₩10,000
매출채권	₩40,000	₩48,000

㈜한국의 20×2년 매출액은 얼마인가?

① ₩187,000

② ₩197,000

③ ₩203,000

④ ₩213,000

07

「한국채택국제회계기준」에 따라 원가모형을 적용하는 유형자산에 대한 설명으로 옳지 않은 것은?

① 유형자산을 구성하는 일부의 원가가 당해 유형자산의 전체 원가에 비교하여 유의적이라면, 해당 유형자산을 감가상각할 때 그 부분은 별도로 구분하여 감가상각한다.

② 유형자산의 잔존가치와 내용연수는 적어도 매 회계연도말에 재검토한다.

③ 유형자산의 감가상각방법은 자산의 미래경제적효익이 소비될 것으로 예상되는 형태를 반영한다.

④ 유형자산의 공정가치가 장부금액을 초과하는 경우에는 자산의 공정가치가 장부금액보다 작은 금액으로 감소될 때까지 유형자산의 감가상각액은 영(0)이 된다.

08

사채의 이자비용을 유효이자율법에 따라 인식할 때에 대한 설명으로 옳지 않은 것은? (단, 이자율은 0보다 크다)

① 할증발행 시 상각액은 매기 증가한다.

② 할증발행 시 이자비용은 매기 증가한다.

③ 할인발행 시 상각액은 매기 증가한다.

④ 할인발행 시 이자비용은 매기 증가한다.

09

20×1년부터 ㈜한국은 제품판매 후 2년 동안 제품하자보증을 실시하고 있다. 20×2년도에 판매된 제품에 대하여 경미한 결함은 ₩100, 치명적인 결함은 ₩4,000의 수리비용이 발생한다. 과거 경험에 따르면 10%는 경미한 결함이, 5%는 치명적인 결함이 발생할 것으로 예상된다. 20×1년 말에 제품보증충당부채 잔액은 ₩200이다. 20×2년 기중에 20×1년 판매된 제품에 대한 수리비용이 ₩300 지출되었다면, ㈜한국의 20×2년도 재무제표에 보고할 제품보증비와 제품보증충당부채는?

	제품보증비	제품보증충당부채
①	₩100	₩310
②	₩210	₩210
③	₩210	₩310
④	₩310	₩210

10

㈜한국은 20×1년 초에 설립되었으며, 설립시 자본금은 다음과 같다.

> - 보통주(액면금액 ₩500, 주식수 8,000주)　₩4,000,000
> - 우선주(액면금액 ₩500, 주식수 2,000주)　₩1,000,000

설립 이후 회사의 자본금 변동은 없으며, 20×2년에는 배당을 지급하지 않았다. 20×3년 3월 20일 주주총회에서 최초로 ₩200,000의 현금배당을 결의하였다. 우선주의 배당률이 6%로 누적적, 비참가적 우선주일 때 보통주 주주에게 지급할 배당금은 얼마인가?

① ₩60,000

② ₩80,000

③ ₩120,000

④ ₩140,000

11

㈜한국은 20×1년 장부를 마감하기 전 다음과 같은 오류를 발견하였다.

> - 20×1년 7월 1일 기계장치를 취득하면서 지불한 운반비 ₩200,000과 설치비 ₩100,000을 모두 비용으로 처리하였다.
> - 20×1년 10월 1일 건물에 대한 1년 분 화재보험료 ₩200,000을 지출하며 전액 당기비용 처리하였다.

회사의 기계장치에 대한 감가상각방법은 정률법이며 상각률은 40%라고 할 때, 이러한 오류가 회사의 법인세비용차감전순이익에 미치는 영향은?

① ₩90,000 과소계상

② ₩390,000 과소계상

③ ₩90,000 과대계상

④ ₩390,000 과대계상

12

㈜한국은 2개의 창고에 재고자산을 보관하던 중 화재가 발생하여 제2창고에 있던 재고자산 전부가 소실되었다. 제1창고에 남아 있는 재고자산의 가액은 ₩4,200이다. 장부상 기록은 두 창고를 통합하여 기재하는데 기초재고가 ₩6,400, 기중 매입액은 ₩40,000, 기중 매출액은 ₩52,000이다. ㈜한국의 매출총이익률이 30%인 경우 화재로 소실된 재고자산 금액은?

① ₩4,200

② ₩5,800

③ ₩6,400

④ ₩10,000

13

「재무보고를 위한 개념체계」에 대한 설명으로 옳은 것만을 모두 고른 것은?

> ㄱ. 재무회계개념체계와 한국채택국제회계기준이 상충되는 경우에는 재무회계개념체계가 우선한다.
> ㄴ. 일반목적재무보고의 목적은 현재 및 잠재적 투자자, 채권자 및 경영자가 기업에 자원을 제공하는 것에 대한 의사결정을 할 때 유용한 보고기업 재무정보를 제공하는 것이다.
> ㄷ. 일반목적재무보고서는 정보이용자가 필요로 하는 모든 정보를 제공하지는 않으며 제공할 수도 없다.
> ㄹ. 일반목적재무보고서는 보고기업의 가치를 보여 주기 위해 고안된 것은 아니다. 하지만 보고기업의 가치를 추정하는 데 도움이 되는 정보를 제공한다.
> ㅁ. 재무보고서는 정확한 서술보다는 상당 부분 추정, 판단 및 모형에 근거한다.

① ㄱ, ㄴ, ㄷ, ㄹ, ㅁ
② ㄴ, ㄷ, ㄹ, ㅁ
③ ㄱ, ㄴ, ㄷ
④ ㄷ, ㄹ, ㅁ

14

다음은 ㈜한국의 20×2년 재무제표 자료이다. ㈜한국이 20×2년 현금흐름표에 영업활동으로 인한 현금흐름으로 보고할 금액은?

〈재무상태표〉	20×2년 말	20×1년 말
매출채권	₩38,000	₩20,000
매입채무	₩22,000	₩32,000
미수수익	₩10,000	₩8,000
토지	₩102,000	₩94,000
차입금	₩74,000	₩60,000
〈손익계산서〉		
당기순이익	₩30,000	

① ₩0
② ₩2,000
③ ₩6,000
④ ₩20,000

15

「국가회계기준에 관한 규칙」상 자산의 평가에 대한 내용으로 잘못된 것은?

① 압수품 및 몰수품이 화폐성자산인 경우 압류 또는 몰수 당시의 시장가격으로 평가한다.
② 압수품 및 몰수품이 비화폐성자산인 경우 압류 또는 몰수 당시의 감정가액 또는 공정가액 등으로 평가한다.
③ 일반유형자산은 해당 자산의 건설원가 또는 매입가액에 부대비용을 더한 금액을 취득원가로 하고, 객관적이고 합리적인 방법으로 추정한 기간에 정률법을 적용하여 감가상각한다.
④ 투자증권은 매입가액에 부대비용을 더하고 종목별로 총평균법 등을 적용하여 산정한 가액을 취득원가로 한다.

16

국가회계법상 재무제표에 해당하지 않는 것은?

① 재정운영표
② 현금흐름표
③ 필수보충정보
④ 순자산변동표

17

다음은 ㈜한국의 20×1년 발생원가 및 비용에 관련된 자료이다.
가공원가(전환원가)는 얼마인가?

• 직접재료원가	₩48,000
• 본사건물감가상각비	₩20,000
• 간접노무원가	₩9,000
• 공장소모품비	₩10,000
• 직접노무원가	₩20,000
• 공장건물감가상각비	₩15,000
• 영업사원 급여	₩10,000
• 매장임대료	₩14,000

① ₩39,000
② ₩45,000
③ ₩54,000
④ ₩68,000

18

두 개의 제조부문과 두 개의 보조부문으로 이루어진 ㈜한국의
부문간 용역수수 자료는 다음과 같다.

제공부문	보조부문		제조부문	
	동력	수선	절단	용접
동력	-	40%	40%	20%
수선	20%	-	40%	40%
발생원가	₩80,000	₩60,000	₩120,000	₩156,000

회사가 동력부문원가를 먼저 배부하는 단계배부법을 사용할 경
우, 용접부문에 배부되는 보조부문의 원가는?

① ₩46,000
② ₩60,000
③ ₩62,000
④ ₩78,000

19

㈜한국은 종합원가계산을 채택하고 있다. 원재료는 공정초에
전량 투입되며, 가공원가는 공정 전반에 걸쳐 균등하게 발생한
다. ㈜한국의 20×1년 1월 생산활동 자료는 다음과 같다.

• 기초재공품(완성도 30%)	40단위
• 당기착수량	800단위
• 당기완성량	780단위
• 기말재공품(완성도 70%)	60단위

회사가 평균법에 의한 종합원가계산을 채택한 경우 재료원가와
가공원가의 완성품환산량을 계산하면 각각 몇 개인가?

	재료원가	가공원가
①	800개	810개
②	800개	822개
③	840개	810개
④	840개	822개

20

㈜한국의 당기 매출액은 ₩450,000, 제품 단위당 판매가격은
₩100, 단위당 변동원가는 ₩60이다. 고정원가가 ₩120,000
일 경우 안전한계는?

① ₩50,000
② ₩100,000
③ ₩150,000
④ ₩200,000

15

다음 중 유동비율이 증가하는 경우는?

① 유동비율이 80%인 상황에서 상품을 외상으로 매입하였다.
② 유동비율이 90%인 상황에서 매입채무를 현금으로 결제하였다.
③ 유동비율이 100%인 상황에서 매입채무를 현금으로 결제하였다.
④ 유동비율이 110%인 상황에서 상품을 외상으로 매입하였다.

16

㈜한국은 20×1년 결산일 현재 당좌예금에 대한 은행계정조정표를 작성하려고 한다. 회사 장부상 당좌예금 잔액은 ₩4,200이며, 조정해야 할 사항이 다음과 같을 때 결산일의 정확한 당좌예금 잔액을 구하면 얼마인가?

• 기발행 미인출수표	₩1,200
• 부도처리된 당좌수표	₩1,000
• 추심완료어음	₩800
• 추심수수료	₩100
• 예금에 대한 이자수익	₩200

① ₩2,500
② ₩2,900
③ ₩4,100
④ ₩5,300

17

회계정책의 변경에 대한 설명으로 옳지 않은 것은?

① 기업이 재무제표를 작성·표시하기 위하여 적용하는 구체적인 원칙, 근거, 관습, 규칙 및 관행을 회계정책이라 한다.
② 과거에는 중요하지 않았던 거래, 기타 사건 또는 상황에 대하여 새로운 회계정책을 적용하는 경우는 회계정책의 변경에 해당하지 않는다.
③ 회계정책의 변경은 특정기간에 미치는 영향이나 누적효과를 실무적으로 결정할 수 없는 경우를 제외하고는 소급적용한다.
④ 회계정책의 변경을 소급적용하게 되면 재무제표의 신뢰성은 유지되지만 비교가능성이 상실된다.

18

㈜한국의 기말재고실사 결과 창고에 보관중인 재고자산은 ₩100,000이다. 자료를 검토한 결과 창고에 보관중인 재고 외에도 다음과 같은 추가사항이 발견되었다면 회사의 재무상태표에 재고자산으로 보고될 금액은 얼마인가?

• FOB선적지 조건으로 판매한 상품(판매가격 ₩24,000, 원가에 대한 이익률은 20%)이 운송 중에 있다.
• 원가 ₩15,000의 적송품 중 60%가 판매되었다. 적송품에 대한 운송비는 ₩2,000이다.
• 반품기간이 아직 남아 있는 판매상품(판매가격 ₩30,000, 원가에 대한 이익률은 50%)이 있는데 반품액은 합리적으로 예측할 수 없다.

① ₩106,000
② ₩106,800
③ ₩126,000
④ ₩126,800

19

「한국채택국제회계기준」에 의한 기타포괄손익으로 분류되는 항목이 아닌 것은?

① 자기주식처분손익
② 확정급여제도의 재측정요소
③ 기타포괄손익-공정가치 측정 금융자산의 재측정 손익
④ 재평가잉여금의 변동

20

다음은 ㈜한국의 거래내역이다. 20×1년 손익계산서에 매출로 계상될 금액은 얼마인가?

> - 20×1년 12월 20일 ㈜중국에게 제품을 ₩150,000에 판매하였다. 인도시점에 현금 30,000을 수령하고 나머지 잔금은 20×2년 1월 10일에 수령하였다.
> - 20×1년 11월 10일 ㈜미국에게 제품 300개를 위탁판매하였다. ㈜미국은 20×1년 말까지 수탁품 200개를 개당 ₩2,000에 판매하고 개당 수수료 ₩100을 차감한 금액을 ㈜한국에게 지급하였다. 나머지 100개는 기말까지 미판매 상태이다.

① ₩410,000
② ₩430,000
③ ₩530,000
④ ₩550,000

본 과목 풀이 시 기업의 보고기간(회계기간)은 매년 1월 1일부터 12월 31일까지이며, 기업은 계속해서 「한국채택국제회계기준」을 적용해 오고 있다고 가정한다. 또한, 자료에서 제시하지 않은 사항(예: 법인세 효과 등)은 고려하지 않는다.

01

㈜한국은 재고자산의 원가흐름을 선입선출법을 적용하여 평가하고 있다. 회사는 평균법으로의 변경을 고려 중에 있는데 각각의 원가흐름 가정하에서 재고자산 평가액은 다음과 같다. 선입선출법하에서 ㈜한국의 20×1년 매출총이익이 ₩80,000이라면, 평균법 적용시 매출총이익은 얼마가 되는가?

재고자산	20×1년 초	20×1년 말
선입선출법	₩20,000	₩28,000
평균법	₩22,000	₩31,000

① ₩75,000
② ₩79,000
③ ₩81,000
④ ₩85,000

02

㈜한국의 기계장치에 대한 정보는 다음과 같다. 회사가 당기에 취득한 기계장치의 취득원가는 얼마인가?

〈재무상태표〉	기초	기말
기계장치(순장부금액)	₩820,000	₩960,000
〈손익계산서〉		
감가상각비	₩68,000	

- 당기 중에 취득원가 ₩200,000, 감가상각누계액 ₩112,000인 기계를 처분하였다.

① ₩228,000
② ₩296,000
③ ₩364,000
④ ₩384,000

03

㈜한국은 20×1년 초 친환경 설비자산(취득원가 ₩20,000, 잔존가치 ₩0, 내용연수 5년, 정액법 상각)을 취득하면서 자산취득 관련 정부보조금 ₩8,000을 수령하고, 동 자산을 원가모형으로 평가하고 있다. ㈜한국은 20×3년 말 동 설비자산을 ₩5,000에 처분하였다. 20×3년 동 자산과 관련하여 인식할 순손익은? (단, 정부보조금은 정부지원 요건을 충족하며, 장부금액 계산시 자산에서 차감하는 방식으로 처리한다)

① ₩1,800 이익
② ₩200 이익
③ ₩2,400 손실
④ ₩2,200 손실

04

자본에 관한 설명으로 옳은 것은?

① 자기주식을 소각하더라도 자본금과 자본총계에 아무런 변화가 없다.
② 주식분할을 실시하면 주식수와 자본금은 증가하지만 자본총계는 변하지 않는다.
③ 이익잉여금은 당기순이익의 발생으로 증가하고 다른 요인으로는 증가하지 않는다.
④ 이익잉여금을 처분하여 이익준비금을 쌓더라도 자본총계와 이익잉여금 모두 금액이 변하지 않는다.

05

다음은 ㈜한국이 20×1년 12월 31일 현재 금고에 보유중인 내역이다. 재무상태표에 현금및현금성자산으로 보고될 금액은 얼마인가?

• 동전과 지폐	₩15,000
• 약속어음	₩10,000
• 일람출급어음	₩5,000
• 선일자수표	₩12,500
• 양도성예금증서 (취득: 20×1년 11월 1일, 만기: 20×2년 1월 15일)	₩2,500
• 환매채 (취득: 20×1년 12월 1일, 만기: 20×2년 3월 15일)	₩4,000

① ₩17,500

② ₩22,500

③ ₩26,500

④ ₩30,000

06

다음은 ㈜한국의 기말재고자산 관련 자료이다. 재고자산평가손실과 정상적 원인에 의한 재고감모손실은 매출원가로, 비정상적인 감모손실은 기타비용으로 보고한다고 할 때, 회사의 매출원가는 얼마인가?

- 기초재고자산 원가: ₩12,000
- 당기매입원가: ₩80,000
- 기말재고자산 단위당 원가: ₩100
- 기말재고자산 단위당 순실현가능가치: ₩80
- 계속기록법에 의한 장부상 수량: 220개
- 실지재고조사에 의해 파악된 기말재고 수량: 200개
- 재고부족수량의 60%는 정상적 원인에 의해 발생됨

① ₩74,000

② ₩75,200

③ ₩75,360

④ ₩76,000

07

다음 중 「한국채택국제회계기준」에 따른 자산손상에 대한 설명으로 옳지 않은 것은?

① 자산의 회수가능액이 장부금액에 못 미치는 경우에 자산의 장부금액을 회수가능액으로 감액한다.

② 회수가능액은 자산 또는 현금창출단위의 처분부대원가를 뺀 공정가치와 사용가치 중 더 작은 금액으로 한다.

③ 내용연수가 비한정인 무형자산이나 아직 사용할 수 없는 무형자산은 일 년에 한 번은 손상검사를 한다.

④ 영업권에 인식한 손상차손은 후속 기간에 환입하지 아니한다.

08

「한국채택국제회계기준」에 따른 재무제표에 대한 설명으로 옳지 않은 것은?

① 재무제표가 계속기업의 기준하에 작성되지 않는 경우에는 그 사실과 함께 재무제표가 작성된 기준 및 그 기업을 계속기업으로 보지 않는 이유를 공시하여야 한다.

② 「한국채택국제회계기준」에서 요구하거나 허용하지 않는 한 자산과 부채 그리고 수익과 비용은 상계하지 아니한다.

③ 재무상태표의 작성을 유동성 순서에 따를 경우 유동자산과 비유동자산, 유동부채와 비유동부채로 구분하여 표시한다.

④ 수익과 비용의 어느 항목도 당기손익과 기타포괄손익을 표시하는 보고서 또는 주석에 특별손익 항목으로 표시할 수 없다.

09

재무정보는 나타내고자 하는 현상을 충실하게 표현해야 한다. 충실한 표현을 하기 위해서는 서술에 세 가지의 특성이 있어야 하는데 이 특성에 해당하지 않는 것은?

① 완전한 서술
② 중립적 서술
③ 정확한 서술
④ 오류가 없는 서술

10

㈜한국은 액면금액 ₩5,000인 보통주식 100주를 주당 ₩20,000에 발행하였다. 발행대금은 전액 현금으로 입금되었으며, 주식인쇄 등에 소요된 관련 비용으로 총 ₩100,000을 지급하였다. 회사는 유상증자 전에 주식할인발행차금 미상각잔액 ₩500,000이 존재한다. ㈜한국의 유상증자 후 주식발행초과금과 주식할인발행차금 잔액은?

	주식발행초과금	주식할인발행차금
①	₩900,000	₩0
②	₩1,000,000	₩0
③	₩1,400,000	₩500,000
④	₩1,500,000	₩500,000

11

㈜한국의 20×1년도 현금주의에 의한 영업이익은 ₩10,000이다. 기초에 비해 기말 선급비용은 ₩1,000 증가하고, 미수수익은 ₩2,000 감소하였다. ㈜한국의 20×1년 발생주의에 의한 영업이익은 얼마인가?

① ₩7,000
② ₩9,000
③ ₩11,000
④ ₩13,000

12

㈜한국은 20×1년 중에 ㈜민국의 주식을 ₩150,000에 취득하여 기타포괄손익-공정가치 측정 금융자산으로 분류하였다. 20×1년 말과 20×2년 말 동 주식의 공정가치는 각각 ₩158,000과 ₩162,000이었다. 회사가 20×3년 중에 동 주식을 ₩152,000에 처분한 경우, 이러한 거래가 20×3년 당기순이익 및 총포괄이익에 미치는 영향은?

	당기순이익	총포괄이익
①	₩10,000 감소	₩2,000 증가
②	영향 없음	₩10,000 감소
③	영향 없음	₩2,000 증가
④	₩2,000 증가	₩12,000 감소

13

㈜한국은 20×1년 1월 1일 액면금액 ₩100,000, 액면이자율 6%(년말 후급조건), 만기 3년인 사채를 ₩90,000에 발행하였다. 발행 당시 사채의 유효이자율은 10%이다. 20×2년 12월 31일 회사는 동 사채를 현금이자를 포함하여 ₩101,000에 상환하였다. 사채상환과 관련하여 인식할 손익은 얼마인가?

① 사채상환손실 ₩4,700
② 사채상환손실 ₩2,000
③ 사채상환이익 ₩1,300
④ 사채상환이익 ₩2,800

14

㈜한국의 최근 2년간 생산량과 총제조원가는 다음과 같다. 2년간 고정원가와 단위당 변동원가는 변화가 없었다.

	생산량	총제조원가
20×1년	800개	₩140,000
20×2년	900개	₩150,000

회사는 새로운 기계를 구입할지 고민 중에 있는데, 새로운 기계를 구입하면 고정원가가 20% 증가하지만, 변동원가를 10% 감소시킬 수 있다. 내년도 예상생산량이 1,000개일 때, 새로운 기계장치의 구입으로 인해 증가 혹은 감소하는 총제조원가는?

① ₩2,000 증가
② ₩4,000 증가
③ ₩2,000 감소
④ ₩4,000 감소

15

「지방자치단체 회계기준에 관한 규칙」상 재정상태표에 대한 설명으로 옳지 않은 것은?

① 자산은 미래에 공공서비스를 제공할 수 있거나 직접적 또는 간접적으로 경제적 효익을 창출하거나 창출에 기여할 가능성이 매우 높고 그 가액을 신뢰성 있게 측정할 수 있을 때에 인식한다.
② 문화재, 예술작품, 역사적 문건 및 자연자원은 자산으로 인식하지 아니하고 필수보충정보의 유산자산으로 보고한다.
③ 자산은 유동자산, 투자자산, 일반유형자산, 주민편의시설, 사회기반시설, 기타비유동자산으로 분류한다.
④ 순자산은 지방자치단체의 기능과 용도를 기준으로 고정순자산, 특정순자산 및 일반순자산으로 분류한다.

16

㈜한국은 매출원가에 20%의 이익을 가산하여 제품을 판매하고 있다. 회사의 올해 매출액은 ₩720,000이며 생산과 관련된 자료는 다음과 같다. ㈜한국의 기말 재공품은 얼마인가?

- 회사의 기본원가는 ₩450,000이며, 가공원가는 ₩240,000이다.
- 기초재공품 원가는 ₩80,000이다.
- 제조간접원가 예정배부율은 직접노무원가의 60%이며, 제조간접원가 배부차이는 발생하지 않았다.
- 기초 및 기말 제품재고는 없다.

① ₩20,000
② ₩30,000
③ ₩40,000
④ ₩50,000

17

㈜한국은 종합원가계산제도를 채택하고 있으며, 선입선출법에 의하여 완성품환산량을 계산한다. 회사의 기초제품 수량은 1,000개, 당기 판매량은 8,000개, 기말제품 수량은 2,000개이다. 재공품은 기초와 기말의 수량이 각각 1,000개, 3,000개이며 완성도는 60%, 30%이다. 가공원가가 공정 전반에 걸쳐 균등하게 발생한다고 할 때, 회사의 당기 가공원가에 대한 완성품환산량은?

① 9,300개
② 9,900개
③ 11,000개
④ 12,000개

18

㈜한국의 기초 및 기말 재고자산은 각각 20,000단위와 23,000단위이다. 전기와 당기의 제품 단위당원가는 동일한데, 직접재료원가 ₩100, 직접노무원가 ₩42, 변동제조간접원가 ₩8, 고정제조간접원가 ₩12이다. 변동원가계산을 사용하여 계산한 영업이익이 ₩200,000이라면 전부원가계산에 의한 영업이익은?

① ₩140,000
② ₩164,000
③ ₩236,000
④ ₩260,000

19

활동기준원가계산에서는 활동원가를 그 발생 유형에 따라 크게 네 가지로 나누고 있는데 이 네 가지 활동원가 유형에 포함되지 않는 것은?

① 제품수준원가
② 단위수준원가
③ 뱃치수준원가
④ 품질수준원가

20

「국가회계기준에 관한 규칙」의 수익 인식기준에 관한 설명으로 옳지 않은 것은?

① 신고·납부하는 방식의 국세: 납세의무자가 세액을 자진해서 납부하는 때에 수익으로 인식
② 정부가 부과하는 방식의 국세: 국가가 고지하는 때에 수익으로 인식
③ 원천징수하는 국세: 원천징수의무자가 원천징수한 금액을 신고·납부하는 때에 수익으로 인식
④ 부담금수익: 청구권 등이 확정된 때에 그 확정된 금액을 수익으로 인식

14

상품을 매매하는 ㈜한국은 20×1년 11월 30일 창고에 화재가 발생하였다. 관련된 자료가 다음과 같을 때 화재로 인해 소실된 상품의 추정원가는 얼마인가?

- 기초 재고자산의 원가는 ₩60,000이다.
- 화재가 발생하기 전까지 회사가 매입한 상품금액은 ₩480,000이다.
- 화재발생 전까지 회사의 매출액은 ₩600,000이다.
- 회사는 매출원가에 20%의 이익을 가산하여 판매한다.
- 화재발생 후 남아 있는 재고자산의 원가는 ₩8,000이다.

① ₩16,000

② ₩24,000

③ ₩32,000

④ ₩40,000

15

㈜한국은 20×1년 1월 1일 ㈜민국이 발행한 사채를 ₩95,000에 취득하여 기타포괄손익-공정가치 측정 금융자산으로 분류하였다. 사채의 액면금액은 ₩100,000, 만기 3년, 액면이자율은 연 4%로 이자는 매년 12월 31일에 지급하며 발행당시 사채의 유효이자율은 6%이다. 20×1년 말 동 사채의 공정가치는 ₩96,200이었다. 20×2년 1월 1일 회사가 동 사채를 ₩95,700에 처분하였다면 이러한 거래가 20×1년과 20×2년 회사의 당기순이익에 미치는 영향은 각각 얼마인가?

	20×1년 당기순이익	20×2년 당기순이익
①	₩1,200 증가	₩500 감소
②	₩5,200 증가	₩1,000 감소
③	₩5,700 증가	₩500 감소
④	₩5,700 증가	₩1,000 감소

16

㈜한국의 20×1년 재무자료가 다음과 같을 때, 자기자본순이익률(당기순이익/자기자본)은 얼마인가?

• 부채총액	₩300억
• 자기자본비율(자기자본/총자산)	25%
• 기초 자산총액과 기말 자산총액은 금액이 동일함	
• 매출액순이익률	5%
• 총자산회전율	0.8회

① 8%

② 10%

③ 16%

④ 20%

17

㈜한국의 수정전시산표상 소모품은 ₩20,000이며, 기말에 남아 있는 소모품재고는 ₩12,000이라고 할 때 수정분개로 옳은 것은?

①	(차) 소모품	₩12,000	(대) 소모품비	₩12,000
②	(차) 소모품	₩8,000	(대) 소모품비	₩8,000
③	(차) 소모품비	₩12,000	(대) 소모품	₩12,000
④	(차) 소모품비	₩8,000	(대) 소모품	₩8,000

18

무형자산에 관한 설명으로 옳지 않은 것은?

① 내부적으로 창출한 브랜드, 제호, 출판표제, 고객 목록과 이와 실질이 유사한 항목은 무형자산으로 인식하지 아니한다.
② 무형자산의 미래경제적효익은 제품의 매출, 용역수익, 원가 절감 또는 자산의 사용에 따른 기타 효익의 형태로 발생할 수 있다.
③ 개별 취득하는 무형자산과 사업결합으로 취득하는 무형자산이라면 무형자산의 인식조건 중 미래경제적효익의 유입가능성은 항상 충족되는 것으로 본다.
④ 무형자산을 최초로 인식할 때에는 공정가치로 측정한다.

19

충당부채와 우발부채에 대한 설명으로 옳지 않은 것은?

① 충당부채는 결제에 필요한 미래 지출의 시기와 금액이 모두 불확실하다는 점에서 다른 부채와 구별된다.
② 과거사건으로 생겼으나, 기업이 전적으로 통제할 수는 없는 하나 이상의 불확실한 미래 사건의 발생 여부로만 그 존재 유무를 확인할 수 있는 잠재적 의무는 우발부채에 해당한다.
③ 화폐의 시간가치 영향이 중요한 경우에 충당부채는 의무를 이행하기 위하여 예상되는 지출액의 현재가치로 평가한다.
④ 우발자산은 재무제표에 인식하지 아니한다.

20

㈜한국의 20×1년 기초자산과 기말자산은 각각 ₩1,400,000, ₩1,800,000이다. 기말부채는 ₩800,000인데 기초보다 ₩140,000이 증가하였다. 당기 중 유상증자로 인해 납입자본이 ₩120,000 증가하였고 기타포괄이익이 ₩40,000 발생하였으며, 현금배당 ₩30,000이 지급되었다면 당기순이익은 얼마인가?

① ₩100,000
② ₩130,000
③ ₩170,000
④ ₩200,000

본 과목 풀이 시 기업의 보고기간(회계기간)은 매년 1월 1일부터 12월 31일까지이며, 기업은 계속해서 「한국채택국제회계기준」을 적용해 오고 있다고 가정한다. 또한, 자료에서 제시하지 않은 사항(예: 법인세 효과 등)은 고려하지 않는다.

01

「한국채택국제회계기준」에 따른 리스이용자의 회계처리에 대한 내용으로 옳지 않은 것은?

① 리스기간이 12개월을 초과하고 기초자산이 소액이 아닌 모든 리스에 대하여 리스이용자가 사용권자산과 리스부채를 인식해야 한다.

② 리스이용자는 사용권자산의 감가상각비와 리스부채에 대한 이자를 인식한다.

③ 리스이용자는 리스개시일에 그날 현재 지급되지 않은 리스료의 현재가치로 리스부채를 측정한다.

④ 리스료의 현재가치를 측정할 때 사용하는 이자율은 리스이용자의 증분차입이자율을 사용하되, 이를 쉽게 산정할 수 없는 경우에는 리스거래의 내재이자율을 이용한다.

02

㈜한국의 20×1년 기초 및 기말 자산·부채 내역은 다음과 같다.

	기초	기말
자산 총계	₩500,000	₩560,000
부채 총계	₩260,000	₩240,000

회사는 당기 중 유상증자 ₩30,000과 현금배당 ₩15,000을 실시하였으며, FVOCI 금융자산 평가손실 ₩10,000이 발생하였다. ㈜한국의 20×1년 포괄손익계산서상 총포괄이익은 얼마인가?

① ₩45,000

② ₩55,000

③ ₩65,000

④ ₩75,000

03

㈜한국의 20×1년 말 재고자산 취득원가는 ₩100,000, 순실현가능가치는 ₩90,000이다. 20×2년 중에 재고자산을 ₩1,000,000에 매입하였으며 운임 ₩50,000은 별도로 지급하였다. 20×2년 기말 재고자산의 취득원가는 ₩150,000, 순실현가능가치는 ₩130,000일 때 20×2년 매출원가로 보고될 금액은 얼마인가? (단, 회사는 재고자산평가손실을 매출원가로 인식한다)

① ₩950,000

② ₩960,000

③ ₩1,000,000

④ ₩1,010,000

04

㈜한국의 20×1년 말 배당과 관련한 자료는 다음과 같다. 모든 주식은 회사 설립일에 발행되었으며, 액면금액은 모두 ₩5,000이다. 보통주에 대한 1주당 배당액은 얼마인가?

- 보통주 600주(주당 발행금액 ₩10,000)
- 우선주 A 200주(주당 발행금액 ₩8,000, 배당률 5%, 비누적적·비참가적)
- 우선주 B 200주(주당 발행금액 ₩10,000, 배당률 4%, 누적적·완전참가적)
- 지난 2년간 배당을 지급하지 못했다.
- 올해 현금배당으로 ₩490,000을 결의하였다.

① ₩400

② ₩450

③ ₩500

④ ₩600

05

㈜한국의 결산수정 전 법인세비용차감전순이익은 ₩200,000
이었다. 이 손익에는 선수수익 ₩20,000, 선급비용 ₩24,000
이 포함되어 있고, 미지급비용 ₩14,000과 미수수익
₩28,000은 포함되어 있지 않다. 수정분개 후의 법인세비용차
감전순이익은?

① ₩170,000

② ₩182,000

③ ₩190,000

④ ₩218,000

06

다음 중 회계상의 거래로 볼 수 없는 것은?

① 내년에 ₩1,000,000의 상품을 판매하기로 계약을 체결하고
10%에 해당하는 계약금을 수령하였다.

② 화재가 발생하여 장부가액 ₩1,000,000의 건물이 전소되었다.
해당 건물은 화재보험에 가입되어 피해금액에 대해 보험금을
수령할 수 있다.

③ 중국에 ₩1,000,000의 제품을 수출하기로 계약하였으나 상대
방이 계약취소를 통보하였다.

④ 만기가 1년 남아 있던 은행차입금에 대해 만기를 3년 더 연장
하기로 하였다.

07

㈜한국의 당기 총매출액은 ₩800,000이며 매출할인과 매출
환입이 각각 ₩20,000, ₩16,000 발생하였다. 손익계산서의
대손상각비는 ₩12,000이고 매출채권의 내역은 다음과 같을
때 회사가 당기에 현금으로 회수한 매출채권금액은 얼마인가?

	기초	기말
매출채권	₩240,000	₩210,000
대손충당금	₩16,000	₩10,000

① ₩776,000

② ₩788,000

③ ₩794,000

④ ₩830,000

08

다음은 20×1년 회사의 매입활동과 관련된 자료이다. 회사가 당
기에 상품 매입대금으로 지급한 현금액은 얼마인가?

기초상품재고액	₩25,000	기말상품재고액	₩10,000
기초매입채무잔액	₩15,000	기말매입채무잔액	₩20,000
매출액	₩800,000	매출총이익률	20%

① ₩620,000

② ₩630,000

③ ₩640,000

④ ₩650,000

09

다음은 ㈜한국이 20×2년 말 현재 보유중인 금융자산(지분증권)에 관한 자료이다. 이러한 금융자산 보유가 20×2년 회사의 포괄손익에 미치는 영향은 얼마인가? (단, 지분증권은 중대한 영향력을 행사할 수 없다)

구분	20×1년 취득원가	20×1년말 공정가치	20×2년말 공정가치
당기손익-공정가치 측정 금융자산	₩500,000	₩520,000	₩510,000
기타포괄손익-공정가치 측정 금융자산	₩800,000	₩760,000	₩820,000

① ₩10,000 감소
② ₩50,000 감소
③ ₩30,000 증가
④ ₩50,000 증가

10

㈜한국은 20×2년 결산과정에서 다음과 같은 오류를 발견하였다.

- 20×1년에 급여 ₩200,000에 대한 회계처리를 누락하였다.
- 20×2년 1월 10일 위 ₩200,000을 포함한 급여를 현금으로 지급하며 비용으로 처리하였다.

20×2년 장부 마감 전에 이러한 오류를 발견하고 수정하려고 한다. 오류수정에 대한 올바른 회계처리는?

① (차) 미지급급여　₩200,000　(대) 급여　　　　₩200,000
② (차) 이익잉여금　₩200,000　(대) 급여　　　　₩200,000
③ (차) 급여　　　　₩200,000　(대) 미지급급여　₩200,000
④ (차) 급여　　　　₩200,000　(대) 이익잉여금　₩200,000

11

㈜한국은 건물신축을 위해 기존건물이 있는 토지를 ₩900,000에 취득하였다. 취득한 토지와 건물의 공정가치는 각각 ₩800,000, ₩200,000이다. 취득하자마자 구건물을 철거하는 데 ₩80,000을 지출하였으며 취득세로 ₩50,000을 별도납부 하였다. 신축건물에 대한 입주자를 모집하는 광고비로 ₩20,000을 추가 지출한 경우 동 토지의 취득원가는 얼마인가?

① ₩850,000
② ₩870,000
③ ₩1,030,000
④ ₩1,050,000

12

다음 각각의 경우에 자본총액의 변화를 바르게 나타낸 것은?

ㄱ. 현금배당 ₩100,000과 주식배당 ₩200,000을 동시에 실시하였다.
ㄴ. 주당 ₩5,000에 매입하여 보유 중이던 자기주식 100주를 주당 ₩7,000에 매각하였다.
ㄷ. 액면금액 ₩5,000인 주식에 대해 주당 ₩3,000에 100주를 유상감자하였다.

	ㄱ	ㄴ	ㄷ
①	₩100,000 감소	₩200,000 증가	₩200,000 증가
②	₩100,000 감소	₩700,000 증가	₩300,000 감소
③	₩300,000 감소	₩200,000 증가	₩300,000 감소
④	₩300,000 감소	₩700,000 증가	₩200,000 증가

13

㈜한국의 20×1년 말 부채비율(=총부채÷자기자본)은 200%이고, 20×2년 중 총부채와 자기자본은 각각 ₩100,000씩 증가하였다. ㈜한국의 20×2년도 매출액은 ₩480,000이고, 총자산회전율(=매출액÷평균총자산)은 1.2회이다. ㈜한국의 20×2년 말 부채비율(=총부채÷자기자본)은? (단, 평균총자산은 기초 총자산과 기말 총자산의 산술평균값으로 계산한다)

① 100%
② 125%
③ 150%
④ 200%

→ [회계원리]

14

「국가회계기준에 관한 규칙」의 내용으로 잘못된 것은?

① 재무제표는 재정상태표, 재정운영표, 순자산변동표 및 현금흐름표로 구성하되, 재무제표에 대한 주석을 포함한다.
② 재무제표에 대한 주석은 필수보충정보와 부속명세서로 구성된다.
③ 재무제표의 과목은 해당 항목의 중요성에 따라 별도의 과목으로 표시하거나 다른 과목으로 통합하여 표시할 수 있다.
④ 재무제표를 통합하여 작성할 경우 내부거래는 상계하여 작성한다.

15

다음은 ㈜한국의 20×1년 제조원가명세서 중 일부이다.

제조원가명세서

Ⅰ. 직접재료원가		₩100,000
Ⅱ. 직접노무원가		₩80,000
Ⅲ. 제조간접원가		₩40,000
변동원가	₩25,000	
고정원가	₩15,000	

회사의 기초재공품은 없으며, 기말재공품은 ₩20,000일 때, 이에 대한 설명으로 옳지 않은 것은?

① 기초원가는 ₩180,000이다.
② 가공원가는 ₩120,000이다.
③ 당기제품제조원가는 ₩220,000이다.
④ 제조간접원가를 직접노무원가를 기준으로 배부한다면 배부율은 ₩0.5/₩1이 된다.

16

다음 중 전부원가계산과 변동원가계산에 대한 설명으로 옳지 않은 것은?

① 변동원가계산에서 고정제조간접원가는 기간비용으로 처리한다.
② 초변동원가계산에서는 직접재료원가만 제품원가로 보고, 직접노무원가나 변동제조간접원가까지도 기간비용으로 처리한다.
③ 변동원가계산 결과가 전부원가계산 결과와 유사한 경우에는 변동원가계산을 사용할 수 있다.
④ 생산량이 판매량보다 많은 경우에는 변동원가계산에 의한 영업이익이 전부원가계산에 의한 영업이익보다 작게 된다.

17

다음 자료에 의한 당기 재료매입액은?

	기초재고액	기말재고액
매출원가		₩2,400
직접노무비		₩1,250
제조간접원가		₩500
원재료	₩300	₩200
재공품	₩250	₩400
제품	₩400	₩600

① ₩900

② ₩950

③ ₩1,000

④ ₩1,050

18

다음의 개별원가계산 자료를 바탕으로 당기총제조원가를 계산하면?

- 직접재료원가는 ₩100,000이다.
- 직접노동시간은 50시간이며, 기계시간은 80시간이다.
- 임률은 노동시간당 ₩500이다.
- 제조간접원가는 기계시간을 기준으로 배부하는데 당기 배부율은 기계시간당 ₩200이다.

① ₩141,000

② ₩143,000

③ ₩148,000

④ ₩150,000

19

㈜한국은 선입선출법에 의한 종합원가계산방법을 채택하고 있다. 원재료는 공정초기에 전량 투입되며 가공원가는 공정 전반에 걸쳐 균등하게 발생한다. 기초재공품의 완성도는 20%이고 기말재공품의 완성도는 70%이다. 다음 자료를 이용하여 재료원가와 가공원가의 완성품환산량을 계산하면 각각 몇 개인가?

기초재공품수량	200개
당기착수량	1,400개
기말재공품수량	300개

	재료원가	가공원가
①	1,400개	1,350개
②	1,400개	1,470개
③	1,600개	1,350개
④	1,600개	1,510개

20

다음 자료를 바탕으로 「국가회계기준에 관한 규칙」에 따른 프로그램별 재정운영표를 작성하는 경우 재정운영순원가는?

• 프로그램총원가	₩2,000,000
• 프로그램수익	₩1,200,000
• 관리운영비	₩450,000
• 비배분비용	₩150,000
• 비배분수익	₩100,000
• 비교환수익	₩50,000

① ₩1,250,000

② ₩1,300,000

③ ₩1,450,000

④ ₩1,500,000

14

다음이 설명하는 재무정보의 질적 특성은 무엇인가?

> 합리적인 판단력이 있고 독립적인 서로 다른 관찰자가 어떤 서술이 충실한 표현이라는 데 대체로 의견이 일치할 수 있다는 것을 의미한다.

① 충실한 표현
② 비교가능성
③ 검증가능성
④ 중립성

15

다음 중 재무제표에 동시에 나타날 수 없는 거래는?

① 자산의 증가와 부채의 증가
② 자산의 증가와 자본의 증가
③ 부채의 감소와 수익의 발생
④ 자본의 감소와 비용의 발생

16

다음 중 재고자산의 원가측정에 대한 설명으로 옳지 않은 것은?

① 통상적으로 상호 교환될 수 없는 재고자산항목의 원가와 특정 프로젝트별로 생산되고 분리되는 재화 또는 용역의 원가는 가중평균법을 사용하여 결정한다.
② 가중평균법을 적용하는 경우 평균의 계산은 기업의 상황에 따라 주기적으로 계산하거나 매입 또는 생산할 때마다 계산할 수 있다.
③ 개별법은 가장 이상적인 방법일 수 있으나 손익을 자의적으로 조정할 수 있는 문제점이 있다.
④ 성격과 용도 면에서 유사한 재고자산에는 동일한 단위원가 결정방법을 적용하여야 하며, 성격이나 용도 면에서 차이가 있는 재고자산에는 서로 다른 단위원가 결정방법을 적용할 수 있다.

17

㈜한국의 매출채권과 그에 대한 미래현금흐름 추정액은 다음과 같다. 충당금설정법을 사용할 경우, 기말에 인식하여야 하는 대손상각비는? (단, 할인효과가 중요하지 않은 단기매출채권이며, 기중 대손충당금의 변동은 없다)

	기초	기말
매출채권	₩120,000	₩150,000
추정 미래현금흐름	₩115,000	₩141,000

① ₩4,000
② ₩5,000
③ ₩7,000
④ ₩9,000

18

㈜한국은 20×1년 초 토지를 ₩100,000에 취득하였으며, 이에 대한 취득세를 ₩10,000 납부하였다. 20×1년 말과 20×2년 말 토지의 공정가치는 각각 ₩120,000, ₩100,000이다. 회사가 매년 말 공정가치로 평가하는 재평가모형을 적용한다고 할 때 20×2년 ㈜한국의 재무제표에 대한 설명으로 옳은 것은?

① 재평가손실 ₩20,000만큼 당기순이익이 감소한다.
② 포괄손익은 ₩20,000만큼 감소한다.
③ 자본은 ₩10,000만큼 감소한다.
④ 재평가손실 ₩20,000만큼 이익잉여금이 감소한다.

19

다음은 ㈜한국의 20×2년 재무제표 자료이다. ㈜한국이 20×2년 현금흐름표에 영업활동으로 인한 현금흐름으로 보고할 금액은? (단, FVPL금융자산은 단기매매 목적으로 보유한 것이다)

〈재무상태표〉	20×1년 말	20×2년 말
매출채권	₩50,000	₩60,000
매입채무	₩25,000	₩40,000
FVPL금융자산	₩60,000	₩90,000
FVOCI금융자산	₩92,000	₩64,000
차입금	₩72,000	₩60,000
〈포괄손익계산서〉		
당기순이익	₩200,000	
FVPL금융자산평가이익	₩20,000	
FVOCI금융자산평가이익	₩50,000	
FVOCI금융자산처분손실	₩30,000	

① ₩205,000
② ₩215,000
③ ₩225,000
④ ₩235,000

20

㈜한국은 총 ₩3,100,000의 현금을 지급하고 ㈜민국을 합병하였다. 합병시점 ㈜민국의 재무재표상 자산총액은 ₩8,000,000, 부채총액은 ₩5,500,000이었다. 장부가치와 공정가치가 차이가 나는 부분은 자산 중에 토지가 공정가치보다 ₩500,000 과소평가되어 있고, 부채도 ₩200,000 과소평가되어 있다. 합병시 ㈜대한이 인식하게 되는 영업권은 얼마인가?

① ₩200,000
② ₩300,000
③ ₩400,000
④ ₩500,000

본 과목 풀이 시 기업의 보고기간(회계기간)은 매년 1월 1일부터 12월 31일까지이며, 기업은 계속해서 「한국채택국제회계기준」을 적용해 오고 있다고 가정한다. 또한, 자료에서 제시하지 않은 사항(예: 법인세 효과 등)은 고려하지 않는다.

01

㈜한국의 20×1년 1월 1일 외상매출금은 ₩1,200,000, 대손충당금은 ₩80,000이다. 20×1년 중 ₩4,000,000의 외상매출이 발생하였으며, 이 중 매출환입은 ₩200,000이다. 20×1년 중 외상매출금의 회수액은 ₩4,200,000이며, ₩50,000의 외상매출금이 회수불능으로 대손처리되었고, 대손처리한 외상매출금 중 ₩10,000이 회수되었다. ㈜한국은 회수불능채권에 대하여 대손충당금을 설정하고 있으며, 매출채권 비율기준에 따라 매출채권의 10%를 회수불능채권으로 추정할 경우 20×1년 포괄손익계산서상 대손상각비는 얼마인가?

① ₩25,000
② ₩35,000
③ ₩45,000
④ ₩55,000

02

재무정보의 근본적 질적 특성 중 목적적합성에 대한 내용으로 옳지 않은 것은?

① 목적적합한 재무정보는 이용자들의 의사결정에 차이가 나도록 할 수 있다. 정보는 일부 정보이용자가 이를 이용하지 않기로 선택하거나 다른 원천을 통하여 이미 이를 알고 있다면 의사결정에 차이가 나도록 할 수 없다.
② 재무정보에 예측가치, 확인가치 또는 이 둘 모두가 있다면 그 재무정보는 의사결정에 차이가 나도록 할 수 있다.
③ 재무정보가 예측가치를 갖기 위해서 그 자체가 예측치 또는 예상치일 필요는 없다.
④ 재무정보가 과거 평가에 대해 피드백을 제공한다면 확인가치를 갖는다.

03

다음 설명에 해당하는 측정기준은 무엇인가?

기업이 자산의 사용과 궁극적인 처분으로 얻을 것으로 기대하는 현금흐름 또는 그 밖의 경제적효익의 현재가치이다.

① 역사적 원가
② 현행가치
③ 사용가치
④ 공정가치

04

㈜한국의 20×1년 기초 및 기말 자산·부채 내역은 다음과 같다.

	기초	기말
자산 총계	₩200,000	₩270,000
부채 총계	₩120,000	₩160,000

회사의 포괄손익계산서상 당기순이익은 ₩60,000이며 총포괄이익은 ₩40,000이다. 기중에 유상증자 등 다른 자본거래는 없다고 할 때, 회사가 현금배당으로 지급한 금액은 얼마인가?

① ₩10,000
② ₩20,000
③ ₩40,000
④ ₩60,000

05

㈜대한은 보유하던 기계장치 X를 ㈜민국이 보유중인 기계장치 Y와 교환하였다. 교환 당시 두 기계장치에 대한 정보는 다음과 같다.

구분	기계장치 X	기계장치 Y
취득원가	₩1,000,000	₩600,000
감가상각누계액	₩400,000	₩100,000
공정가치	₩580,000	₩500,000

교환시에 ㈜민국은 ㈜대한에게 ₩60,000의 현금을 추가로 지급하였다. 위 교환거래가 상업적 실질이 있는 경우 ㈜대한이 인식할 유형자산처분손익과 기계장치 Y의 취득원가를 계산하면?

	유형자산처분손익	기계장치 Y 취득원가
①	처분손실 ₩20,000	₩500,000
②	처분손실 ₩20,000	₩520,000
③	처분손실 ₩40,000	₩500,000
④	처분손실 ₩40,000	₩520,000

06

㈜한국은 20×1년 5월 1일에 기계장치를 ₩1,000,000에 취득하였다. 이 기계장치는 20×1년 7월 1일부터 사용하기 시작하였고 정률법으로 감가상각한다. 기계장치의 잔존가치는 100,000원으로 추정되며 상각률은 0.3이다. 20×1년 회사가 인식할 감가상각비는? (단, 기계장치는 월할상각한다)

① ₩140,000
② ₩150,000
③ ₩160,000
④ ₩170,000

07

㈜한국은 20×1년 1월 1일 발행된 ㈜중국의 사채(액면금액 ₩1,000,000)를 ₩900,000에 단기매매목적으로 취득하고 당기손익-공정가치 측정 금융자산으로 분류하였다. 20×1년 말 사채의 공정가치는 ₩920,000일 때, 사채의 보유가 20×1년 ㈜한국의 당기손익에 미치는 영향은 얼마인가? (단, 사채의 표시이자율은 연 6%로 매년 말에 지급되는 조건이며, 유효이자율은 연 10%이다)

① 이익 ₩20,000
② 이익 ₩60,000
③ 이익 ₩80,000
④ 이익 ₩90,000

08

㈜한국의 20×1년 자기주식과 관련한 거래는 다음과 같다.

- 회사가 발행한 주식의 액면금액은 ₩5,000이며, 전기 말 자기주식처분손실은 ₩100,000이다.
- 4월 1일: 자기주식 100주를 주당 ₩6,000에 취득하였다.
- 7월 1일: 자기주식 60주를 주당 ₩8,000에 처분하였다.
- 12월 1일: 자기주식 20주를 전부 소각하고 감자차익을 인식하였다.

이러한 거래가 ㈜한국의 자본에 미치는 영향은 얼마인가?

① ₩80,000 감소
② ₩120,000 감소
③ ₩20,000 증가
④ ₩60,000 증가

09

㈜한국의 20×1년 영업활동현금흐름은 ₩300,000이다. 다음 자료를 이용하여 회사의 손익계산서에 법인세차감전순이익으로 보고될 금액을 계산하면?

유형자산처분이익	₩30,000	감가상각비	₩80,000
사채상환손실	₩50,000	법인세비용	₩30,000
매출채권 감소	₩15,000	재고자산 증가	₩7,000
매입채무 증가	₩12,000	미지급법인세 증가	₩10,000

① ₩200,000
② ₩207,000
③ ₩220,000
④ ₩231,000

10

다음 중 법인세회계에 대한 설명으로 잘못된 것은?

① 당기 및 과거기간의 당기법인세부채는 보고기간말까지 제정되었거나 실질적으로 제정된 세율을 사용하여, 과세당국에 납부할 것으로 예상되는 금액으로 측정한다.
② 이연법인세 자산과 부채는 보고기간말까지 제정되었거나 실질적으로 제정된 세율에 근거하여 당해 자산이 실현되거나 부채가 결제될 회계기간에 적용될 것으로 기대되는 세율을 사용하여 측정한다.
③ 화폐의 시간가치 영향이 중요한 경우에 이연법인세 자산과 부채는 현재가치로 할인하여 평가한다.
④ 이연법인세자산의 장부금액은 매 보고기간말에 검토하여 그 일부 또는 전부에 대한 혜택이 사용되기에 충분한 과세소득이 발생할 가능성이 더 이상 높지 않다면 이연법인세자산의 장부금액을 감액시킨다.

11

「K-IFRS 1115호 고객과의 계약에서 생기는 수익」에 따르면 일정한 조건을 모두 충족하는 때에 고객과의 계약으로 회계처리하도록 하고 있다. 해당조건의 내용으로 올바른 것은?

① 계약 당사자들이 계약을 구두가 아닌 서면으로 승인하고 각자의 의무를 수행하기로 확약한다.
② 이전할 재화나 용역과 관련된 각 당사자의 의무를 식별할 수 있다.
③ 이전할 재화나 용역의 지급조건을 식별할 수 있다.
④ 계약에 법률적 실질이 있다.

12

㈜한국은 상품을 매매하는 기업으로 항상 기말재고자산을 기초재고자산에 비하여 증가시키고 있다. 재고자산의 가격은 지속적으로 상승하고 있으며, ㈜한국은 원가흐름의 가정으로 선입선출법과 가중평균법 중 무엇을 적용할 지 고민 중에 있다. 두 가지 원가흐름의 가정에 따라 재무제표에 미치는 영향을 바르게 나타낸 것은?

① 기말재고자산: 선입선출법 < 가중평균법
② 매출원가: 선입선출법 > 가중평균법
③ 법인세비용: 선입선출법 > 가중평균법
④ 당기순이익: 선입선출법 < 가중평균법

13

㈜한국의 20×3년 말 감사과정에서 수년간 재고자산에 대해 다음과 같은 오류가 있었음을 발견하였다.

연도	20×1년 말	20×2년 말	20×3년 말
오류내용	₩3,000 과대	₩5,000 과소	₩2,000 과대

이러한 오류를 수정하기 전 20×3년 말 ㈜한국의 당기순이익은 ₩20,000, 이익잉여금은 ₩80,000이었다. 오류를 수정한 다음 ㈜한국의 당기순이익과 이익잉여금은 얼마인가?

	당기순이익	이익잉여금
①	₩13,000	₩73,000
②	₩13,000	₩78,000
③	₩27,000	₩83,000
④	₩27,000	₩87,000

→ [회계원리]

14

㈜한국은 평균법 하의 종합원가계산을 채택하고 있으며, 당기 생산관련 자료는 다음과 같다.

• 기초재공품(완성도 30%)	40단위
• 당기착수량	800단위
• 당기완성량	740단위
• 기말재공품(완성도 70%)	60단위

품질검사는 완성도 40% 시점에서 이루어지며, 검사를 통과한 정상품의 3%를 정상공손으로 간주한다. 당기의 비정상공손수량은?

① 16개
② 20개
③ 24개
④ 40개

15

「국가회계기준에 관한 규칙」상 재정상태표에 대한 설명으로 옳지 않은 것은?

① 재정상태표는 재정상태표일 현재의 자산과 부채의 명세 및 상호관계 등 재정상태를 나타내는 재무제표로서 자산, 부채 및 순자산으로 구성된다.
② 자산, 부채 및 순자산은 총액으로 표시한다. 이 경우 자산 항목과 부채 또는 순자산 항목을 상계함으로써 그 전부 또는 일부를 재정상태표에서 제외해서는 아니 된다.
③ 자산은 공용 또는 공공용으로 사용되는 등 공공서비스를 제공할 수 있거나 직접적 또는 간접적으로 경제적 효익을 창출하거나 창출에 기여할 가능성이 매우 높고 그 가액을 신뢰성 있게 측정할 수 있을 때에 인식한다.
④ 부채는 유동부채와 비유동부채로 구분하여 재정상태표에 표시한다.

16

「국가회계기준에 관한 규칙」 중 재정운영표에 대한 내용으로 옳지 않은 것은?

① 재정운영표는 회계연도 동안 수행한 정책 또는 사업의 원가와 재정운영에 따른 원가의 회수명세 등을 포함한 재정운영결과를 나타내는 재무제표를 말한다.
② 관리운영비란 프로그램의 운영에 직접적으로 소요되지는 않으나 국가회계실체의 기본적인 기능수행 및 특정 프로그램의 행정운영과 관련된 인건비와 경비를 말한다.
③ 재정운영결과는 재정운영순원가에서 비교환수익 등을 빼서 표시한다.
④ 국가의 분야별 재정운영표는 사업순원가를 나열하지 않고, 재정운영순원가와 재정운영결과만 구분하여 표시한다.

17

㈜한국은 매장을 임대하여 노트북을 판매하고 있다. 노트북의 구입가격은 대당 ₩400,000이며 판매가격은 ₩480,000이다. 매장의 임대료 등 고정비는 월 ₩1,200,000이다. 최근에 홈쇼핑업체로부터 홍보제의가 들어왔는데 홍보의 대가로 월 ₩300,000과 대당 ₩20,000의 수수료를 요구하고 있다. 회사가 제의를 받아들일 경우 손익분기점 판매량은 기존보다 몇 대나 더 증가하는가?

① 5대

② 10대

③ 15대

④ 20대

19

㈜한국은 결합공정을 통해 제품 A와 제품 B를 생산하고 있다. 관련 원가자료는 다음과 같다.

제품	생산량	분리점에서의 단위당 판매가격	단위당 추가가공원가	단위당 최종판매가격
A	1,000개	₩150	₩200	₩500
B	500개	₩350	₩200	₩600

회사는 결합원가를 순실현가능가치를 기준으로 배분하는데, 제품 B에 배부된 결합원가는 ₩50,000이다. 당기에 발생한 총 결합원가는 얼마인가?

① ₩100,000

② ₩120,000

③ ₩125,000

④ ₩150,000

18

㈜한국은 기계작업시간을 기준으로 제조간접원가를 배부하는 정상개별원가계산제도를 적용하고 있다. 20×1년 제조간접원가 예산은 ₩5,000,000이다. 20×1년 실제 발생한 제조간접원가는 ₩4,500,000이고, 실제 기계작업시간은 2,100시간이었다. 제조간접원가 과소배부액이 ₩300,000이라고 할 때 연간 예상 기계작업시간은?

① 2,000시간

② 2,400시간

③ 2,500시간

④ 3,000시간

20

㈜한국의 직접노무원가 관련 자료가 다음과 같을 때, 회사의 실제 임률은 얼마인가?

• 표준직접노동시간	1,000시간
• 표준임률	₩300/시간
• 직접노무원가 임률차이	₩22,000(유리한 차이)
• 직접노무원가 능률차이	₩30,000(불리한 차이)

① ₩270/시간

② ₩280/시간

③ ₩290/시간

④ ₩300/시간

14

다음 중 중간재무보고의 보고기간에 대한 설명으로 옳은 것은?

① 재무상태표는 당해 중간보고기간말과 직전 회계연도 동일기간말을 비교하는 형식으로 작성한다.

② 포괄손익계산서는 당해 중간기간을 직전 회계연도의 동일기간과 비교하는 형식으로 작성한다.

③ 자본변동표는 당해 회계연도 누적기간을 직전 회계연도의 동일기간과 비교하는 형식으로 작성한다.

④ 현금흐름표는 당해 회계연도 중간기간을 직전 회계연도의 동일기간과 비교하는 형식으로 작성한다.

15

㈜한국은 20×1년 1월 1일에 ㈜서울이 발행한 4년 만기 회사채를 ₩900,000에 취득하였다. 회사채의 액면금액은 ₩1,000,000, 표시이자율은 5%(매년 말 지급), 취득당시의 유효이자율은 8%이다. 각 연도말 공정가치가 다음과 같을 경우 회사가 동 채권을 상각후원가측정 금융자산으로 분류한 경우와 당기손익-공정가치 측정 금융자산으로 분류한 경우로 구분하여 20×2년 포괄손익계산서의 당기손익에 미치는 영향으로 옳은 것은?

일자	20×1년 말	20×2년 말
공정가치	₩923,400	₩945,000

	상각후원가 측정	당기손익-공정가치 측정
①	₩72,000	₩71,600
②	₩73,760	₩71,600
③	₩72,000	₩73,400
④	₩73,760	₩73,400

16

㈜한국은 대손에 대해 충당금설정법을 사용하며 20×2년 10월 1일 거래처의 파산으로 ₩30,000의 매출채권을 회수할 수 없게 되어 충당금과 상계하였다. 20×1년과 20×2년의 매출채권자료가 다음과 같을 경우, 20×2년 말 대손충당금 설정에 대한 분개로 옳은 것은? (단, 미래현금흐름추정액의 명목금액과 현재가치의 차이는 중요하지 않다)

	20×1년 말	20×2년 말
매출채권	₩300,000	₩360,000
추정 미래현금흐름	₩250,000	₩345,000

	차 변		대 변	
①	대손상각비	₩5,000	대손충당금	₩5,000
②	대손상각비	₩15,000	대손충당금	₩15,000
③	대손충당금	₩5,000	대손충당금환입	₩5,000
④	대손충당금	₩15,000	대손충당금환입	₩15,000

17

올해 초 새로 입사한 ㈜한국의 자금담당부서 직원이 매출채권 회수금액을 횡령하고 잠적하였다. 다음 자료를 바탕으로 매출총이익률법을 이용하여 직원이 횡령한 금액을 추정하면 얼마인가? (단, 모든 매출은 외상으로 이루어지며, 회사의 매출총이익률은 20%이다)

• 기초재고자산	₩20,000
• 기말재고자산	₩60,000
• 당기재고자산매입액	₩200,000
• 기초매출채권잔액	₩60,000
• 기말매출채권잔액	₩20,000
• 매출채권 장부상 회수액	₩160,000

① ₩70,000

② ₩80,000

③ ₩90,000

④ ₩100,000

18

다음 중 자본변동표에 표시되는 정보에 해당하지 않는 것은?

① 지배기업의 소유주와 비지배지분에게 각각 귀속되는 금액으로 구분하여 표시한 해당 기간의 총포괄손익
② 자본의 각 구성요소별로, 회계변경 및 오류에 따라 인식된 소급적용이나 소급재작성의 영향
③ 이자와 배당금의 수취 및 지급에 따른 현금흐름
④ 자본의 각 구성요소별로 손익거래(당기순손익과 기타포괄손익) 및 자본거래(소유주와의 거래)에 따른 변동액을 구분하여 표시한, 기초시점과 기말시점의 장부금액 조정내역

19

다음은 ㈜한국의 20×1년도 재무비율과 관련된 정보이다.

• 유동비율	250%
• 당좌비율	100%
• 자본대비 부채비율	200%
• 재고자산회전율	5회
• 유동부채	₩2,000
• 비유동부채	₩3,000

위 자료를 이용할 때 20×1년도 ㈜한국의 매출원가와 자본은? (단, 유동자산은 당좌자산과 재고자산만으로 구성되며, 재고자산의 기초와 기말 금액은 동일하다)

	매출원가	자본
①	₩10,000	₩2,500
②	₩10,000	₩10,000
③	₩15,000	₩2,500
④	₩15,000	₩10,000

20

㈜한국은 20×1년 1월 1일에 표시이자율 12%, 액면금액 ₩10,000인 3년 만기 사채를 ₩10,490에 발행하였다. 이자는 매년 12월 31일에 지급하는 조건이며, 발생이자와 관련된 회계처리는 유효이자율법에 따른다. 발행 당시 동 사채에 적용된 유효이자율이 10%라고 할 때, 20×1년 회사가 인식할 이자비용과 20×1년 말 사채의 장부금액은 얼마인가?

	이자비용	사채장부금액
①	₩1,049	₩10,339
②	₩1,049	₩10,641
③	₩1,200	₩10,339
④	₩1,200	₩10,641

> 본 과목 풀이 시 기업의 보고기간(회계기간)은 매년 1월 1일부터 12월 31일까지이며, 기업은 계속해서 「한국채택국제회계기준」을 적용해 오고 있다고 가정한다. 또한, 자료에서 제시하지 않은 사항(예: 법인세 효과 등)은 고려하지 않는다.

01

「재무보고를 위한 개념체계」에 제시된 보강적 질적 특성에 대한 설명으로 잘못된 것은?

① 비교가능성, 검증가능성, 적시성 및 이해가능성은 목적적합성과 나타내고자 하는 바를 충실하게 표현하는 것 모두를 충족하는 정보의 유용성을 보강시키는 질적 특성이다.

② 정보가 목적적합하지 않거나 나타내고자 하는 바를 충실하게 표현하지 않았더라도 보강적 질적 특성을 통해 정보를 유용하게 할 수 있다.

③ 보강적 질적 특성은 만일 어떤 두 가지 방법이 모두 현상에 대하여 동일하게 목적적합한 정보이고 동일하게 충실한 표현을 제공하는 것이라면 이 두 가지 방법 가운데 어느 방법을 현상의 서술에 사용해야 할지를 결정하는 데에도 도움을 줄 수 있다.

④ 새로운 회계기준의 전진 적용으로 인한 비교가능성의 일시적 감소는 장기적으로 목적적합성이나 충실한 표현을 향상시키기 위해 감수될 수도 있다.

02

「재무보고를 위한 개념체계」에 따른 측정기준에 대한 설명으로 잘못된 것은?

① 역사적 원가는 자산의 소비와 손상을 반영하여 감소하기 때문에, 역사적 원가로 측정된 자산에서 회수될 것으로 예상되는 금액은 적어도 장부금액과 같거나 장부금액보다 크다.

② 공정가치에는 기업이 자산을 궁극적으로 처분하거나 부채를 이행할 때 발생할 것으로 기대되는 거래원가의 현재가치가 포함된다.

③ 사용가치와 이행가치는 직접 관측될 수 없으며 현금흐름기준 측정기법으로 결정된다.

④ 자산이나 부채의 현행가치는 자산이나 부채를 발생시킨 거래나 그 밖의 사건의 가격으로부터 부분적으로라도 도출되지 않는다.

03

㈜한국은 20×1년 초에 A회사의 3년 만기, 액면가 ₩1,000,000, 표시이자율 5%(매년 말 지급)의 사채를 ₩920,000에 취득하였다. 취득당시의 유효이자율은 8%이고 회사는 동 채권을 기타포괄손익-공정가치 측정 금융자산으로 분류하였다. 회사채의 연도말 공정가치가 ₩938,000이라 할 때, 동 사채의 보유와 관련하여 회사가 20×1년에 인식할 총포괄손익은?

① ₩44,400

② ₩55,600

③ ₩68,000

④ ₩73,600

04

㈜한국은 20×1년 6월 1일 기계장치를 ₩2,000,000에 취득하여 원가모형을 적용했다. 동 기계장치의 내용연수는 5년이고, 정률법으로 상각하며, 상각률은 0.36이다. 20×1년 말 새로운 기술이 개발됨에 따라 기계장치의 가치가 급격히 하락하였는데 순공정가치는 ₩380,000, 사용가치는 ₩420,000이다. 기계장치와 관련하여 회사의 20×1년 포괄손익계산서상 당기손익에 미치는 영향은 얼마인가?

① ₩420,000 감소

② ₩720,000 감소

③ ₩1,150,000 감소

④ ₩1,580,000 감소

05

㈜한국은 20×1년 결산을 위해 은행에 예금 잔액을 조회하였다. 회사장부상 당좌예금 잔액은 ₩62,000이나 은행측에서 회신한 잔액은 ₩73,400으로 일치하지 않는다. 차이의 원인이 다음과 같을 때, ㈜한국의 정확한 당좌예금 잔액은 얼마인가?

> • 회사가 거래처에 구매대금으로 지급한 수표 중 ₩20,000이 아직까지 은행에 제시되지 않았다.
> • 예금에 대한 이자 ₩1,200이 가산되었으나 회사는 모르고 있었다.
> • 회사가 20×1년 12월 31일 은행 마감시간에 입금한 ₩8,000이 20×2년 1월 2일에 입금처리되었다.
> • 현금 ₩3,500을 입금하면서 장부에는 ₩5,300으로 기재하였다.

① ₩61,400
② ₩62,600
③ ₩65,000
④ ₩65,400

06

㈜한국의 20×1년도 말 매출채권은 ₩200,000이며 대손충당금은 ₩20,000이었다. 20×2년 매출채권 중 ₩12,000은 대손이 확정되었으며 20×2년 말 매출채권에 대한 미래현금흐름의 현재가치는 ₩210,000원으로 추정된다. 회사의 20×2년 매출액이 ₩1,000,000이고 현금으로 회수한 매출채권 금액이 ₩920,000이라고 할 때 당기에 비용으로 인식할 대손상각비는 얼마인가?

① ₩42,000
② ₩50,000
③ ₩58,000
④ ₩64,000

07

㈜한국의 20×1년 초 유통보통주식수는 800주이며 20×1년 회사의 주식변동내역은 다음과 같다.

> • 20×1년 7월 1일 보통주 200주를 시장가격으로 발행하였다.
> • 20×1년 9월 1일 10%의 주식배당을 하였다.
> • 20×1년 10월 1일 자기주식 360주를 취득하였다.

20×1년 ㈜한국의 당기순이익이 ₩216,000이라면, 기본주당순이익은 얼마인가? (단, 주식수는 월할계산한다)

① ₩200
② ₩210
③ ₩230
④ ₩240

08

㈜한국은 20×1년 초에 건물을 임대 목적으로 ₩800,000에 취득하였다. 건물의 내용연수는 20년, 잔존가치는 ₩0으로 추정되며 회사가 건물에 대해 적용하는 감가상각방법은 정액법이다. 회사는 투자부동산에 대해 공정가치모형을 적용하는데 20×1년 말 건물의 공정가치는 ₩780,000이다. 20×1년에 건물에 대해서 인식할 총비용은 얼마인가?

① ₩20,000
② ₩40,000
③ ₩60,000
④ ₩80,000

09

다음은 20×1년 초에 설립되어 단일제품을 판매하는 ㈜한국의 20×1년 기말 재고자산 평가와 관련된 자료이다. ㈜한국은 평가손실과 정상감모는 매출원가로 기록하고 있으며, 비정상감모는 영업외비용으로 기록하고 있다. 20×1년 ㈜한국의 당기매입 재고자산은 ₩4,000,000이며, 매출액은 ₩8,000,000, 판매비와관리비는 ₩3,000,000인 경우 ㈜한국의 20×1년 영업이익과 당기순이익을 계산하면 각각 얼마인가? 단, 재고자산 감모 중 60%는 정상적인 감모이다.

기말 장부수량	기말 실제수량	취득단가	기말 단위당 순실현가능가치
1,100개	1,000개	₩500	₩450

	영업이익	당기순이익
①	₩1,470,000	₩1,450,000
②	₩1,520,000	₩1,500,000
③	₩1,550,000	₩1,532,000
④	₩1,605,000	₩1,575,000

10

금융자산의 분류에 대한 설명으로 잘못된 것은?

① 계약상 현금흐름을 수취하기 위해 보유하는 것이 목적인 사업모형 하에서 금융자산을 보유하고, 금융자산의 계약 조건에 따라 특정일에 원리금 지급만으로 구성되어 있는 현금흐름이 발생한다면 금융자산을 상각후원가로 측정한다.

② 계약상 현금흐름의 수취와 금융자산의 매도 둘 다를 통해 목적을 이루는 사업모형 하에서 금융자산을 보유하고, 금융자산의 계약 조건에 따라 특정일에 원리금 지급만으로 구성되어 있는 현금흐름이 발생한다면 금융자산을 당기손익-공정가치로 측정한다.

③ 당기손익-공정가치로 측정되는 '지분상품에 대한 특정 투자'에 대하여는 후속적인 공정가치 변동을 기타포괄손익으로 표시하도록 최초 인식시점에 선택할 수 있지만 한번 선택하면 이를 취소할 수 없다.

④ 회계불일치를 제거하거나 유의적으로 줄이는 경우에는 최초 인식시점에 해당 금융자산을 당기손익-공정가치 측정 항목으로 지정할 수 있지만 한번 지정하면 이를 취소할 수 없다.

11

㈜한국은 20×1년 초에 건물을 ₩6,000,000에 취득하였다. 건물의 내용연수는 5년, 잔존가치 ₩1,000,000 정액법으로 상각한다. ㈜한국은 20×1년 말에 건물을 공정가치 ₩6,500,000으로 재평가하고 자산의 장부금액이 재평가금액과 일치하도록 감가상각누계액과 총장부금액을 비례적으로 수정하였다. ㈜한국의 20×1년 말 재무상태표에 보고될 건물의 감가상각누계액은?

① ₩0
② ₩1,000,000
③ ₩1,300,000
④ ₩1,500,000

12

㈜한국은 제품 구매 후 1년 이내에 발생하는 제품결함에 대해서 확신유형의 제품보증을 실시하고 있다. 20×1년에 판매된 제품에 대하여 중요하지 않은 결함이 발생하는 경우 ₩20,000의 수리비용이 발생하고, 치명적인 결함이 발생하는 경우에는 ₩400,000의 수리비용이 발생한다. 과거경험에 의한 결함발생률이 다음과 같을 때, 결산일에 회사가 제품보증충당부채로 인식할 금액은 얼마인가? (단, 20×1년 말까지 발생한 수리비용은 없다)

구분	확률
결함이 발생하지 않을 확률	90%
중요하지 않은 결함의 발생	9%
치명적인 결함의 발생	1%

① ₩4,000
② ₩5,800
③ ₩20,000
④ ₩64,000

13

㈜한국은 만기가 2년 남은 사채를 현금으로 조기상환하였다. 이 거래가 총자산회전율과 당좌비율에 미치는 영향은?

	총자산회전율	당좌비율
①	감소	감소
②	감소	증가
③	증가	감소
④	증가	증가

14

㈜대한의 회계담당자는 2011년 회계연도 말 결산조정분개 시 다음의 사항을 누락하여 재무제표를 작성하였다. 이들 누락이 재무제표에 미치는 영향으로 옳은 것은?

- 기중에 구입한 소모품 ₩1,000,000을 소모품비로 처리하였으나 기말 현재 남아 있는 소모품은 ₩200,000이다.
- 2011년 3월 1일 3년분 보험료 ₩3,600,000을 지급하면서 선급 보험료로 처리하였다.
- 2011년 12월 31일 현재 다음달에 지급해야 할 12월분 급여 ₩5,000,000에 대한 회계처리가 이루어지지 않았다.
- 2011년 당기에 발생한 이자수익 ₩1,000,000에 대한 회계처리가 이루어지지 않았다.

① 수익 ₩1,000,000 과소계상, 비용 ₩5,800,000 과소계상

② 자산 ₩800,000 과소계상, 부채 ₩5,000,000 과소계상

③ 당기순이익 ₩4,800,000 과대계상, 자산 ₩800,000 과소계상

④ 자본 ₩1,000,000 과대계상, 부채 ₩5,000,000 과소계상

15

다음의 자료를 이용하여 지방자치단체의 재정상태보고서에 표시될 순자산항목의 금액을 올바르게 표시한 것은?

• 자산총계	₩3,000,000
• 부채총계	2,200,000
• 일반유형자산, 주민편의시설, 사회기반시설 및 무형자산의 투자액	400,000
• 일반유형자산 등의 투자재원을 마련할 목적으로 조달한 지방채증권	150,000
• 적립성기금의 원금	150,000

	고정순자산	특정순자산	일반순자산
①	₩ 250,000	₩ 150,000	₩ 400,000
②	₩ 250,000	₩ 300,000	₩ 250,000
③	₩ 400,000	₩ 150,000	₩ 250,000
④	₩ 400,000	₩ 300,000	₩ 100,000

16

다음은 ㈜한국의 당기 원가자료이다. 회사의 매출총이익률이 20%일 때, 당기제품제조원가와 매출총이익은?

	기초	기말
원재료	₩52,000	₩60,000
재공품	₩80,000	₩60,000
제품	₩18,000	₩28,000
당기총제조원가	₩310,000	

	당기제품제조원가	매출총이익
①	₩290,000	₩64,000
②	₩290,000	₩80,000
③	₩330,000	₩64,000
④	₩330,000	₩80,000

17

㈜한국은 종합원가계산을 채택하고 있다. 원재료는 공정초에 전량 투입되며, 가공원가는 공정 전반에 걸쳐 균등하게 발생한다. ㈜한국의 20×1년 1월 생산활동 자료는 다음과 같다.

• 기초재공품(완성도 75%)	200단위
• 당기착수량	800단위
• 당기완성량	760단위
• 기말재공품(완성도 30%)	240단위

평균법과 선입선출법에 의하여 각각 완성품환산량을 구하면, 가공원가의 환산량 차이는?

① 100단위
② 120단위
③ 150단위
④ 180단위

18

㈜한국의 영업이익이 ₩100,000, 변동비율은 80%, 손익분기점 매출액은 ₩400,000이라고 할 경우 안전한계는 얼마인가?

① ₩100,000
② ₩200,000
③ ₩300,000
④ ₩500,000

19

「국가회계기준에 관한 규칙」상 자산·부채의 평가에 대한 내용으로 잘못된 것은?

① 국가회계실체 사이에 발생하는 관리전환은 무상거래일 경우에는 자산의 장부가액을 취득원가로 하고, 유상거래일 경우에는 자산의 공정가액을 취득원가로 한다.
② 채무증권은 상각후취득원가로 평가하고, 지분증권은 공정가액으로 평가한다.
③ 재고자산은 제조원가 또는 매입가액에 부대비용을 더한 금액을 취득원가로 하고 품목별로 선입선출법을 적용하여 평가한다.
④ 유·무형자산의 내용연수를 연장시키거나 가치를 실질적으로 증가시키는 지출은 자산의 증가로 회계처리하고, 원상회복시키거나 능률유지를 위한 지출은 비용으로 회계처리한다.

20

㈜한국은 기존에 사용하던 컴퓨터를 신형 컴퓨터로 교체할 것인지 의사결정을 하려고 한다. 기존 컴퓨터의 취득원가는 ₩1,000,000이며 감가상각누계액은 ₩800,000이다. 신형 컴퓨터로 교체할 경우 기존에 사용하던 컴퓨터는 ₩250,000에 처분할 수 있다. 다음 중 컴퓨터의 대체의사결정시 관련원가에 해당하는 것으로만 묶은 것은?

ㄱ. 기존 컴퓨터의 취득원가
ㄴ. 기존 컴퓨터의 장부금액
ㄷ. 기존 컴퓨터의 처분금액
ㄹ. 신형 컴퓨터의 취득원가

① ㄱ, ㄴ
② ㄱ, ㄷ
③ ㄴ, ㄹ
④ ㄷ, ㄹ

15

다음 중 유형자산의 장부금액에 가산하지 않는 항목에 해당하는 것을 모두 고른 것은?

> ㄱ. 관세 및 환급불가능한 취득 관련 세금
> ㄴ. 새로운 시설을 개설하는 데 소요되는 원가
> ㄷ. 설치장소 준비 원가
> ㄹ. 기업의 영업 전부 또는 일부를 재배치하거나 재편성하는 과정에서 발생하는 원가
> ㅁ. 자가건설에 따른 내부이익

① ㄱ, ㄴ, ㅁ
② ㄱ, ㄹ, ㅁ
③ ㄴ, ㄷ, ㄹ
④ ㄴ, ㄹ, ㅁ

16

다음은 ㈜한국의 20×1년 연구 및 개발활동과 관련하여 지출한 내역이다. 연구활동으로 구분해야 하는 금액은 얼마인가?

> • 새로운 지식을 얻고자 하는 활동   ₩40,000
> • 연구결과나 기타 지식을 최종 선택하는 활동   ₩20,000
> • 상업적 생산 목적으로 실현가능한 경제적 규모가 아닌 시험공장을 설계, 건설, 가동하는 활동   ₩50,000
> • 새로운 기술과 관련된 공구, 지그, 주형, 금형 등을 설계하는 활동   ₩30,000

① ₩40,000
② ₩50,000
③ ₩60,000
④ ₩90,000

17

㈜한국은 20×1년 초 건설공사를 수주하였다. 총공사계약금액은 ₩5,000,000이며, 공사예정기간은 3년이다. 20×1년 첫 해 ₩1,200,000의 비용이 발생했는데, 총공사예정원가와 진행률을 신뢰성 있게 추정할 수 없다. ㈜한국이 20×1년 인식할 공사손익은 얼마인가? (단, 발생원가의 회수가능성은 높다고 판단된다)

① 공사손실 ₩1,200,000
② 공사손실 ₩400,000
③ ₩0
④ 공사이익 ₩300,000

18

㈜한국은 20×1년에 자기주식 100주를 주당 ₩500에 최초로 취득하였으며, 20×1년 말 자기주식의 주당 공정가치는 ₩600이다. 20×2년에 이 중 40주를 주당 ₩800에 처분하였으며, 10주는 소각하였다. 자기주식 처분과 소각이 20×2년의 자본총계에 미치는 영향은? (단, ㈜한국은 주당 액면금액 ₩100인 보통주만 발행하고 있다)

① ₩8,000 증가
② ₩12,000 증가
③ ₩27,000 증가
④ ₩32,000 증가

19

「한국채택국제회계기준」상 농림어업에 관한 회계처리로 옳지
않은 것은?

① 생물자산은 최초 인식시점과 매 보고기간말에 공정가치에서
추정 매각부대원가를 차감한 순공정가치로 측정한다.
② 생물자산에서 수확된 수확물은 수확의 시점에 순공정가치로
측정한다.
③ 생물자산을 최초 인식시점에 순공정가치로 인식하여 발생하
는 평가손익과 생물자산의 순공정가치 변동으로 발생하는 평
가손익은 발생한 기간의 기타포괄손익에 반영한다.
④ 공정가치를 신뢰성 있게 측정할 수 없는 생물자산은 취득원
가에서 감가상각누계액과 손상차손누계액을 차감하여 측정
한다.

20

다음 기타포괄손익항목 중 제거될 때 당기손익에 영향을 미치
지 않은 것으로만 고른 것은?

ㄱ. 재평가잉여금
ㄴ. 기타포괄손익-공정가치 측정 금융자산(채무증권) 평가손익
ㄷ. 해외사업환산손익
ㄹ. 현금흐름위험회피 파생상품평가손익 중 위험회피에 효과적인 부분
ㅁ. 확정급여제도의 재측정요소

---

① ㄱ, ㄷ
② ㄱ, ㅁ
③ ㄴ, ㅁ
④ ㄷ, ㄹ

본 과목 풀이 시 기업의 보고기간(회계기간)은 매년 1월 1일부터 12월 31일까지이며, 기업은 계속해서 「한국채택국제회계기준」을 적용해 오고 있다고 가정한다. 또한, 자료에서 제시하지 않은 사항(예: 법인세 효과 등)은 고려하지 않는다.

01

일반목적재무보고의 유용성 및 한계에 대한 내용으로 옳지 않은 것은?

① 일반목적재무보고는 의사결정자에게 유용한 보고기업 재무정보를 제공하지만, 의사결정자가 필요로 하는 모든 정보를 제공하는 것은 아니다.

② 일반목적재무보고서는 보고기업의 가치를 추정하는 데 도움이 되는 정보를 제공하지만, 보고기업의 가치를 보여주기 위해 고안된 것은 아니다.

③ 규제기관이나 일반대중도 일반목적재무보고서가 유용하다고 여길 수 있지만, 일반목적재무보고서가 이들을 주요 대상으로 한 것은 아니다.

④ 재무보고서가 모든 거래와 사건에 대해서 완벽하게 서술할 수는 없지만, 추정을 통한 판단에 근거해서는 안 된다.

02

「기업회계기준서 제 1001호 재무제표 표시」에 따른 설명으로 옳지 않은 것은?

① 계속기업으로서의 존속능력에 유의적인 의문이 제기될 수 있는 사건이나 상황과 관련된 중요한 불확실성을 알게 된 경우, 경영진은 그러한 불확실성을 공시하여야 한다.

② 기업은 현금흐름 정보를 제외하고는 발생기준 회계를 사용하여 재무제표를 작성한다.

③ 유사한 항목은 중요성 분류에 따라 재무제표에 구분하여 표시한다.

④ 사업내용의 유의적인 변화나 재무제표를 검토한 결과 다른 표시나 분류방법이 더 적절하다고 판단한 경우에도 재무제표 항목의 표시와 분류는 매기 동일하게 작성하여야 한다.

03

다음 중 자본총액의 변화가 다르게 나타나는 것은?

① 주식분할을 실시하였다.

② 유상감자를 실시하였다.

③ 무상증자를 실시하였다.

④ 주식배당을 실시하였다.

04

㈜한국은 대손에 대해 충당금설정법을 사용하며 매출채권과 그에 대한 미래현금흐름 추정액 자료는 다음과 같다. 20×2년 3월 1일 거래처의 파산으로 ₩8,000의 매출채권을 회수할 수 없게 되어 충당금과 상계하였을 경우, 기말에 인식하여야 하는 대손상각비는? (단, 미래현금흐름추정액의 명목금액과 현재가치의 차이는 중요하지 않다)

	20×1년 말	20×2년 말
매출채권	₩400,000	₩460,000
추정 미래현금흐름	₩380,000	₩445,000

① ₩3,000

② ₩5,000

③ ₩8,000

④ ₩15,000

05

㈜한국은 20×1년 1월 1일에 액면가 ₩10,000(이자율 10%, 이자 매년 말 지급)인 사채를 ₩9,600에 취득하고 기타포괄손익-공정가치 측정 금융자산으로 분류하였다. 회사가 20×1년 동 사채에 대해 인식한 이자수익은 ₩1,100이며 20×1년 말 사채의 공정가치는 ₩9,400이다. ㈜한국이 이 사채를 20×2년 1월 1일 ₩9,500에 처분한 경우, 20×1년 말 회사가 인식할 금융자산평가손익과 20×2년 처분시점에 인식할 처분손익은 각각 얼마인가?

	금융자산평가손익	금융자산처분손익
①	평가손실 ₩200	처분손실 ₩100
②	평가손실 ₩200	처분이익 ₩100
③	평가손실 ₩300	처분손실 ₩200
④	평가손실 ₩300	처분이익 ₩100

06

㈜한국의 당기순이익은 ₩97,000이다. 다음사항들을 모두 반영했을 때 현금흐름표에 영업활동현금흐름으로 보고될 금액은 얼마인가? (단, 이자수익과 이자비용 및 법인세지급은 모두 영업활동으로 분류한다)

감가상각비	₩20,000
매출채권감소액	₩15,000
사채상환손실	₩12,000
이자수익	₩6,000
미수이자 감소액	₩2,000
법인세비용	₩23,000
유형자산처분손실	₩8,000
재고자산증가액	₩14,000
미지급법인세 증가액	₩9,000
매입채무증가액	₩12,000
단기차입금 증가액	₩8,000
FVOCI금융자산평가이익	₩3,000

① ₩152,000
② ₩161,000
③ ₩169,000
④ ₩174,000

07

㈜한국은 20×1년 1월 1일 기계장치를 ₩100,000에 구입하여 사용하기 시작하였다. 회사는 기계장치에 대해 원가모형을 적용하고 있으며, 내용연수는 5년, 잔존가치는 ₩0, 정액법으로 상각한다. 20×1년 말 동 기계장치의 회수가능액이 ₩60,000으로 하락하여 회사는 손상차손을 인식하였다. 20×2년 말 동 기계장치의 회수가능액이 ₩65,000으로 회복되었을 때 회사가 인식할 손상차손환입액은 얼마인가?

① ₩10,000
② ₩15,000
③ ₩20,000
④ ₩25,000

08

㈜한국은 20×1년 3월 1일 기존에 사용중이던 컴퓨터(취득원가 ₩1,000,000, 감가상각누계액 ₩600,000)를 공정가치가 ₩500,000인 노트북과 함께 현금 ₩50,000을 수령하여 교환하였다. 이 거래가 상업적 실질이 있는 경우, ㈜한국이 인식할 유형자산처분손익은 얼마인가?

① 처분손실 ₩50,000
② 처분이익 ₩50,000
③ 처분이익 ₩100,000
④ 처분이익 ₩150,000

09

「한국채택국제회계기준」에 의하면 개발활동에서 발생한 지출의 경우 기준서가 정한 6가지 사항을 모두 제시할 수 있는 경우에만 무형자산을 인식하도록 하고 있다. 기준서에서 정한 사항에 해당하지 않는 것은?

① 무형자산을 사용하거나 판매하기 위해 그 자산을 완성할 수 있는 기술적 실현가능성

② 계약상 권리 또는 기타 법적 권리로부터 발생하는 무형자산 내용연수에 대한 측정가능성

③ 무형자산의 개발을 완료하고 그것을 판매하거나 사용하는 데 필요한 기술적, 재정적 자원 등의 입수가능성

④ 개발과정에서 발생한 무형자산 관련 지출을 신뢰성 있게 측정할 수 있는 기업의 능력

10

㈜갑은 20×1년 초에 ㈜을의 발행주식 40%를 ₩100,000에 취득하여 유의적인 영향력을 행사하게 되었다. 취득당시 ㈜을의 순자산장부금액은 공정가치와 일치하였으며 투자차액은 없었다. 20×1년 중 ㈜을은 현금배당을 ₩10,000 지급했다. 20×1년 말 ㈜을의 포괄손익계산서상 당기순이익은 ₩40,000, 총포괄이익은 ₩60,000인 경우, ㈜갑의 20×1년 말 지분법손익과 관계기업투자주식은 얼마인가?

	지분법손익	관계기업투자주식
①	₩12,000	₩112,000
②	₩16,000	₩116,000
③	₩16,000	₩120,000
④	₩20,000	₩124,000

11

㈜한국은 내용연수가 종료되면 관련 법에 따라 원상복구를 해야 하는 구축물을 20×1년 1월 1일에 취득하였다. 구축물의 취득원가는 ₩1,000,000, 내용연수는 5년, 잔존가치 ₩200,000, 감가상각은 정액법을 사용하기로 하였다. 복구공사시 예상되는 지출액은 ₩200,000이며, 이는 인플레이션, 시장위험프리미엄 등을 고려한 금액이다. 회사의 신용위험을 고려하여 산출된 할인율은 10%이며, 5기간의 현가계수는 0.6으로 가정한다. 이 구조물과 관련하여 ㈜한국이 20×1년 손익계산서에 계상할 비용은 얼마인가?

① ₩172,000

② ₩184,000

③ ₩196,000

④ ₩206,000

12

재무상태표에 표시되는 무형자산에 대한 설명으로 옳은 것은?

① 무형자산의 상각은 취득이 완료된 시점부터 시작한다.

② 무형자산의 상각방법은 정액법을 사용한다.

③ 내용연수가 비한정인 무형자산은 상각하지 아니한다.

④ '비한정'이라는 용어는 '무한'을 의미하지 않기 때문에 자산손상을 시사하는 징후가 있을 때에 한하여 손상검사를 수행한다.

13

다음 중 투자부동산에 해당되는 항목을 모두 고른 것은?

ㄱ. 장기 시세차익을 얻기 위하여 보유하고 있는 토지
ㄴ. 장래 사용목적을 결정하지 못한 채로 보유하고 있는 토지
ㄷ. 제3자를 위하여 건설 또는 개발 중인 부동산
ㄹ. 직접 소유하고 운용리스로 제공하고 있는 건물
ㅁ. 금융리스로 제공한 부동산

① ㄱ, ㄴ, ㄹ
② ㄱ, ㄴ, ㅁ
③ ㄱ, ㄷ, ㅁ
④ ㄴ, ㄷ, ㄹ

→ [회계원리]

14

「국가회계기준에 관한 규칙」에서 정하는 자산·부채의 평가에 대한 내용으로 잘못된 것은?

① 현재 세대와 미래 세대를 위하여 정부가 영구히 보존하여야 할 자산으로서 역사적, 자연적, 문화적, 교육적 및 예술적으로 중요한 가치를 갖는 자산에 대해서는 감가상각하지 아니하고 관리·유지에 투입되는 비용으로 감가상각비용을 대체할 수 있다.
② 무주부동산의 취득, 국가 외의 상대방과의 교환 또는 기부채납 등의 방법으로 자산을 취득한 경우에는 취득 당시의 공정가액을 취득원가로 한다.
③ 투자증권은 매입가액에 부대비용을 더하고 종목별로 총평균법 등을 적용하여 산정한 가액을 취득원가로 한다.
④ 국채 및 공채는 국채등 발행수수료 및 발행과 관련하여 직접 발생한 비용을 뺀 발행가액으로 평가한다.

15

㈜한국의 기초 및 기말 재고자산은 다음과 같다.

	기초	기말
원재료	₩10,000	₩12,000
재공품	₩40,000	?
제품	₩15,000	₩45,000

당기 중 원재료 매입액은 ₩50,000이었으며, 제조간접원가는 가공원가의 40%인 ₩40,000이 발생했다. ㈜한국은 매출원가에 30%의 이익을 가산해서 판매하는데 당기 매출액은 ₩104,000이다. 회사의 기말 재공품재고액은 얼마인가?

① ₩52,000
② ₩60,000
③ ₩64,000
④ ₩78,000

16

㈜한국은 선입선출법하의 종합원가계산을 사용하고 있으며, 가공원가는 전 공정에 걸쳐 균등하게 발생한다. 당기 생산관련 자료는 다음과 같다.

• 기초재공품(완성도 60%)	1,000단위
• 당기착수량	4,000단위
• 당기완성량	3,500단위
• 기말재공품(완성도 40%)	1,500단위

기말재공품에 포함된 가공원가가 ₩120,000이라면, 당기에 발생한 가공원가는?

① ₩500,000
② ₩600,000
③ ₩700,000
④ ₩800,000

17

의자 및 책상을 제조·판매하는 ㈜한국의 의자사업부문의 2012년 제조량은 총 100개이며, 제품단위당 판매가격은 ₩2,000이다. 의자사업부문 제조원가명세서에 나타난 직접재료원가와 직접노무원가는 각각 ₩100,000과 ₩50,000이고, 나머지 제조비용 ₩30,000은 모두 고정원가이다. 2012년도 이 회사 의자사업부문의 손익분기점 판매액은?

① ₩120,000

② ₩150,000

③ ₩180,000

④ ₩210,000

18

㈜한국은 정상개별원가계산을 적용하고 있으며, 당기에 발생한 제조간접원가 배부차이는 ₩20,000(과대배부)이다. 회사는 배부차이의 조정을 총원가비례법을 따른다고 할 때 조정 후의 매출원가는 얼마인가?

	기초	기말
원재료	₩90,000	₩100,000
재공품	₩50,000	₩40,000
제품	₩40,000	₩60,000
매출원가	₩300,000	

① ₩285,000

② ₩288,000

③ ₩312,000

④ ₩315,000

19

㈜한국은 표준원가계산제도를 채택하고 있다. 고정제조간접원가는 기계시간을 기준으로 배부하는데, 기준조업도는 10,000시간이다. 제품 한 단위당 표준 기계작업시간은 10시간이고, 기계작업시간당 고정제조간접원가는 ₩8로 제품단위당 표준고정제조간접원가는 ₩80이다. 1월 중으로 제품 800개를 생산하였는데 실제 기계작업시간은 9,000시간이었고, 고정제조간접원가 ₩70,000이 발생하였다. 고정제조간접원가의 예산차이와 조업도차이는?

	예산차이	조업도차이
①	₩10,000(불리)	₩10,000(유리)
②	₩10,000(유리)	₩16,000(불리)
③	₩16,000(불리)	₩10,000(유리)
④	₩16,000(유리)	₩16,000(불리)

20

다음 중 「지방자치단체회계기준에 관한 규칙」에 대한 내용으로 옳지 않은 것은?

① 재무제표는 지방자치단체의 재정상황을 표시하는 중요한 요소로서 재정상태표, 재정운영표, 현금흐름표, 순자산변동표, 주석으로 구성된다.

② 재무제표의 부속서류는 필수보충정보와 부속명세서로 한다.

③ 현금흐름표는 회계연도 동안의 현금자원의 변동에 관한 정보로서 자금의 원천과 사용결과를 표시하는 재무제표 로서 영업활동, 투자활동 및 재무활동으로 구성된다.

④ 순자산변동표는 회계연도 동안의 순자산의 증감 내역을 표시하는 재무제표로서 재정운영결과와 순자산의 변동을 기재한다.

14

금융자산으로 분류될 금액은?

구분	금액	구분	금액
선급금	₩10,000	대여금	₩16,300
미수금	₩13,000	당기법인세자산	₩6,800

① ₩29,300

② ₩36,100

③ ₩39,300

④ ₩46,100

15

㈜한국유통은 평균원가 소매재고법에 의해 재고자산을 평가한다. 재고자산과 관련된 자료가 다음과 같을 때 회사의 기말재고자산금액은 얼마인가?

구분	원 가	매가
기초재고	₩20,000	₩20,000
당기매입	₩61,000	₩80,000
매출액		₩80,000
인상액		₩10,000
인하액		₩20,000

① ₩8,000

② ₩9,000

③ ₩10,000

④ ₩12,000

16

기업회계기준서 제1115호 '고객과의 계약에서 생기는 수익'에 대한 설명으로 옳지 않은 것은?

① 고객과의 계약에 있어 수행의무가 기간에 걸쳐 이행되지 않는다면, 그 수행의무는 한 시점에 이행되는 것이다.

② 기업이 수행하여 만든 자산이 기업 자체에는 대체 용도가 없고, 지금까지 수행을 완료한 부분에 대해 집행 가능한 지급청구권이 기업에 있다면, 기간에 걸쳐 수행의무를 이행하는 것에 해당한다.

③ 기간에 걸쳐 이행하는 수행의무에 대해서는, 그 수행의무 완료까지의 진행률을 측정하여 기간에 걸쳐 수익을 인식한다.

④ 기간에 걸쳐 이행하는 수행의무에 대해 진행률을 합리적으로 측정할 수 없다면 원가의 회수가능성과 관계없이 수익을 인식하지 못한다.

17

㈜한국은 20×1년 초에 토지를 ₩120,000에 취득하였으며, 이에 대한 취득세를 ₩20,000 납부하였다. 토지의 공정가치는 20×1년 말 ₩150,000, 20×2년 말 ₩130,000, 20×3년 말 ₩120,000이다. 토지의 재평가가 20×2년과 20×3년 당기순이익에 미치는 영향은?

	20×2년	20×3년
①	영향 없음	영향 없음
②	₩10,000 감소	₩10,000 감소
③	₩20,000 감소	₩10,000 감소
④	₩20,000 감소	₩20,000 감소

18

충당부채 및 우발부채에 관한 설명으로 옳지 않은 것은?

① 충당부채로 인식되기 위해서는 과거사건으로 인한 의무가 기업의 미래행위와 독립적이어야 한다.

② 충당부채로 인식하기 위해서는 현재의무가 존재하여야 할 뿐만 아니라 당해 의무의 이행을 위하여 경제적효익을 갖는 자원의 유출가능성이 높아야 한다.

③ 충당부채의 특성상 재무상태표의 다른 항목보다 불확실성이 더 크기 때문에 추정치의 사용은 특히 필수적이다.

④ 과거에 우발부채로 처리하였다면 미래 경제적 효익의 유출가능성이 높아진 경우에도 충당부채로 인식할 수 없다.

19

㈜한국은 20×1년 초에 도급금액이 ₩300,000이며 공사기간이 3년인 건설공사를 수주하였다. 3년간 동 공사와 관련된 자료는 다음과 같다. 회사가 누적발생공사원가에 기초하여 공사진행기준을 적용한다고 할 때, 20×2년에 인식해야 할 공사손익은 얼마인가?

구분	20×1년	20×2년	20×3년
당기발생원가	₩50,000	₩142,000	₩128,000
추정총공사원가	₩250,000	₩320,000	₩320,000
공사대금 청구액	₩40,000	₩140,000	₩120,000
공사대금 수령액	₩30,000	₩120,000	₩150,000

① ₩0

② 공사손실 ₩18,000

③ 공사손실 ₩30,000

④ 공사이익 ₩20,000

20

㈜한국축산은 20×1년 1월 1일 수익용으로 젖소 1마리를 ₩3,000,000에 구입하고 농림어업자산으로 분류하였다. 20×1년 말 젖소의 공정가치는 ₩4,200,000이며 1년간 사육에 소요된 비용은 ₩700,000이다. 20×1년 말에 첫 원유가 생산되었는데 공정가치 ₩250,000에 판매하였다. 판매와 관련해서 ₩80,000의 비용이 발생한 경우 농림어업자산이 20×1년도 당기순이익에 미치는 영향은 얼마인가?

① ₩500,000 증가

② ₩670,000 증가

③ ₩750,000 증가

④ ₩1,450,000 증가

회계학

본 과목 풀이 시 기업의 보고기간(회계기간)은 매년 1월 1일부터 12월 31일까지이며, 기업은 계속해서 「한국채택국제회계기준」을 적용해 오고 있다고 가정한다. 또한, 자료에서 제시하지 않은 사항(예: 법인세 효과 등)은 고려하지 않는다.

01

「재무보고를 위한 개념체계」에서 설명하는 유용한 재무정보의 질적 특성에 대한 내용으로 잘못된 것은?

① 미래 연도 수익의 예측 근거로 사용될 수 있는 당해 연도 수익 정보를 과거 연도에 행한 당해 연도 수익 예측치와 비교할 수 있다면 이러한 정보는 예측가치와 동시에 확인가치도 갖는다.

② 자산이나 수익을 인식하기 위해서는 부채나 비용을 인식할 때보다 더욱 설득력 있는 증거가 뒷받침되어야 한다는 비대칭은 유용한 재무정보의 질적 특성이 아니다.

③ 관측가능하지 않은 가격이나 가치의 추정치는 정확한지 또는 부정확한지 결정할 수 없기 때문에 이러한 추정치의 표현은 충실하다고 할 수 없다.

④ 이용자들은 추세를 식별하고 평가할 필요가 있을 수 있기 때문에 일부 정보는 보고기간 말 후에도 오랫동안 적시성이 있을 수 있다.

02

㈜한국은 20×1년 4월 1일에 표시이자율 8%, 액면가액 ₩100,000, 이자지급은 매년 3월 31일 후불조건, 만기 3년의 사채를 발행하였다. 발행시점에서 동 사채에 적용된 유효이자율이 10%일 경우 20×1년에 회사가 인식할 이자비용은? (단, 사채발행금액 계산에는 다음 자료를 이용하시오)

> 단일금액 ₩1의 현재가치요소(8%, 3년) = 0.79
> 단일금액 ₩1의 현재가치요소(10%, 3년) = 0.76
> 정상연금 ₩1의 현재가치요소(8%, 3년) = 2.58
> 정상연금 ₩1의 현재가치요소(10%, 3년) = 2.50

① ₩7,200
② ₩8,800
③ ₩9,600
④ ₩10,800

03

다음 중 발생시점에 바로 비용으로 인식하는 항목은?

① 유형자산 취득시 전문가에게 지급하는 수수료
② 당기손익-공정가치 측정(FVPL) 금융자산의 취득수수료
③ 사채 발행시 사채발행비에 해당하는 수수료
④ 유상증자시 주식발행비에 해당하는 수수료

04

다음은 ㈜한국이 보유한 기계장치의 장부금액 내역이다.

	20×1년 말	20×2년 말
기계장치	₩500,000	₩550,000
감가상각누계액	(₩210,000)	(₩200,000)

회사는 20×2년 초에 순 장부금액 ₩40,000(취득원가 ₩120,000, 감가상각누계액 ₩80,000)인 기계장치 1대를 ₩55,000에 처분하였다. 회사가 20×2년에 취득한 기계장치 취득원가와 20×2년의 감가상각비는 얼마인가? (단, 기계장치에 대해 원가모형을 적용한다)

	기계장치 취득원가	감가상각비
①	₩70,000	₩70,000
②	₩70,000	₩90,000
③	₩170,000	₩70,000
④	₩170,000	₩90,000

05

㈜한국의 현금흐름표 작성을 위한 20×1년 자료가 다음과 같을 때, 20×1년도 투자활동 순현금흐름과 재무활동 순현금흐름은? 단, ㈜한국은 이자의 지급, 이자 및 배당금의 수입은 영업활동으로, 배당금의 지급은 재무활동으로 분류하고 있다.

- 유상증자로 ₩350,000, 단기차입금으로 ₩400,000을 조달하였다.
- 20×0년 경영성과에 대해 20×1년 3월 주주총회 결의를 통해 주주들에게 배당금으로 ₩300,000을 지급하였다.
- 당기에 유형자산을 총원가 ₩2,500,000에 취득하였으며, 이 중에서 ₩1,800,000은 할부로 취득하였고 나머지 ₩700,000은 현금으로 지급하였다. 할부금 상환은 20×2년 초부터 이루어진다.
- 취득원가가 ₩900,000이고 감가상각누계액이 ₩600,000인 기계장치를 현금매각하고, 유형자산처분이익 ₩100,000을 인식하였다.

	투자활동 순현금흐름	재무활동 순현금흐름
①	₩300,000 유출	₩450,000 유출
②	₩300,000 유출	₩450,000 유입
③	₩400,000 유입	₩450,000 유출
④	₩400,000 유입	₩450,000 유입

06

다음은 ㈜한국의 20×1년 기말수정사항 내역이다. 기말수정분개가 미치는 영향으로 옳지 않은 것은?

- 9월 1일 본사 건물 1층 커피전문점으로부터 1년간의 임대료 ₩180,000을 현금으로 받고 이를 모두 임대료수익으로 처리하였다.
- 11월 1일 6개월간의 화재보험료 ₩120,000을 현금으로 지급하고 전액을 보험료로 기록하였다.

① 당기순이익이 ₩40,000 감소한다.
② 자산총액이 ₩80,000 증가한다.
③ 부채총액이 ₩120,000 증가한다.
④ 수익이 ₩40,000 감소한다.

07

㈜한국은 20×1년 1월 1일에 매년 말 이자를 지급하는 조건의 사채를 발행하고 상각후원가로 측정하는 금융부채로 분류하였다. 20×2년 말 이자와 관련된 회계처리는 다음과 같다.

(차)	이자비용	4,400	(대)	사채할인발행차금	2,000
				현금	2,400

위 거래가 반영된 20×2년 말 사채의 장부금액이 ₩42,000으로 표시되었다면, 사채의 유효이자율은? (단, 사채의 만기는 20×3년 12월 31일이다)

① 8%
② 10%
③ 11%
④ 12%

08

㈜한국의 20×1년 12월 31일 재무상태표에 표시된 이익잉여금은 ₩200,000으로 이는 이익준비금 ₩20,000, 임의적립금 ₩60,000, 미처분이익잉여금 ₩120,000으로 구성되어 있다. 회사는 20×2년 3월 21일 주주총회에서 다음과 같이 결산승인하였다.

• 임의적립금 이입액	₩40,000
• 자기주식처분손실 상각액	₩20,000
• 현금 배당액	₩50,000
• 주식 배당액	₩30,000
• 이익준비금 적립	₩10,000

결산승인을 반영한 후 ㈜한국의 이익잉여금은?

① ₩100,000
② ₩110,000
③ ₩120,000
④ ₩130,000

09

㈜한국의 20×1년 초 상품재고는 ₩35,000이며, 당기매출액과 상품매입액은 각각 ₩240,000, ₩210,000이다. ㈜한국의 원가에 대한 이익률이 20%인 경우, 20×1년 재고자산회전율은? (단, 재고자산회전율 계산시 평균상품재고와 매출원가를 사용한다)

① 4.0회
② 4.8회
③ 5.0회
④ 6.0회

10

㈜한국은 20×1년 1월 1일에 무형자산인 산업재산권(내용연수 5년, 잔존가치 ₩0, 정액법 상각)을 ₩200,000에 취득하고 사용을 시작하였다. 회사는 산업재산권에 대하여 매 회계연도 말 공정가치로 재평가한다. 년도 말 산업재산권의 공정가치가 다음과 같을 때 20×2년도 당기손익에 반영할 재평가손실은?

연도	20×1년 말	20×2년 말
공정가치	₩180,000	₩102,000

① ₩13,000
② ₩33,000
③ ₩58,000
④ ₩78,000

11

재무제표 표시에 관한 설명으로 옳은 것은?

① 비용은 기능별로 표시하는 것이 원칙이다. 만약 회사가 비용을 성격별로 분류하는 경우에는 기능별 분류에 대한 추가 공시가 필요하다.
② 재무상태표는 유동/비유동 구분법이나 유동성 순서에 따른 표시 중 한 가지를 선택하여 표시한다.
③ 재무제표에는 중요하지 않아 구분하여 표시하지 않은 항목이라도 주석에서는 구분 표시해야 할 만큼 충분히 중요할 수 있다.
④ 포괄손익계산서는 당기손익 부분을 표시하는 별개의 손익계산서와 포괄손익을 표시하는 두 개의 보고서로 표시한다.

12

㈜한국은 20×1년 1월 1일에 액면금액 ₩10,000의 사채(만기 3년, 표시이자율 6%, 매년 말 이자지급)를 ₩9,000(유효이자율 10%)에 취득하였다. 20×1년 12월 31일 동 사채의 공정가치는 ₩9,400이며, 회사는 20×2년 1월 1일 이 사채를 ₩9,450에 매각하였다. 이에 대한 설명으로 옳지 않은 것은?

① 사채를 상각후원가 측정 금융자산으로 분류한 경우에 20×1년 당기순이익은 ₩900 증가한다.
② 사채를 기타포괄손익-공정가치 측정 금융자산으로 분류한 경우 20×1년 당기순이익은 ₩900 증가한다.
③ 사채를 당기손익-공정가치 측정 금융자산으로 분류한 경우 20×2년 당기순이익은 ₩50 증가한다.
④ 사채를 기타포괄손익-공정가치 측정(FVOCI) 금융자산으로 분류한 경우 20×2년 당기순이익은 ₩50 증가한다.

13

다음 중 현금흐름표에 대한 설명으로 옳은 것은?

① 단기매매목적으로 보유하는 유가증권의 취득과 판매에 따른 현금흐름은 영업활동으로 분류한다.

② 제3자에 대한 자금의 대여는 재무활동에 해당한다.

③ 재무활동 현금흐름은 직접법 또는 간접법 중 하나의 방법으로 보고한다.

④ 영업활동으로 인한 현금흐름을 직접법으로 작성하는 경우와 간접법으로 작성하는 경우, 영업활동으로 인한 현금흐름의 크기가 달라질 수 있다.

→ [회계원리]

14

㈜한국은 20×1년 초에 설립된 회사이다. 회사의 1월 및 2월 원가자료는 다음과 같다.

구분	1월	2월
생산량	800단위	900단위
판매량	600단위	800단위
변동제조원가	₩24,000	₩27,000
고정제조간접원가	₩24,000	₩27,000
변동판매관리비	₩12,000	₩16,000
고정판매관리비	₩10,000	₩10,000

회사는 실제원가계산을 적용하고 있으며, 원가흐름가정은 선입선출법이다. 2월의 변동원가계산에 의한 영업이익이 ₩20,000이면 전부원가계산에 의한 영업이익은 얼마인가? (단, 기초 및 기말 재공품은 없다)

① ₩17,000

② ₩19,000

③ ₩21,000

④ ₩23,000

15

「국가회계기준에 관한 규칙」에서 정하는 자산·부채의 평가방법에 대한 내용으로 올바른 것은?

① 투자증권의 취득원가는 종목별로 선입선출법을 적용한다.

② 재고자산은 품목별로 총평균법을 적용하여 평가하는 것이 원칙이다.

③ 일반유형자산에 대해서는 정률법을 적용하여 감가상각한다.

④ 무형자산은 정액법에 따라 해당 자산을 사용할 수 있는 시점부터 합리적인 기간 동안 상각한다.

16

㈜한국은 선입선출법에 의한 종합원가계산을 채택하고 있으며, 가공원가는 공정 전반에 걸쳐 균등하게 발생한다. 다음은 1달간의 생산 활동과 원가에 관한 자료이다.

구분	수량(개)	가공원가
월초 재공품	1,000개	₩32,000
당월 생산투입량 및 발생원가	4,000개	₩408,000
완성품	4,000개	?

월초재공품과 월말재공품의 가공원가 완성도는 모두 40%이고, 공손은 발생하지 않았다. 월말재공품에 포함된 가공원가는 얼마인가?

① ₩38,600

② ₩40,000

③ ₩40,800

④ ₩42,000

17

㈜한국은 현재 세 가지 제품 A, B, C를 생산하여 판매하고 있으며, 총 고정비는 ₩1,000,000이다. 제품의 판매가격과 단위당 변동비가 다음과 같다. 회사의 올해 예상매출액이 ₩4,500,000이라면, 예상 영업이익은? (단, 제품 A, B, C의 판매량구성은 2:1:3을 유지한다)

	제품 A	제품 B	제품 C
단위당 판매가격	₩400	₩400	₩600
단위당 변동비	₩250	₩300	₩400

① ₩400,000

② ₩500,000

③ ₩600,000

④ ₩700,000

18

㈜한국의 고정제조간접원가는 기계시간을 기준으로 배부한다. 기준조업도는 1,000시간이며 표준기계시간은 제품 단위당 5시간이다. 제품의 실제생산량은 210단위이고 고정제조간접원가의 실제발생액은 ₩115,000이다. 고정제조간접원가의 조업도차이가 ₩5,000(유리)일 경우 소비차이는?

① ₩5,000 불리

② ₩15,000 불리

③ ₩10,000 유리

④ ₩20,000 유리

19

균형성과표(Balanced Scorecard)에 관한 설명으로 옳지 않은 것은?

① 영리기업의 경우, 균형성과표에서 내부프로세스 관점의 성과지표는 학습과 성장관점의 성과지표에 대해 후행지표인 것이 일반적이다.

② 균형성과표의 여러 관점은 서로 연계되어 인과관계를 가지고 있으며, 영리기업의 경우에는 최종적으로 재무적 관점과 연계되어야 한다.

③ 균형성과표는 일반적으로 재무적 관점, 고객 관점, 내부프로세스 관점, 학습과 성장 관점의 다양한 성과지표에 의하여 조직의 성과를 측정한다.

④ 균형성과표의 내부프로세스 관점은 기업내부의 업무가 효율적으로 수행되는 정도를 의미하며 종업원 만족도, 이직률, 종업원 생산성 등의 지표를 사용한다.

20

「국가회계기준에 관한 규칙」의 수익 인식기준에 관한 설명으로 옳지 않은 것은?

① 신고·납부하는 방식의 국세는 납세의무자가 세액을 신고·납부하는 때에 수익으로 인식한다.

② 정부가 부과하는 방식의 국세는 국가가 고지하는 때에 수익으로 인식한다.

③ 원천징수하는 국세는 원천징수의무자가 원천징수한 금액을 신고·납부하는 때에 수익으로 인식한다.

④ 기부금수익이나 무상이전수입은 청구권 등이 확정된 때에 그 확정된 금액을 수익으로 인식한다.

14

무형자산에 관한 설명으로 옳지 않은 것은?

① 숙련된 종업원이나 교육훈련으로부터 발생하는 미래경제적 효익에 대해서는 일반적으로 무형자산의 정의를 충족하기에는 충분한 통제를 가지고 있지 않다.

② 무형자산을 최초로 인식할 때에는 원가로 측정한다.

③ 새로운 계층의 고객을 대상으로 사업을 수행하는 데서 발생하는 원가는 무형자산으로 인식한다.

④ 무형자산 원가의 인식은 그 자산을 경영자가 의도하는 방식으로 운용될 수 있는 상태에 이르면 중지한다.

15

㈜한국의 20×1년 초 유통보통주식수는 1,700주이다. 20×1년 5월 1일 주당 ₩600에 500주의 유상증자를 실시하였는데 직전일의 종가는 주당 ₩1,000이다. ㈜한국의 20×1년 보통주당기순이익이 ₩209,000일 때 기본주당이익은 얼마인가? (단, 주식수는 월할계산한다)

① ₩80

② ₩100

③ ₩120

④ ₩140

16

㈜한국은 20×1년 1월 1일에 건물을 ₩10,000,000에 새로 취득하였다. 건물은 내용연수 5년, 잔존가치 ₩0, 정액법으로 상각한다. ㈜한국은 20×2년 말에 건물에 대해 재평가모형을 최초 적용하였으며, 장부금액과 감가상각누계액을 비례하여 수정하는 방법으로 회계처리하고 있다. 20×2년 말 건물의 공정가치가 ₩9,000,000일 때 다음 중 옳지 않은 것은? (단, 재평가잉여금은 이익잉여금으로 대체하지 않는다)

① 20×2년 건물에 대한 감가상각비는 ₩2,000,000이 보고된다.

② 20×2년 말 재무상태표에 ₩3,000,000을 기타포괄손익누계액으로 인식한다.

③ 장부금액과 감가상각누계액을 비례하여 수정하는 방법 대신 기존의 감가상각누계액을 제거하는 방법을 사용하면 건물의 장부금액은 ₩9,000,000으로 보고된다.

④ 만약 회사가 20×1년에도 재평가모형을 적용하여 건물에 대해 재평가손실 ₩1,000,000을 인식하였다면, 20×2년에 ₩2,000,000을 당기이익으로 인식한다.

17

㈜한국은 20×1년 4월 1일에 기계장치를 ₩400,000(내용연수 5년, 잔존가치 ₩0)에 취득하여 정액법으로 감가상각하여 오다가 20×3년 초 감가상각방법을 연수합계법으로 변경하였다. 변경시점에 잔존내용연수는 4년, 잔존가치는 없는 것으로 추정하였다. 20×3년 말 재무상태표에 표시되는 기계장치의 금액은?

① ₩104,000

② ₩128,000

③ ₩156,000

④ ₩165,000

18

㈜한국은 화재로 인하여 원장의 일부가 손상되었다. 손상된 원장이 다음과 같을 때, 다음 중 ( )의 계정과목으로 적절한 것은?

(   )

차변		대변	
날짜	금액	날짜	금액
1/1	₩15,000	1/9	₩20,000
1/5	₩8,000	1/15	₩20,000
1/10	₩20,000	1/19	₩26,000
1/17	₩25,000		
1/22	₩20,000		
잔 액	₩22,000		

① 상품

② 선수수익

③ 이자수익

④ 지급수수료

19

다음 중 장부금액과 처분금액의 차이가 손익계산서의 당기순이익에 반영되지 않는 경우는?

① 당기손익-공정가치 측정 금융자산

② 투자부동산

③ 유형자산

④ 자기주식

20

㈜한국의 20×1년 기초 재고자산은 ₩20,000이며, 당기 매입액은 ₩80,000이다. 기말 재고자산과 관련된 자료가 다음과 같을 때 회사의 매출원가는 얼마인가?

항목	원가	비고
기말 재고실사	₩15,000	회사 창고 보유분
미착품	₩2,000	선적지 인도조건으로 운송중
반품조건부 판매상품	₩5,000	반품률은 20%로 추정됨
할부판매상품	₩3,000	할부기간의 50% 경과

① ₩75,000

② ₩82,000

③ ₩83,000

④ ₩85,000

본 과목 풀이 시 기업의 보고기간(회계기간)은 매년 1월 1일부터 12월 31일까지이며, 기업은 계속해서 「한국채택국제회계기준」을 적용해 오고 있다고 가정한다. 또한, 자료에서 제시하지 않은 사항(예: 법인세 효과 등)은 고려하지 않는다.

01

다음 중 재무제표의 주석에 관한 설명으로 옳지 않은 것은?

① 주석은 「한국채택국제회계기준」에서 요구하는 정보이지만 재무제표 어느 곳에도 표시되지 않는 정보를 제공한다.

② 주석은 재무제표 어느 곳에도 표시되지 않지만 재무제표를 이해하는 데 목적적합한 정보를 제공한다.

③ 「상법」 등 관련 법규에서 이익잉여금처분계산서의 작성을 요구하는 경우에는 재무제표 및 주석과는 별도로 보충명세서를 만들어 제공한다.

④ 포괄손익계산서의 영업이익에 포함되지 않은 항목 중 기업의 영업성과를 반영하는 그 밖의 수익 또는 비용 항목이 있다면 이러한 항목을 추가하여 조정영업이익 등의 명칭을 사용하여 주석으로 공시할 수 있다.

02

유용한 재무정보의 질적 특성에 관한 설명으로 옳지 않은 것은?

① 중요성은 개별 기업 재무보고서 관점에서 해당 정보와 관련된 항목의 성격이나 규모 또는 이 둘 모두에 근거하여 해당 기업에 특유한 측면의 목적적합성을 의미한다.

② 회계기준위원회는 특정한 상황에서 개별 기업이 임의로 중요성을 조정하는 것을 막기 위해 중요성에 대한 획일적인 계량 임계치를 설정하여 특정범위 내에서 사용하게 할 수 있다.

③ 보강적 질적 특성을 적용하는 것은 어떤 규정된 순서를 따르지 않는 반복적인 과정이므로 때로는 하나의 보강적 질적 특성이 다른 질적 특성의 극대화를 위해 감소되어야 할 수도 있다.

④ 근본적 질적 특성을 충족하면 어느 정도의 비교가능성은 달성될 수 있을 것이다.

03

다음은 ㈜한국이 보유한 건물과 관련된 자료다.

• 기초 건물 장부금액	₩320,000
• 기말 건물 장부금액	₩290,000
• 당기 건물 감가상각비	₩70,000
• 당기 건물 취득가액	₩80,000
• 당기 매각한 건물의 취득가액	₩60,000

당기에 매각한 건물에 대한 감가상각누계액은 얼마인가?

① ₩10,000

② ₩20,000

③ ₩30,000

④ ₩40,000

04

다음은 ㈜한국이 2013년 12월 31일 현재 보유하고 있는 자산의 일부이다. 2013년도 말 재무상태표에 보고되는 현금및현금성자산은 얼마인가?

회사가 보유중인 현금	₩20,000
매출채권	₩15,000
보통예금	₩35,000
지기앞수표	₩34,000
소모품	₩22,000
우편환	₩10,000
선급임차료	₩12,000
당좌개설보증금	₩30,000
양도성예금증서 (2013년 11월 15일 취득, 취득 시 잔여만기 2개월)	₩47,000
회사가 발행하였으나 은행에 지급 제시되지 않은 수표	₩46,000

① ₩99,000

② ₩146,000

③ ₩176,000

④ ₩192,000

05

㈜한국은 ㈜대한이 발행한 사채(액면 ₩100,000, 만기 3년, 표시이자 6%, 매년 말 이자지급)를 발행일인 20×1년 1월 1일 ₩90,000(유효이자율 10%)에 취득하였다. 20×1년 말 ㈜대한의 신용이 손상되어 동 사채의 공정가치는 ₩70,000으로 하락하였다. 이에 대한 설명으로 옳은 것은?

① 사채를 상각후원가 측정 금융자산으로 분류한 경우 손상차손 ₩23,000을 당기비용으로 인식한다.

② 사채를 당기손익-공정가치 측정(FVPL) 금융자산으로 분류한 경우 손상차손 ₩23,000을 당기비용으로 인식한다.

③ 사채를 당기손익-공정가치 측정(FVPL) 금융자산으로 분류한 경우 손상차손 ₩23,000을 기타포괄손익으로 인식한다.

④ 사채를 기타포괄손익-공정가치 측정(FVOCI) 금융자산으로 분류한 경우 손상차손 ₩23,000을 기타포괄손익으로 인식한다.

06

㈜한국은 20×1년 초에 체육관을 건축하는 공사계약을 체결하였다. 공사의 계약금액은 ₩100,000이며, 20×3년 중에 완공될 예정이다. 20×1년과 20×2년 공사 관련 자료는 다음과 같다.

구분	20×1년	20×2년
공사원가 발생액	₩32,000	₩22,000
추정총계약원가	₩80,000	₩90,000
공사대금 청구액	₩32,000	₩34,000
공사대금 회수액	₩30,000	₩32,000

20×2년도 포괄손익계산서에 인식할 공사손익과 20×2년 말 재무상태표에 표시할 미청구공사(또는 초과청구공사) 금액은? (단, 진행률은 발생누적계약원가를 추정총계약원가로 나눈 비율로 계산한다)

	공사이익(손실)	미청구공사(초과청구공사)
①	₩(2,000)	₩2,000
②	₩(2,000)	₩(6,000)
③	₩2,000	₩2,000
④	₩2,000	₩(6,000)

07

다음은 ㈜한국의 20×1년 현금흐름표 작성을 위한 자료이다.

감가상각비	₩40,000
유형자산처분손실	₩20,000
이자비용	₩25,000
법인세비용	₩30,000
미지급법인세 감소액	₩5,000
미지급이자 증가액	₩5,000
매출채권 증가액	₩15,000
재고자산 감소액	₩4,000
매입채무 감소액	₩6,000
당기순이익	₩147,000

㈜한국은 간접법으로 현금흐름표를 작성하며, 이자지급 및 법인세납부를 영업활동으로 분류한다. 20×1년 ㈜한국이 현금흐름표에 보고해야 할 영업활동순현금흐름은?

① ₩160,000

② ₩165,000

③ ₩190,000

④ ₩195,000

08

㈜한국은 20×1년 1월 1일에 사채(액면금액 ₩100,000, 표시이자율 연 10%, 매년 말 이자지급, 만기 3년)를 ₩95,000에 발행하였다. 회사는 동 사채를 20×3년 1월 1일에 전액 상환하였으며, 발행시점부터 상환직전까지 회사가 인식한 총 이자비용은 ₩23,000이었다. 상환시 사채상환이익이 ₩500인 경우 ㈜한국이 지급한 현금은?

① ₩97,000

② ₩97,500

③ ₩98,000

④ ₩98,500

09

㈜한국은 총평균법에 의하여 재고자산을 평가하고 있다.

구 분	장부수량	단 가	금 액
기초재고	200개	₩90	₩18,000
당기매입	800개	₩120	₩96,000

당기에 판매한 수량은 860개이고 기말재고실사 수량은 110개이며, 장부수량과의 차이 중 20개는 정상적이고 나머지는 비정상적이다. 재고자산의 단위당 순실현가능가치는 ₩100일 때, 재고자산과 관련하여 회사가 당기에 인식할 총 비용은 얼마인가?

① ₩100,860

② ₩102,000

③ ₩103,000

④ ₩104,140

10

배당과 관련하여 회사 자본에 생겨나는 변화로 잘못된 것은?

① 배당기준일에는 현금배당과 주식배당 모두 배당과 관련한 회계처리를 하지 않는다.

② 현금배당의 경우 배당결의일에 자본총액이 감소한다.

③ 주식배당의 경우 배당결의일에 자본총액에 변화가 없다.

④ 현금배당의 경우 배당지급일에 자본총액이 감소한다.

11

㈜한국의 현재 유동비율과 당좌비율은 각각 140%와 100%이다. 다음의 거래를 모두 반영할 경우, 유동비율과 당좌비율의 변동은?

- 단기차입금 ₩50,000을 현금으로 상환하였다.
- 매출채권 ₩20,000을 현금회수하였다.
- 상품 ₩10,000을 외상매입하였다.

	유동비율	당좌비율
①	감소	감소
②	감소	증가
③	증가	감소
④	증가	증가

12

회계정책, 회계추정의 변경 및 오류에 관한 설명으로 옳은 것은?

① 과거에 발생한 거래와 실질이 다른 거래, 기타 사건 또는 상황에 대하여 다른 회계정책을 적용하는 경우도 회계정책의 변경에 해당한다.

② 측정기준의 변경은 회계추정의 변경에 해당한다.

③ 회계정책의 변경과 회계추정의 변경을 구분하는 것이 어려운 경우에는 이를 회계추정의 변경으로 본다.

④ 과거기간의 금액을 수정하는 경우 과거기간에 인식, 측정, 공시된 금액의 추정에 사후에 인지된 사실을 이용할 수 있다.

13

다음은 서로 독립적인 거래들이다. 자본이 증가하는 것으로만 바르게 묶은 것은?

> ㄱ. 액면금액 ₩5,000인 주식을 ₩4,000에 할인발행하였다.
> ㄴ. 10%의 무상증자를 실시하여 주식을 발행 교부하였다.
> ㄷ. ₩5,000에 취득했던 자기주식을 ₩3,000에 처분하였다.
> ㄹ. 전환우선주에 대한 전환청구가 있어 보통주를 새로 발행하여 교부하였다.
> ㅁ. 액면금액 ₩5,000인 주식을 ₩3,000에 매입하여 소각하는 유상감자를 실시하였다.

① ㄱ, ㄷ

② ㄱ, ㄷ, ㄹ

③ ㄴ, ㅁ

④ ㄷ, ㄹ, ㅁ

→ [회계원리]

14

㈜한국은 평균영업자산과 영업이익을 사용하여 투자수익률과 잔여이익을 계산하고 있다. 20×1년 평균영업자산이 ₩10,000이고, 투자수익률은 12%이다. 잔여이익이 ₩200일 때 최저요구(필수)수익률은?

① 7%

② 8%

③ 9%

④ 10%

15

㈜한국의 당기 매출액은 ₩320,000이며 매출총이익률은 20%이다. 당기 제품원가 관련 자료가 다음과 같을 때 원재료매입액은 얼마인가?

	기 초	기 말
원재료	₩14,000	₩20,000
재공품	₩30,000	₩24,000
제품	₩30,000	₩40,000
직접노무원가	₩80,000	
제조간접원가	₩64,000	

① ₩110,000

② ₩116,000

③ ₩122,000

④ ₩136,000

16

㈜한국은 종합원가계산을 사용하고 있다. 원재료는 공정이 시작되는 시점에 전량 투입되며, 가공원가는 공정 전체에 걸쳐 균등하게 발생한다. 20×1년 생산에 관련된 자료는 다음과 같다.

기초 재공품	2,000단위(완성도 ?%)
당기 착수량	8,000단위
당기 완성량	6,000단위
기말 재공품	4,000단위(완성도 80%)

가공원가의 경우 평균법에 의한 완성품환산량이 9,200단위이고, 선입선출법에 의한 완성품환산량이 8,600단위라면, 기초 재공품의 가공원가 완성도는?

① 30%

② 40%

③ 60%

④ 70%

17

㈜한국은 단일제품을 제조·판매하고 있다. 제품의 단위당 변동원가는 ₩2,000, 총고정원가는 ₩100,000이다. ㈜한국의 세전이익에 적용되는 세율은 ₩100,000까지는 10%, ₩100,000을 초과하는 금액에 대해서는 20%의 세율이 적용된다. 제품의 예상판매량이 400개일 때, 세후 목표이익 ₩250,000을 달성하려면 가격을 얼마로 설정해야 하는가?

① ₩2,500
② ₩2,800
③ ₩3,000
④ ₩4,000

18

㈜한국의 원가자료가 다음과 같을 때 전부원가계산에 의한 영업이익은 얼마인가? (단, 전기와 당기의 제품 단위당원가는 동일하며, 기초 및 기말 재공품은 없다)

• 기초 제품재고	1,000개
• 기말 제품재고	800개
• 제품단위당 변동제조원가	₩180
• 제품단위당 고정제조간접원가	₩50
• 고정판매비와 관리비 총액	₩20,000
• 변동원가계산하의 영업이익	₩40,000

① ₩20,000
② ₩30,000
③ ₩40,000
④ ₩50,000

19

「국가회계기준에 관한 규칙」의 내용으로 맞는 것은?

① 재무제표의 양식, 과목 및 회계용어는 이해하기 쉽도록 최대한 상세하게 표시하여야 한다.
② 자산은 금융자산, 유·무형자산 및 기타 자산으로 구분하여 재정상태표에 표시한다.
③ 순자산은 자산에서 부채를 뺀 금액을 말하며, 고정순자산, 적립금 및 잉여금, 순자산조정으로 구분한다.
④ 사회기반시설은 현재 세대와 미래 세대를 위하여 정부가 영구히 보존하여야 할 자산으로서 역사적, 자연적, 문화적, 교육적 및 예술적으로 중요한 가치를 갖는 자산을 말한다.

20

「지방자치단체 회계기준에 관한 규칙」에 관한 내용으로 옳은 것은?

① 수익과 비용은 그 발생원천에 따라 명확하게 분류하여야 하며, 해당 항목의 중요성에 따라 별도의 과목으로 표시하거나 다른 과목과 통합하여 표시할 수 있다.
② 개별 회계실체의 재무제표를 작성할 때에는 지방자치단체 안의 다른 개별 회계실체와의 내부거래를 상계하고 작성한다.
③ 자산은 유동자산, 투자자산, 일반유형자산, 주민편의시설, 사회기반시설, 무형자산 및 기타 비유동자산으로 구분하여 재정상태표에 표시한다.
④ 재정운영표는 프로그램순원가, 재정운영순원가, 재정운영결과로 구분하여 표시한다.

14

유형자산의 교환거래시 취득원가에 관한 설명으로 옳지 않은 것은?

① 교환거래에 상업적 실질이 결여된 경우에는 제공한 자산의 장부금액으로 원가를 측정한다.

② 유형자산을 다른 비화폐성자산과 교환하여 취득하는 경우 취득한 자산의 공정가치가 더 명백한 경우를 제외하고는 제공한 자산의 공정가치를 취득원가로 한다.

③ 취득한 자산의 공정가치가 제공한 자산의 공정가치보다 더 명백한 경우에는 취득한 자산의 공정가치를 취득원가로 한다.

④ 취득한 자산과 제공한 자산 모두의 공정가치를 신뢰성 있게 측정할 수 없는 경우에는 취득한 자산의 장부금액을 취득원가로 인식한다.

15

다음은 ㈜한국의 20×1년 말 자료이다. 이와 관련하여 재무상태표에 표시될 충당부채 금액은? (단, 현재가치 계산은 고려하지 않는다)

- 20×1년 초에 취득한 공장건물은 정부와의 협약에 의해 내용연수가 종료되면 부속 토지를 원상으로 회복시켜야 하는데, 그 복구비용은 ₩100,000이 발생될 것으로 추정된다.
- 20×1년 말에 새로운 회계시스템의 도입으로 종업원들에 대한 교육훈련이 20×2년에 진행될 예정이며, 교육훈련비용으로 ₩40,000의 지출이 예상된다.
- 20×1년 초에 구입한 기계장치는 3년마다 한 번씩 대대적인 수리가 필요한데, 3년 후 ₩60,000의 수리비용이 발생될 것으로 추정된다.

① ₩100,000

② ₩140,000

③ ₩160,000

④ ₩200,000

16

고객과의 계약에서 생기는 수익에 대한 내용으로 옳지 않은 것은?

① 반품권이 있는 판매의 경우 고객들이 반품권을 행사할 것으로 예상되는 부분에 대해서는 수익을 인식하지 않는 대신 환불의무에 대한 부채를 인식한다.

② 반품기간에 언제라도 반품을 받기로 하는 기업의 약속은 별도의 수행의무에 해당하므로 거래가격을 개별 판매가격을 기준으로 배분한다.

③ 고객이 보증을 별도로 구매할 수 있는 선택권이 있다면 이를 구별되는 용역으로 보아 별도의 수행의무로 회계처리하고 거래가격의 일부를 배분한다.

④ 제품이 손해나 피해를 끼치는 경우에 기업이 보상하도록 요구하는 법률이 있더라도, 이 때문에 별도의 수행의무가 생기지는 않는다.

17

㈜한국은 20×1년 1월 1일 특허권(내용연수 5년, 잔존가치 ₩0)과 상표권(비한정적 내용연수, 잔존가치 ₩0)을 각각 ₩200,000, ₩300,000에 취득하였다. 회사는 무형자산에 대해 원가모형을 적용하며, 정액법에 의해 월할상각한다. 두 자산에 대한 회수가능액 자료가 다음과 같을 때, 20×2년 포괄손익계산서에 인식할 당기비용은? (단, 20×2년 말 무형자산의 회수가능액 감소는 손상징후에 해당한다)

	특허권	상표권
20×1년 말 회수가능액	₩170,000	₩300,000
20×2년 말 회수가능액	₩45,000	₩210,000

① ₩185,000

② ₩195,000

③ ₩205,000

④ ₩215,000

18

㈜한국은 20×1년 초 임대수익 목적으로 건물(취득원가 ₩1,000,000, 내용연수 10년, 잔존가치 ₩200,000, 정액법 상각)을 취득하였다. 20×1년 말 동 건물의 공정가치는 ₩1,120,000이다. 다음 설명 중 옳은 것은?

① 원가모형을 적용할 경우, 20×1년 감가상각비는 ₩100,000이다.

② 공정가치모형을 적용할 경우, 20×1년 감가상각비는 ₩80,000이다.

③ 공정가치모형을 적용할 경우, 20×1년 평가이익은 ₩200,000이다.

④ 공정가치모형을 적용할 경우, 20×1년 당기순이익은 ₩120,000만큼 증가한다.

19

㈜한국은 20×1년에 새로 건물을 취득하였으며 이에 대한 자료는 다음과 같다. 동 건물과 관련하여 20×3년도 포괄손익계산서에 인식할 당기비용은? (단, 감가상각은 월할상각한다)

- 20×1년 7월 1일 건물을 ₩1,000,000에 취득(내용연수 4년, 잔존가치 ₩0, 연수합계법으로 감가상각)
- 20×2년 1월 1일 엘리베이터 설치비용 ₩400,000(자본적 지출에 해당, 잔여 내용연수 4년으로 변경)
- 20×3년 1월 1일 건물 도색 ₩100,000(수익적 지출에 해당, 정액법으로 감가상각방법 변경, 내용연수와 잔존가치 변동 없음)

① ₩260,000

② ₩300,000

③ ₩340,000

④ ₩380,000

20

다음 자료를 이용하여 실물자본유지관점에서 ㈜한국의 20×1년도 당기순이익을 계산하면?

- ㈜한국은 20×1년 1월 1일 현금 ₩100,000으로 영업을 개시하였다.
- 기초에 재고자산 40개를 단위당 ₩2,500에 구입하고, 기중에 이를 전부 단위당 ₩3,000에 현금 판매하였다. 이로 인해 회사의 기말 현금 보유액은 ₩120,000이 되었다.
- 20×1년도 기초의 물가지수를 100이라고 할 때, 20×1년 말 물가지수는 110이다.
- 20×1년도 말 재고자산의 구입가격은 단위당 ₩2,600이다.

① ₩10,000

② ₩14,000

③ ₩16,000

④ ₩20,000

> 본 과목 풀이 시 기업의 보고기간(회계기간)은 매년 1월 1일부터 12월 31일까지이며, 기업은 계속해서 「한국채택국제회계기준」을 적용해 오고 있다고 가정한다. 또한, 자료에서 제시하지 않은 사항(예: 법인세 효과 등)은 고려하지 않는다.

01

다음은 ㈜한국의 20×1년 재무자료이다. 이를 바탕으로 현금흐름표에 표시될 영업활동 현금흐름을 구하면?

• 당기순이익	₩200,000
• 감가상각비	₩40,000
• 유형자산처분손실	₩15,000
• 매출채권의 감소	₩20,000
• 재고자산의 증가	₩12,000
• 건물의 증가	₩28,000
• 사채의 발행	₩10,000
• 유상증자	₩30,000

① ₩247,000

② ₩259,000

③ ₩263,000

④ ₩275,000

02

㈜한국의 20×1년 12월 31일 결산 시 당기순이익 ₩300,000이 산출되었으나, 외부감사과정에서 다음과 같은 수정사항이 누락되었음을 발견하였다. 수정사항을 반영할 경우 당기순이익은? (단, 법인세효과는 무시한다)

• 기중소모품 ₩40,000을 구입하며 소모품비로 처리했고 기말 현재 소모품 ₩12,000이 남아 있다.

• 20×1년도의 임차료 ₩20,000이 미지급 상태이다.

• 감가상각비 계산시 잔존가치를 고려하지 않는 바람에 감가상각비 ₩10,000이 과대계상 되었다.

• 20×1년 10월 1일 거래처에 ₩100,000을 연 이자율 8%로 빌려주고, 이자는 매년 9월 30일에 받기로 했다.

① ₩280,000

② ₩284,000

③ ₩304,000

④ ₩344,000

03

㈜한국은 20×1년 1월 1일 건물을 ₩100,000에 취득하였다. 취득시점에 건물의 내용연수는 10년, 잔존가치는 ₩0으로 추정되며 정액법으로 상각한다. 동 건물에 대한 공정가치 정보는 다음과 같다.

20×1년 초	20×1년 말	20×2년 말
₩100,000	₩126,000	₩116,000

동 건물에 대한 회계처리 방법이 각각 다음과 같을 때, ㈜한국이 20×2년에 동 건물과 관련하여 당기비용으로 인식하는 금액은? 단, 손상차손은 고려하지 않는다.

A. 원가모형을 적용하는 유형자산
B. 재평가모형을 적용하는 유형자산(단, 재평가잉여금은 건물을 사용함에 따라 이익잉여금에 대체한다)
C. 공정가치모형을 적용하는 투자부동산

	A	B	C
①	₩14,000	₩10,000	₩10,000
②	₩10,000	₩10,000	₩14,000
③	₩10,000	₩14,000	₩10,000
④	₩10,000	₩14,000	₩14,000

04

㈜한국의 현금기준 순이익은 ₩150,000이다. 다음 자료를 이용하여 발생기준에 따른 순이익을 구하면 얼마인가?

<재무상태표>

	기초	기말
매출채권	₩36,000	₩40,000
재고자산	₩22,000	₩20,000
매입채무	₩15,000	₩18,000
미수수익	₩12,000	₩10,000

① ₩147,000

② ₩149,000

③ ₩151,000

④ ₩153,000

05

㈜한국의 20×1년 기초재고자산은 ₩120,000이고 당기 매입액은 ₩1,000,000이다. 회사는 실지재고조사법을 적용하고 있는데, 기말 재고실사 결과 창고에 보관 중인 상품이 ₩200,000으로 확인되었다. 이에 대한 추가 고려사항이 다음과 같을 때, ㈜한국의 20×1년 매출원가는? (단, 재고자산감모손실 및 재고자산평가손실은 없다)

- 20×1년 12월 1일에 ㈜대한으로부터 판매를 수탁받은 상품(원가 ₩80,000) 중 원가 ₩30,000이 판매되었고, 나머지는 기말 현재 ㈜한국의 창고에 보관 중이며 기말실사 금액에 포함되어 있다.
- 20×1년 12월 26일에 ㈜민국으로부터 FOB 선적지인도조건으로 매입한 상품(송장가격: ₩40,000)이 20×1년 12월 31일 현재 운송 중에 있다. 이 상품은 20×2년 1월 3일에 도착한다.
- 20×1년 12월 30일에 반품률이 높은 상품(원가 ₩50,000)을 ㈜대한에 판매·인도하였다. 상품에 대한 반품률은 40%로 추정된다.

① ₩910,000

② ₩930,000

③ ₩980,000

④ ₩1,010,000

06

교환거래에 대한 다음의 설명 중 옳지 않은 것은?

① 유형자산의 교환거래에 상업적 실질이 결여된 경우에는 제공한 자산의 장부금액으로 원가를 측정한다.

② 유형자산의 교환거래에 상업적 실질이 있다면, 취득한 자산의 공정가치가 더 명백한 경우를 제외하고는 취득한 자산의 원가를 제공한 자산의 공정가치로 측정한다.

③ 고객과의 계약에서 거래에 상업적 실질이 없다면, 그 교환에서 수익을 인식하지 말아야 한다.

④ 고객과의 계약에서 비현금 대가를 받는 경우에는 그 대가와 교환하여 고객에게 약속한 재화나 용역의 공정가치로 대가를 측정한다.

07

재무제표 표시에 있어 유동과 비유동의 구분에 대한 설명이다. 옳지 않은 것은?

① 자산과 부채의 일부는 유동/비유동 구분법으로, 나머지는 유동성 순서에 따른 표시방법으로 표시하는 것이 허용된다.

② 유동자산은 보고기간 후 12개월 이내에 실현될 것으로 예상되지 않는 경우에도 재고자산 및 매출채권과 같이 정상영업주기의 일부로서 판매, 소비 또는 실현되는 자산을 포함한다.

③ 기업이 기존의 대출계약조건에 따라 보고기간 후 적어도 12개월 이상 부채를 차환하거나 연장할 것으로 기대하고 있고, 그런 재량권이 있다면, 보고기간 후 12개월 이내에 만기가 도래한다 하더라도 비유동부채로 분류한다.

④ 보고기간말 이전에 장기차입약정을 위반했을 때 대여자가 즉시 상환을 요구할 수 있는 채무는 보고기간 후 재무제표 발행승인일 전에 채권자가 약정위반을 이유로 상환을 요구하지 않기로 합의하였다면 비유동부채로 분류한다.

08

㈜한국은 20×1년 1월 1일에 표시이자율 6%, 액면금액 ₩100,000, 만기 5년인 사채를 ₩84,846에 발행하였다. 이자는 매년 12월 31일에 지급하며, 발생이자와 관련된 회계처리는 유효이자율법에 따른다. 발행 당시 동 사채에 적용된 유효이자율은 10%이며, 현가계수는 다음과 같다고 할 때 20×4년 말 사채의 장부금액과 회사가 20×5년에 인식할 이자비용은 얼마인가? (정확한 값이 없을 경우, 근사치를 선택하라)

할인율	단일금액 ₩1의 현재가치		정상연금 ₩1의 현재가치	
	1기간	5기간	1기간	5기간
6%	0.943	0.747	0.943	4.212
10%	0.909	0.621	0.909	3.791

	20×4년 말 장부금액	20×5년 이자비용
①	₩93,070	₩9,307
②	₩94,712	₩9,471
③	₩96,354	₩9,635
④	₩98,195	₩9,816

09

단일의 제품을 생산·판매하고 있는 ㈜한국의 20×1년 기말 재고자산 관련 자료는 다음과 같다.

구분	장부재고	실지재고	단위당 원가	단위당 순실현가능가치
원재료	440kg	400kg	₩100/kg	₩90/kg
제품	200개	150개	₩400/개	₩500/개

㈜한국은 재고자산감모손실과 재고자산평가손실(환입)을 매출원가에서 조정한다. 재고자산평가충당금(제품)의 기초잔액이 ₩2,000일 때, ㈜한국의 20×1년도 매출원가에서 조정될 재고자산감모손실과 재고자산평가손실(환입)의 순효과는 얼마인가? 단, 기초재공품과 기말재공품은 없다.

① 매출원가 가산 ₩22,000
② 매출원가 가산 ₩24,000
③ 매출원가 가산 ₩26,000
④ 매출원가 가산 ₩28,000

10

㈜관세는 다음의 기계장치에 대하여 재평가모형을 적용(매년 말 재평가 실시)하고 있다. 동 기계장치 관련 회계처리가 ㈜관세의 20×2년도 당기순이익에 미치는 영향은? (단, 기계장치가 제거되기 전까지 재평가잉여금을 이익잉여금으로 대체하지 않고, 손상차손은 고려하지 않으며, 감가상각비 중 자본화된 금액은 없다)

- 기계장치 취득일: 20×1년 1월 1일
- 기계장치 취득원가: ₩100,000 (잔존가치 ₩0, 내용연수 5년, 정액법 상각)
- 20×2년 초 기계장치에 후속 원가 ₩10,000 지출 (자산인식기준 충족)
- 공정가치

20×1년 말	20×2년 말
₩70,000	₩68,000

① ₩20,000 감소
② ₩12,000 감소
③ ₩2,000 감소
④ ₩8,000 증가

11

회계정책, 회계추정의 변경 및 오류에 대한 설명으로 옳지 않은 것은?

① 전기오류의 수정은 오류가 발견된 기간의 당기손익으로 보고한다.
② 전기오류는 특정기간에 미치는 오류의 영향이나 오류의 누적효과를 실무적으로 결정할 수 없는 경우를 제외하고는 소급재작성에 의하여 수정한다.
③ 회계정책의 변경과 회계추정의 변경을 구분하는 것이 어려운 경우에는 회계추정의 변경으로 본다.
④ 과거에 발생하였지만 중요하지 않았던 거래, 기타 사건 또는 상황에 대하여 새로운 회계정책을 적용하는 경우는 회계정책의 변경에 해당하지 않는다.

12

㈜한국의 회계팀장은 20×1년 결산을 앞두고 당좌예금 잔액을 은행에 조회한 결과 기말 잔액이 ₩89,400이라는 회신을 받았다. 회사 장부상 잔액 ₩112,000과 차이가 발생할 수 있는 내역은 다음과 같다.

- 회사가 발행한 수표 중에서 ₩20,000이 아직 지급제시되지 않았다.
- 당좌예금에 대한 이자발생액이 ₩2,400이다.
- 12월 31일 은행 마감시간에 입금한 ₩3,000이 아직 입금처리가 되지 않았다.

상기 조정사항을 반영한 후에도 여전히 잔액이 일치하지 않음을 이상하게 여긴 회계팀장은 퇴사한 담당직원이 당좌예금을 인출하여 횡령하였음을 알아냈다. 직원이 횡령한 것으로 추정되는 금액은 얼마인가?

① ₩36,000
② ₩42,000
③ ₩46,800
④ ₩82,000

13

금융상품에 대한 회계처리 내용으로 옳지 않은 것은?

① 금융자산의 정형화된 매입 또는 매도는 매매일이나 결제일에 인식하거나 제거한다

② 금융자산이나 금융부채는 최초인식시점에 공정가치로 측정한다.

③ 당기손익-공정가치 측정 금융자산 또는 당기손익-공정가치 측정 금융부채의 경우에 해당 금융자산의 취득이나 해당 금융부채의 발행과 직접 관련되는 거래원가는 공정가치에 가감한다.

④ 금융자산을 상각후원가 측정 범주에서 당기손익-공정가치 측정 범주로 재분류하는 경우에 재분류일의 공정가치로 측정하고, 재분류 전 상각후원가와 공정가치의 차이에 따른 손익은 당기손익으로 인식한다.

14

다음은 ㈜한국의 확정급여제도와 관련된 자료이다. 회사가 당기손익으로 인식할 퇴직급여는 얼마인가?

· 기초 사외적립자산의 장부금액	₩2,000,000
· 기초 확정급여채무의 장부금액	₩2,400,000
· 당기근무원가	₩120,000
· 확정급여채무 계산 시 적용할 할인율	연 10%

① ₩120,000

② ₩160,000

③ ₩320,000

④ ₩360,000

15

㈜한국은 제조부문(X, Y)과 보조부문(A, B)으로 구성되어 있으며, 제조부문과 보조부문의 용역수수 자료는 다음과 같다.

제공부문	제조부문		보조부문		합계
	X	Y	A	B	
A	40시간	20시간	-	40시간	100시간
B	50시간	50시간	100시간	-	200시간

보조부문 A와 B에 집계된 부문원가는 각각 ₩70,000, ₩20,000이다. ㈜한국이 상호배분법을 사용하여 보조부문원가를 제조부문에 배분한다고 할 때 제조부문 X에 배분될 보조부문원가는?

① ₩40,000

② ₩45,000

③ ₩50,000

④ ₩55,000

16

㈜한국은 두 가지 제품을 생산하여 판매하고 있다. 두 제품 A와 B에 대한 생산 및 판매자료는 다음과 같다.

	제품 A	제품 B
단위당 판매가격	₩1,000	₩1,500
단위당 변동비	₩700	₩900
단위당 기계시간	2시간	3시간
최대 수요량(연간)	100단위	100단위

회사의 최대 사용가능한 기계시간은 연간 400시간일 때, 이익을 극대화하기 위해서는 A제품과 B제품을 각각 몇 단위씩 생산·판매하여야 하는가? (단, 생산량과 판매량은 일치한다고 가정한다)

	제품 A	제품 B
①	50단위	100단위
②	80단위	80단위
③	100단위	67단위
④	100단위	100단위

17

㈜한국은 표준원가계산제도를 채택하고 있으며, 고정제조간접원가는 기계시간(기준조업도 500시간)을 기준으로 배부한다. 20×1년에 100개의 제품을 생산하였는데 실제 발생한 고정제조간접원가는 ₩145,000이다. 고정제조간접원가 예산차이가 ₩5,000(유리)이고 조업도차이가 ₩30,000(불리)이라면 회사가 설정한 제품 단위당 표준 기계시간은 얼마인가?

① 3시간
② 4시간
③ 5시간
④ 6시간

18

㈜한국은 20×1년에 설립되었으며, 설립 첫 해의 영업활동 결과는 다음과 같다.

• 제품생산량	1,000개
• 제품판매량	900개
• 전부원가계산에 의한 영업이익	₩80,000
• 변동원가계산에 의한 영업이익	₩60,000

㈜한국은 재공품 재고를 보유하지 않는다고 할 때, 20×1년에 발생한 고정제조간접원가는 얼마인가?

① ₩20,000
② ₩80,000
③ ₩100,000
④ ₩200,000

19

다음 중 「국가회계기준에 관한 규칙」에 대한 설명으로 옳은 것은?

① 국가회계실체란 「국가재정법」에 따른 일반회계, 특별회계 및 기금으로서 개별 회계실체, 유형별 회계실체 및 통합 회계실체로 구분된다.
② 재무제표는 국가가 공공회계책임을 적절히 이행하였는지 여부를 평가하는 데에 필요한 정보로, 당기의 수입이 당기의 서비스를 제공하기에 충분하였는지 또는 미래의 납세자가 과거에 제공된 서비스에 대한 부담을 지게 되는지에 대한 기간간 형평성에 관한 정보를 제공하여야 한다.
③ 자산은 금융자산, 유·무형자산, 국민편의시설 및 기타 자산으로 구분하여 재정상태표에 표시한다.
④ 자산은 공용 또는 공공용으로 사용되는 등 공공서비스를 제공할 수 있거나 직접적 또는 간접적으로 경제적 효익을 창출하거나 창출에 기여할 가능성이 매우 높고 그 가액을 신뢰성 있게 측정할 수 있을 때에 인식한다.

20

다음은 중앙관서 A부처의 일반회계에서 발생한 20×1년 자료다. 다음 거래가 A부처의 일반회계 재정운영표의 재정운영결과에 미치는 영향과 국가재정운영표의 재정운영결과에 미치는 영향을 올바르게 나타낸 것은?

• 프로그램 순원가로 ₩120,000이 발생하였다.
• 행정운영과 관련하여 인건비 ₩60,000, 감가상각비 ₩20,000이 발생하였다.
• 부담금 수익 ₩50,000에 대한 청구권이 확정되었다.
• B부처에서 무상관리환으로 ₩30,000의 자산을 수증받았다.

	A부처의 일반회계	대한민국 정부
①	₩150,000 증가	₩100,000 증가
②	₩150,000 증가	₩200,000 증가
③	₩200,000 증가	₩150,000 증가
④	₩200,000 증가	₩200,000 증가

15

「재무보고를 위한 개념체계」에서는 근본적 질적 특성을 적용하기 위한 가장 효율적이고 효과적인 절차를 기술하고 있다. 이 절차를 순서대로 바르게 나열한 것은?

ㄱ. 그 정보가 이용가능한지, 그리고 경제적 현상을 충실하게 표현할 수 있는지 결정한다.
ㄴ. 그 현상에 대한 가장 목적적합한 정보의 유형을 식별한다.
ㄷ. 보고기업의 재무정보 이용자들에게 유용할 수 있는 정보의 대상이 되는 경제적 현상을 식별한다.

① ㄱ - ㄴ - ㄷ
② ㄴ - ㄷ - ㄱ
③ ㄷ - ㄱ - ㄴ
④ ㄷ - ㄴ - ㄱ

16

상품매매를 하는 ㈜한국의 20×1년 매출액과 재고자산에 관한 자료가 다음과 같을 때, ㈜한국의 기말상품재고는 얼마인가? (단, 재고자산평가손실과 감모손실은 없다)

• 매출액	₩820,000
• 매출총이익률	20%
• 기초상품재고	₩120,000
• 당기상품매입액	₩680,000

① ₩96,000
② ₩112,000
③ ₩144,000
④ ₩164,000

17

다음 중 유형자산의 취득원가에 포함하지 않는 것은?

① 최초의 운송 및 취급 관련 원가
② 유형자산이 정상적으로 작동되는지 여부를 시험하는 과정에서 발생하는 원가
③ 설치원가 및 조립원가
④ 새로운 시설을 개설하는 데 소요되는 원가

18

다음은 ㈜한국의 20×1년 말 자본관련 계정 잔액이다. 회사는 20×2년 3월 10일 주주총회를 통해 ₩20,000의 배당금 지급을 결의하였다. 20×1년 ㈜한국의 재무상태표에 자본총액으로 보고될 금액은 얼마인가?

• 보통주자본금	₩40,000
• 우선주자본금	₩20,000
• 주식발행초과금	₩30,000
• 자기주식	₩15,000
• 이익잉여금	₩60,000

① ₩115,000
② ₩135,000
③ ₩145,000
④ ₩165,000

19

다음 중 재무비율분석에 대한 설명으로 잘못된 것은?

① 매출총이익률과 자기자본이익률은 기업의 수익성을 분석하는 비율이다.
② 매출액이 전기에 비해 증가하지 않더라도, 총자산이 증가하면 총자산회전율은 증가한다.
③ 유동비율이 100%보다 높은 상태에서 매입채무를 현금으로 상환하면 유동비율이 높아진다.
④ 자기자본비율은 100%를 초과할 수 없다.

20

㈜한국의 20×1년 기초자산은 ₩1,200,000, 기말자산은 ₩1,600,000이다. 기말부채는 ₩500,000인데 기초보다 ₩150,000이 증가하였다. 당기 중 유상증자로 인해 납입자본이 ₩200,000 증가하고, 주식배당 ₩40,000과 현금배당 ₩80,000이 지급되었다면 당기순이익은 얼마인가?

① ₩130,000
② ₩150,000
③ ₩170,000
④ ₩190,000

회계학

> 본 과목 풀이 시 기업의 보고기간(회계기간)은 매년 1월 1일부터 12월 31일까지이며, 기업은 계속해서 「한국채택국제회계기준」을 적용해 오고 있다고 가정한다. 또한, 자료에서 제시하지 않은 사항(예: 법인세 효과 등)은 고려하지 않는다.

01

한국채택국제회계기준의 「재무보고를 위한 개념체계」에 제시된 재무정보의 질적 특성에 관한 내용으로 옳지 않은 것은?

① 재무정보의 근본적 질적 특성은 목적적합성과 표현충실성이다.
② 목적적합한 재무정보는 이용자들의 의사결정에 차이가 나도록 할 수 있다.
③ 의사결정에 차이가 나도록 할 수 있으려면 재무정보에 예측가치와 확인가치 이 둘 모두가 있어야 한다.
④ 완벽한 표현충실성을 위해서 서술은 완전하고, 중립적이며, 오류가 없어야 할 것이다.

02

㈜한국은 20×1년 초에 기계장치를 ₩1,000,000에 취득하여 내용연수 10년, 잔존가치 ₩100,000, 정액법으로 상각하였다. 20×3년 초 영업환경의 변화로 기계장치에서 기대되는 미래경제적 효익의 소비행태가 변함에 따라 감가상각방법을 이중체감법으로 변경하고 내용연수를 단축하였다. 20×3년 회사가 인식한 기계장치에 대한 감가상각비가 ₩328,000이라면 내용연수는 애초 10년에서 몇 년으로 변경되었는가?

① 5년
② 6년
③ 7년
④ 8년

03

㈜한국은 20×2년도 말 감사과정에서 전기 기말재고가 ₩3,000 과대계상되고, 당기 말 재고자산은 ₩2,000 과소계상되었음을 발견하였다. 이러한 오류가 ㈜한국의 재무제표에 미치는 영향으로 맞는 것은?

① 20×1년 말 이익잉여금이 ₩3,000 과소계상된다.
② 20×2년 기초재고가 ₩1,000 과소계상된다.
③ 20×2년 당기순이익이 ₩5,000 과소계상된다.
④ 20×2년 말 이익잉여금에는 영향이 없다.

04

다음 중 손상차손을 인식하되, 인식한 손상차손을 환입하지 않는 항목은?

① 유형자산
② 당기손익-공정가치 측정 금융자산
③ 원가모형을 적용하는 투자부동산
④ 영업권

05

자본회계에 관한 설명으로 옳지 않은 것은?

① 주식의 발행과 관련하여 직접적으로 발생하는 신주발행비는 납입된 현금수취액에서 차감한다.

② 자기주식의 취득 시 원가법으로 회계처리한 후 재발행하는 경우 재발행금액과 취득원가가 일치하지 않으면 자기주식처분손익이 발생한다.

③ 유상감자의 대가가 액면금액에 미달하는 경우 감자차익이 발생하고 이는 자본잉여금으로 분류한다.

④ 배당을 받을 권리가 있는 주주를 확정짓는 날인 배당기준일에 배당예상금액을 미지급배당금계정의 대변에 기록한다.

06

다음은 ㈜한국의 20×1년 재무자료이다. 회사의 모든 거래가 외상으로 이루어진다고 할 때, 20×1년 말 재무상태표에 표시될 매입채무 금액은?

• 당기매출액	₩200,000
• 매출총이익	₩50,000
• 기초매입채무	₩65,000
• 당기 중 매입채무 현금지급액	₩190,000
• 기초상품재고	₩32,000
• 기말상품재고	₩38,000

① ₩25,000

② ₩31,000

③ ₩37,000

④ ₩43,000

07

보증에 대한 회계처리로 옳지 않은 것은?

① 고객이 보증을 별도로 구매할 수 있는 선택권이 있다면, 그 보증은 구별되는 용역으로 보아 별도의 수행의무로 회계처리한다.

② 고객에게 보증을 별도로 구매할 수 있는 선택권이 없는 경우에는, 약속한 보증이 합의된 규격에 제품이 부합한다는 확신에 더하여 고객에게 용역을 제공하는 것이 아니라면 별도의 수행의무로 보지 않고 충당부채나 우발부채로 회계처리 한다.

③ 보증이 제품이 합의된 규격에 부합한다는 확신에 더하여 고객에게 용역을 제공한다면 이 약속한 용역은 수행의무에 해당하므로 거래가격을 이 제품과 용역에 배분한다.

④ 제품이 손해나 피해를 끼치는 경우에 기업이 보상하도록 요구하는 법률이 있다면, 이를 별도의 수행의무로 보아 거래가격을 배분한다.

08

재무제표 요소의 측정에 대한 설명으로 옳지 않은 것은?

① 확정판매계약 또는 용역계약을 이행하기 위하여 보유하는 재고자산의 순실현가능가치는 일반 판매가격이 아닌 계약가격에 기초한다.

② 재고자산에 대한 저가법 적용에 있어, 원재료의 현행대체원가가 순실현가능가치와 다른 경우에는 현행대체원가를 기준으로 저가법을 적용한다.

③ 유형자산의 손상차손을 인식할 때 회수가능액은 자산의 순공정가치와 사용가치 중 더 많은 금액이 된다.

④ 생물자산은 최초 인식시점과 매 보고기간말에 순공정가치로 측정하는데, 이때 순공정가치는 공정가치에서 추정 매각부대원가를 차감한 금액이 된다.

09

20×1년 1월 1일 ㈜한국은 저유설비를 취득하면서 대가 ₩500,000
은 5년 동안 매년 말 ₩100,000씩 지급하기로 하였다. ㈜한국의 내
재이자율 및 복구충당부채의 할인율은 연 10%이다. 설비의 내용
연수는 5년이고 잔존가치는 없으며 정액법으로 감가상각 한다.
저유설비에 대해서는 내용연수 종료 후 주변 환경을 원상회복
해야 하는 의무가 있으며, 내용연수 종료시점의 원상회복비용
은 ₩50,000으로 추정된다. ㈜한국은 저유설비의 내용연수 종
료와 동시에 원상회복을 위한 복구공사를 하였으며, 복구비용
으로 ₩45,000을 지출하였다. 현가계수가 다음과 같다고 가정
할 때, 이에 대한 설명으로 옳지 않은 것은?

단일금액 ₩1(5년, 10%)의 현재가치	0.621
정상연금 ₩1(5년, 10%)의 현재가치	3.791

① 설비의 취득원가는 ₩410,150이다.
② 설비와 관련하여 20×1년 회사가 인식할 감가상각비는
　₩82,030이다.
③ 20×1년 말 복구충당부채의 장부금액은 ₩27,945이다.
④ 20×5년 회사가 인식할 복구공사이익은 ₩5,000이다.

10

㈜대한과 ㈜민국은 20×1년 초에 같은 기계장치를 ₩10,000,000
에 각각 취득하고, 내용연수(5년)와 잔존가치(₩1,000,000) 역시
동일하게 추정하였다. 다만, 감가상각방법은 두 회사가 연도별
로 다음과 같이 적용하였다. 이에 대한 설명으로 올바른 것은?

구분	20×1년	20×2년
㈜대한	이중체감법	연수합계법
㈜민국	연수합계법	이중체감법

① 20×1년의 감가상각비는 ㈜민국이 더 크다.
② 20×2년의 감가상각비는 ㈜대한이 더 크다.
③ 20×1년 말 기계장치의 장부금액은 두 회사가 같다.
④ 20×2년 말 기계장치의 장부금액은 ㈜대한이 더 크다.

11

㈜대한은 20×1년 초에 ㈜민국의 주식 30%를 ₩1,500,000에
취득하면서 유의적인 영향력을 행사할 수 있게 되었다. 취득일
현재 ㈜민국의 순자산 장부금액은 ₩4,000,000이며, 자산 및
부채의 장부금액은 공정가치와 동일하다. ㈜민국은 20×1년도
총포괄이익 ₩900,000(기타포괄이익 ₩100,000 포함)을 보
고하였다. ㈜대한이 20×1년 중에 ㈜민국으로부터 중간배당금
₩90,000을 수취하였다면, ㈜대한이 20×1년도 당기손익으로
인식할 지분법이익은?

① ₩150,000
② ₩180,000
③ ₩240,000
④ ₩270,000

12

㈜한국은 20×1년 12월 1일 환매채(만기 20×2년 1월 31일)를
₩100,000에 취득하였다. 이 환매채는 확정된 금액의 현금으
로 전환이 용이하고, 가치변동의 위험이 경미하다. ㈜한국은 이
환매채의 취득을 현금흐름표상의 영업활동, 투자활동, 재무활동
중에서 어디에 공시하여야 하는가?

① 영업활동
② 투자활동
③ 재무활동
④ 어느 활동에도 공시되지 않는다.

13

㈜한국은 20×1년 3월 1일 거래처에 상품을 판매하고 만기 3개월, 액면금액 ₩1,000,000, 표시이자율 연 6%인 어음을 수령하였다. 회사는 동 어음을 1개월 보유한 다음, 20×1년 4월 1일 주거래은행에 연 12% 이자율로 할인하였다. 할인시점에 회사가 인식할 금융자산처분손실은 얼마인가? (단, 어음할인은 금융자산 제거요건을 충족한다)

① ₩4,700
② ₩10,300
③ ₩14,700
④ ₩20,300

14

㈜한국은 20×1년 1월 1일에 액면 ₩100,000, 표시이자율 5%, 유효이자율 10%, 만기 3년, 매년 말 이자지급 조건의 사채를 ₩87,566에 발행하였다. 회사가 유효이자율법을 적용하여 회계처리 할 때, 20×2년 12월 31일 사채의 장부금액은 얼마인가?

① ₩91,323
② ₩92,566
③ ₩94,011
④ ₩95,455

15

다음 중 「국가회계기준에 관한 규칙」에 대한 설명으로 옳은 것은?

① 출납정리기한 중 발생한 거래는 다음 회계연도에 발생한 거래로 보아 회계처리한다.
② 자산은 금융자산, 유·무형자산, 주민편의시설 및 기타 자산으로 구분하여 재정상태표에 표시한다.
③ 자산의 가액은 해당 자산의 취득원가를 기초로 하여 계상한다. 다만, 교환 또는 기부채납 등으로 자산을 취득한 경우에는 취득 당시의 공정가액을 취득원가로 한다.
④ 투자증권에 대해 재정상태표일 현재 신뢰성 있게 공정가액을 측정할 수 있으면 그 공정가액으로 평가하며, 장부가액과 공정가액의 차이금액은 재정운영표상 재정운영순원가에 반영한다.

16

㈜한국은 수년간의 연구개발 끝에 신제품 개발에 성공하였다. 20×1년 1월 한 달간 회사는 처음으로 신제품 100개를 생산하였는데, 이에 대한 원가자료는 다음과 같다.

• 직접재료원가	₩100,000
• 직접노무원가(시간당 ₩10)	₩100,000

제조간접원가는 직접노무원가의 100%가 배부되며, 제품생산에 있어 노동시간에 90%의 학습곡선이 적용된다. 회사가 2월에 총 300개의 제품을 생산하는 경우 예상되는 총원가는 얼마인가?

① ₩448,000
② ₩628,000
③ ₩748,000
④ ₩948,000

17

㈜한국은 품질관련 활동원가를 예방원가, 평가원가, 내부실패원가 및 외부실패원가로 구분하고 있다. 품질관련 원가 자료가 다음과 같을 때, 내부실패원가에 해당하는 금액은 얼마인가?

• 제품보증수리활동	₩2,000
• 불량품 재작업활동	₩4,000
• 설비보수 및 유지활동	₩5,000
• 원재료 검사활동	₩3,000
• 작업중단 손실	₩1,000
• 판매기회 상실로 인한 기회비용	₩2,000

① ₩5,000

② ₩6,000

③ ₩7,000

④ ₩8,000

18

㈜한국은 결합공정을 통해 제품 A와 B를 생산하고 있다. 당기에 두 제품을 생산하면서 발생한 결합원가는 ₩50,000이며, 원가 자료는 다음과 같다. 회사가 균등이익률법을 적용하는 경우 제품 A에 배부되는 결합원가는 얼마인가?

제품	생산량	단위당 최종판매가격	추가가공원가(총액)
A	100	₩500	₩12,000
B	200	₩300	₩15,000

① ₩23,000

② ₩25,000

③ ₩27,000

④ ₩29,000

19

㈜한국은 이중배부율법을 사용하여 보조부문인 수선부문의 원가를 제조부문 X와 Y에 배부한다. 각 제조부문의 실제조업도 및 최대조업도는 다음과 같다.

	제조부문 X	제조부문 Y
실제조업도	200시간	200시간
최대조업도	300시간	200시간

제조부문 Y에 배부된 수선부문의 고정원가가 ₩20,000이라면 수선부문에서 발생한 고정원가 총액은 얼마인가?

① ₩35,000

② ₩40,000

③ ₩45,000

④ ₩50,000

20

다음 중 「국가재정법」에 따른 결산의 내용으로 옳지 않은 것은?

① 정부는 성인지 결산서와 온실가스감축인지 결산서를 작성하여야 한다.

② 각 중앙관서의 장은 「국가회계법」에서 정하는 바에 따라 회계연도마다 작성한 결산보고서를 다음 연도 2월 말일까지 감사원에 제출하여야 한다.

③ 감사원은 국가결산보고서를 검사하고 그 보고서를 다음 연도 5월 20일까지 재정경제부장관에게 송부하여야 한다

④ 정부는 감사원의 검사를 거친 국가결산보고서를 다음 연도 5월 31일까지 국회에 제출하여야 한다.

15

「한국채택국제회계기준」에서 언급한 계속기업 가정에 대한 설명으로 옳지 않은 것은?

① 경영진은 재무제표를 작성할 때 계속기업으로서의 존속가능성을 평가해야 한다.
② 경영진이 기업을 청산하거나 경영활동을 중단할 의도를 가지고 있지 않거나, 청산 또는 경영활동의 중단 외에 다른 현실적 대안이 없는 경우가 아니면 계속기업을 전제로 재무제표를 작성한다.
③ 계속기업으로서의 존속능력에 유의적인 의문이 제기될 수 있는 사건이나 상황과 관련된 중요한 불확실성을 알게 된 경우, 재무제표는 계속기업이 아닌 다른 기준을 적용하여 재무제표를 작성한다.
④ 재무제표가 계속기업의 기준하에 작성되지 않는 경우에는 그 사실과 함께 재무제표가 작성된 기준 및 그 기업을 계속기업으로 보지 않는 이유를 공시하여야 한다.

16

㈜한국은 20×1년 1월 1일에 기계장치를 ₩1,000,000에 취득하였다. 이 기계장치는 20×1년 4월 1일부터 사용가능하였고 연수합계법으로 감가상각한다. 기계장치의 내용연수는 4년, 잔존가치는 ₩200,000으로 추정될 때, 20×2년 회사가 인식할 감가상각비는? (단, 기계장치는 월할상각한다)

① ₩240,000
② ₩260,000
③ ₩300,000
④ ₩400,000

17

다음 중 「한국채택국제회계기준」에 따라 허용되는 표시방법에 해당하지 않는 것은?

① 재고자산에 대한 재고자산평가충당금을 차감하여 순액으로 표시한다.
② 투자자산을 처분하는 경우 처분대금에서 그 자산의 장부금액과 관련처분비용을 차감하여 처분이익을 순액으로 표시한다.
③ 충당부채와 관련된 지출을 제3자와의 계약관계에 따라 보전받는 경우, 당해 지출과 보전받는 금액을 상계하여 표시한다.
④ 외환손익이 중요한 경우에 외환차익과 외환차손을 상계하여 순액으로 표시한다.

18

자산의 취득원가에 대한 설명으로 옳지 않은 것은?

① 유형자산은 최초 인식시점에 원가로 측정한다.
② 무형자산을 최초로 인식할 때에는 원가로 측정한다.
③ 금융자산은 최초 인식시점에 원가로 측정한다.
④ 생물자산은 최초 인식시점에 순공정가치로 측정하여야 한다.

19

㈜한국의 20×1년 초 자산총계와 부채총계는 각각 ₩60,000
과 ₩30,000이며, 20×1년 말 자산총계와 부채총계는 각각
₩80,000과 ₩40,000이다. ㈜한국은 20×1년 중에 ₩4,000
의 현금배당을 실시하였으며, 20×1년 당기순이익은 ₩20,000
이다. 이 외의 자본거래는 없다고 할 때, ㈜한국이 20×1년 포괄
손익계산서에 인식한 기타포괄손익과 총포괄손익은 얼마인가?

	기타포괄손익	총포괄손익
①	(-)₩6,000	(+)₩14,000
②	(-)₩6,000	(+)₩16,000
③	(-)₩10,000	(+)₩6,000
④	(-)₩10,000	(+)₩10,000

20

다음은 제조업을 영위하는 ㈜한국의 20×1년 말 회계자료이다.
회사의 포괄손익계산서에 보고할 영업이익과 당기순이익은 각
각 얼마인가? (단, 대손상각비는 회사의 대여금에서 발생한 것
이다)

매출액	₩80,000	매출원가	₩50,000
급여	₩10,000	감가상각비	₩5,000
대손상각비	₩2,000	기부금	₩2,000
접대비	₩1,000	임차료	₩3,000
자기주식처분손실	₩2,000	유형자산처분손실	₩1,000

	영업이익	당기순이익
①	₩9,000	₩4,000
②	₩9,000	₩6,000
③	₩11,000	₩4,000
④	₩11,000	₩6,000

> 본 과목 풀이 시 기업의 보고기간(회계기간)은 매년 1월 1일부터 12월 31일까지이며, 기업은 계속해서 「한국채택국제회계기준」을 적용해 오고 있다고 가정한다. 또한, 자료에서 제시하지 않은 사항(예: 법인세 효과 등)은 고려하지 않는다.

01

㈜한국은 기말 결산시에 다음과 같은 회계오류를 발견하였다. 회계연도 말 자본과 비유동자산을 모두 과대계상하게 되는 오류는?

① 기계장치에 대한 감가상각비의 과소계상
② 매출채권에 대한 대손충당금의 과소계상
③ 비유동자산의 취득원가를 취득시점에 전액 비용처리
④ 기말 재고자산의 과대계상

02

㈜한국은 20×1년 10월 1일 내용연수 5년의 기계장치를 ₩1,000,000에 취득하였다. 감가상각방법은 정률법을 적용하며, 상각률은 0.36이다. 20×1년도와 20×2년도에 인식한 감가상각비는 ₩90,000, ₩327,600일 때, 회사가 20×3년에 인식할 감가상각비는 얼마인가?

① ₩134,185
② ₩209,664
③ ₩238,551
④ ₩372,736

03

「재무보고를 위한 개념체계」에 기술된 재무정보의 질적 특성에 관한 내용으로 옳은 것은?

① 일관성은 비교가능성과 관련은 되어 있지만 동일하지는 않다. 일관성은 목표이고 비교가능성은 그 목표를 달성하는 데 도움을 준다.
② 검증가능성은 합리적인 판단력이 있고 독립적인 서로 다른 관찰자가 어떤 서술이 표현충실성에 있어 완전히 의견이 일치함을 의미한다.
③ 보강적 질적특성은, 정보가 목적적합하지 않거나 나타내고자 하는 바를 충실하게 표현하지 않으면, 개별적으로든 집단적으로든 그 정보를 유용하게 할 수 없다.
④ 적시성은 의사결정에 영향을 미칠 수 있도록 의사결정자가 정보를 제때에 이용가능하게 하는 것을 의미하는데, 오래된 정보일수록 유용성이 높아진다.

04

재무제표 항목의 상계표시와 관련한 다음의 설명 중 옳지 않은 것은?

① 「한국채택국제회계기준」에서 요구하거나 허용하지 않는 한 자산과 부채 그리고 수익과 비용은 상계하지 아니한다.
② 재고자산에 대한 재고자산평가충당금과 매출채권에 대한 대손충당금과 같은 평가충당금을 차감하여 관련 자산을 순액으로 측정하는 것은 상계표시에 해당하지 아니한다.
③ 외환손익 또는 단기매매 금융상품에서 발생하는 손익과 같이 유사한 거래의 집합에서 발생하는 차익과 차손이 중요한 경우에는 순액으로 표시한다.
④ 기타포괄손익의 항목은 관련 법인세비용을 차감한 순액으로 표시하거나, 법인세비용차감전 금액으로 표시할 수 있다.

05

㈜한국의 결산일 현재 당좌예금 장부상 잔액은 ₩2,400,000이다. 그러나 은행에 요청하여 받아 본 예금잔액증명서상 잔액은 ₩2,260,000이다. 차이에 대한 원인이 다음과 같을 때, 이에 대한 수정내용으로 옳지 않은 것은?

• 기발행미인출수표	₩100,000
• 은행측 미기입예금	₩140,000
• 부도처리된 당좌수표	₩120,000
• 예금에 대한 이자수익	₩20,000

① 기발행미인출수표에 대해 회사가 수정해야 할 사항은 없다.

② 부도처리된 당좌수표에 대해서는 당좌예금 ₩120,000을 감소시키는 수정이 필요하다.

③ 수정사항을 모두 반영하면 회사의 보고이익은 ₩100,000 감소한다.

④ 수정후 당좌예금의 정확한 잔액은 ₩2,300,000이 된다.

06

㈜한국의 20×1년 재고자산 관련 자료는 다음과 같다. 재고자산 가격결정방법으로 선입선출-소매재고법을 적용할 경우 기말재고액(원가)은?

구분	매가	원가
기초재고자산	₩1,000,000	₩900,000
당기매입액	₩4,800,000	₩3,000,000
매출액	₩4,000,000	
인상액	₩600,000	
인하액	₩300,000	
인상취소액	₩200,000	
인하취소액	₩100,000	

① ₩1,000,000

② ₩1,200,000

③ ₩1,250,000

④ ₩1,300,000

07

다음은 ㈜한국이 20×1년 중에 취득하여 20×2년 말까지 계속해서 보유중인 금융자산과 관련된 내용이다. 금융자산의 보유로 인해 20×2년 회사의 당기손익에 미치는 영향은 얼마인가? 단, 20×2년 중에 금융상품의 취득과 처분은 없으며 C사채의 액면금액은 ₩100,000, 표시이자율은 8%이다.

구분	20×2년 말	20×1년 말
A주식(FVPL금융자산)의 공정가치	₩42,000	₩38,600
B주식(FVOCI선택 금융자산)의 공정가치	₩86,200	₩88,100
C사채(AC금융자산)의 상각후원가	₩93,600	₩92,400

① 이익 ₩1,500

② 이익 ₩3,400

③ 이익 ₩11,400

④ 이익 ₩12,600

08

㈜한국은 장부금액 ₩3,500,000의 토지를 제공하고 공정가치가 ₩2,500,000인 기계장치를 취득하면서 현금 ₩2,000,000을 추가로 받았다. 이 거래는 상업적 실질이 있는 것으로 판단되며 제공한 자산의 공정가치보다 취득한 자산의 공정가치가 더 명백하다. ㈜한국이 동 거래와 관련하여 인식하여야 하는 손익은 얼마인가?

① 처분손실 ₩1,000,000

② 처분손실 ₩500,000

③ ₩0

④ 처분이익 ₩1,000,000

09

다음은 20×2년 말 회사의 기계장치에 대한 재무제표 표시 금액이다. 회사는 기계장치에 대하여 원가모형을 적용한다.

기계장치	₩300,000	
감가상각누계액	(₩120,000)	
손상차손누계액	(₩60,000)	₩120,000

기계장치의 내용연수는 5년, 잔존가치 없이 정액법으로 상각한다. 20×3년 말 기계장치의 회수가능액이 ₩130,000일 때 이에 대한 설명으로 옳지 않은 것은?

① 20×3년 기계장치에 대한 감가상각비는 ₩40,000이다.
② 20×3년 말 기계장치의 장부금액은 ₩120,000이다.
③ 20×3년 손상차손 환입액은 ₩40,000이다.
④ 20×3년 말 손상차손누계액은 ₩10,000이다.

10

다음은 ㈜한국의 재무제표에 표시된 사채관련 자료이다. 사채의 표시이자율이 5%라고 할 때, 이에 대한 설명으로 잘못된 것은?

	20×1년 12월 31일		20×2년 12월 31일	
사채	₩100,000		₩100,000	
사채할인발행차금	(₩1,860)	₩98,140	(₩950)	₩99,050

① 사채 발행시점의 유효이자율은 표시이자율보다 높다.
② 회사가 인식하는 이자비용은 20×2년이 20×1년보다 크다.
③ 회사가 20×2년 손익계산서에 인식하는 이자비용은 ₩5,950이다.
④ 20×2년 12월 31일 사채의 장부금액 ₩99,050은 남아 있는 미래 현금흐름을 발행 당시의 유효이자율로 할인한 현재가치와 일치한다.

11

무형자산에 관한 설명으로 옳은 것은?

① 내용연수가 비한정인 무형자산을 유한 내용연수로 재평가하는 것은 그 자산의 손상을 시사하는 하나의 징후에 해당하지 않는다.
② 아직 사용할 수 없는 무형자산에 대해서는 손상검사를 하지 않는다.
③ 내부적으로 창출한 브랜드는 내용연수가 비한정인 무형자산으로 인식한다.
④ 내용연수가 유한한 무형자산을 내용연수 종료 시점에 제3자가 구입하기로 약정한 경우, 그 무형자산의 잔존가치는 영(0)으로 보지 않는다.

12

2011년 12월 1일 거래에 대한 회계처리과정에서 나타나는 계정과 금액으로 옳은 것은?

- 2011년 1월 1일: 보통주자본금 ₩10,000이고, 주식발행초과금 ₩2,000이며, 이익잉여금 ₩1,000이다.
- 2011년 4월 1일: 자기주식 10주를 주당 ₩700에 취득하였다. 취득한 자기주식은 주당 ₩600(주당액면금액 ₩500)에 발행한 보통주였다.
- 2011년 12월 1일: 2011년 4월 1일에 취득한 자기주식 5주를 소각하였다.

① 자기주식처분손실 ₩1,000
② 감자차손 ₩1,000
③ 감자차익 ₩1,000
④ 자기주식처분이익 ₩1,000

13

㈜한국은 관계기업투자주식을 지분법으로 평가하였으나, 관계기업에서 현금배당을 받을 때 이를 배당금수익으로 처리하였다. 이러한 회계처리가 관계기업투자주식, 당기순이익 및 이익잉여금에 미친 영향으로 적절한 것은?

	관계기업투자주식	당기순이익	이익잉여금
①	과소	과소	과소
②	과소	과대	과대
③	과대	과소	과소
④	과대	과대	과대

14

다음은 ㈜한국의 20×1년말 재무비율분석자료의 일부이다. ㈜한국의 20×1년 매출원가는 얼마인가? ㈜한국의 유동자산은 당좌자산과 재고자산만으로 구성되어 있다.

• 유동비율	300%
• 당좌비율	180%
• 재고자산회전율	8회
• 20×1년말 유동부채	₩4,000
• 20×1년초 재고자산	₩3,600

① ₩28,800　② ₩32,400　③ ₩33,600　④ ₩38,400

15

㈜한국의 20×1년 재고자산 자료는 다음과 같다.

	기초재고	기말재고
직접재료	₩12,000	₩15,000
재공품	₩21,000	₩24,000
제품	₩40,000	₩35,000

당기 직접재료 매입액은 ₩82,000이며, 가공원가는 ₩75,000이 발생하였다. 직접노무원가는 제조간접원가의 50%일 때, 기본(기초)원가는 얼마인가?

① ₩104,000

② ₩107,000

③ ₩129,000

④ ₩132,000

16

㈜한국은 정상개별원가계산을 적용하고 있으며, 당기에 발생한 제조간접원가 배부차이는 ₩12,000 (과대배부)이다. 회사는 배부차이의 조정을 원가요소비례법을 따른다고 할 때 조정 후의 매출원가는 얼마인가?

구분	기말재공품	기말제품	매출원가
직접재료원가	₩34,000	₩36,000	₩130,000
직접노무원가	₩4,000	₩16,000	₩180,000
제조간접원가	₩2,000	₩8,000	₩90,000
합계	₩40,000	₩60,000	₩400,000

① ₩389,200

② ₩390,400

③ ₩409,600

④ ₩410,800

17

다음 중 지방자치단체의 결산에 대한 설명으로 옳지 않은 것은?

① 지방자치단체의 장은 회계연도마다 일반회계·특별회계 및 기금을 통합한 결산서를 작성하여 지방의회가 선임한 검사위원에게 검사를 의뢰하여야 한다.

② 검사위원은 지방자치단체의 장, 지방의회, 그 밖의 이해관계인으로부터 독립하여 공정하게 업무를 수행하여야 하며, 지방의회는 검사위원의 실명을 공개해서는 안 된다.

③ 지방자치단체의 장은 결산의 결과를 다음 연도 예산 편성에 반영하도록 노력하여야 한다.

④ 지방자치단체의 장은 지방의회에 결산 승인을 요청한 날부터 5일 이내에 결산서를 행정안전부장관에게 제출하여야 한다.

18

종합원가계산제도를 채택하고 있는 ㈜한국의 기초재공품은 100개(완성도 40%), 당기착수량은 400개, 기말재공품은 200개(완성도 50%)이다. 회사는 재공품의 평가에 대해서 평균법을 적용하며, 모든 원가는 공정 전체를 통하여 균등하게 발생한다. 기초재공품원가는 ₩30,000, 당기투입원가는 ₩210,000일 때 기말재공품의 원가는 얼마인가?

① ₩52,500

② ₩60,000

③ ₩67,500

④ ₩75,000

19

「국가회계기준에 관한 규칙」의 수익과 비용에 대한 설명으로 옳지 않은 것은?

① 교환수익은 재화나 용역을 제공한 대가로 발생하는 수익으로 수익창출 활동이 끝나고 그 금액을 합리적으로 측정할 수 있을 때에 인식한다.

② 비교환수익은 직접적인 반대급부 없이 발생하는 수익을 말한다.

③ 비교환수익은 해당 수익에 대한 청구권이 발생하고 그 금액을 합리적으로 측정할 수 있을 때에 인식한다.

④ 수익을 성질에 따라 구분하는 경우, 국가운영수익은 직접적인 반대급부 없이 발생하는 수익 중 국세수익을 제외한 수익을 말한다.

20

㈜한국은 매장을 임대하여 핸드폰을 판매하고 있다. 핸드폰은 개당 ₩800에 구매하여 ₩1,200에 판매하는데, 임대료 등 고정비로 ₩800,000이 지출된다. 최근에 구매처로부터 핸드폰 단가를 ₩900으로 인상하겠다는 통보를 받았고 임대료 또한 ₩200,000 상승되었다. ㈜한국이 이전과 같은 수준의 손익분기매출수량을 유지하려면 핸드폰의 판매가격을 얼마로 하여야 하는가?

① ₩1,300

② ₩1,400

③ ₩1,500

④ ₩1,600

15

다음 결산수정사항 중 회사의 당기손익에 미치는 영향의 방향이 다른 하나는?

① 차입금에 대해 기간경과분 이자비용을 인식했다.
② 현금 지급한 보험료에 대해 기간미경과분을 선급보험료로 처리했다.
③ 공정가치가 하락한 토지에 대해 최초로 자산재평가를 실시하였다.
④ 선지급 받은 용역수익에 대해 기간미경과분을 선수수익으로 처리했다.

16

㈜한국의 20×1년 영업활동 현금흐름 증가액은 ₩400,000이다. 관련된 자료가 다음과 같을 때, 선급비용의 증감은?

• 매출채권의 감소	₩140,000
• 재고자산의 증가	₩100,000
• 매입채무의 증가	₩120,000
• 이연법인세부채의 증가	₩80,000
• 선급비용의 증감	?

① ₩160,000 감소
② ₩240,000 감소
③ ₩160,000 증가
④ ₩240,000 증가

17

다음 중 잔액시산표상 차변금액합계와 대변금액합계가 일치하지 않는 경우는?

① 매출채권 잔액을 미수금 계정의 잔액에 기입하였다.
② 이자수익 계정의 잔액을 미수이자 계정의 잔액에 기입하였다.
③ 접대비 계정의 잔액을 기부금 계정의 잔액에 기입하였다.
④ 무형자산 계정의 잔액을 연구비 계정의 잔액에 기입하였다.

18

㈜한국은 20×1년 3월 1일 총 ₩10,000의 상품을 외상으로 판매하였다. 외상매출에 대한 신용조건은 2/10, n/30이다. 3월 5일 대금의 50%가 회수되고 3월 20일 대금의 30%가 회수되었다. 3월 중에 회사가 현금으로 받은 외상대금은 얼마인가?

① ₩7,900
② ₩8,000
③ ₩9,800
④ ₩9,900

19

다음은 ㈜한국의 20×1년 매출 및 매입과 관련된 자료이다.

• 매출액	₩120,000	• 매입채무 기초잔액	₩30,000
• 기초 상품재고	₩12,000	• 기말 상품재고	₩14,000

회사의 매출총이익률은 20%이다. 매입채무의 결제와 관련해서 회사는 모든 상품을 외상으로 구입하되 결제대금은 매입한 회계연도에 40%를 결제하고, 나머지 금액은 다음 회계연도에 전액 지급한다. 회사가 20×1년 결제한 매입대금은 얼마인가?

① ₩57,200

② ₩68,400

③ ₩69,200

④ ₩79,000

20

㈜한국은 20×1년 7월 1일에 액면금액 ₩100,000(액면이자율 연 10%, 이자지급 매년말, 만기일 20×3년 12월 31일)의 사채를 발행하였다. 사채 권면상의 발행일은 20×1년 1월 1일이나 회사 내부 사정으로 6개월이 경과된 후 20×1년 7월 1일에 발행하였다. 발행일의 유효이자율은 연 12%이다. ㈜한국의 발행당시 현금 수령액은 얼마인가?

할인율	단일금액 ₩1의 현재가치			정상연금 ₩1의 현재가치		
	1기	2기	3기	1기	2기	3기
10%	0.91	0.83	0.75	0.91	1.74	2.49
12%	0.89	0.80	0.71	0.89	1.69	2.40

① ₩95,000

② ₩100,000

③ ₩100,700

④ ₩106,000

본 과목 풀이 시 기업의 보고기간(회계기간)은 매년 1월 1일부터 12월 31일까지이며, 기업은 계속해서 「한국채택국제회계기준」을 적용해 오고 있다고 가정한다. 또한, 자료에서 제시하지 않은 사항(예: 법인세 효과 등)은 고려하지 않는다.

01

「재무보고를 위한 개념체계」에서 언급하고 있는 재무제표에 대한 설명으로 옳지 않은 것은?

① 재무제표이용자들이 변화와 추세를 식별하고 평가하는 것을 돕기 위해, 재무제표는 최소한 직전 연도에 대한 비교정보를 제공한다.

② 재무제표는 기업의 현재 및 잠재적 투자자, 대여자와 그 밖의 채권자 중 특정 집단의 관점이 아닌 보고기업 전체의 관점에서 거래 및 그 밖의 사건에 대한 정보를 제공한다.

③ 재무제표는 일반적으로 보고기업이 계속기업이며 예측가능한 미래에 영업을 계속할 것이라는 가정하에 작성된다.

④ 기업이 청산을 하거나 거래를 중단하려는 의도나 필요가 있다고 해서 재무제표를 계속기업이 아닌 다른 기준에 따라 작성해서는 안 된다.

02

무형자산의 회계처리에 대한 설명으로 옳지 않은 것은?

① 무형자산의 상각시 잔존가치는 내용연수 종료 후 제3자 구입약정이 있는 경우 등 특별한 경우를 제외하고는 일반적으로 ₩0으로 본다.

② 내용연수가 비한정인 무형자산은 손상검사를 실시하여 회수가능액이 장부금액보다 낮을 경우 이 차이를 손상차손으로 인식한다.

③ 무형자산의 회계처리는 내용연수에 따라 다른데, 내용연수가 유한한 무형자산은 내용연수 동안 상각하고 내용연수가 비한정인 무형자산은 상각하지 않는다.

④ 기업합병에서 발생한 영업권은 피매수기업과 분리될 수 없기 때문에 자산으로 인식할 수 없다.

03

다음에 제시한 항목이 20×1년 말 재무상태표에 모두 현금및현금성자산으로 분류되기 위해서 괄호 안에 들어갈 내용으로 가장 적절한 것은?

- (ㄱ)수표
- 당좌(ㄴ)
- 양도성예금증서 - 취득일: (ㄷ), 만기일: 20×2년 2월 15일

	(ㄱ)	(ㄴ)	(ㄷ)
①	선일자	수표	20×1년 12월 10일
②	당좌	예금	20×1년 11월 10일
③	가계	예금	20×1년 12월 15일
④	부도	차월	20×1년 12월 31일

04

㈜한국은 재고자산 수량결정방법으로 실지재고조사법을 사용하고 있다. 회사는 상품을 20×1년 12월 28일 선적지인도조건(FOB shipping point)으로 외상 매입하였으며, 12월 31일 현재 운송중에 있다. 회계담당자는 매입에 대해 장부에 기록하였으나, 기말재고자산 실사시에는 누락되어 장부에 반영되지 않았다. 이에 대한 20×1년 말 자산, 부채, 자본, 당기순이익에 미치는 영향으로 올바른 것은?

① 자산 : 영향 없음, 부채 : 과소 계상, 자본 : 과대 계상, 당기순이익 : 과대 계상

② 자산 : 영향 없음, 부채 : 과대 계상, 자본 : 과소 계상, 당기순이익 : 과소 계상

③ 자산 : 과소 계상, 부채 : 과소 계상, 자본 : 영향 없음, 당기순이익 : 영향 없음

④ 자산 : 과소 계상, 부채 : 영향 없음, 자본 : 과소 계상, 당기순이익 : 과소 계상

05

다음은 ㈜한국의 재고자산과 관련된 자료이다. 회사의 기말재고자산의 단위당 순실현가능가치와 실사수량은 얼마로 추정되는가? (단, 기초 재고자산평가충당금은 없다)

• 기초 상품재고액	₩8,200
• 당기 상품매입액	₩190,000
• 기말 장부상 상품재고액(단위당 원가 ₩100)	₩10,000
• 재고자산평가손실	₩2,000
• 재고자산감모손실	₩2,000

	순실현가능가치	실사수량
①	₩75	75개
②	₩75	80개
③	₩80	75개
④	₩80	80개

06

㈜한국은 20×1년 초에 설립이 되었으며, 다음과 같은 주식을 20×1년 초에 취득하였다. 설립 후에 다른 금융상품의 추가취득이나 처분거래는 없었으며, 재무제표에 영향을 미치는 다른 거래는 없다고 가정한다.

구분	A주식	B주식
20×1년초 취득원가	₩10,000	₩12,000
20×1년말 공정가치	₩9,000	₩14,000
20×2년말 공정가치	₩11,000	₩11,000

㈜한국은 각각의 주식 취득시에 취득수수료로 ₩500씩을 지급하였다. 취득수수료는 취득원가에 포함되어 있지 않다. ㈜한국은 A주식을 당기손익-공정가치 측정(FVPL) 금융자산으로 분류하고, B주식을 기타포괄손익-공정가치 측정(FVOCI) 금융자산으로 분류하였다. 20×2년말 공정가치 변동을 반영한 ㈜한국의 포괄손익계산서상 당기손익과 재무상태표상 기타포괄손익누계액은 얼마인가?

	20×2년 당기손익	20×2년 말 기타포괄손익누계액
①	₩2,000	(₩1,000)
②	(₩1,000)	(₩1,000)
③	₩2,000	(₩1,500)
④	(₩1,000)	(₩1,500)

07

㈜한국은 20×1년 1월 1일 액면금액 ₩1,000, 표시이자율 연 6%, 만기 3년, 매년 말 이자지급 조건의 사채를 할인발행하였다. 다음은 이 사채에 대한 상각표의 일부이다.

일자	유효이자	표시이자	상각액	장부금액
20×1. 1. 1.				?
20×1. 12. 31.	?	?	₩30	?
20×2. 12. 31.	?	?	₩33	?
20×3. 12. 31.	?	?	₩36	₩1,000

회사가 발행한 사채와 관련하여 잘못된 설명은?

① 사채의 발행가액은 ₩901이다.

② 회사가 3년간 인식할 총 이자비용은 ₩279이다.

③ 20×3년 1월 1일에 사채를 ₩1,000에 조기상환하는 경우 사채상환이익은 ₩36이다.

④ 20×2년 회사가 인식할 이자비용은 ₩93이다.

08

다음 중 재무상태표의 기타포괄손익누계액에 해당하는 것은 모두 몇 개인가?

• FVPL금융자산평가손실	• 재평가잉여금
• 외화환산이익	• 외환차손
• 퇴직연금미지급금	• 해외사업환산손실
• 감자차손	• 미교부주식배당금
• FVOCI금융자산평가이익	

① 2개

② 3개

③ 4개

④ 5개

09

㈜한국은 20×2년 3월 15일에 주주총회를 개최하였으며, 주주총회 결의 후 이익잉여금의 구성은 다음과 같다.

이익준비금	₩400
사업확장적립금	₩200
감채기금적립금	₩100
미처분이익잉여금	₩300
합계	₩1,000

㈜한국의 20×2년 당기순이익은 ₩500이며, 20×3년 주주총회(3월 15일 개최)에서 결의한 사항은 다음과 같다.

(1) 감채기금적립금 ₩100을 미처분이익잉여금으로 이입한다.
(2) 사업확장적립금 ₩200을 적립한다.
(3) 현금배당을 ₩200 지급하기로 결의하고, 이익준비금을 ₩20 적립한다.

실제 현금배당의 지급은 20×3년 3월 30일에 이루어졌다고 할 때, ㈜한국의 주주총회 결의 후 이익잉여금 총액은 얼마인가?

① ₩480　② ₩800　③ ₩980　④ ₩1,300

10

㈜한국이 본사 건물 취득시점부터 취득 후 2년간 지출은 다음과 같다. 동 건물과 관련하여 ㈜한국이 20×3년도 포괄손익계산서에 인식할 당기비용은? (단, 감가상각은 월할상각한다)

- 20×1. 7. 1. 건물 취득원가 ₩1,000,000(내용연수 4년, 잔존가치 ₩0, 연수합계법으로 감가상각)
- 20×2. 1. 1. 엘리베이터 교체 ₩200,000(자본적 지출에 해당, 추정 잔여내용연수 4년으로 변경, 잔존가치는 변동 없음)
- 20×3. 1. 1. 건물 도색 ₩50,000(수익적 지출에 해당, 내용연수와 잔존가치 변동 없음, 정액법으로 감가상각방법 변경)

① ₩200,000
② ₩250,000
③ ₩300,000
④ ₩350,000

11

㈜한국의 20×1년 비교재무상태표 일부 내용과 보충자료가 다음과 같을 때, ㈜한국의 20×1년도 영업순환기간(= 재고자산보유기간 + 매출채권회수기간)은? 단, 1년은 360일로 가정한다.

	20×1년	20×0년
...	...	...
매출채권	?	₩100
재고자산	₩200	?
...	...	...

- 20×1년 당기 매출원가 ₩1,500, 재고자산 매입액 ₩1,400
- 매출은 재고자산의 원가에 20%를 가산한 금액으로 인식
- 당기 중 매출 및 매출채권 관련 현금회수액 ₩1,600

① 98일
② 100일
③ 120일
④ 132일

12

다음 중 현금흐름표상 투자활동 현금흐름으로만 구성된 것은 무엇인가?

㉠ 종업원과 관련하여 직·간접적으로 발생하는 현금유출
㉡ 단기매매목적의 계약에서 발생하는 현금의 유·입
㉢ 제3자에 대한 선급금 및 대여금의 회수 또는 지급에 따른 현금의 유·출입(금융회사의 현금 선지급과 대출채권 제외)
㉣ 주식 등의 지분상품 발행에 따른 현금의 유입
㉤ 어음의 발행 및 장·단기차입에 따른 현금의 유입
㉥ 유형자산의 취득 및 처분에 따른 현금의 유·출입
㉦ 타기업 지분상품의 취득·처분에 따른 현금의 유·출입(현금성자산, 단기매매금융자산 제외)
㉧ 재무·투자활동과 관련 없는 법인세 납부 및 환급에 따른 현금의 유·출입
㉨ 리스이용자의 금융리스부채 상환에 따른 현금의 유출
㉩ 차입금의 상환에 따른 현금의 유출

① ㉠, ㉢, ㉧
② ㉢, ㉥, ㉦
③ ㉢, ㉦, ㉨
④ ㉦, ㉨, ㉩

13

㈜한국은 20×1년 초에 토지를 ₩500에 취득하였으며, 매 보고기간마다 재평가모형을 적용하기로 하였다. 20×1년 말 이 토지의 공정가치는 ₩550이었으며, ㈜한국은 20×2년 중 이 토지 전부를 ₩560에 처분하였다. 이 토지의 회계처리에 대한 다음 설명 중 옳은 것은?

① 20×1년 말 토지 재평가시 재평가잉여금 ₩50을 당기손익으로 인식한다.

② 20×1년 말 토지 재평가시 20×1년도 총포괄손익의 변동은 없다.

③ 20×2년 중 토지 처분시 유형자산처분이익 ₩10을 당기손익으로 인식한다.

④ 20×2년 중 토지 처분시 20×1년 말 인식한 재평가잉여금 ₩50을 제거한다.

→ [회계원리]

14

「국가회계기준에 관한 규칙」의 내용과 일치하지 않는 것은?

① 사회기반시설 중 관리·유지 노력에 따라 취득 당시의 용역잠재력을 그대로 유지할 수 있는 시설에 대해서는 감가상각하지 아니하고 관리·유지에 투입되는 비용으로 감가상각비용을 대체할 수 있다.

② 사회기반시설에 대한 사용수익권은 해당 자산의 가산항목에 표시한다.

③ 일반유형자산과 사회기반시설을 취득한 후 재평가할 때에는 공정가액으로 계상하여야 한다.

④ 유·무형자산의 내용연수를 연장시키거나 가치를 실질적으로 증가시키는 지출은 자산의 증가로 회계처리하고, 원상회복시키거나 능률유지를 위한 지출은 비용으로 회계처리한다.

15

㈜한국의 20×1년도 생산 및 판매 관련 자료는 다음과 같다.

• 기초재공품재고액	₩50,000
• 기말재공품재고액	₩70,000
• 기초제품재고액	₩80,000
• 기말제품재고액	₩90,000
• 당기총제조원가	₩60,000
• 매출액	₩45,000
• 판매관리비	₩10,000

㈜한국의 20×1년 영업이익은 얼마인가?

① ₩5,000

② ₩10,000

③ ₩15,000

④ ₩20,000

16

㈜한국은 단일제품을 제조·판매하고 있다. 제품의 단위당 판매가격은 ₩1,500, 단위당 변동원가 ₩1,000, 총고정원가는 ₩60,000이다. ㈜한국의 세전이익에 적용되는 세율은 ₩10,000까지는 10%, ₩10,000을 초과하는 금액에 대해서는 20%의 세율이 적용된다. 세후 목표이익 ₩25,000을 달성하기 위한 목표판매량은 얼마인가?

① 150개

② 160개

③ 180개

④ 200개

17

「국가회계기준에 관한 규칙」에 제시된 자산에 대한 설명으로 잘못된 것은?

① 자산은 유동자산, 금융자산, 유·무형자산 및 기타 자산으로 구분하여 재정상태표에 표시한다.
② 유산자산은 자산으로 인식하지 아니하고 그 종류와 현황 등을 주석으로 공시한다.
③ 사회기반시설이란 국가의 기반을 형성하기 위해 대규모로 투자하여 건설하고 그 경제적 효과가 장기간에 걸쳐 나타나는 자산을 말한다.
④ 유·무형자산은 일반유형자산, 사회기반시설 및 무형자산으로 구분한다.

18

㈜한국은 두 개의 보조부문과 두 개의 제조부문으로 구성되어 있다. 다음은 각 부문에 대한 자료이다.

구분	보조부문		제조부문		합계
	일반관리	청소	절단	조립	
집계원가	₩30,000	₩60,000	₩200,000	₩300,000	₩590,000
종업원 수	10명	5명	20명	25명	60명
점유면적	50평	50평	400평	500평	1,000평

회사가 일반관리부문원가를 먼저 종업원 수를 기준으로 배부하고, 그리고 청소부문 원가를 점유면적 기준으로 배부하는 단계별배부법을 사용한다고 할 때, 절단부문에 최종적으로 집계되는 총원가는 얼마인가?

① ₩240,000
② ₩280,000
③ ₩310,000
④ ₩350,000

19

㈜한국은 가중평균법에 의한 종합원가계산을 적용하고 있다. 기초재공품의 가공원가는 ₩25,000, 당기 발생 가공원가는 ₩245,000이며, 기초재공품의 수량은 1,000개, 당기 완성수량은 6,000개이다. 당기 완성품에 대한 가공원가는 ₩240,000이고 당기 중 공손은 발생하지 않았다고 할 때, 기말 재공품의 가공원가 완성품 환산량은?

① 500개
② 600개
③ 750개
④ 900개

20

20×1년 초에 설립된 ㈜한국은 단일제품을 생산·판매하며, 20×1년 영업활동에 관한 자료는 다음과 같다.

- 생산량	3,000단위
- 판매량	2,700단위
- 고정제조간접원가	₩270,000

전부원가계산을 적용하였을 때 기말제품의 단위당 제품원가는 ₩900이다. 변동원가계산을 적용할 경우 기말제품재고액은? 단, ㈜한국온 실제원가계산을 적용하며, 재공품은 없다.

① ₩243,000
② ₩261,000
③ ₩270,000
④ ₩300,000

14

유동비율이 100%, 당좌비율이 60%인 ㈜한국이 상품 ₩1,000,000
을 구입하였다. 대금 중 ₩500,000은 현금으로 지급하고 나머
지 금액에 대해서는 추후 갚기로 하였다면, 유동비율과 당좌비
율은 어떻게 되겠는가?

	유동비율	당좌비율
①	변동 없다	낮아진다
②	변동 없다	높아진다
③	낮아진다	높아진다
④	높아진다	낮아진다

15

다음 중 회계의 순환과정에 대한 설명으로 옳은 것으로만 묶은
것은?

> ㄱ. 미수수익계정은 발생한 수익 중 현금회수가 안 된 수익에 해당하
> 므로 포괄손익계산서에 보고된다.
> ㄴ. 미지급비용은 현금유출이 수반되지 않은 당기 발생 비용으로 기
> 말에 수정분개로 이를 인식하여야 한다.
> ㄷ. 고객으로부터 미리 받은 선수수익이 당기에 재화나 용역을 제공
> 함으로써 실현되어 이를 인식하는 수정분개를 하게 되면 총부채
> 가 증가한다.
> ㄹ. 결산시점에는 모든 수익·비용계정의 잔액을 영(0)으로 만들고,
> 다음 연도를 시작하기 위해 마감분개를 한다.
> ㅁ. 이익잉여금계정은 매년 말 마감후에 자본계정으로 대체되므로,
> 다음 회계연도의 잔액은 영(0)에서 시작한다.

① ㄴ, ㄹ
② ㄱ, ㄴ, ㄹ
③ ㄴ, ㄹ, ㅁ
④ ㄱ, ㄴ, ㄷ, ㄹ, ㅁ

16

회사의 대손충당금 관련 자료가 다음과 같을 때, 20×2년 말 대
손충당금 차감 전 매출채권 금액은 얼마인가?

> • 기초 대손충당금잔액 ₩12,000
> • 당기 중 대손확정된 채권 ₩8,000
> • 대손확정된 채권 중 회수된 금액 ₩3,000
> • 당기 결산시 계상한 대손상각비 ₩13,000
> • 기말 대손충당금 차감 후 매출채권잔액 ₩1,342,000

① ₩1,355,000
② ₩1,358,000
③ ₩1,362,000
④ ₩1,370,000

17

㈜한국은 20×1년 1월 1일 원가 ₩45,000인 상품을 판매하면서
대금은 3년에 걸쳐 매년 말 ₩20,000씩 받기로 하였다. 이 거
래로 인해 ㈜한국의 20×1년 당기순이익은 얼마나 증가하는가?
(단, 이 거래의 유효이자율은 10%이며, 현가계수는 다음과 같다)

기간	1년	2년	3년	합계
현가계수	0.91	0.83	0.75	2.49

① ₩4,800
② ₩5,000
③ ₩9,780
④ ₩15,000

18

㈜한국의 기계장치 순장부금액은 20×1년도 초와 말에 각각 ₩66,000과 ₩114,000이다. ㈜한국은 20×1년도 중 신규로 ₩108,000의 기계장치를 취득하였으며, 당기에 매각한 기계장치의 감가상각누계액은 ₩20,000이다. 손익계산서에 기계장치 관련 감가상각비로 인식한 금액은 ₩56,000이다. ㈜한국이 당기에 매각한 기계장치의 취득원가는 얼마인가?

① ₩4,000

② ₩24,000

③ ₩48,000

④ ₩60,000

19

다음은 ㈜한국의 기말 수정분개와 관련한 자료이다. 회사가 행할 수정분개로 옳지 않은 것은?

구분	수정전시산표 잔액		수정사항	
① 매출원가	상품	₩20,000,	기말상품실사액	
	매입	₩100,000		₩30,000
② 선급보험료	보험료	₩90,000,	기말 미경과 보험료	
	선급보험료	₩0		₩30,000
③ 소모품	소모품	₩20,000,	기말 소모품 재고	
	소모품비	₩60,000		₩40,000
④ 감가상각비	감가상각비	₩0,	당기 건물	
	감가상각누계액	₩40,000	감가상각비	₩20,000

① (차) 상품 ₩10,000 (대) 매입 ₩100,000
　　　매출원가 ₩90,000

② (차) 보험료 ₩30,000 (대) 선급보험료 ₩30,000

③ (차) 소모품 ₩20,000 (대) 소모품비 ₩20,000

④ (차) 감가상각비 ₩20,000 (대) 감가상각누계액 ₩20,000

20

발생주의에 따른 ㈜한국의 20×1년 당기순이익은 ₩50,000이다. 20×1년 기초와 기말의 발생과 이연항목에 대한 계정잔액이 다음과 같을 때 ㈜한국의 20×1년 현금주의에 의한 당기순이익은?

	20×1년 초	20×1년 말
선수수익	₩8,000	₩9,000
선급비용	₩4,000	₩7,000
미수수익	₩5,000	₩3,000
미지급비용	₩2,000	₩4,000

① ₩40,000

② ₩44,000

③ ₩48,000

④ ₩52,000

> 본 과목 풀이 시 기업의 보고기간(회계기간)은 매년 1월 1일부터 12월 31일까지이며, 기업은 계속해서 「한국채택국제회계기준」을 적용해 오고 있다고 가정한다. 또한, 자료에서 제시하지 않은 사항(예: 법인세 효과 등)은 고려하지 않는다.

01

「재무보고를 위한 개념체계」의 목적에 해당하지 않는 것은?

① 회계기준위원회가 일관된 개념에 기반하여 회계기준을 제·개정하는 데 도움을 준다.

② 현재 및 잠재적 투자자, 대여자와 그 밖의 채권자가 기업에 자원을 제공하는 것과 관련된 의사결정을 할 때 유용한 보고기업 재무정보를 제공한다.

③ 특정 거래나 다른 사건에 적용할 회계기준이 없거나 회계기준에서 회계정책 선택이 허용되는 경우에 재무제표 작성자가 일관된 회계정책을 개발하는 데 도움을 준다.

④ 모든 이해관계자가 회계기준을 이해하고 해석하는 데 도움을 준다.

02

㈜한국에 대한 자료가 다음과 같을 때, 이에 대한 설명으로 옳지 않은 것은?

> - ㈜한국은 20×1년 초에 현금 ₩10,000을 출자하여 설립된 회사이다.
> - 기초에 상품A 8개를 단위당 ₩1,000에 현금구입하고, 이를 전부 개당 ₩1,500에 현금판매하였고 그 외의 거래는 없다.
> - 당기 일반물가인상율은 10%이고, 기말에 상품 A의 구입가격은 ₩1,200으로 인상되었다.

① 기말 현재 보유현금은 ₩14,000이다.

② 명목화폐단위 재무자본유지개념 하에서 이익은 ₩4,000이다.

③ 불변구매력단위 재무자본유지개념 하에서 이익은 ₩4,400이다.

④ 실물자본유지개념 하에서 이익은 ₩2,000이다.

03

㈜한국의 20×1년도 매출 및 매출채권 관련 자료는 다음과 같다. 20×1년 고객으로부터의 현금유입액은? (단, 매출은 전부 외상으로 이루어진다)

[재무상태표 관련 자료]

	20×1년 1월 1일	20×1년 12월 31일
매출채권	₩110,000	₩150,000
대손충당금	₩3,000	₩5,000

[포괄손익계산서 관련 자료]

매출액	₩860,000
대손상각비	₩6,000

① ₩812,000

② ₩816,000

③ ₩854,000

④ ₩890,000

04

다음 중 회사의 자본총액을 가장 크게 증가시키는 것은?

① 이익준비금 ₩10,000을 자본에 전입하는 무상증자를 완료하였다.

② 액면금액 ₩5,000인 주식 1주를 ₩1,000에 할인발행 하였다.

③ 액면금액 ₩5,000인 자기주식 1주를 ₩1,000에 취득하였다.

④ 이익잉여금의 처분으로 감자차손 ₩2,000을 상각하였다.

05

고객이 자산을 통제하는지 판단하기 위해 참고하여야 하는 통제 이전의 지표에 대한 설명으로 옳지 않은 것은?

① 고객이 자산에 대해 지급할 현재 의무가 있다면, 이는 고객이 교환되는 자산의 사용을 지시하고 자산의 나머지 효익의 대부분을 획득할 능력을 갖게 되었음을 나타낼 수 있다.
② 자산의 법적 소유권의 이전은 자산을 고객이 통제하게 되었음을 나타낼 수 있다.
③ 고객의 지급불이행에 대비한 안전장치로서 기업이 법적 소유권을 보유한다면, 이는 고객이 자산을 통제하지 못하고 있음을 나타낸다.
④ 자산에 대한 고객의 물리적 점유는 자산에 대한 통제와 일치하지 않을 수 있다.

06

㈜한국은 매입원가에 20%를 가산하여 상품을 판매하고 있다. 회사는 계속기록법 하에서 가중평균법으로 재고자산 단가를 산정한다. 20×1년 5월 한 달간 상품매매자료가 다음과 같을 때 매출액은 얼마인가?

일자	적요	수량	단가
5월 1일	월초재고	40개	₩100
5월 10일	매출	20개	?
5월 12일	매입	20개	₩120
5월 15일	매입	40개	₩130
5월 28일	매출	30개	?

① ₩6,720
② ₩7,280
③ ₩7,840
④ ₩8,064

07

금융자산과 금융부채에 관한 설명으로 옳지 않은 것은?

① 금괴는 금융상품이 아닌 일반상품에 해당한다.
② 금융자산이나 금융부채는 금융상품의 계약당사자가 되는 때에만 재무상태표에 인식한다.
③ 기존 차입자와 대여자가 실질적으로 다른 조건으로 채무상품을 교환한 경우에 최초의 금융부채를 제거하고 새로운 금융부채를 인식한다.
④ 최초 인식시점에 금융자산이나 금융부채의 공정가치가 거래가격과 다른 경우에는 거래가격으로 측정한다.

08

20×3년 초 ㈜대한은 ㈜민국의 보통주식 100%를 취득하여 흡수합병하면서 합병대가로 ₩200,000을 지급하였으며, 합병 관련 자문수수료로 ₩20,000이 지출되었다. 합병 시 ㈜민국의 재무상태표는 다음과 같다.

재무상태표		
㈜민국	20×3년 1월 1일 현재	(단위: 원)
매출채권	₩46,000 매입채무	₩92,000
상품	₩50,000 납입자본	₩50,000
토지	₩70,000 이익잉여금	₩24,000
자산총계	₩166,000 부채와 자본총계	₩166,000

20×3년 초 ㈜대한이 ㈜민국의 자산·부채에 대하여 공정가치로 평가한 결과, 매출채권과 매입채무는 장부금액과 동일하고, 상품은 장부금액 대비 20% 더 높고, 토지는 장부금액 대비 40% 더 높았다. ㈜대한이 흡수합병과 관련하여 인식할 영업권은 얼마인가?

① ₩54,000
② ₩74,000
③ ₩88,000
④ ₩108,000

09

㈜한국은 20×1년 1월 1일에 액면금액 ₩1,000,000(표시이자율 연 10%, 이자지급일 매년 12월 31일, 만기일 20×3년 12월 31일)의 사채를 발행하였다. 사채발행일 현재 유효이자율은 연 8%이다. ㈜한국이 유효이자율법을 사용할 때 동 사채와 관련하여 3년간 포괄손익계산서에 인식할 총이자비용은 얼마인가?

할인율	단일금액 ₩1의 현재가치			정상연금 ₩1의 현재가치		
	1기	2기	3기	1기	2기	3기
8%	0.926	0.857	0.794	0.926	1.783	2.577
10%	0.909	0.826	0.751	0.909	1.736	2.487

① ₩155,100

② ₩248,300

③ ₩300,000

④ ₩351,700

10

재무제표 표시에 관한 설명으로 옳은 것은?

① 동일 거래에서 발생하는 수익과 관련비용의 상계표시가 거래나 그 밖의 사건의 실질을 반영한다면 그러한 거래의 결과는 상계하여 표시한다.

② 부적절한 회계정책을 사용한 경우에도 이에 대하여 주석 또는 보충 자료를 통해 충분히 설명하는 경우에는 정당화될 수 있다.

③ 기업이 재무상태표에 유동자산과 비유동자산으로 구분하여 표시하는 경우, 보고기간후 12개월 이내에 소멸될 것으로 예상되는 이연법인세자산은 유동자산으로 분류한다.

④ 총포괄손익이란 소유주로서의 자격을 행사하는 소유주와의 거래로 인한 자본의 변동을 포함한 거래나 그 밖의 사건으로 인한 기간 중 자본의 변동을 말한다.

11

환율변동효과에 관한 다음의 설명 중 옳은 것은?

① 영업활동이 이루어지는 주된 경제 환경의 통화를 기능통화, 재무제표를 표시할 때 사용하는 통화를 표시통화라고 하며, 표시통화 이외의 다른 통화를 외화라고 한다.

② 외화거래를 기능통화로 보고함에 있어서 매 보고기간말의 화폐성 외화항목은 거래일의 환율로 환산하며, 비화폐성 외화항목은 마감환율로 환산한다.

③ 비화폐성항목에서 발생한 손익을 당기손익으로 인식하는 경우에는 그 손익에 포함된 환율변동효과도 당기손익으로 인식하며, 비화폐성항목에서 발생한 손익을 기타포괄손익으로 인식하는 경우에는 그 손익에 포함된 환율변동효과도 기타포괄손익으로 인식한다.

④ 기능통화의 변경에 따른 효과는 소급법을 적용하여 회계처리한다.

12

㈜한국의 현금기준 순이익은 ₩80,000이다. 다음 자료를 이용하여 발생기준에 따른 순이익을 구하면 얼마인가?

<재무상태표>

	기초	기말
매출채권	₩20,000	₩15,000
재고자산	₩12,000	₩24,000
매입채무	₩8,000	₩12,000
선수수익	₩20,000	₩12,000

<포괄손익계산서>

감가상각비　₩4,000

① ₩73,000

② ₩77,000

③ ₩79,000

④ ₩87,000

13

㈜한국은 20×1년 4월 1일 내용연수 5년의 기계장치를 취득하였다. 기계장치에 대한 상각방법은 정률법으로 상각률은 0.36이다. 회사가 20×2년에 인식한 감가상각비는 ₩525,600일 때, 20×3년의 감가상각비는 얼마인가?

① ₩189,216
② ₩269,107
③ ₩336,384
④ ₩403,661

14

20×1년 1월 1일에 ㈜대한은 ㈜한국이 동 일자에 발행한 액면가액 ₩1,000,000, 표시이자율 연 8%(이자는 매년말 후급)의 3년 만기 사채를 ₩950,000에 취득하였다. 취득 당시 유효이자율은 연 10%이었다. 동 사채의 20×1년말 공정가치는 ₩970,000이었으며, 20×2년초에 ₩975,000에 처분하였다. ㈜대한의 동 사채에 대한 회계처리로서 옳지 않은 것은?

① 당기손익-공정가치 측정 금융자산으로 분류되었다면, 20×1년 당기순이익은 ₩100,000 증가한다.
② 기타포괄손익-공정가치 측정 금융자산으로 분류되었다면, 20×1년 당기순이익은 ₩95,000 증가한다.
③ 상각후원가 측정 금융자산으로 분류되었다면, 20×1년 당기순이익은 ₩95,000 증가한다.
④ 기타포괄손익-공정가치 측정 금융자산으로 분류되었다면, 20×2년 당기순이익은 ₩5,000 증가한다.

15

㈜한국은 단일 종류의 상품을 구입하여 판매하고 있다. 20×1년 4월과 5월의 매출액은 각각 ₩6,000과 ₩8,000으로 예상된다. 20×1년 중 매출원가는 매출액의 70%이다. 매월 말의 적정 재고금액은 다음 달 매출원가의 10%이다. 4월 중 예상되는 상품구입액은?

① ₩4,340
② ₩4,760
③ ₩4,920
④ ₩5,240

16

㈜한국은 정상개별원가계산을 적용하고 있으며, 제조간접원가 배부차이를 매출원가조정법에 의해 회계처리하고 있다. 다음은 20×1년 기말시점의 각 계정 잔액과 제조간접원가 배부차이를 조정하기 직전의 제조간접원가계정이다.

원재료	재공품	제 품	매출원가
₩20,000	₩10,000	₩30,000	₩60,000

제조간접원가

92,000	80,000

만약 ㈜한국이 제조간접원가 배부차이를 총원가비례배분법에 의해 회계처리한다면, 기존 회계처리방법과 비교하여 당기순이익은 얼마나 증가 또는 감소하는가?

① ₩4,800 증가
② ₩4,800 감소
③ ₩6,000 증가
④ ₩6,000 감소

17

「지방자치단체 회계기준에 관한 규칙」에서 제시한 항목분류에 대한 설명으로 옳은 것은?

① 자산은 유동자산, 투자자산, 일반유형자산, 사회기반시설, 무형자산 및 기타 비유동자산으로 구분하여 재정상태표에 표시한다.
② 부채는 유동부채, 장기차입부채, 장기충당부채 및 기타 비유동부채로 구분하여 재정상태표에 표시한다.
③ 기타 비유동자산은 유동자산, 투자자산, 일반유형자산, 사회기반시설 및 무형자산에 해당하지 아니하는 자산을 말한다.
④ 순자산은 지방자치단체의 기능과 용도를 기준으로 고정순자산, 특정순자산 및 일반순자산으로 분류한다.

18

㈜한국은 평균법에 의한 종합원가계산을 채택하고 있다. 기초재공품은 15,000개이며 당기착수량은 110,000개이다. 기말재공품은 25,000개이며 공손은 발생하지 않았다. 직접재료는 공정 시작단계에서 전량 투입되며 기말재공품에 대한 가공원가 완성도는 80%이다. 기초재공품에 대한 가공원가가 ₩30,000이고, 당기발생 가공원가가 ₩210,000인 경우 기말재공품에 배부되는 가공원가는?

① ₩40,000
② ₩44,000
③ ₩48,000
④ ₩52,000

19

㈜한국은 A제품을 생산하여 단위당 ₩500에 판매하고 있다. A제품과 관련된 단위당 변동원가는 ₩300이고, 총 고정원가는 매월 ₩70,000이 발생한다. ㈜한국은 A제품을 매월 평균 800단위를 생산·판매하고 있다. ㈜한국의 판매담당 관리자는 매월 광고비를 ₩20,000 증가시키면 매출액이 매월 ₩60,000 증가할 것으로 기대하고 있다. 매월 광고비를 ₩20,000 증가시킬 경우 영업이익이 매월 얼마 증가(혹은 감소)하는가?

① ₩2,000 증가
② ₩2,000 감소
③ ₩4,000 증가
④ ₩4,000 감소

20

「국가회계기준에 관한 규칙」과 「지방자치단체 회계기준에 관한 규칙」에 따른 재무제표의 작성원칙에 대한 설명으로 잘못된 것은?

① 국가회계실체가 재무제표를 통합하여 작성할 경우 내부거래는 상계하여 작성한다.
② 지방자치단체의 재무제표는 일반회계·기타특별회계·기금회계 및 지방공기업특별회계의 유형별 재무제표를 통합하여 작성한다. 이 경우 내부거래는 상계하고 작성한다.
③ 유형별 회계실체의 재무제표를 작성할 때에는 해당 유형에 속한 개별 회계실체의 재무제표를 합산하여 작성한다. 이 경우 유형별 회계실체 안에서의 내부거래는 상계하고 작성한다.
④ 개별 회계실체의 재무제표를 작성할 때에는 지방자치단체 안의 다른 개별 회계실체와의 내부거래를 상계하고 작성한다.

15

㈜한국은 20×4년 1월 1일에 건물을 ₩100,000,000에 취득하였다. 이 건물의 잔존가치는 없고 내용연수는 10년으로 추정되었으며, 정액법으로 감가상각하기로 하였다. 또한 ㈜한국은 이 건물에 재평가모형을 적용하고, 재평가는 감가상각누계액을 전액 제거하는 방법으로 하기로 하였다. 20×4년 12월 31일 현재 건물의 공정가치가 ₩81,000,000으로 추정되었다. 20×5년 말에 ㈜한국은 이 건물에 대해 손상이 발생되었다고 판단하였다. 20×5년 말 현재 건물의 공정가치가 ₩60,000,000이고, 회수가능액이 ₩50,000,000일 때, 20×5년 건물의 재평가손실과 손상차손은 각각 얼마인가?

	재평가손실	손상차손
①	₩12,000,000	₩0
②	₩12,000,000	₩10,000,000
③	₩0	₩12,000,000
④	₩0	₩22,000,000

16

장부마감 전의 자료가 다음과 같을 때 이를 이용하여 회사의 기말 자본을 구하면?

• 수익 합계	₩400,000	• 비용 합계	₩320,000
• 자본금	₩100,000	• 주식발행초과금	₩40,000
• 자기주식	₩35,000	• 감자차손	₩25,000
• 재평가잉여금	₩50,000	• 이익잉여금	₩42,000

① ₩252,000

② ₩272,000

③ ₩287,000

④ ₩302,000

17

무형자산의 회계처리에 대한 옳은 설명은?

① 무형자산을 최초로 인식할 때에는 공정가치로 측정한다.

② 연구결과를 최종선택, 응용하는 활동과 관련된 지출은 내부적으로 창출된 무형자산의 취득원가에 포함한다.

③ 무형자산을 창출하기 위한 내부 프로젝트를 연구단계와 개발단계로 구분할 수 없는 경우에는 그 프로젝트에서 발생한 지출은 모두 개발단계에서 발생한 것으로 본다.

④ 내용연수가 유한한 무형자산의 상각방법은 자산의 경제적 효익이 소비될 것으로 예상되는 형태를 반영한 방법이어야 한다. 다만, 그 형태를 신뢰성 있게 결정할 수 없는 경우에는 정액법을 사용한다.

18

㈜한국은 20×1년 설립된 회사로 20×2년 말에 최초로 외부감사를 받았다. 회사가 감사인에게 제출한 손익계산서상 당기순이익은 20×1년 ₩120,000, 20×2년 ₩150,000이다. 여기에 대해 감사인이 감사과정에서 발견한 오류사항은 다음과 같다.

<20×1년>
• 기말 재고자산이 ₩20,000 과대계상 되어 있다.
• 7월 1일 사무실 공간 일부를 빌려주고 임대료를 받았다. 1년분 임대료 ₩12,000 전액을 당기수익으로 처리하였다.

<20×2년>
• 3월 31일 보험료 ₩12,000을 지출하며 전액 당기비용처리하였는데, 이는 지난 1년간의 화재보험에 대한 후불비용이다. 전기에는 여기에 대해 어떠한 회계처리도 하지 않았다.

20×2년 ㈜한국의 오류수정 후 당기순이익은 얼마인가?

① ₩115,000

② ₩145,000

③ ₩155,000

④ ₩185,000

19

다음 중 희석주당이익을 계산할 때 고려하여야 할 잠재적보통주에 해당하지 않는 것은?

① 전환우선주
② 상환우선주
③ 전환사채
④ 주식선택권

20

상품매매기업인 ㈜한국의 20×1년도 일부 재무제표 항목들은 다음과 같다.

• 순매출액	₩7,200
• 매출원가	₩3,600
• 순이익	₩1,440
• 평균매출채권(순액)	₩600
• 평균재고자산	₩500

상품의 매입시점부터 판매 후 대금의 회수시점까지의 기간을 나타내는 ㈜한국의 20×1년도 평균 영업주기(operating cycle)는 얼마인가? 단, ㈜한국의 매출은 전액 외상매출이라고 가정하고, 1년은 계산의 편의상 360일로 간주한다.

① 30일
② 50일
③ 80일
④ 100일

> 본 과목 풀이 시 기업의 보고기간(회계기간)은 매년 1월 1일부터 12월 31일까지이며, 기업은 계속해서 「한국채택국제회계기준」을 적용해 오고 있다고 가정한다. 또한, 자료에서 제시하지 않은 사항(예: 법인세 효과 등)은 고려하지 않는다.

01

회계정보의 질적 특성에 관한 설명으로 옳지 않은 것은?

① 근본적 질적 특성을 만족하지 못하면 정보의 유용성이 심각하게 저해되거나 상실된다.

② 검증가능성은 정보를 가지고 있으면 없는 경우와 비교하여 의사결정을 함에 있어서 보다 유리한 차이를 낼 수 있음을 의미한다.

③ 장기적으로 목적적합성이나 표현의 충실성이 향상되면 비교가능성이 감소되는 것은 감수될 수 있다.

④ 비교가능성이 목표라면 일관성은 이를 달성하게 해 주는 수단이라고 할 수 있다.

02

㈜한국의 20×1년 기초 및 기말 자산·부채 내역은 다음과 같다.

	기초	기말
자산 총계	₩300,000	₩340,000
부채 총계	₩160,000	₩140,000

회사는 당기 중 유상증자 ₩20,000과 현금배당 ₩5,000을 실시하였으며, FVOCI금융자산평가이익 ₩15,000이 발생하였다. ㈜한국의 20×1년 포괄손익계산서상 총포괄이익은 얼마인가?

① ₩15,000

② ₩30,000

③ ₩45,000

④ ₩60,000

03

㈜동학은 다음과 같은 두 개의 사채를 발행일에 취득하였다.

사채	A사채	B사채
액면금액	₩300,000	₩100,000
액면이자율(연)	8%	10%
만기	3년	3년
발행일	20×1. 1. 1.	20×1. 1. 1.
이자지급일	매년말 지급	매년말 지급
㈜동학의 금융자산 분류	당기손익-공정가치 측정(FVPL) 금융자산	기타포괄손익-공정가치 측정(FVOCI) 금융자산

두 사채 모두 사채발행일 현재 유효이자율은 연 10%로 ㈜동학은 A사채를 ₩285,000에, B사채는 ₩100,000에 구입하였다. 20×1년 말 이자수취 직후 사채의 공정가치는 A사채 ₩279,700, B사채 ₩96,600이다. 사채의 보유로 인해 20×1년도 포괄손익계산서상 당기순이익에 미치는 영향은 얼마인가?

① ₩25,300 증가

② ₩28,700 증가

③ ₩30,600 증가

④ ₩34,000 증가

04

㈜한국은 20×1년 4월 1일에 사용 중인 기계장치와 ㈜민국이 보유하고 있는 자동차를 교환하였다. 교환일 현재 두 회사가 소유 중인 자산의 장부금액과 공정가치가 다음과 같고 자동차의 공정가치가 기계장치의 공정가치보다 더 명백하다.

구분	㈜한국의 기계장치	㈜민국의 자동차
취득원가	₩100,000	₩80,000
감가상각누계액	₩55,000	₩25,000
공정가치	₩50,000	₩60,000

㈜한국이 교환일에 추가적으로 현금 ₩5,000을 지급하였을 경우 20×1년도에 인식할 유형자산처분손익은? (단, 교환거래는 상업적 실질이 있다)

① 처분손실 ₩5,000

② 처분손실 ₩10,000

③ 처분이익 ₩5,000

④ 처분이익 ₩10,000

05

측정기준에 관한 설명으로 옳지 않은 것은?

① 자산을 취득하거나 창출할 때의 역사적 원가는 자산의 취득 또는 창출에 발생한 원가의 가치로서, 자산을 취득 또는 창출 하기 위하여 지급한 대가와 거래원가를 포함한다.

② 공정가치는 측정일에 시장참여자 사이의 정상거래에서 자산 을 매도할 때 받거나 부채를 이전할 때 지급하게 될 가격이다.

③ 자산의 현행원가는 측정일 현재 동등한 자산의 원가로서 측 정일에 지급할 대가와 그 날에 발생할 거래원가를 포함한다.

④ 이행가치는 기업이 자산의 사용과 궁극적인 처분으로 얻을 것으로 기대하는 현금흐름 또는 그 밖의 경제적효익의 현재 가치이다.

06

㈜한국은 20×1년 초 기계장치를 ₩200,000에 취득하였으며, 감가상각방법은 정액법(내용연수 4년, 잔존가치 ₩0)을 사용하 고 있다. ㈜한국은 20×3년 초 상기 기계장치에 대하여 재평가 모형을 적용하도록 회계정책을 변경하였고, 20×3년 초 공정가 치를 ₩140,000으로 재평가하였다. 재평가자산의 사용에 따라 재평가잉여금의 일부를 이익잉여금으로 대체하는 경우 20×4 년 말 이익잉여금으로 대체되는 재평가잉여금은 얼마인가?

① ₩20,000

② ₩40,000

③ ₩50,000

④ ₩70,000

07

다음 중 변하는 것들로만 바르게 묶은 것은?

ㄱ. 무상증자시 자본금	ㄴ. 주식분할시 자본금
ㄷ. 주식배당시 자본총계	ㄹ. 무상감자시 자본총계
ㅁ. 주식병합시 자본금	ㅂ. 자기주식 취득시 자본금

① ㄱ

② ㄱ, ㄴ

③ ㄴ, ㅁ

④ ㄷ, ㄹ, ㅂ

08

㈜한국은 20×1년 1월 1일 재고자산(원가 ₩35,000)을 판매하 고 20×1년 12월 31일과 20×2년 12월 31일에 각각 ₩20,000 씩 수령하기로 하였다. 재고자산 판매일 현재 할인율은 연 10% 이다. 동 거래와 관련된 회계처리가 ㈜한국의 20×1년도 당기순 이익에 미치는 영향은? (단, 명목가치와 현재가치의 차이는 중 요하고, 정상연금 ₩1의 현재가치는 1.7355(2기간, 10%)이며, 기대신용손실은 고려하지 않는다)

① ₩3,471 증가

② ₩3,181 증가

③ ₩290 증가

④ ₩290 감소

다음은 ㈜한국의 20×1년 유형자산과 관련된 자료이다. 회사는 당기 중 취득원가 ₩70,000(감가상각누계액 ₩42,000)인 유형자산을 ₩40,000에 처분하였다. 유형자산의 취득 및 처분이 모두 현금거래로 이루어졌다고 할 때, 유형자산과 관련한 투자활동 순현금흐름은 얼마인가? (단, 회사는 유형자산에 대해 원가모형을 적용한다)

구 분	20×1년 초	20×1년 말
건물	₩200,000	₩160,000
감가상각누계액	(₩128,000)	(₩102,000)

① 순유출 ₩16,000

② 순유출 ₩10,000

③ 순유입 ₩10,000

④ 순유입 ₩16,000

10

㈜한국의 20×1년 초 유통보통주식수는 15,000주였다. 20×1년 중 보통주식수의 변동내역이 다음과 같다면, 20×1년도 기본주당이익 계산을 위한 가중평균유통보통주식수는? (단, 가중평균유통보통주식수는 월할계산한다)

- 2월 1일: 유상증자(발행가격: 공정가치) 20%
- 7월 1일: 주식배당 20%
- 9월 1일: 자기주식 취득 1,800주
- 10월 1일: 자기주식 소각 600주
- 11월 1일: 자기주식 재발행 900주

① 19,825주

② 19,975주

③ 20,700주

④ 20,850주

11

재고자산에 대한 설명으로 옳은 것은?

① 완성될 제품이 원가 이상으로 판매될 것으로 예상하는 경우에는 그 생산에 투입하기 위해 보유하는 원재료 및 기타 소모품을 감액하지 않는다.

② 재고자산을 순실현가능가치로 감액하는 저가법은 항목별로 적용한다. 그러나 경우에 따라서는 재고자산의 분류나 특정 영업부문에 속하는 모든 재고자산에 기초하여 저가법을 적용하는 것이 적절할 수 있다.

③ 개별법을 적용할 수 없는 재고자산의 단위원가는 가중평균법, 선입선출법 또는 후입선출법 중 한 가지 방법을 선택하여 적용한다.

④ 특정고객을 위한 비제조 간접원가 또는 제품 디자인원가는 재고자산 원가에 항상 포함되지 않는다.

12

㈜한국은 20×1년 초 영업을 개시하였으며, 판매상품에 대하여 3년 동안 무상으로 수리해 주고 있다. ㈜한국은 매출액의 5%만큼 제품보증비용이 발생할 것으로 예상하고 있으며, 20×1년 ~ 20×2년 동안 매출액과 실제 지출된 제품보증비용은 다음과 같다. 다음 중 옳은 것은?

구분	20×1년	20×2년
매출액	₩500,000	₩600,000
제품보증비 지출액	₩7,600	₩15,300

① 20×1년 손익계산서의 제품보증비용은 ₩7,600이다.

② 20×1년 말 재무상태표의 제품보증충당부채는 ₩25,000이다.

③ 20×2년 손익계산서의 제품보증비용은 ₩30,000이다.

④ 20×2년 말 재무상태표의 제품보증충당부채는 ₩14,700이다.

13

㈜한국은 무액면주식 1,000주를 주당 ₩1,200에 발행하고 현금을 수령하였다. 회사의 이사회에서는 주식의 발행가액 중 ₩1,000을 자본금 항목으로 계상하기로 하였다. 주식인쇄비 등 주식발행과 관련된 직접원가가 ₩80,000, 간접원가가 ₩20,000 발생하였다고 할 때, 이에 대한 설명으로 옳은 것은?

① 우리나라 상법은 회사의 정관에 규정이 없는 경우에도 무액면주식의 발행을 허용하고 있다.
② 무액면주식을 발행하는 경우에도 액면주식을 별도로 발행할 수 있다.
③ 무액면주식을 발행하는 경우 자본금은 주식 발행가액 중 1/2 이상의 금액으로 이사회에서 결정하는 것이 원칙이다.
④ 주식발행으로 인해 증가하는 자본잉여금은 ₩100,000이다.

→ [회계원리]

14

「지방회계법」에 대한 다음 설명 중 옳지 않은 것은?

① 지방자치단체의 장은 회계연도마다 일반회계·특별회계 및 기금을 통합한 결산서를 작성하여 지방의회가 선임한 검사위원에게 검사를 의뢰하여야 한다.
② 지방자치단체의 출납은 회계연도가 끝나는 날 폐쇄한다. 다만, 해당 회계연도의 예산에 포함된 경우로서 법에 정해진 경우에는 다음 회계연도 1월 20일까지 수입 또는 지출 처리를 할 수 있다.
③ 지방자치단체의 재무제표는 지방회계기준에 따라 작성하여야 하고, 「공인회계사법」에 따른 공인회계사의 감사의견을 첨부하여야 한다.
④ 지방자치단체는 회계연도마다 세입·세출 결산상 잉여금이 있을 때에는 일부 법으로 정해진 금액을 뺀 잉여금을 그 잉여금이 생긴 회계연도의 다음 회계연도까지 세출예산에 관계없이 지방채의 원리금 상환에 사용할 수 있다.

15

다음은 ㈜한국의 제품제조 및 판매와 관련된 계정과목들이다. ㉠ ~ ㉣에 들어갈 금액으로 옳지 않은 것은?

계정과목	금액	계정과목	금액
기초재공품재고액	₩800	기말재공품재고액	₩1,200
기초제품재고액	₩1,600	기말제품재고액	(㉠)
직접재료원가	₩2,000	당기제품제조원가	(㉡)
직접노무원가	(㉢)	당기총제조원가	₩4,600
제조간접원가	₩1,200	매출액	₩6,000
매출원가	(㉣)	매출총이익	₩1,400

① ㉠ ₩1,400
② ㉡ ₩4,200
③ ㉢ ₩1,400
④ ㉣ ₩4,600

16

활동기준원가계산제도에 대한 설명으로 옳지 않은 것은?

① 일반적으로 활동의 유형을 제품단위수준활동, 배치수준활동, 제품유지활동, 설비유지활동의 4가지로 구분한다.
② 다품종 소량생산의 제조업체가 활동기준원가계산을 적용할 경우 정확한 원가계산과 올바른 의사결정에 도움이 된다.
③ 원가정보의 수집 및 처리기술이 발전함에 따라 원가측정비용이 크게 감소되었다.
④ 제품의 다양성이 증가되면서 개별제품이나 작업에 직접 추적이 어려운 원가의 비중이 감소되었다.

17

㈜한국은 제1공정에서 주산물 A, B와 부산물 C를 생산한다. 주산물 A와 부산물 C는 즉시 판매될 수 있으나, 주산물 B는 제2공정에서 추가가공을 거쳐 판매된다. 20×1년에 제1공정과 제2공정에서 발생된 제조원가는 각각 ₩150,000과 ₩60,000이었고, 제품별 최종 판매가치 및 판매비는 다음과 같다.

구분	최종 판매가치	판매비
A	₩100,000	₩2,000
B	₩180,000	₩3,000
C	₩2,000	₩600

㈜한국은 주산물의 매출총이익률이 모두 동일하게 되도록 제조원가를 배부하며, 부산물은 판매시점에 최초로 인식한다. 주산물 A의 총제조원가는? (단, 기초 및 기말 재고자산은 없다)

① ₩72,500
② ₩74,000
③ ₩74,500
④ ₩75,000

18

다음은 ㈜한국의 20×1년 변동제조간접원가에 대한 표준원가 자료이다. 변동제조간접원가의 소비차이와 능률차이를 계산하면 각각 얼마인가?

• 변동제조간접원가 실제발생액	₩18,000
• 변동제조간접원가 표준배부율	₩80/시간
• 실제 총직접노동시간	220시간
• 실제 생산량에 허용된 표준작업시간	200시간

	소비차이	능률차이
①	₩400(불리)	₩800(불리)
②	₩400(유리)	₩800(불리)
③	₩400(불리)	₩1,600(불리)
④	₩400(유리)	₩1,600(불리)

19

「지방자치단체 회계기준에 관한 규칙」상 수익과 비용의 인식기준으로 옳지 않은 것은?

① 교환거래로 생긴 수익은 재화나 서비스 제공의 반대급부로 생긴 사용료, 수수료 등으로서 수익창출활동이 끝나고 그 금액을 합리적으로 측정할 수 있을 때에 인식한다.
② 비교환거래로 생긴 수익은 직접적인 반대급부 없이 생기는 지방세, 보조금, 기부금 등으로서 해당수익을 이전받은 때에 수익으로 인식한다.
③ 교환거래에 따르는 비용은 반대급부로 발생하는 급여, 지급수수료, 임차료, 수선유지비 등으로서 대가를 지급하는 조건으로 민간부문이나 다른 공공부문으로부터 재화와 서비스의 제공이 끝나고 그 금액을 합리적으로 측정할 수 있을 때에 인식한다.
④ 비교환거래에 의한 비용은 직접적인 반대급부 없이 발생하는 보조금, 기부금 등으로서 가치의 이전에 대한 의무가 존재하고 그 금액을 합리적으로 측정할 수 있을 때에 인식한다.

20

㈜한국의 20×1년도 제품에 관한 자료가 다음과 같을 때 안전한계율은?

• 단위당 판매가격	₩5,000
• 공헌이익률	20%
• 총고정원가	₩700,000
• 법인세율	30%
• 세후이익	₩210,000

① 20%
② 25%
③ 28%
④ 30%

14

포괄손익계산서에 관한 설명으로 옳은 것은?

① 수익에서 매출원가 및 판매비와관리비를 차감한 영업이익은 포괄손익계산서 본문이 아닌 주석으로 공시한다.

② 기업의 현금및현금성자산 창출능력과 기업의 현금흐름 사용 필요성에 대한 평가의 기초를 재무제표이용자에게 제공한다.

③ 비용의 기능에 대한 정보가 미래현금흐름을 예측하는 데 유용하기 때문에, 비용을 성격별로 분류하는 경우에는 추가 공시가 필요하다.

④ 기타포괄손익의 구성요소(재분류조정 포함)와 관련한 법인세비용 금액은 포괄손익계산서나 주석에 공시한다.

15

다음은 ㈜한국의 재무제표에 표시된 사채관련 자료이다. 사채의 표시이자율이 6%라고 할 때, 발행 당시 유효이자율은 몇 %인가?

	20×1년 12월 31일		20×2년 12월 31일	
사채	₩10,000		₩10,000	
사채할인발행차금	(₩1,000)	₩9,000	(₩880)	₩9,120

① 8%

② 9%

③ 10%

④ 12%

16

㈜한국의 재고자산이 20×2년 말 화재로 인하여 모두 소실되었다. ㈜한국의 20×1년과 20×2년 매출액 및 재고자산 자료는 다음과 같다. 20×2년의 매출총이익률이 20×1년과 동일하다고 가정할 때, 20×2년 말 화재로 소실된 재고자산 추정액은?

구분	20×1년	20×2년
매출액	₩10,000	₩12,000
기초재고	1,000	3,000
매입	8,000	8,000
기말재고	3,000	?

① ₩2,800

② ₩3,800

③ ₩4,800

④ ₩6,200

17

㈜한국의 20×1년 12월 31일 수정전잔액시산표의 차변합계와 대변합계는 각각 ₩2,000,000이었다. 기말 수정사항이 다음과 같을 때, ㈜한국의 수정후잔액시산표상 차변합계는?

• 건물감가상각비(감가상각누계액 설정법)	₩200,000
• 미지급이자 발생	₩120,000
• 선급보험료의 소멸	₩80,000
• FVPL금융자산평가이익	₩100,000

① ₩2,300,000

② ₩2,400,000

③ ₩2,420,000

④ ₩2,500,000

18

㈜한국은 20×1년 설립되어 20×2년에 최초로 외부감사를 받았다. 회사가 감사인에게 제출한 손익계산서상 당기순이익은 20×1년 ₩20,000, 20×2년 ₩25,000이다. 감사과정에서 발견한 오류는 다음과 같다.

<20×1년>
- 기말 재고자산이 ₩2,000 과대계상 되어 있다.
- 1월 1일에 기계장치에 대한 자본적 지출 ₩10,000을 전액 당기 수선비로 처리하였다. 1월 1일 현재기계장치의 잔존내용연수는 5년, 잔존가치는 없으며 감가상각방법은 정액법이다.
- 4월 1일 1년 분 보험료 ₩2,000을 지출하며 전액 당기비용처리하였다.

<20×2년>
- 기말 재고자산이 ₩1,000 과소계상 되어 있다.
- 4월 1일 만기가 된 보험을 ₩2,000에 재계약하며 1년 단위 후불 지급하기로 하였다. 당기 중 이에 대해 아무런 회계처리도 하지 않았다.

20×2년 ㈜한국의 오류수정 후 당기순이익은 얼마인가?

① ₩23,000
② ₩24,000
③ ₩25,000
④ ₩26,000

19

다음은 ㈜한국의 20×1년 재무비율 중 일부이다. 이 자료를 이용하여 회사의 20×1년 총자산회전율(매출액/기말총자산)을 구하면?

• 부채비율	150%
• 매출액순이익률	10%
• 자기자본순이익률(당기순이익/기말자기자본)	15%

① 0.6회
② 0.8회
③ 1.5회
④ 2.0회

20

무형자산에 관한 설명으로 옳지 않은 것은?

① 내부적으로 창출한 영업권은 자산으로 인식하지 않는다.
② 사업결합으로 인식하는 영업권은 사업결합에서 획득하였지만 개별적으로 식별하여 별도로 인식하는 것이 불가능한 그 밖의 자산에서 발생하는 미래경제적효익을 나타내는 자산이다.
③ 자산에서 발생하는 미래경제적효익이 기업에 유입될 가능성이 높고 자산의 원가를 신뢰성 있게 측정할 수 있는 경우에만 무형자산을 인식한다.
④ 경영자가 의도하는 방식으로 운용될 수 있으나 아직 사용하지 않고 있는 기간에 발생한 원가는 무형자산의 장부금액에 포함한다.

회계학

본 과목 풀이 시 기업의 보고기간(회계기간)은 매년 1월 1일부터 12월 31일까지이며, 기업은 계속해서 「한국채택국제회계기준」을 적용해 오고 있다고 가정한다. 또한, 자료에서 제시하지 않은 사항(예: 법인세 효과 등)은 고려하지 않는다.

01

측정기준의 선택이 보강적 질적특성에 미치는 영향에 대한 설명으로 가장 옳지 않은 것은?

① 한 보고기업 내에서 기간 간 또는 같은 기간 동안에 기업 간에 동일 항목에 대해 동일한 측정기준을 일관되게 사용하면 보다 더 비교가능한 재무제표를 작성하는 데 도움이 될 수 있다.

② 일반적으로 전체 재무제표에 더 많은 측정기준을 사용하면, 그에 따른 정보는 더 복잡해져서 이해하기 어려워지고 재무상태표와 재무성과표의 총계 또는 소계는 덜 유용해진다.

③ 보강적 질적특성 중 적시성은 측정에 특별한 영향을 미치지 않는다.

④ 측정기준이 변경되면 재무제표의 이해가능성이 감소하므로, 어떠한 경우에도 변경이 정당화될 수 없다.

02

㈜한국의 20×2년도 상품매매와 관련된 자료는 다음과 같다. ㈜한국의 20×2년도 매출총이익은?

매출과 매입 관련 현금 수입·지출	
매출 관련 현금수입	₩645,000
매입 관련 현금지출	₩428,000

매출채권, 재고자산, 매입채무, 선수수익 장부금액	20×2년 초	20×2년 말
매출채권	₩46,000	₩40,000
재고자산	₩50,000	₩55,000
매입채무	₩30,000	₩36,000
선수수익	₩14,000	₩11,000

① ₩213,000

② ₩215,000

③ ₩219,000

④ ₩223,000

03

㈜한국은 20×1년 12월 31일 창고에 화재가 발생하여 재고자산이 모두 소실되었다. 다음 자료를 이용하여 소실된 재고자산 금액을 추정하면 얼마인가? (단, 화재 이외의 원인으로 인한 재고자산평가손실과 감모손실은 없고, 총자산회전율은 기초 총자산을 기준으로 계산된 것이다)

• 기초 재고자산	₩120,000
• 당기 매입액	₩1,100,000
• 기초 총자산	₩600,000
• 총자산회전율	2회
• 매출총이익률	20%

① ₩240,000

② ₩260,000

③ ₩280,000

④ ₩300,000

04

㈜한국은 20×1년 1월 1일 상환의무가 없는 정부보조금 ₩4,000을 수령하여 기계장치(취득원가 ₩32,000, 내용연수 5년, 잔존가액 ₩2,000)을 취득하였다. 정액법으로 감가상각하며, 20×2년 12월 31일 동 기계장치를 ₩18,400에 처분하였다. 해당 유형자산의 처분과 관련해 처분수수료 ₩400을 지불하였다. 유형자산처분손익은 얼마인가? 단, ㈜한국은 정부보조금을 자산의 취득원가에서 차감하는 형식으로 회계처리하고 있다.

① 유형자산처분이익 ₩2,000

② 유형자산처분이익 ₩400

③ 유형자산처분손실 ₩500

④ 유형자산처분손실 ₩2,000

05

금융상품의 회계처리에 관한 설명으로 옳지 않은 것은?

① 당기손익-공정가치 측정 금융자산에 해당하는 경우 취득과 직접 관련되는 거래원가는 당기비용으로 인식한다.
② 당기손익-공정가치 측정(FVPL) 금융자산에 대해서는 손상차손을 인식하지 않는다.
③ 금융자산을 당기손익-공정가치 측정(FVPL) 금융자산에서 다른 범주로 재분류하는 경우, 당기손익에 이미 인식된 손익은 환입한다.
④ 금융자산을 상각후원가 측정 범주에서 당기손익-공정가치 측정 범주로 재분류하는 경우에 재분류일의 공정가치로 측정한다.

06

㈜한국은 20×1년 초 토지를 ₩1,000,000에 취득하여 영업활동에 사용해 오던 중 20×4년 초에 동 토지를 ₩1,150,000에 처분하였다. 취득 후 각 보고기간 말 토지의 공정가치가 다음과 같을 때, 토지의 처분과 관련하여 20×4년도 포괄손익계산서에 인식해야 할 당기손익과 기타포괄손익은? (단, ㈜한국은 취득시점부터 동 토지에 대해 재평가모형을 매년 적용하고 있으며, 토지와 관련하여 자본에 계상된 재평가잉여금은 토지를 제거할 때 이익잉여금으로 대체하는 회계처리를 한다)

20×1년 말	20×2년 말	20×3년 말
₩1,100,000	₩900,000	₩1,200,000

	당기손익	기타포괄손익
①	₩50,000 손실	₩0
②	₩50,000 손실	₩200,000 손실
③	₩50,000 이익	₩0
④	₩50,000 이익	₩200,000 손실

07

중간재무보고에 대한 설명으로 틀린 것은?

① 중간재무보고서가 「한국채택국제회계기준」의 요구사항을 모두 충족한 경우가 아니라면 「한국채택국제회계기준」을 준수하여 작성되었다고 기재하여서는 아니 된다.
② 중간재무제표는 연차재무제표에 적용하는 회계정책과 동일한 회계정책을 적용하여 작성한다.
③ 계절적, 주기적 또는 일시적으로 발생하는 수익은 연차보고기간말에 미리 예측하여 인식하거나 이연하는 것이 적절하지 않더라도 중간보고기간말에는 미리 예측하여 인식할 수 있다.
④ 중간재무보고를 위한 측정은 당해 회계연도 누적기간을 기준으로 하여야 한다.

08

㈜한국은 20×1년 초에 다른 회사가 발행한 사채를 ₩95,000에 취득하면서, 당기손익-공정가치측정(FVPL)금융자산으로 분류하였다. 취득한 사채의 조건은 다음과 같으며, 20×1년 말 사채의 공정가치는 ₩110,000이다. ㈜한국은 20×2년 1월 31일에 기간경과 표시이자를 포함하여 공정가치인 ₩118,000에 처분하였다. 금융자산의 보유와 처분이 ㈜한국의 20×2년 당기손익에 미치는 영향은 얼마인가? 단, 이자수익은 표시이자로 인식한다.

- 발행일: 20×1년 1월 1일
- 액면금액: ₩100,000
- 표시이자율: 12%
- 만기일: 20×3년 12월 31일
- 이자는 매년 말 지급

① ₩1,000 증가
② ₩7,000 증가
③ ₩8,000 증가
④ ₩23,000 증가

09

㈜한국의 20×1년말 재무상태표상 미처분이익잉여금은 ₩100,000
이다. 회사는 20×2년 3월 20일 주주총회에서 현금배당 및 다음
의 이익잉여금 처분안을 의결하였다.

- 이익준비금 적립: 현금배당액의 10%
- 사업확장적립금 적립: ₩20,000
- 감채기금적립금 이입: ₩6,100

회사의 20×1년과 20×2년 당기순이익은 각각 ₩45,000과
₩47,000이었다. 20×2년말 재무상태표상 미처분이익잉여금
이 ₩121,000인 경우, 20×2년 3월 20일에 확정된 현금배당액
은 얼마인가?

① ₩10,000

② ₩11,000

③ ₩12,000

④ ₩13,000

10

다음은 ㈜한국의 재무관련 자료이다. 이를 이용해서 회사의 주
가수익비율(PER)을 구하면?

• 당기순이익	₩1,200,000
• 우선주배당금	₩200,000
• 가중평균유통보통주식수	2,000주
• 보통주 주가	₩3,000

① 4.8

② 5.0

③ 5.6

④ 6.0

11

도소매업을 영위하는 ㈜한국은 20×1년 초 건물을 취득(취득원
가 ₩10,000, 내용연수 5년, 잔존가치 ₩0, 정액법 상각)하였
다. 공정가치가 다음과 같을 때, ㈜한구이 동 건물을 유형자산으
로 분류하고 재평가모형을 적용하였을 경우(A)와 투자부동산으
로 분류하고 공정가치모형을 적용한 경우(B), 20×2년 당기순이
익에 미치는 영향은?

구분	20×1년 말	20×2년 말
공정가치	₩9,000	₩11,000

	A	B
①	영향 없음	₩1,000 증가
②	₩2,250 감소	₩1,000 증가
③	₩2,250 감소	₩2,000 증가
④	₩2,000 감소	₩2,000 증가

12

㈜한국은 20×1년 설립이후 재고자산 단위원가 결정방법으로
가중평균법을 사용하여 왔다. 그러나 선입선출법이 보다 목적
적합하고 신뢰성 있는 정보를 제공할 수 있다고 판단하여, 20×
4년 초에 단위원가 결정방법을 선입선출법으로 변경하였다. ㈜
한국이 재고자산 단위원가 결정방법을 선입선출법으로 변경하
는 경우, 다음 자료를 이용하여 20×4년도 재무제표에 비교정보
로 공시될 20×3년 매출원가와 20×3년 기말이익잉여금은?

	20×1년	20×2년	20×3년
가중평균법적용 기말재고자산	₩10,000	₩11,000	₩12,000
선입선출법적용 기말재고자산	₩12,000	₩14,000	₩16,000
회계정책 변경 전 매출원가	₩50,000	₩60,000	₩70,000
회계정책 변경 전 기말이익잉여금	₩100,000	₩300,000	₩600,000

	매출원가	기말이익잉여금
①	₩61,000	₩607,000
②	₩61,000	₩604,000
③	₩69,000	₩599,000
④	₩69,000	₩604,000

13

㈜한국의 20×1년 현금흐름표상 영업활동현금흐름은 ₩80,000
이다. 다음 자료를 이용하여 ㈜한국의 20×1년 당기순이익을 구
하면? (단, 이자지급 및 법인세납부는 영업활동으로 분류한다)

> • 포괄손익계산서상 감가상각비와 이자비용이 각각 ₩10,000,
>   ₩8,000이다.
> • 법인세비용은 ₩12,000이다.
> • 기초에 비해 매출채권과 재고자산이 각각 ₩4,000, ₩2,000 증가
>   하였다.
> • 기초에 비해 매입채무가 ₩3,000 증가하였다.

① ₩73,000
② ₩76,000
③ ₩84,000
④ ₩87,000

14

㈜한국은 신제품 개발활동으로 연구개발비가 다음과 같이 발생
하였다. 차입원가는 연구개발활동과 관련된 특정차입금에서 발
생한 이자비용이다. 20×1년은 연구단계이고, 20×2년은 개발
단계(무형자산의 인식요건을 충족함)에 속하는데, 20×2년 7월
1일에 프로젝트가 완료되어 제품생산에 사용되었다. 무형자산
(개발비)은 내용연수 5년, 잔존가치 ₩0, 정액법 상각(월할상각)
하며, 원가모형을 적용한다. 20×2년 12월 31일 무형자산(개발
비)의 장부금액은?

내역	20×1년 1월 1일~ 20×1년 12월 31일	20×2년 1월 1일~ 20×2년 6월 30일
연구원 급여	₩40,000	₩30,000
시험용 원재료 사용액	₩25,000	₩20,000
시험용 기계장치 감가상각비	₩10,000	₩5,000
차입원가	₩5,000	₩5,000

① ₩54,000
② ₩56,000
③ ₩58,500
④ ₩60,000

15

「지방자치단체 회계기준에 관한 규칙」에 제시된 재정상태표와
관련된 내용으로 가장 잘못된 것은?

① 자산은 미래에 공공서비스를 제공할 수 있거나 직접적 또는
   간접적으로 경제적 효익을 창출하거나 창출에 기여할 가능성
   이 매우 높고 그 가액을 신뢰성 있게 측정할 수 있을 때에 인
   식한다.
② 문화재, 예술작품, 역사적 문건 및 자연자원은 자산으로 인식
   하지 아니하고 필수보충정보의 관리책임자산으로 보고한다.
③ 자산은 유동자산, 투자자산, 일반유형자산, 주민편의시설, 사
   회기반시설, 기타비유동자산으로 분류한다.
④ 가지급금이나 가수금 등의 미결산항목은 그 내용을 나타내는
   적절한 과목으로 표시하고, 비망계정은 재정상태표에 별도의
   자산 또는 부채항목으로 표시한다.

16

「국가회계기준에 관한 규칙」상 자산과 부채의 평가기준에 대한
내용으로 옳은 것은?

① 무형자산은 정률법에 따라 해당 자산을 사용할 수 있는 시점
   부터 합리적인 기간 동안 상각한다.
② 무형자산의 상각기간은 독점적·배타적인 권리를 부여하고
   있는 관계 법령이나 계약에서 정한 경우를 제외하고는 10년
   을 초과할 수 없다.
③ 재정상태표에 표시하는 부채의 가액은 원칙적으로 만기상환
   가액으로 평가한다.
④ 국채발행으로 인한 할인(할증)발행차금은 발행한 때부터 최
   종 상환할 때까지의 기간에 정액법을 적용하여 계산한 상각
   액을 국채에 대한 이자비용에 더하거나 뺀다.

17

㈜한국은 매출원가의 20%에 해당하는 이익을 매출원가에 가산하여 판매하고 있으며, 당기에 완성된 모든 제품을 ₩180,000에 판매하였다. 제조간접원가 예정배부율은 직접노무원가의 60%이다. 당기의 원가자료가 다음과 같다면 기말재공품 평가액은? (단, 기초 및 기말 제품재고는 없으며, 제조간접원가 배부차이도 없었다)

• 기초재공품	₩20,000
• 기본원가(prime costs)	₩120,000
• 가공원가(conversion costs)	₩160,000

① ₩50,000

② ₩52,000

③ ₩54,000

④ ₩56,000

18

㈜한국은 A와 B 두 가지 제품을 생산하고 있다. 회사는 활동기준원가계산제도를 채택하고 있는데, 관련된 자료는 다음과 같다.

	제품 A	제품 B
기초원가	₩200,000	₩140,000
생산량	200개	100개
자재이동횟수	20회	30회
단위당 직접노무시간	3시간	1시간

자재이동원가는 총 ₩150,000이고 자재이동횟수를 기준으로 배부한다고 할 때 제품 A의 단위당 자재이동원가는 얼마인가?

① ₩200

② ₩250

③ ₩300

④ ₩400

19

㈜한국은 가중평균법에 의한 종합원가계산방법을 적용하고 있다. 직접재료는 공정 시작단계에서 전량 투입되며, 전환원가는 공정 전반에 걸쳐서 균등하게 발생한다. 공정의 50% 완성시점에 품질검사를 수행하는 데 품질검사를 통과한 정상품 수량의 10%를 정상공손으로 간주한다. 다음 자료를 이용하여 계산한 정상공손원가는?

• 기초재공품 (완성도 20%)	100단위	• 당기완성량	650단위
• 당기착수량	800단위	• 기말재공품 (완성도 60%)	150단위
• 완성품환산량 단위당 직접재료원가			₩100
• 완성품환산량 단위당 가공원가			₩60

① ₩10,000

② ₩10,400

③ ₩11,400

④ ₩12,000

20

㈜한국은 두 제품 A와 B를 생산하여 판매하고 있다. 두 제품에 대한 생산 및 판매자료는 다음과 같다.

	제품 A	제품 B
단위당 판매가격	₩1,500	₩600
단위당 변동비	₩1,200	₩400
단위당 기계시간	4시간	2시간
최대 수요량(연간)	100단위	100단위

회사의 최대 사용가능한 기계시간은 연간 480시간일 때, 이익을 극대화하기 위해서는 A제품과 B제품을 각각 몇 단위씩 생산·판매하여야 하는가? (단, 생산량과 판매량은 일치한다고 가정한다)

	제품 A	제품 B
①	100단위	100단위
②	70단위	100단위
③	100단위	40단위
④	80단위	80단위

15

「한국채택국제회계기준」에 따른 재무제표 작성과 표시에 관한 설명으로 옳은 것은?

① 유동성 순서에 따른 표시방법을 적용할 경우 모든 자산과 부채는 유동성의 순서에 따라 표시한다.

② 기업이 재무상태표에 유동자산과 비유동자산, 그리고 유동부채와 비유동부채로 구분하여 표시하는 경우, 이연법인세자산(부채)은 유동자산(부채)으로 분류한다.

③ 재무상태표에서 비유동자산보다 유동자산을, 비유동부채보다는 유동부채를 먼저 표시해야 한다.

④ 포괄손익계산서에서 수익과 비용 항목을 특별손익으로 구분하여 표시할 수 없으며 주석으로 구분하여 표시한다.

16

다음은 ㈜서울의 20×5년 매출원가와 관련된 자료이다. 단, ㈜서울은 재고자산평가손실 및 정상적인 재고자산감모손실은 매출원가로 처리하고, 비정상적인 재고자산감모손실은 기타비용으로 처리하고 있다.

- 20×4년 12월 31일 재고자산	₩2,000,000
- 20×5년 매입액	₩3,500,000
- 20×5년 매입운임	₩500,000
- 20×5년 매출에누리와 환입	₩800,000
- 20×5년 재고자산평가손실	₩400,000
- 20×5년 재고자산감모손실(정상적)	₩300,000
- 20×5년 재고자산감모손실(비정상적)	₩200,000
- 20×5년 12월 31일 재고자산 　(감모손실 반영, 평가손실 미반영 상태임)	₩2,500,000
- 20×5년 총매출액	₩6,500,000

위 자료를 고려할 때 ㈜서울의 20×5년 포괄손익계산서에 보고할 매출총이익은 얼마인가?

① ₩800,000

② ₩1,000,000

③ ₩1,500,000

④ ₩2,000,000

17

「한국채택국제회계기준」 제1115호 고객과의 계약에서 생기는 수익의 내용 중 거래가격의 산정과 관련한 것으로 잘못된 것은?

① 거래가격은 고객에게 약속한 재화나 용역을 이전하고 그 대가로 기업이 받을 권리를 갖게 될 것으로 예상하는 금액이며, 제삼자를 대신해서 회수한 금액은 제외한다.

② 고객이 현금 외의 형태로 대가를 약속한 계약의 경우에 거래가격은 기업이 제공하는 재화나 용역의 공정가치로 측정한다.

③ 약속된 대가에 유의적인 금융요소가 포함되어 있다면 이를 조정하여 현금판매가격으로 수익을 인식한다.

④ 기업이 계약을 쉽게 이행할 수 있도록 고객이 재화나 용역을 제공한다면, 기업이 제공받은 재화나 용역을 통제하는 경우에 이를 고객에게서 받은 비현금 대가로 회계처리한다.

18

㈜한국은 20×1년 4월 1일에 차량운반구를 취득하여 사용하고 있으며, 내용연수 3년, 잔존가치 ₩120,000, 정액법에 의하여 감가상각을 하고 있다. ㈜한국은 차량운반구에 대하여 원가모형을 적용하고 있다. 감가상각비는 월할 계산하며, 이 차량운반구에 대한 취득시점 이후 자산손상은 없었다. 20×1년에 인식한 감가상각비가 ₩225,000이라면, 20×2년 12월 31일 차량운반구의 장부금액은 얼마인가?

① ₩495,000

② ₩525,000

③ ₩700,000

④ ₩725,000

19

㈜한국은 20×1년 7월 1일에 1년분 임차료를 일시에 선지급하였다. 지급시점에 전액을 임차료로 비용처리하였다면 당기 재무제표는 어떻게 왜곡되었는가?

① 순이익 과대계상, 자본 과대계상, 자산 영향 없음
② 순이익 과소계상, 부채 과대계상, 자산 과대계상
③ 자산, 순이익, 자본 과소계상
④ 자산, 순이익, 자본 과대계상

20

다음은 ㈜한국의 당기 현금흐름표를 작성하기 위한 자료의 일부이다.

계정과목	전기말 잔액	당기말 잔액
건물	₩62	₩88
감가상각누계액-건물	₩(24)	₩(18)
개발비	₩16	₩20

추가 자료는 다음과 같다.

(1) 취득원가가 ₩16인 건물을 당기 중에 ₩8에 처분하였으며, 이 건물의 처분시점 장부금액은 ₩4이었다.
(2) 개발비의 당기상각액은 ₩6이었다.

㈜한국의 당기 현금흐름표에 표시될 투자활동 현금흐름(순액)은 얼마인가?

① 순유출 ₩10
② 순유출 ₩34
③ 순유출 ₩42
④ 순유출 ₩44

정답 및 해설

1	②	2	④	3	②	4	③	5	④
6	①	7	③	8	④	9	④	10	④
11	②	12	①	13	④	14	②	15	③
16	③	17	②	18	④	19	①	20	④

01
정답 ②

②는 표현의 충실성에 대한 설명으로 보강적 질적 특성이 아닌 근본적 질적 특성에 해당한다. 비교가능성(①), 적시성(③), 이해가능성(④), 검증가능성이 보강적 질적 특성에 해당한다.

(2012 지방직 9급)

02
정답 ④

	기초				기말	
자산	800	부채	400	자산	부채	
		자본	400		자본	

당기순이익 100 + 유상증자 200 + 재평가잉여금 50

기말자본 = 기초자본 ₩400 + 당기순이익 ₩100 + 유상증자 ₩200 + 재평가잉여금 ₩50 = ₩750

기말 자산 = 부채 ₩300 + 자본 ₩750 = ₩1,050

(2024 관세직 9급)

03
정답 ②

현금및현금성자산 ₩30,000

= 지점전도금 ₩500 + 우편환 ₩3,000 + 당좌예금 ₩400 + 만기도래 국채이자표 ₩500 + 외국환통화 + 배당금지급통지표 ₩7,500 + 양도성예금증서 ₩500

현금및현금성자산 ₩30,000 = ₩12,400 + 외국환통화

외국환통화 = ₩17,600

외국환통화 ₩17,600 = X × ₩1,100/$

X = $16

(2021 관세사)

04
정답 ③

매출액 = 총매출액 ₩215,000 - 매출에누리 ₩20,000 - 매출환입 ₩15,000 = ₩180,000

매입액 = 총매입액 ₩140,000 - 매입환출 ₩5,000 - 매입할인 ₩13,000 + 매입운임 ₩10,000 = ₩132,000

매출원가 = 매출액 ₩180,000 × 매출원가율(1 - 25%) = ₩135,000

매출원가 ₩135,000 = 기초재고 ₩18,000 + 당기매입 ₩132,000 - 기말재고

기말재고 = ₩150,000 - ₩135,000 = ₩15,000

(2022 지방직 9급)

05
정답 ④

	20×1년	20×2년
FVPL	당기손익에 미치는 영향 = 매입수수료 (-)₩50 + 평가손익 (+)₩100 = (+)₩50	당기손익에 미치는 영향 (처분시점의 재측정손익) = ₩1,080 - ₩1,100 = (-)₩20
FVOCI	기타포괄손익에 미치는 영향 = 기말 공정가치 ₩1,100 - 취득원가 ₩1,050 = (+)₩50	기타포괄손익에 미치는 영향 (처분시점의 재측정손익) = ₩1,080 - ₩1,100 = (-)₩20

(2022 국가직 관세직 9급)

06
정답 ①

정부보조금 ₩40,000만큼 싸게 ₩60,000에 취득했다고 가정하면,

년간 감가상각비 = ₩60,000 ÷ 5년 = ₩12,000

20×2년 장부금액 = ₩60,000 - ₩12,000 × (3월/12 + 1년)

= ₩60,000 - ₩15,000 = ₩45,000

(2017 서울시 9급)

07
정답 ③

1년 6개월(20×1년 10월 1일 ~ 20×3년 3월 31일) 동안의 감가상각비

= (₩80,000 - ₩5,000) × (5 + 4 × 6/12) ÷ (1 + 2 + 3 + 4 + 5)

= ₩75,000 × 7/15 = ₩35,000

처분시점의 장부금액 = ₩80,000 - ₩35,000 = ₩45,000

처분손익 = 처분대가 ₩40,000 - 장부금액 ₩45,000 = (-)₩5,000

(2022 국가직 관세직 9급)

08
정답 ④

사채발행비 ₩2,000은 사채발행으로 인한 현금유입액을 감소시켜 사채할인발행차금을 구성한다.

이자비용 총액 = 현금지급이자 총액 (₩100,000 × 10% × 3년) + 사채할인발행차금 (₩100,000 - ₩93,200) = ₩30,000 + ₩6,800 = ₩36,800

(2017 지방직 9급)

09
정답 ④

재택급여!

(2019 서울시 7급)

10
정답 ④

고객이 약속한 비현금 대가의 공정가치가 대가의 형태만이 아닌 이유로 변동된다면(예: 공정가치가 기업의 성과에 따라 달라질 수 있음), 변동대가 추정치의 제약규정(변동대가와 관련된 불확실성이 해소될 때, 이미 인식한 누적 수익 중 유의적인 부분을 되돌리지 않을 가능성이 매우 높은 정도까지만 거래가격에 포함)을 적용한다.

(2020 국가직 관세직 9급)

11

정답 ②

매출액(수익) = 200개 × (1 - 10%) × ₩40 = ₩7,200

당기순이익에 미치는 영향 = ₩7,200 × (1 - 원가율 80%) = ₩1,440

※ 반품이 예상되는 20개(10%)에 대해서는 판매가를 환불부채로, 원가를 반환제품회수권으로 인식하므로 손익에 영향을 주지 않는다.

(2020 보험계리사)

12

정답 ①

수정 후 법인세비용차감전순이익

= 수정 전 순이익 ₩100,000 - 보험료 ₩10,000 + 이자수익 ₩20,000 - 미지급급여 ₩4,000 - 자산재평가손실 ₩50,000

= ₩56,000

FVOCI 금융자산 평가이익은 기타포괄손익에 해당하며, 자기주식처분이익은 자본잉여금으로 처리하므로 손익에는 영향을 주지 않는다.

(2015 지방직 9급)

13

정답 ④

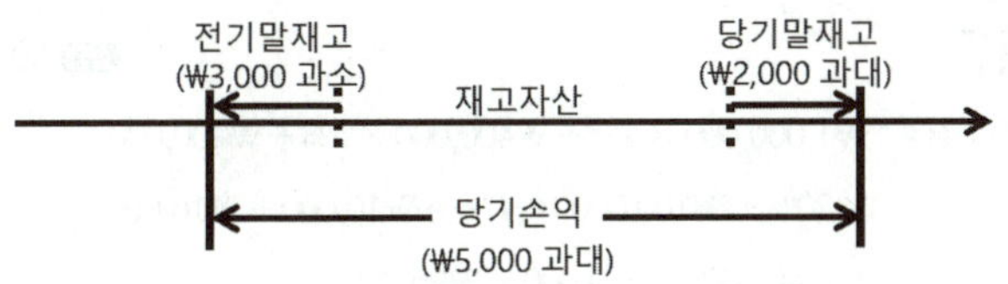

당기손익이 ₩5,000 과대계상 되었으므로 수정하면 ₩5,000 감소한 ₩20,000이 된다.

(2016 국가직 9급)

14

정답 ②

유동비율이 100%를 넘는 상태에서,

① 매출채권(유동자산) 감소, 현금(유동자산) 증가로 영향 없음

② 상품(유동자산) 증가, 매입채무(유동부채) 증가로 분모, 분자 같은 금액 가산되어 유동비율 감소

③ 매입채무(유동부채) 감소, 현금(유동사산) 감소로 분모, 분자 같은 금액 차감되어 유동비율 증가

④ 장기대여금(비유동부채) 감소, 현금(유동자산) 증가로 유동자산만 증가하므로 유동비율 증가

(2015 국가직 관세직 9급)

15

정답 ③

당기총제조원가와 당기제품제조원가에 대한 설명이 뒤바뀌었다. 당기총제조원가가 특정 기간 동안 투입된 총금액이 되고, 이 중에서 완성된 제품의 원가는 기초재공품과 함께 당기제품제조원가를 구성하고 나머지는 기말재공품 원가가 된다.

(2015 지방직 9급)

16

정답 ③

원재료예산			
기초	220kg	투입	2,200kg
구매	?	기말	300kg
	2,500kg		2,500kg

재공품예산			
기초	0개	생산	1,100개
DM			
DL	투입	1,100개	
OH		기말	0개

제품예산			
기초	0개	판매	1,100개
생산	1,100개	기말	0개

1분기 원재료 예상사용(투입)량 = 1,100개 × 2kg = 2,200kg

1분기 말 원재료 재고량 = 2분기 원재료 예상사용량

(1,500개 × 2kg) × 10% = 300kg

1분기 원재료 구입량 = 2,500kg - 220kg = 2,280kg

1분기 원재료 예산구입액 = 2,280kg × ₩10/kg = ₩22,800

(2019 국가직 9급)

17

정답 ②

제품	순실현가치	결합원가 배분액	매출총이익
A	2,000단위 × (₩400 - ₩100) = ₩600,000	₩350,000 × 60% = ₩210,000	₩600,000 - ₩210,000 = ₩390,000
B	5,000단위 × (₩160 - ₩80) = ₩400,000	₩350,000 × 40% = ₩140,000	₩400,000 - ₩140,000 = ₩260,000

(2019 국가직 9급)

18

정답 ④

매출액 = 200단위 × ₩1,000 = ₩200,000

공헌이익 = ₩200,000 × 공헌이익률 40% = ₩80,000

영업레버리지도 5 = 공헌이익 ₩80,000 ÷ 영업이익

영업이익 = ₩80,000 ÷ 5 = ₩16,000

영업이익 ₩16,000 = 공헌이익 ₩80,000 - 고정비

고정비 = ₩64,000

단위당 공헌이익 = 단위당 가격 ₩1,000 × 공헌이익률 40% = ₩400

손익분기점 판매량 = 고정비 ₩64,000 ÷ 단위당 공헌이익 ₩400

= 160단위

별해

영업레버리지도와 안전한계율은 역의 관계(영업레버리지도 = 1/안전한계율)에 있다.

안전한계율 = 1/영업레버리지도 5 = 20%

현재 매출수량에서 안전한계율만큼 줄어든 매출이 손익분기점 매출수량이 된다.

손익분기점 판매량 = 판매량 200단위 - 200단위 × 안전한계율

20% = 200단위 - 40단위 = 160단위

(2023 지방직 9급)

19

정답 ①

② 자산, 부채 및 순자산은 총액으로 표시한다. 이 경우 자산 항목과 부채 또는 순자산 항목을 상계함으로써 그 전부 또는 일부를 재정상태표에서 제외해서는 아니 된다.

③ 이 규칙에서 정하는 것 외의 사항에 대해서는 일반적으로 인정되는 회계원칙과 일반적으로 공정하고 타당하다고 인정되는 회계관습에 따른다.

④ 재무제표는 재정상태표, 재정운영표, 순자산변동표, 현금흐름표로 구성하되, 재무제표에 대한 주석을 포함한다.

(2018 국가직 9급)

20

정답 ④

$$
\begin{aligned}
재정운영순원가 =\ & 프로그램순원가\ ₩300,000 + 관리운영비 \\
& ₩150,000 + 비배분비용(이자비용)\ ₩130,000 \\
& - 비배분수익(유형자산처분이익)\ ₩150,000 \\
= \ & ₩430,000
\end{aligned}
$$

※ 부담금수익과 채무면제이익은 비교환수익에 해당한다.

(2019 국가직 9급)

15	③	16	④	17	②	18	①	19	②
20	④								

15

정답 ③

회계상 거래가 되기 위해서는 재산의 변화가 있어야 하고 이를 금액으로 확정할 수 있어야 한다. 계약을 체결하거나 약속을 하는 것만으로는 재산의 변화가 없기에 거래가 성립되지 않는다.

(2012 지방직 9급)

16

정답 ④

보고기간말 이전에 장기차입약정의 약정사항을 위반했을 때 대여자가 즉시 상환을 요구할 수 있는 채무는 보고기간 후 재무제표 발행승인일 전에 대여자가 약정위반을 이유로 상환을 요구하지 않기로 합의하더라도 유동부채로 분류한다. 그 이유는 기업이 보고기간말 현재 그 시점으로부터 적어도 12개월 이상 결제를 연기할 수 있는 권리를 가지고 있지 않기 때문이다.

(2024 국가직 7급)

17

정답 ②

ㄱ. 결과: $₩1,000,000 × 1\% + ₩400,000 × 4\% + ₩200,000$
$× 20\% + ₩100,000 × 30\% = ₩10,000 + ₩16,000$
$+ ₩40,000 + ₩30,000 = ₩96,000$

ㄴ. 잔액: ₩20,000

ㄷ. 보충: ₩96,000 - ₩20,000 = ₩76,000

(2018 관세직 9급)

18

정답 ①

불가피하게 매입하는 국공채의 매입가격(₩100,000)과 공정가치(₩90,000)의 차액 ₩10,000은 차량의 취득원가에 포함한다.

차량 취득원가 = 매입가격 ₩900,000 + 취득세 ₩90,000
+ 국공채 매입차액 ₩10,000 = ₩1,000,000

20×2년 감가상각비 = $₩1,000,000 × 3/(1+2+3+4) = ₩300,000$

(2019 지방직 9급)

19

정답 ②

일자	유효이자	표시이자	상각액	장부금액
2015년 초				₩950,260
2015년 말	₩95,026	₩80,000	₩15,026	₩965,286

사채상환손익 = 장부금액 ₩965,286 - 상환금액 ₩960,000
= 상환이익 ₩5,286

(2015 지방직 9급)

주식발행초과금(2월) = (₩3,000 - ₩2,000) × 500주 = ₩500,000

자기주식처분이익(4월) = (₩4,000 - ₩2,500) × 40주 = ₩60,000

20×1년 말 자본잉여금 = 기초 자본잉여금 ₩1,000,000

+ 주식발행초과금 ₩500,000

+ 자기주식처분이익 ₩60,000

= ₩1,560,000

(2020 국가직 · 관세직 9급)

1	②	2	②	3	②	4	②	5	①
6	②	7	②	8	①	9	③	10	②
11	③	12	③	13	②	14	②	15	③
16	④	17	①	18	③	19	④	20	①

01

정답 ②

장부마감 시 손익계산서 항목은 잔액(계정별 원장의 균형을 맞추는 금액)을 집합손익으로 마감하고, 재무상태표 항목은 차기이월로 마감한다. 따라서 마감 후의 계정별 원장은 다음과 같다.

임차료

현금	₩50,000	선급비용	₩40,000
		집합손익	₩10,000
	₩50,000		₩50,000

지급어음

차기이월	₩50,000	외상매입금	₩50,000
	₩50,000		₩50,000

(2016 관세직 9급)

02

정답 ②

ㄷ. 포괄손익계산서에 대한 설명이다. 자본변동표는 일정기간 자본의 변동내역에 관한 정보를 제공한다.

ㄹ. 재무제표의 작성 책임은 경영자에게 있다. 또한 모든 기업이 공인회계사에게 외부검토를 받아야 하는 것도 아니다. 외감법에 따른 외부감사 대상(자산규모 120억 원 이상의 주식회사 등)만 외부감사를 받는다.

(2018 관세직 9급)

03

정답 ②

매입채무

⊖ 결제(현금상환)	643,000	초	43,000
말	41,000	⊕ 당기매입	?
	684,000		684,000

당기매입액 = ₩684,000 - ₩43,000 = ₩641,000

재고자산

초	30,000	⊖ 매출원가	?
⊕ 당기매입	641,000	말	27,000
	671,000		671,000

매출원가 = ₩671,000 - ₩27,000 = ₩644,000

(2017 국가직 관세직 9급)

04

정답 ②

※ 매출총이익이 주어졌으므로, 매출원가를 구해서 접근한다.

매출원가 = 기초상품 ₩1,000 + 당기상품매입 ₩2,500 - 기말상품 ₩1,200 = ₩2,300

매출액 = 매출원가 ₩2,300 + 매출총이익 ₩700 = ₩3,000

외상매출액 = 총매출액 ₩3,000 - 현금매출액 ₩500 = ₩2,500

매출채권

초	1,500	⊖ 현금회수	2,000
⊕ 외상매출액	2,500	말	?
	4,000		4,000

기말 매출채권 = ₩4,000 - ₩2,000 = ₩2,000

(2017 지방직 9급 추가채용)

05

정답 ①

취득원가 = ₩180 × 20주 + ₩150 = ₩3,750

금융자산평가이익(기타포괄이익) = ₩240 × 20주 - ₩3,750 = ₩1,050

(2021 감정평가사 수정)

06

정답 ②

20×4년 초의 잔존내용연수는 1.5년이다.

20×4년 감가상각비 = (₩1,200,000 - ₩200,000) × 1.5년/(1+2+3+4) = ₩150,000

(2021 국가직 관세직 9급)

07

정답 ②

연구식대!

내부 프로젝트를 연구단계와 개발단계로 구분할 수 없는 경우에는 연구단계로 보아 비용처리한다.

• 새로운 지'**식**'을 얻고자 하는 활동의 지출	₩10,000	연구비
• 새롭거나 개선된 재료, 장치, 제품, 공정, 시스템이나 용역에 대한 여러가지 '**대**'체안을 제안, 설계, 평가, 최종 선택하는 활동의 지출	₩10,000	연구비
• 생산이나 사용 전의 시제품과 모형을 설계, 제작, 시험하는 활동의 지출	₩10,000	개발비
• 상업적 생산 목적으로 실현가능한 경제적 규모가 아닌 시험공장을 설계, 건설, 가동하는 활동의 지출	₩10,000	개발비
• 무형자산을 창출하기 위한 내부 프로젝트를 연구단계와 개발단계로 구분할 수 없는 경우 그 프로젝트에서 발생한 지출	₩10,000	연구비

(2018 서울시 7급)

08

정답 ①

누적이익 = 예상이익(계약금액 ₩60,000 - 추정원가 ₩50,000) × 누적진행률 70% = ₩7,000

미성공사 = 누적이익 ₩7,000 + 누적발생원가 ₩35,000 = ₩42,000

누적청구액(₩10,000 + ₩30,000) - 미성공사 ₩42,000

= 미청구공사 ₩2,000

(2017 국가직 7급)

09   정답 ③

다음과 같은 수정분개가 누락된 것이다.

| (차) 미수이자(자산) | XXX | (대) 이자수익 | XXX |

이자수익이 과소계상되었으므로 당기순이익이 과소계상되고, 마감분개를 통해 증가해야 할 자본(순자산)도 과소계상된다. 미수이자가 누락되어 자산 역시 과소계상된다.

(2015 보험계리사)

10   정답 ②

(1) 영업무관 손익조정: 영업관련이익

= 법인세비용차감전순이익 ₩1,000,000

+ 감가상각비 ₩50,000 + 유형자산처분손실 ₩20,000

= ₩1,070,000

(2) 영업관련 자산·부채 조정(**원샷법**)

매출채권 증가	150,000	영업관련이익	1,070,000
매입채무 감소	100,000		
재고자산 증가	200,000		
현금 증가	?		
	1,070,000		1,070,000

영업활동 현금흐름 = ₩1,070,000 - ₩450,000 = ₩620,000

(2020 지방직 9급)

11   정답 ③

보통주 당기순이익 = 당기순이익 ₩805,000 - 우선주배당금(500주

× ₩100 × 10%) = ₩800,000

기본주당순이익 = ₩800,000 ÷ 1,000주 = ₩800/주

주가수익비율 = 주가/주당순이익 = ₩4,000/₩800 = 5

배당수익률 = 주당 배당금 ₩200 ÷ 주가 ₩4,000 = 5%

배당성향 = 보통주 배당금 ₩200,000

÷ 보통주 당기순이익 ₩800,000 = 25%

(2018 국가직 9급)

12   정답 ③

일자	유효이자	표시이자	상각액	상각후원가
20×1. 1. 1.				92,416
20×1. 12. 31.	9,242	8,000	1,242	93,658

20×1년 12월 31일 사채의 장부금액은 ₩92,416 + ₩1,242 = ₩93,658이 된다.

(2020 지방직 9급)

13   정답 ②

① 주식발행관련비용은 직접비용으로 자본에서 차감하여, 결국 주식발행초과금을 감소시킨다.

② 자본증가액은 결국 현금 증가액에 해당하는 ₩9,200,000이다.

③ 주식할인발행차금은 주식발행초과금과 상계하여 모두 없어진다.

④ 주식발행초과금은 자본조달액 ₩9,200,000에서 자본금 ₩5,000,000과 주식할인발행차금 상계 ₩500,000을 제외한 ₩3,700,000이 된다.

(차) 현금	9,200,000	(대) 자본금	5,000,000
		주식할인발행차금	500,000
		주식발행초과금	3,700,000

(2020 관세직 9급)

14   정답 ②

① 관계기업투자와 관련된 영업권은 별도로 기록하지 않고 관계기업투자주식의 장부금액에 포함된다.

② 당기순이익 ₩600,000에 지분율 25%를 곱한 ₩150,000만큼 관계기업투자주식의 장부금액이 증가하고, 이를 지분법이익으로 당기손익에 반영한다.

③ 현금배당을 받은 만큼 현금이 증가하고, 관계기업투자주식의 장부금액을 차감한다.

④ 처분시점 장부금액 = 취득원가 ₩1,000,000 + 지분법이익 ₩150,000 - 현금배당 ₩200,000 × 25% = ₩1,100,000

처분손익 = 처분대가 ₩930,000 - 장부금액 ₩1,100,00

= (-)₩170,000

(2018 지방직 9급)

15   정답 ③

① 정부가 부과하는 방식의 국세는 국가가 '고지하는 때'에 수익으로 인식한다.

② 신고·납부하는 방식의 국세는 납세의무자가 세액을 '자진신고하는 때'에 수익으로 인식한다.

④ 재화나 용역의 제공 등 국가재정활동 수행을 위하여 자산이 감소하고 그 금액을 합리적으로 측정할 수 있을 때 또는 법령 등에 따라 지출에 대한 의무가 존재하고 그 금액을 '합리적으로 측정할 수 있을 때'에 비용으로 인식한다.

(2021 국가직 7급)

16
정답 ④

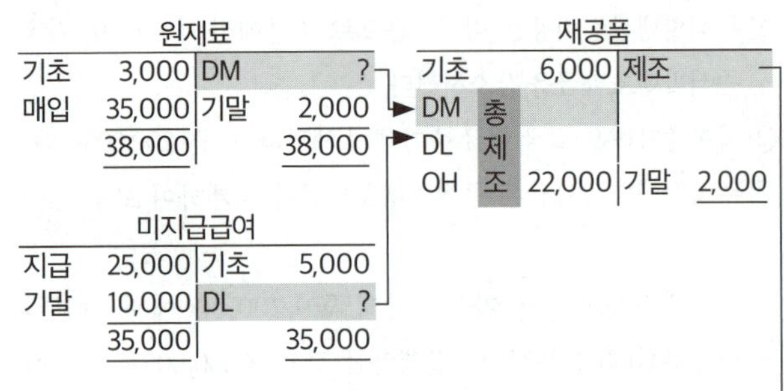

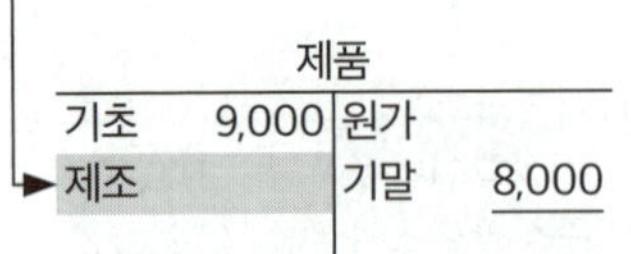

직접재료원가 = ₩38,000 - ₩2,000 = ₩36,000

직접노무원가 = ₩35,000 - ₩5,000 = ₩30,000

당기총제조원가 = DM ₩36,000 + DL ₩30,000

  + OH ₩22,000 = ₩88,000

당기제품제조원가 = 기초재공품 ₩6,000

  + 당기총제조원가 ₩88,000

  - 기말재공품 ₩2,000 = ₩92,000

매출원가 = 기초제품 ₩9,000 + 당기제품제조원가 ₩92,000

  - 기말제품 ₩8,000 = ₩93,000

(2022 지방직 9급)

17
정답 ①

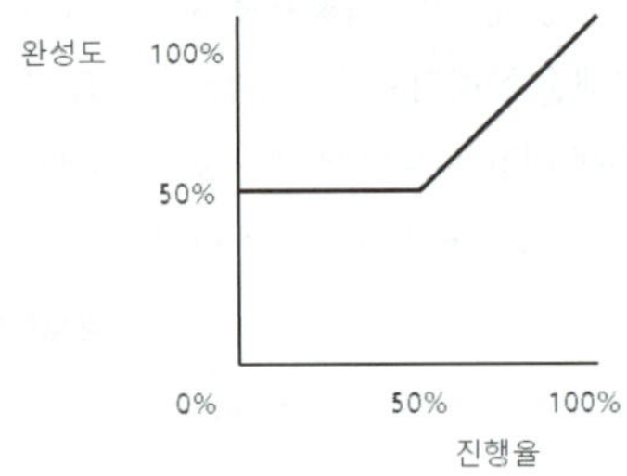

1) 정상공손 수량 = 검사통과수량 13,000 × 10% = 1,300

공정의 50%까지 재료비 완성도는 50%이고, 50%를 지나면 공정의 완성도와 재료비 완성도는 비례한다.

비정상공손수량 700개는 공정의 60% 시점까지 도달했으므로 직접재료원가 완성도는 60%가 된다.

비정상공손수량 직접재료원가의 완성품환산량

  = 700개 × 60% = 420개

(2020 지방직 9급)

18
정답 ③

증분수익: 100단위 × ₩600 = ₩60,000

증분비용: 100단위 × (단위당 변동원가 ₩400

  + 단위당 운송원가 ₩150) = ₩55,000

증분손익 = 증분수익 ₩60,000 - 증분비용 ₩55,000 = ₩5,000

(2019 지방직 9급)

19
정답 ④

국가의 경우 일반유형자산과 사회기반시설에 대해 재평가를 허용하지만, 지방자치단체는 재평가에 관한 규정이 없다.

(2020 지방직 9급)

20
정답 ①

복수제품의 CVP는 두 제품을 묶어서 하나의 세트로 취급한다.

(1) 변경 전 BEP 판매수량

한 세트의 공헌이익 = A ₩10 × 2 + B ₩20 × 1 = ₩40

손익분기점 판매세트량 = ₩6,000 ÷ ₩40 = 150세트

손익분기점 판매수량 = 150세트 × (A 2개 + B 1개) = 450개

(2) 변경 후 BEP 판매수량

한 세트의 공헌이익 = A ₩10 × 1 + B ₩20 × 2 = ₩50

손익분기점 판매세트량 = ₩6,000 ÷ ₩50 = 120세트

손익분기점 판매수량 = 120세트 × (A 1개 + B 2개) = 360개

(3) 손익분기점 판매수량은 450개에서 360개로 90개 감소한다.

(2021 서울시 7급)

15	②	16	③	17	②	18	③	19	②
20	③								

15

정답 ②

선급보험료(자산계정)의 T계정은 다음과 같이 그릴 수 있다.

선급보험료

초	200,000	⊖	?
⊕	1,030,000	말	310,000
	1,230,000		1,230,000

감소액(⊖)에 들어갈 ₩920,000(= ₩1,230,000 - ₩310,000)이 실현된 비용에 해당한다.

(2022 국가직 관세직 9급)

16

정답 ③

현금 ₩30,000 + 우편환증서 ₩100,000 + 자기앞수표 ₩20,000 + 보통예금 ₩10,000 + 환매조건부 채권(취득당시 만기 3개월 이내) ₩300,000 = ₩460,000

우표와 수입인지는 소모품, 잔여만기가 1년을 초과하는 정기적금과 인출에 제한이 있는 당좌개설보증금은 장기금융상품, 당좌차월은 단기차입금에 해당한다.

(2019 관세직 9급)

17

정답 ②

일자	유효이자	표시이자	상각액	상각후원가
20×1. 1. 1.				460,000
20×1. 12. 31.	46,000	40,000	6,000	466,000

평가이익 = 공정가치 ₩520,000 - 상각후원가 ₩466,000
= ₩54,000

처분이익 = 처분대가 ₩290,000 - 상각후원가 ₩466,000 × 50%
= ₩57,000

(2018 국가직 7급)

18

정답 ③

처분대가의 현재가치 = ₩100,000 × 0.89 = ₩89,000

처분손익 = 처분대가 ₩89,000 - 장부금액 (₩100,000 - ₩80,000)
= ₩69,000

20×1년 이자수익 = ₩89,000 × 6% = ₩5,340

20×1년 당기순이익에 미치는 영향
= 처분이익 ₩69,000 + 이자수익 ₩5,340 = ₩74,340

(2017 관세직 9급 추가채용)

19

정답 ②

20×1년 1월 1일 미처분이익잉여금	₩100,000
현금배당(100주 × ₩200/주)	(-)₩20,000
이익준비금(₩20,000 × 10%)	(-)₩2,000
당기순이익	(+)₩50,000
20×1년 12월 31일 미처분이익잉여금	₩128,000

(2019 보험계리사)

20

정답 ③

① 재고자산의 단가가 계속 상승하는 경우, 기말재고자산이 기초재고자산보다 증가하였다면 선입선출법이 가중평균법보다 이익이 크게 나타난다.

② 정액법 상각에서 내용연수가 증가하면 매년 인식하는 감가상각비는 감소하여 이익이 증가한다.

③ 정률법은 가속상각에 해당하는 방법으로 취득초기에 정액법보다 감가상각비를 크게 인식하여 당기순이익이 감소한다.

④ 수익적 지출에 해당하면 전액 비용으로 인식하지만, 자본적 지출에 해당하면 자산으로 계상한 후 내용연수에 걸쳐 감가상각비로 나누어 인식하기 때문에 비용인식액이 작고 당기순이익이 증가한다.

(2017 관세직 9급 추가채용)

1	①	2	③	3	①	4	②	5	③
6	④	7	③	8	④	9	②	10	④
11	②	12	④	13	④	14	③	15	③
16	②	17	③	18	②	19	④	20	④

01 　정답 ①

② 다음의 경우는 회계정책의 변경에 해당하지 아니한다. (1) 과거에 발생한 거래와 실질이 다른 거래, 기타 사건 또는 상황에 대하여 다른 회계정책을 적용하는 경우 (2) 과거에 발생하지 않았거나 발생하였어도 중요하지 않았던 거래, 기타 사건 또는 상황에 대하여 새로운 회계정책을 적용하는 경우

③ 자산을 재평가하는 회계정책을 최초로 적용하는 경우의 회계정책 변경은 소급법을 적용하지 않고, 재평가개시일부터 전진법을 적용하여 회계처리 한다.

④ 회계정책의 변경과 회계추정의 변경을 구분하는 것이 어려운 경우에는 이를 회계추정의 변경으로 본다.

(2015 국가직 7급)

02 　정답 ③

수정 후 당기순이익 = 수정 전 ₩5,500 - 급여 ₩900
　　　　　　　　 + 임대수익 ₩500 - 감가상각비 ₩400
　　　　　　　　 - 소모품비 ₩200 + 용역수익 ₩1,200
　　　　　　　　 = ₩5,700

(2019 국가직 7급)

03 　정답 ①

기계장치 X의 연간 감가상각비 = ₩600,000 ÷ 5년 = ₩120,000
교환시점 X의 장부금액 = ₩600,000 - (₩120,000 × (2 + 4/12))
　　　　　　　　　 = ₩600,000 - ₩280,000 = ₩320,000

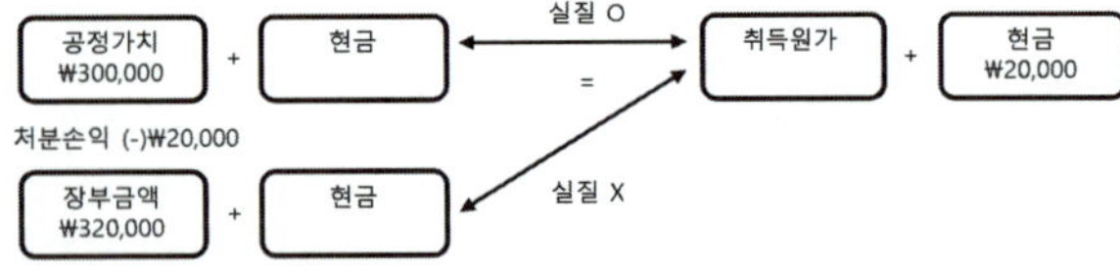

[상업적 실질이 있는 경우]

제공한 자산(X)의 공정가치 = 취득한 자산(Y + ₩20,000)의 원가

₩300,000 = Y + ₩20,000

Y = ₩280,000

[상업적 실질이 없는 경우]

제공한 자산(X)의 장부금액 = 취득한 자산(Y + ₩20,000)의 원가

₩320,000 = Y + ₩20,000

Y = ₩300,000

(2023 서울시 7급)

04 　정답 ②

2011년은 전체내용연수 8년 중 4년째가 되는 해이므로 연수합계법 상각률은 5/(1+2+3+4+5+6+7+8) = 5/36가 된다.

2011년 감가상각비 ₩1,000,000 = (취득원가 - ₩800,000) × 5/36

₩7,200,000 = 취득원가 - ₩800,000

취득원가 = ₩8,000,000

(2012 국가직 7급)

05 　정답 ③

(1) 원가모형

20×1년 감가상각비 = (취득원가 ₩50,000 - 잔존가치 ₩0)
　　　　　　　　　 ÷ 내용연수 5년 = ₩10,000

감가상각비 ₩10,000만큼 당기순이익이 감소한다.

(2) 공정가치모형

20×1년 투자부동산평가손익 = 공정가치 ₩60,000 - 장부금액

₩50,000 = (+)₩10,000

투자부동산평가이익 ₩10,000만큼 당기순이익이 증가한다.

(2023 국가직 · 관세직 9급)

06 　정답 ④

하나의 경제적 현상은 여러 가지 방법으로 충실하게 표현될 수 있으나, 동일한 경제적 현상에 대해 대체적인 회계처리방법을 허용하면 비교가능성이 감소한다.

(2023 국가직 · 관세직 9급)

07 　정답 ③

중간재무보고서의 재무상태표는 당해 '중간보고기간말'과 직전 연차보고기간말을 비교하는 형식으로 작성한다. '누적기간'은 기간개념으로 특정시점을 기준으로 하는 재무상태표가 아닌 일정기간을 기준으로 보고하는 손익계산서 등에 적용되는 개념이다.

(2019 국가직 9급)

08 　정답 ④

구분	회사측	은행측
수정 전 잔액	₩200,000	?
은행예금 이자	(+) 15,000	
기발행미인출수표		(-) 100,000
추심수수료	(-) 1,000	
미통지예금	(+) 120,000	
정확한 잔액	₩334,000	₩334,000

은행측 수정전 잔액 = ₩334,000 + ₩100,000 = ₩434,000

(2014 지방직 9급)

09
정답 ②

(1) 만기가치 = ₩100,000

(2) 할인액 = ₩100,000 × 할인율 10% × 3/12 = ₩2,500

※ 무이자부어음의 경우 할인액이 곧 처분손실이 된다.

(3) 수령액 = ₩100,000 - ₩2,500 = ₩97,500

(4) 어음 장부금액 = ₩100,000

(5) 어음처분손익 = 처분금액 ₩97,500 - 장부금액 ₩100,000

$$= (-)₩2,500$$

[별해]

처분손익(간편법) ≒ ₩100,000 × (0% - 10%) × 3/12

$$= (-)₩2,500$$

(2024 국가직 · 관세직 9급)

10
정답 ④

재고자산(원가)

기초재고	48,000	매출원가	?
당기매입	120,000	기말재고	?
	168,000		

재고자산(매가)

기초재고	80,000	순매출액	150,000
당기매입	160,000	기말재고	?
	240,000		240,000

기말재고(매가) = ₩240,000 - ₩150,000 = ₩90,000

원가율(당기매입) = ₩120,000 ÷ ₩160,000 = 75%

기말재고(원가) = 매가 ₩90,000 × 원가율 75% = ₩67,500

(2018 관세직 9급)

11
정답 ②

① 사채발행비가 있는 경우 현금수령액이 감소하므로 할인율에 해당하는 유효이자율이 증가한다.

② 사채를 할증발행한 경우 사채이자비용은 현금이자지급액에 사채 할증발행차금 상각액을 '차감'하여 인식한다.

③, ④ 차금상각액은 할인발행과 할증발행 모두 매기 증가한다.

(2014 국가직 7급)

12
정답 ④

1. 누적배당: B ₩400,000 × 5% × 1년 = ₩20,000

2. 비참가 우선주배당: A ₩200,000 × 10% = ₩20,000

3. 나머지 배당률 = (₩100,000 - ₩40,000) ÷ (₩400,000 + ₩400,000)

　＞ 참가배당률 5%

나머지 배당률이 참가배당률보다 크므로, 잔여배당 ₩60,000을 보통주와 참가우선주의 자본금 비율(1:1)로 안분한다.

구분	누적배당	비참가배당	참가배당
우선주A(비누적, 비참가)		₩20,000	
우선주B(누적, 완전참가)	₩20,000		₩30,000
보통주			₩30,000

우선주B에 대한 배당금 = ₩20,000 + ₩30,000 = ₩50,000

(2018 국가직 9급)

13
정답 ④

현금및현금성자산을 구성하는 항목 간 이동은 영업활동, 투자활동 및 재무활동의 일부가 아닌 현금관리의 일부이므로 이러한 항목 간의 변동은 현금흐름에서 제외한다.

(2018 보험계리사)

14
정답 ③

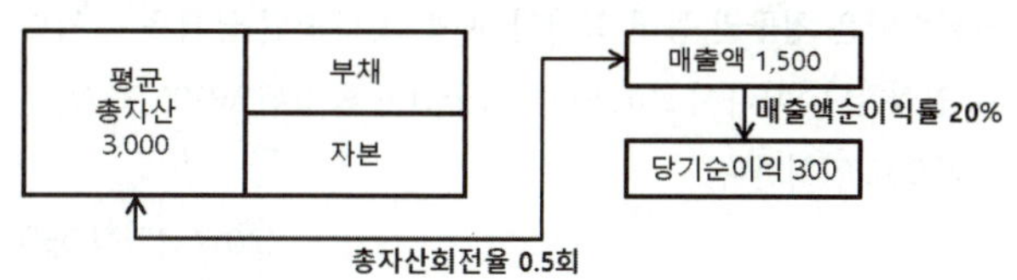

총자산 ₩3,000 × 총자산회전율 0.5회 = 매출액 ₩1,500

매출액 ₩1,500 × 매출액순이익률 20% = 당기순이익 ₩300

(2016 국가직 · 관세직 9급)

15
정답 ③

제조간접원가 = 간접재료원가 ₩50,000 + 공장감가상각비 ₩50,000 + 공장냉난방비 ₩60,000

$$= ₩160,000$$

가공원가 ₩300,000 = 직접노무원가 + 제조간접원가 ₩160,000

직접노무원가 = ₩140,000

기본원가 ₩350,000 = 직접재료원가 + 직접노무원가 ₩140,000

직접재료원가 = ₩210,000

(2016 지방직 9급)

16
정답 ②

전부원가계산 이익 = 변동원가계산 이익 + 기말재고에 포함된 FOH - 기초재고에 포함된 FOH

전부원가계산 이익 - 변동원가계산 이익 = 기말재고에 포함된 FOH - 기초재고에 포함된 FOH

₩300,000 = 기말재고에 포함된 FOH - ₩0(당기에 영업을 개시하였으므로 기초재고가 없다)

결국 기말재고자산에 포함된 고정제조간접원가는 ₩300,000이다.

총 고정제조간접원가가 ₩500,000인데 이 중 60%에 해당하는 ₩300,000이 기말재고로 남았으므로 판매수량은 생산량의 40%에 해당하는 2,000단위(5,000단위 × 40%)가 된다.

(2020 지방직 9급)

17

정답 ③

「지방자치단체 회계기준에 관한 규칙」에 의하면 자산은 미래에 공공서비스를 제공할 수 있거나 직접적 또는 간접적으로 경제적 효익을 창출하거나 창출에 기여할 가능성이 '매우' 높고 그 가액을 신뢰성 있게 측정할 수 있을 때에 인식한다.

(2016 서울시 9급)

18

정답 ②

교환수익은 수익창출 활동이 끝나고 그 금액을 합리적으로 측정할 수 있을 때에 인식하는 데 이는 발생주의에 따라 인식함을 의미한다. 따라서 기간경과분(₩1,200,000 × 4개월/12개월) ₩400,000을 수익으로 인식한다.

비교환수익은 해당 수익에 대한 청구권이 발생하고 그 금액을 합리적으로 측정할 수 있을 때에 인식하며, 수익 유형에 따라 부담금수익은 청구권 등이 확정된 때에 그 확정된 금액을 수익으로 인식한다. 따라서 2016년 중 청구권이 확정된 ₩200,000만을 수익으로 인식한다.

(2017 국가직 9급)

19

정답 ④

완성품 환산량 단위당 원가 ₩30

= 원가(기초재공품 원가 ₩2,000 + 당기투입원가 ₩10,000)

÷ 완성품 환산량

완성품 환산량 = 400개

완성품 환산량 400개

= 기말재공품 200개 × 완성도 + 완성품 300개 × 100%

기말재공품 완성도 = 50%

(2017 지방직 9급 추가채용)

20

정답 ④

한 묶음당 공헌이익 = X(₩110 − ₩100) × 4개

+ Y(₩550 − ₩500) × 1개

= ₩90

손익분기점 판매묶음 = 총고정원가 ₩180,000 ÷ ₩90 = 2,000묶음

2,000묶음은 X 8,000개와 Y 2,000개로 구성된다.

(2016 지방직 9급)

15	③	16	①	17	①	18	③	19	②
20	①								

15

정답 ③

자산인 현금 원장의 차변(왼쪽)에는 증가 내역이 적히고, 대변(오른쪽)에는 감소 내역이 적힌다. 차입금이 차변에 적혔으므로 현금이 증가한 거래로, 차입금으로 자금을 조달하여 현금이 증가하였음을 의미한다. 차입금을 상환한 경우에는 현금이 감소하므로 대변에 적혀야 한다.

(2021 관세직 9급)

16

정답 ①

자산 = 현금 ₩2,000 + 순매출채권(매출채권 ₩2,500

− 대손충당금 ₩300) + 재고자산 ₩3,000 + 기계장치

(₩14,000 − 감가상각누계액 ₩5,000)

= ₩2,000 + ₩2,200 + ₩3,000 + ₩9,000 = ₩16,200

부채 = 선수수익 ₩800 + 매입채무 ₩1,500 = ₩2,300

자본 = 자산 ₩16,200 − 부채 ₩2,300 = ₩13,900

자본 ₩13,900 = 자본금 ₩4,000 + 이익잉여금

이익잉여금 = ₩13,900 − ₩4,000 = ₩9,900

(2022 지방직 9급)

17

정답 ①

선입선출법 적용시 매출원가 = 80개 × ₩10 = ₩800

평균법 적용시 매출원가 = (100개 × ₩10 + 50개 × ₩13)

× 80개/150개 = ₩1,650 × 80개/150개

= ₩880

매출원가 감소액 = ₩880 − ₩800 = ₩80

(2020 서울시 7급)

18

정답 ③

기계장치			
기초	11,000,000	감소(처분)	2,500,000
증가(취득)	?	기말	12,500,000
	15,000,000		15,000,000

취득한 기계장치의 취득원가 = ₩15,000,000 − ₩11,000,000

= ₩4,000,000

감가상각누계액			
감소(처분)	1,000,000	기초	4,000,000
기말	4,500,000	증가(당기상각)	?
	5,500,000		5,500,000

당기상각비 = ₩5,500,000 − ₩4,000,000 = ₩1,500,000

(2016 지방직 9급)

19

정답 ②

보기 ②는 충당부채가 아닌 우발부채에 대한 설명이다.

(2024 관세직 9급)

20

정답 ①

(1) 결과(누적이익): 추정이익{계약금액 ₩5,000,000 - 추정원가 (₩600,000 + ₩900,000 + ₩1,500,000)} × 누적진행률 50% (₩1,500,000/₩3,000,000) = ₩1,000,000

(2) 잔액(전기누적): 전기 추정이익{계약금액 ₩5,000,000 - 추정원가 (₩600,000 + ₩2,400,000)} × 누적진행률 20%(₩600,000/₩3,000,000) = ₩400,000

(3) 보충((1) - (2)): ₩1,000,000 - ₩400,000 = ₩600,000

(2015 관세직 9급)

1	③	2	④	3	①	4	②	5	③
6	①	7	③	8	①	9	④	10	④
11	③	12	①	13	④	14	①	15	②
16	②	17	③	18	①	19	①	20	③

01
정답 ③

① 자산의 '현행원가'는 측정일 현재 동등한 자산의 원가로서 측정일에 지급할 대가와 그 날에 발생할 거래원가를 포함한다.

② 자산을 취득하거나 창출할 때의 '역사적 원가'는 자산의 취득 또는 창출에 발생한 원가의 가치로서, 자산을 취득 또는 창출하기 위하여 지급한 대가와 거래원가를 포함한다.

④ '공정가치'는 측정일에 시장참여자 사이의 정상거래에서 자산을 매도할 때 받거나 부채를 이전할 때 지급하게 될 가격이다.

(2022 감정평가사 수정)

02
정답 ④

비용을 기능별로 분류하는 경우에 비용의 성격에 대한 추가 정보를 공시한다.

(2019 관세직 9급)

03
정답 ①

매출채권

초	500,000	⊖ 현금회수	600,000
		⊖ 대손확정	?
⊕ 매출액	800,000	말	450,000
	1,300,000		1,300,000

대손확정액 = ₩1,300,000 - ₩1,050,000 = ₩250,000

대손충당금

⊖ 대손확정	250,000	초	50,000
말	50,000	⊕ 대손상각비	?
	300,000		300,000

대손상각비 = ₩300,000 - ₩50,000 = ₩250,000

(2021 국가직 관세직 9급)

04
정답 ②

내용연수가 영구적이거나 유지보수 책임이 회사에 없으면 토지의 취득원가에 가산하지만 그렇지 않은 경우에는 구축물 등의 별도자산으로 인식한다.

※ 재산세는 취득이 아닌 보유와 관련된 세금으로 취득원가가 아닌 기간비용으로 인식하는 것이 원칙이다. 다만 ㄴ의 경우처럼 매도자가 보유한 기간에 대한 재산세를 대납하였다면 이는 취득을 위해 부담한 것으로 보아 취득원가에 포함한다.

(2020 감정평가사 수정)

05
정답 ③

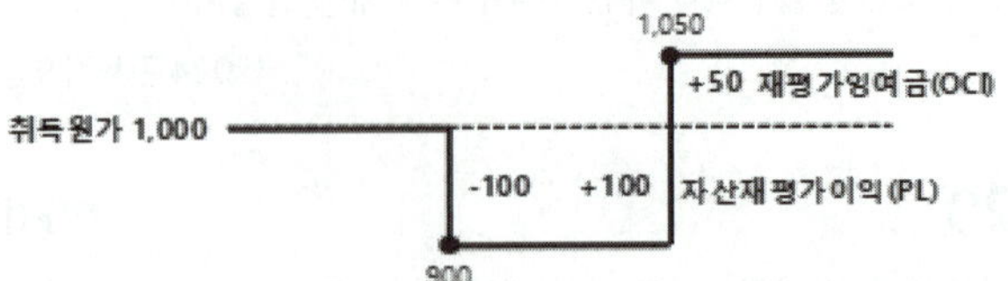

취득원가(₩1,000,000) 아래에서의 변화 ₩100,000(= ₩1,000,000 - ₩900,000)는 자산재평가손익이 되고, 위에서의 변화 ₩50,000(= ₩1,050,000 - ₩1,000,000)은 재평가잉여금이 된다.

(2021 국가직 관세직 9급)

06
정답 ①

일반기업회계기준에 따르면 자본조정은 당해 항목의 성격으로 보아 자본거래에 해당하나 최종 납입된 자본으로 볼 수 없거나 자본의 '가감' 성격으로 자본금이나 자본잉여금으로 분류할 수 없는 항목이다. 자본조정에는 자본에 가산하는 성격의 미교부주식배당금, 신주청약증거금, 주식매입선택권 등도 포함된다(쓰레기통).

(2021 국가직 관세직 9급)

07
정답 ③

자본에 미치는 영향은 다음과 같다.

기초 자본		₩100,000
유상증자	10주 × ₩900	(+)₩9,000
주식소각	영향 없음	-
현금배당	준비금 적립과 주식배당은 영향 없음	(-)₩1,000
총포괄이익	금융자산 공정가치 증가 ₩2,500이 포함되어 있음	(+)₩5,000
기말 자본		₩113,000

(2021 서울시 7급)

08
정답 ①

거래가격의 후속 변동은 계약 개시시점과 같은 기준으로 계약상 수행의무에 배분한다. 따라서 변동한 거래가격 ₩900을 계약 개시시점 개별판매가격 비율(3:2:5)대로 배분한다.

20×1년에 인식할 수익 = 제품 A에 대한 대가 ₩900

× ₩360/₩1,200 + 제품 B에 대한 대가

₩900 × ₩240/₩1,200

= ₩270 + ₩180 = ₩450

(2020 보험계리사)

09

정답 ④

임대수익 ₩2,400 중 7개월 분 ₩1,400은 선수임대료(부채)에 해당한다.

미수이자 ₩10,000 × 4% × 3/12 = ₩100을 이자수익으로 인식한다.

2년치 보험료 지급액 중 22개월 분 ₩2,200은 선급비용(자산)에 해당한다.

차변		대변	
자산	미수이자 ⊕100 선급비용 ⊕2,200	부채	선수임대료 ⊕1,400
비용	보험료 ⊖2,200	수익	임대수익 ⊖1,400 이자수익 ⊕100
합계	⊕100	합계	⊕100

당기순이익 변동 = 수익감소 (-)₩1,300 + 비용감소 ₩2,200 = ₩900

(2021 국가직 관세직 9급)

10

정답 ④

감가상각비(비용)를 과대계상하면 이익은 감소한다.

선급보험료는 자산에 해당한다. 자산을 과소계상하면 대차평균에 따라 이익은 감소(자본감소)한다.

미지급임차료는 부채에 해당한다. 부채를 과대계상하면 대차평균에 따라 이익은 감소(자본감소)한다.

재고자산을 과소계상하면 대차평균에 따라 이익은 감소(자본감소)한다.

선급보험료, 미지급임차료, 재고자산의 오류는 자동조정 유형에 해당하므로 차기에는 반대의 영향을 미친다.

	20×1년	20×2년
감가상각비	⊖100,000	⊖200,000
선급보험료	⊖30,000	⊕30,000 ⊖20,000
미지급임차료	⊖10,000	⊕10,000 ⊖40,000
재고자산	⊖70,000	⊕70,000 ⊖50,000
손익에 미치는 영향	⊕210,000	**⊖200,000**

(2018 서울시 7급)

11

정답 ③

매출원가(비용)	50,000	매입채무(부채) 증가	1,000
재고자산(자산) 증가	2,000	현금 감소	?
	52,000		52,000

현금 감소 = ₩52,000 - ₩1,000 = ₩51,000

(2014 지방직 9급)

12

정답 ①

구분	주식수	기간	조정	가중평균주식수
기초	10,000주	12/12	20%	10,000 × 12/12 × (1+20%) = 12,000
4/1	2,000주	9/12	20%	2,000 × 9/12 × (1+20%) = 1,800
11/1	(-)1,200주	2/12	-	(-)1,200 × 2/12 = (-)200
합계				13,600주

기본주당순이익 = 보통주당기순이익 ₩13,600,000 ÷ 13,600주 = ₩1,000/주

(2023 국가직 7급)

13

정답 ③

재고자산의 감액을 초래했던 상황이 해소되거나 경제상황의 변동으로 순실현가능가치가 상승한 명백한 증거가 있는 경우에는 최초의 장부금액을 초과하지 않는 범위 내에서 평가손실을 환입한다. 그 결과 새로운 장부금액은 취득원가와 수정된 순실현가능가치 중 작은 금액이 된다.

(2024 국가직·관세직 9급)

14

정답 ①

매출총이익이나 매출총이익률이 주어지면 매출원가로 접근한다.

매출원가 = 매출액 ₩200 × (1 - 매출총이익률 20%) = ₩160

매출원가 ₩160 = 기초재고 ₩30 + 당기매입 - 기말재고 ₩20

당기매입액 = ₩150

당기매입액 중 외상매입액 = ₩150 × 60% = ₩90

매입채무			
⊖ 결제(현금지급)	?	초	50
말	60	⊕ 외상매입	90
	140		140

매입채무 현금지급액 = ₩140 - ₩60 = ₩80

(2024 국가직·관세직 9급)

15

정답 ②

기초 미지급임금 + 당기 발생액 - 당기 지급액 = 기말 미지급임금

미지급임금의 기초금액과 기말금액이 동일하므로, 노무원가 발생액과 지급액도 동일하다.

재공품				제품		
기초	100	제조		기초	100	원가
DM	총 제 조 450		→	제조		기말 100
DL						
OH		기말	100			

OH = 감가상각비(생산현장) ₩100 + CEO 급여 ₩150 × 1/3 = ₩150

DM = (DL ₩450 + OH ₩150) × 50% = ₩300

제품제조원가 = 기초 ₩100 + DM ₩300 + DL ₩450 + OH ₩150 - 기말 ₩100 = ₩900

매출원가 = 기초 ₩100 + 제품제조원가 ₩900 - 기말 ₩100 = ₩900

매출총이익 = 매출액 ₩2,000 - 매출원가 ₩900 = ₩1,100

(2016 국가직 9급)

16   정답 ②

표준원가(SQ × SP)	(AQ × SP)	실제원가(AQ × AP)
400개 × 5h × 표준임률		₩31,450

수량(능률)차이	가격(임률)차이
₩2,250(유리)	₩3,700(불리)

표준원가 = 실제원가 ₩31,450 - 불리한 임률차이 ₩3,700

     + 유리한 능률차이 ₩2,250

     = ₩30,000

표준임률 = ₩30,000 ÷ (400개 × 5h) = ₩30,000 ÷ 2,000h = ₩15/h

(2019 국가직 7급)

17   정답 ③

당기총제조원가(예정배부) = DM ₩24,000 + DL ₩16,000

     + OH (DL₩16,000 × 50%)

     = ₩48,000

기말재공품(예정배부) = DM ₩1,200 + DL (OH ₩1,500 × 2)

     + OH ₩1,500 = ₩5,700

당기제품제조원가(예정배부) = 기초재공품 ₩5,600

     + 당기총제조원가 ₩48,000

     - 기말재공품 ₩5,700 = ₩47,900

매출원가(예정배부) = 기초제품 ₩4,700 + 당기제품제조원가

     ₩47,900 - 기말제품 ₩8,000 = ₩44,600

제조간접원가 배부차이 = 조정 후 매출원가 ₩49,400

     - 조정 전 매출원가 ₩44,600 = ₩4,800

제조간접원가 실제발생액 = 예정배부액 ₩8,000

     + 배부차이 ₩4,800 = ₩12,800

(2014 지방직 9급)

18   정답 ③

① 재고자산은 선입선출법을 적용하는 것을 원칙으로 한다.

② 장기투자증권은 총평균법을 적용하는 것을 원칙으로 한다.

④ 사회기반시설은 일반유형자산과 주민편의시설과 마찬가지로
정액법 상각을 원칙으로 한다.

(2017 국가직 9급)

19   정답 ①

지방자치단체의 현금흐름표는 영업활동이 아닌 경상활동으로
표시한다.

(2020 지방직 9급)

20   정답 ③

단위당 변동원가 = (₩285,000 - ₩225,000) ÷ (6,500h - 4,000h)

     = ₩60,000/2,500h = ₩24/h

총원가 ₩225,000 = 변동원가(4,000시간 × ₩24/h) + 고정원가

고정원가 = ₩225,000 - ₩96,000 = ₩129,000

5,500시간일 경우 제조간접원가 = 5,500시간 × ₩24/h + ₩129,000

     = ₩261,000

(2022 국가직 9급)

15	①	16	②	17	②	18	③	19	①
20	④								

15

정답 ①

② 계약상 현금흐름을 수취하기 위해 보유하는 것이 목적인 사업 모형 하에서 금융자산을 보유하고, 계약 조건에 따라 특정일에 원금과 원금잔액에 대한 이자 지급만으로 구성되어 있는 현금흐름이 발생한다면 금융자산을 '상각후원가'로 측정한다.

③ 계약상 현금흐름의 수취와 금융자산의 매도 둘 다를 통해 목적을 이루는 사업모형하에서 금융자산을 보유하고, 계약조건에 따라 특정일에 원리금 지급만으로 구성되어 있는 현금흐름이 발생한다면 금융자산을 '기타포괄손익 - 공정가치'로 측정한다.

④ 당기손익 - 공정가치로 측정되는 지분상품에 대한 특정 투자에 대하여는 후속적인 공정가치 변동을 기타포괄손익으로 표시하도록 최초 인식시점에 선택할 수도 있다. 다만, 한번 선택하면 이를 취소할 수 없다.

(2022 관세직 9급)

16

정답 ②

개발비 상각액 = (₩600,000 ÷ 10년) × 6개월/12개월 = ₩30,000
손상차손 = 장부금액(₩600,000 - ₩30,000) - 회수가능액 ₩500,000 = ₩70,000

(2018 관세직 9급)

17

정답 ②

상환시점까지 유효이자율 상각표는 다음과 같다.

일자	유효이자	표시이자	상각액	상각후원가
20×1. 1. 1.				9,503
20×1. 12. 31.	950	800	150	9,653

사채상환손익 = 장부금액 ₩9,653 - 상환액 ₩9,800 = (-)₩147

(2021 관세직 9급)

18

정답 ③

영업이익 = 매출액 ₩300,000 - 매출원가 ₩128,000
      - 판관비(대손상각비 ₩4,000 + 급여 ₩30,000
      + 감가상각비 ₩3,000 + 임차료 ₩20,000
      = ₩115,000

사채이자비용은 영업외비용, 임대료는 영업외수익에 해당한다. 법인세비용은 당기순이익을 구할 때 법인세비용차감전순이익에서 차감한다.

(2017 관세직 9급 추가채용)

19

정답 ①

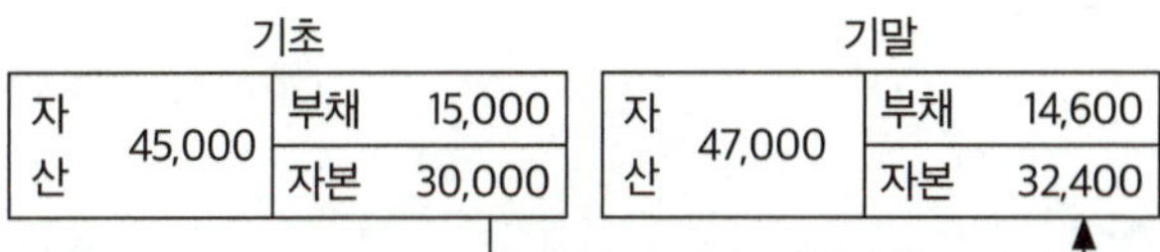

	재무자본유지(불변구매력)	실물자본유지
기초자본	₩50,000	₩50,000 ÷ ₩1,000 = 50개
유지해야 할 자본	₩50,000 × 일반물가지수 변동(150/100) = ₩75,000	50개 × ₩2,000/개 = ₩100,000
기말자본	₩150,000	₩150,000
이익	₩150,000 - ₩75,000 = ₩75,000	₩150,000 - ₩100,000 = ₩50,000

(2022 지방직 9급)

20

정답 ④

기초				기말			
자산	45,000	부채	15,000	자산	47,000	부채	14,600
		자본	30,000			자본	32,400

당기순이익 1,500 ± 자본의 증감(유상증자 2,000
    - 현금배당 3,000 ± 기타포괄손익)

자본 증가액 ₩2,400 = 당기순이익 ₩1,500 + 유상증자 ₩2,000
    - 현금배당 ₩3,000 ± 기타포괄손익

기타포괄손익 = ₩1,900

※ 주식배당은 잉여금이 자본금으로 대체될 뿐, 자본의 증감에는 영향을 주지 않는다.

(2019 국가직 7급)

1	④	2	②	3	④	4	③	5	④
6	③	7	③	8	②	9	③	10	①
11	②	12	③	13	②	14	③	15	①
16	②	17	①	18	①	19	④	20	③

01

정답 ④

현행가치와 달리 역사적 원가는 자산의 손상이나 손실부담에 따른 부채와 관련되는 변동을 제외하고는 가치의 변동을 반영하지 않는다. 즉, 자산의 손상이나 손실부담에 따른 부채의 변동은 반영을 한다.

(2020 보험계리사)

02

정답 ②

토지를 원하는 용도인 건물신축이 가능한 상태로 만들기 위해 들어간 모든 비용(창고 철거비용)은 토지의 취득원가에 가산한다. 토지는 취득이 완료되었으므로 건설중인자산이 아닌 토지로 보고되고, 아직 공사가 진행중인 사옥의 건설원가가 건설중인자산으로 계상된다.

건설중인자산 = 설계비 ₩2,000 + 굴착비용 ₩500 + 건설자재
구입비용 ₩4,000 + 특정차입금 차입원가 ₩150
+ 인건비 ₩1,700 = ₩8,350

(2021 국가직·관세직 9급)

03

정답 ④

자산은 다음의 경우에 유동자산으로 분류한다.

(1) 기업의 정상영업주기 내에 실현될 것으로 예상하거나, 정상영업주기 내에 판매하거나 소비할 의도가 있다. (재고자산 ₩250,000, 매출채권 ₩700,000)

(2) 주로 단기매매 목적으로 보유하고 있다. (주식 ₩1,000,000)

(3) 보고기간 후 12개월 이내에 실현될 것으로 예상한다. (대여금 ₩370,000)

(4) 현금이나 현금성자산으로서, 교환이나 부채 상환 목적으로의 사용에 대한 제한 기간이 보고기간 후 12개월 이상이 아니다. (용도 제한 현금 ₩440,000)

(2014 관세사 수정)

04

정답 ③

수정사항을 반영하면 다음과 같은 변화가 생긴다.

	차변		대변
	선급보험료 ⊖10,000		미지급급여 ⊕10,000
자산	현금 ⊕10,000	부채	선수임대료 ⊖10,000
	매출채권 ⊖10,000		미지급이자 ⊕10,000

	급여 ⊕10,000		
비용	보험료 ⊕10,000	수익	임대수익 ⊕10,000
	이자비용 ⊕10,000		
합계	⊕20,000	합계	⊕20,000

이러한 수정분개를 반영하지 못했으므로 재무제표에 미치는 영향은 반대로 나타난다. 자산 ₩10,000 과대계상, 부채 ₩10,000 과소계상, 수익 ₩10,000 과소계상, 비용 ₩30,000 과소계상 순이익 ₩20,000 과대계상 된다.

(2021 지방직 9급)

05

정답 ④

현금(자산) 증가	600,000	매입채무(부채) 증가	6,000
매출채권(자산) 증가	8,000	당기순이익	?
미지급비용(부채) 감소	7,000		
선급비용(자산) 증가	5,000		
	620,000		620,000

당기순이익 = ₩620,000 - ₩6,000 = ₩614,000

(2015 관세직 9급)

06

정답 ③

ㄱ. 결과: ₩58,500

ㄴ. 잔액: 기초 ₩20,000 - 대손확정 ₩7,500 + 대손회수 ₩3,000
= ₩15,500

ㄷ. 보충: ₩58,500 - ₩15,500 = ₩43,000

(2021 보험계리사)

07

정답 ③

재고자산의 매입단가가 지속적으로 하락하는 경우 선입선출법에 의한 매출원가(단가가 하락하기 전 비싼 기초재고가 매출원가로 인식됨)가 평균법에 의한 매출원가보다 더 높다. 따라서 매출총이익은 선입선출법이 더 작게 보고된다.

(2018 지방직 9급)

08

정답 ②

20×1년 감가상각비 = (₩36,000 - ₩0) ÷ 3년 × 6/12 = ₩6,000

20×1년 말 상각후원가 = ₩36,000 - ₩6,000 = ₩30,000

20×1년 말 인식할 손상차손 = 상각후원가 ₩30,000 -
회수가능액 Max(₩25,000, ₩24,000)
= ₩5,000

20×2년 말 상각후원가 = ₩25,000 - ₩25,000/2.5년
= ₩25,000 - ₩10,000 = ₩15,000

20×2년 말 회수가능액 = Max(₩17,000, ₩19,000) = ₩19,000

손상차손을 인식하지 않았을 경우의 20×2년 말 장부금액
= ₩36,000 - ₩18,000 = ₩18,000

20×2년 말 손상차손환입액 = Min(₩19,000, ₩18,000) - ₩15,000

= ₩3,000

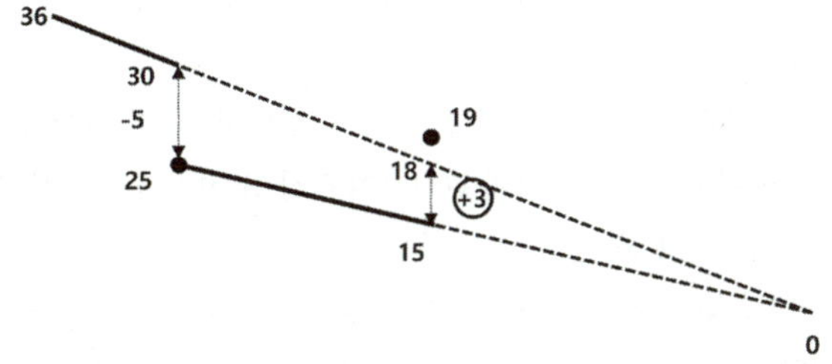

(2023 국가직 · 관세직 9급)

09 정답 ③

㈜대한의 순자산 공정가치 = 자산의 공정가치 ₩4,000

- 부채의 공정가치 ₩3,500 = ₩500

영업권 = 이전대가 ₩2,000 - 순자산 공정가치 ₩500 = ₩1,500

(2018 보험계리사)

10 정답 ①

① 주식배당으로 인한 이익잉여금 감소액 = 100주 × 주식배당

비율 0.1 × 주당 액면금액 ₩1,000 = ₩10,000

② 자기주식처분손익 = 4주 × (₩2,200 - ₩2,100) + 6주 ×

(₩1,700 - ₩2,100) = ₩400 - ₩2,400 = (-)₩2,000

③ 기말 보통주자본금 = 기초 ₩100,000 + 주식배당으로 인한 자

본금 증가액 ₩10,000 = ₩110,000

④ 기말 보통주주식수 = (기초 100주 + 주식배당 10주) × 주식분

할 2배 = 220주

(2019 국가직 9급)

11 정답 ②

(1) 영업무관 손익조정: 영업관련이익 = 당기순이익 ₩2,000,000

(2) 영업관련 자산·부채 조정(원샷법)

미수수익(자산) 증가	150,000	영업관련이익	2,000,000
미지급비용(부채) 감소	300,000	매입채무(부채) 증가	200,000
현금증가	?	매출채권(자산) 감소	500,000
	2,700,000		2,700,000

영업활동 현금흐름 = ₩2,700,000 - ₩150,000 - ₩300,000

= ₩2,250,000

(2015 국가직 9급)

12 정답 ③

현재가치 평가에 사용되는 할인율에 반영되는 위험에는 미래 현금흐름을 추정할 때 고려한 위험은 반영하지 아니한다.

(2020 보험계리사)

13 정답 ②

주식발행과 관련한 직접원가는 발행가액에서 차감하여 주식발행초과금 혹은 주식할인발행차금에 반영하고, 간접원가는 비용으로 인식한다. 주식발행시 회계처리는 다음과 같다.

(차) 현금	1,120,000	(대) 자본금	1,000,000
		주식발행초과금	120,000
(차) 제비용	10,000	(대) 현금	10,000

따라서 자본은 ₩1,120,000(자본금 ₩1,000,000 + 주식발행초과금 ₩120,000)이 증가하고(이후에 결산과정을 거치면 제비용이 당기손익을 감소시켜 이익잉여금에 반영되므로 최종적인 자본증가는 ₩1,110,000이 되지만 발행시점의 자본증가는 ₩1,120,000이 된다), 주식발행초과금은 ₩120,000 증가한다. 주식발행과 관련된 간접원가는 비용으로 인식하지만, 직접원가는 발행가액에서 차감하여 자본에 직접 반영한다.

(2017 국가직 9급)

14 정답 ③

매출원가 × 120% = 매출액 ₩60,000

매출원가 = ₩60,000 ÷ 1.2 = ₩50,000

원재료				재공품			
기초	2,000	DM		기초	8,000	제조	
매입	15,000	기말	7,000	DM			
	17,000			DL		기말	5,000
				OH			

제품			
기초	7,000	원가	50,000
제조		기말	10,000
			60,000

당기제품제조원가 = ₩60,000 - ₩7,000 = ₩53,000

당기총제조원가 = (제품제조원가 ₩53,000 + 기말재공품

₩5,000) - 기초재공품 ₩8,000 = ₩50,000

DM = ₩17,000 - ₩7,000 = ₩10,000

가공원가 = 당기총제조원가 ₩50,000 - DM ₩10,000 = ₩40,000

OH = 가공원가 ₩40,000 × 40% = ₩16,000

DL = 가공원가 ₩40,000 - OH ₩16,000 = ₩24,000

기초원가 = DM ₩10,000 + DL ₩24,000 = ₩34,000

(2021 국가직 7급)

15 정답 ①

개별 회계실체의 재무제표를 작성할 때에는 지방자치단체 안의 다른 개별 회계실체와의 내부거래를 상계하지 아니한다.

(2017 지방직 9급)

16　

변동제조간접원가는 실제사용량을 기준으로, 고정제조간접원가는 최대사용가능량을 기준으로 배분한다.

변동제조간접원가 ₩100,000 × 300kW/1,000kW = ₩30,000

고정제간접원가 ₩225,000 × 500kW/1,500kW = ₩75,000

조립부문 배부액 = ₩30,000 + ₩75,000 = ₩105,000

(2019 국가직 9급)

17　

					재료비	가공비
기초	300	완성	2,000		2,000	2,000
착수	2,200	기말	500	(40%)	500	200
	2,500		2,500		2,500	2,200
				원가	₩25,000	₩44,000
				단위당 원가	@10	@20

완성품원가 = 2,000개 × (₩10 + ₩20) = ₩60,000

(2024 국가직 9급)

18　

공헌이익 = 판매량 8,000개 × (판매단가 ₩200 - 변동원가 ₩150)

　　　　 = ₩400,000

변동원가계산에 의한 영업이익 = 공헌이익 ₩400,000

　　　　　　　　　　　　　　 - 고정원가 ₩265,000

　　　　　　　　　　　　　　 = ₩135,000

기말제품 재고액 = 기말재고 2,000개

　　　　　　　　 × 단위당 변동제조원가 ₩110 = ₩220,000

※ 변동원가계산하에서는 변동제조원가만 제품원가를 구성하고, 고정제조간접원가와 판관비는 기간원가로 처리한다.

(2019 국가직 9급)

19　

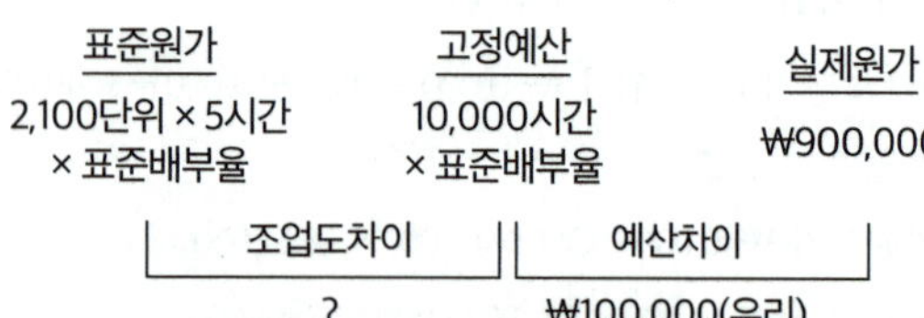

고정예산 = 실제원가 ₩900,000 + 예산차이 ₩100,000 = ₩1,000,000

표준배부율 = ₩1,000,000 ÷ 10,000시간 = ₩100/시간

표준원가 = 2,100단위 × 5시간 × ₩100/시간 = ₩1,050,000

조업도차이 = 표준원가 ₩1,050,000 - 고정예산 ₩1,000,000 = ₩50,000 유리한 차이

(2017 지방직 9급 추가채용)

20　

① 사회기반시설 중 유지보수를 통하여 현상이 유지되는 도로, 도시철도, 하천부속시설 등은 감가상각 대상에서 제외할 수 있다.

② 지방채증권은 발행가액으로 평가하되, 발행가액은 지방채증권 발행수수료 및 발행과 관련하여 직접 발생한 비용을 '뺀' 후의 가액으로 한다.

④ 퇴직급여충당부채는 회계연도말 현재 「공무원연금법」을 적용받는 지방공무원을 '제외한' 무기계약근로자 등이 일시에 퇴직할 경우 지방자치단체가 지급하여야 할 퇴직금에 상당한 금액으로 한다.

(2017 서울시 9급)

14	④	15	③	16	②	17	④	18	①
19	④	20	②						

14

정답 ④

계약 당사자들이 그 활동이나 과정에서 생기는 위험과 효익을 공유한다면, 그 계약상대방은 고객이 아니다.

(2019 보험계리사)

15

정답 ③

우선주배당금 = (500주 - 400주) × ₩1,000 × 10% = ₩10,000
보통주당기순이익 = 당기순이익 ₩50,000
　　　　　　　　 - 우선주배당금 ₩10,000 = ₩40,000
유통보통주식수 = 800주 × 12/12 + 400주 × 6/12 = 1,000주
(※ 전환우선주는 전환이 이루어진 날부터 유통보통주식수에 가산한다)
기본주당이익 = 보통주당기순이익 ₩40,000
　　　　　　　 ÷ 유통보통주식수 1,000주 = ₩40/주

(2021 국가직 7급)

16

정답 ②

경제적자원의 이전가능성이 낮더라도 의무가 부채의 정의를 충족할 수 있다. 다만, 부채의 정의를 충족하더라도 재무제표에 부채로 '인식'되기 위해서는 그것이 유용한 정보이어야만 한다.

(2019 관세직 9급 수정)

17

정답 ④

시산표가 발견할 수 있는 오류는 대차평균의 원리를 위배하는 오류다. 즉, 대변과 차변의 합계가 맞지 않는 경우 시산표에서 확인할 수 있다. 차변에 전기해야 할 내용을 대변으로 전기한 경우 차변과 대변의 합계가 맞지 않게 된다.

(2015 국가직 관세직 9급)

18

정답 ①

기말재고자산 = 실사 ₩110,000 + 시용판매(₩40,000 × 50%)
　　　　　　　 = ₩130,000
※ 담보제공상품은 저당권이 실행되기 전까지는 회사의 재고자산에 포함하여야 한다. 기말 실사 시 이미 포함하였으므로 추가로 반영할 필요는 없다.
매출원가 = 기초재고 ₩100,000 + 당기매입 ₩200,000
　　　　　 - 기말재고 ₩130,000 = ₩170,000

(2021 관세직 9급)

19

정답 ④

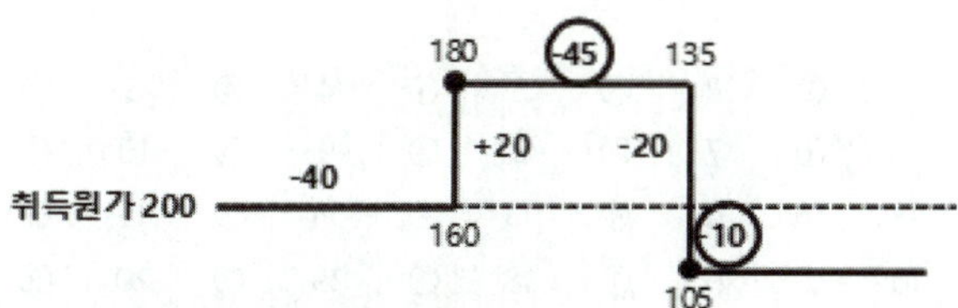

20×2년 감가상각비 = ₩1,800,000 ÷ 4년 = ₩450,000
20×2년 재평가손실 = (상각후원가 ₩1,350,000 - 공정가치
　　　　　　　　　 ₩1,050,000) - 재평가잉여금 잔액 ₩200,000
　　　　　　　　　 = ₩100,000
당기순손익에 미치는 영향 = 감가상각비 (-)₩450,000
　　　　　　　　　　　　 + 재평가손실 (-)₩100,000
　　　　　　　　　　　　 = (-)₩550,000

(2019 서울시 9급)

20

정답 ②

당기수익 = 젖소의 공정가치 증가분 (₩2,250,000 - ₩1,500,000)
　　　　　 + 수확물의 공정가치 ₩300,000
　　　　　 = ₩1,050,000
당기비용 = 사육비용 ₩450,000 + 판매비용 ₩50,000 = ₩500,000
당기순이익 = ₩1,050,000 - ₩500,000 = ₩550,000

(2014 감정평가사)

1	②	2	③	3	④	4	④	5	③
6	①	7	③	8	③	9	③	10	④
11	②	12	④	13	④	14	①	15	②
16	②	17	①	18	①	19	③	20	②

01

정답 ②

적격자산은 의도된 용도로 사용하거나 판매가능한 상태에 이르게 하는 데 상당한 기간을 필요로 하는 자산으로서 제조나 취득에 상당한 기간이 소요되지 않는 금융자산은 적격자산에 해당하지 아니한다.

(2017 보험계리사)

02

정답 ③

(차) 대손충당금	(대) 매출채권

매출채권을 제거하고 대손충당금과 상계처리하는 것은 기말이 아닌, 기중에 채권에 대한 대손이 확정된 시점(돈을 못 받게 된 날)에 해야 할 분개이다.

03

정답 ④

원샷법을 이용하여 다음과 같이 풀 수 있다.

이자

이자비용	1,000,000	현금감소(이자지급)	?
미지급이자(부채) 감소	80,000		
	1,080,000		1,080,000

이자지급 = ₩1,080,000

임차료

임차료(비용)	2,000,000	현금감소(임차료지급)	?
선급임차료(자산) 증가	240,000		
	2,240,000		2,240,000

임차료지급 = ₩2,240,000

04

정답 ④

'개념체계'는 회계기준위원회가 관련 업무를 통해 축적한 경험을 토대로 수시로 개정될 수 있다. '개념체계'가 개정되었다고 자동으로 회계기준이 개정되는 것은 아니다.

05

정답 ③

포괄손익계산서에는 당기의 평가손익이, 재무상태표에는 평가손익의 누계액이 표시된다.

평가손익(누계) = (공정가치 ₩9,000 - 취득원가 ₩8,000) × 50주
= ₩50,000

06

정답 ①

기계장치 대금 ₩90,000 + 운반비 ₩10,000 + 설치장소 준비비 ₩6,000 + 시운전비 ₩5,000 = ₩111,000

오답노트 구입시에 매입할인이나 리베이트를 받은 금액은 취득원가에서 차감한다. 시운전과정에서 생산된 재화의 매각금액은 별도의 손익으로 인식하며, 가동 후 재배치나 재편성 과정에서 발생하는 원가는 취득원가에 포함하지 않는다.

07

정답 ③

사업결합 전에 그 자산을 피취득자가 인식하였는지 여부에 관계없이, 취득자는 취득일에 피취득자의 무형자산을 영업권과 분리하여 인식한다.

영업권 = 취득대가 ₩400,000 - 순자산 공정가치 (₩200,000
+ ₩70,000) - 무형자산 공정가치 ₩50,000 = ₩80,000

(2017 관세사 변형)

08

정답 ③

일자	유효이자	표시이자	상각액	장부금액
20×1. 1. 1.				₩9,502
20×1. 12. 31.	₩950	₩800	₩150	₩9,652
20×2. 7. 1.	₩483	₩400	₩83	₩9,735

경과이자를 제외한 상환금액 = ₩9,687 - ₩400 = ₩9,287

사채상환손익: 상환시점 장부금액 ₩9,735 - 상환금액(경과이자 제외) ₩9,287 = ₩448

09

정답 ③

① 유동성 순서에 따른 표시방법을 적용할 경우 모든 자산과 부채는 유동성의 순서에 따라 표시한다. 유동/비유동 구분법에 의할 경우 유동자산과 비유동자산을 구분하되 순서는 상관이 없다. 따라서 비유동자산을 먼저 표시해도 된다.

② 기업의 정상영업주기 내에 실현될 것으로 예상된다면 유동자산으로 분류될 수 있다.

④ 주석에는 '적용한 유의적인 회계정책의 요약'보다는 '한국채택국제회계기준을 준수하였다는 사실'을 먼저 표시하는 것이 일반적이다

10

정답 ④

구분	회사측	은행측
조정 전 잔액	₩400,000	₩400,000
기발행미인출수표		(-) 40,000
추심완료어음	(+) 150,000	
추심수수료	(-) 30,000	
부도수표	(-) 40,000	
은행기입착오		(+) 120,000
정확한 잔액	₩480,000	₩480,000

11 정답 ②

재고자산평가손실: 제품 A ₩3,000 + 원재료 A ₩2,000

$$= ₩5,000$$

오답노트 원재료 B를 투입하여 완성된 제품 B가 원가 이상으로 판매되기 때문에 원재료 B에 대해서는 순실현가능가치로 감액하지 않는다.

12 정답 ④

자기주식은 자산으로 보지 않으며 공정가치 평가를 하지 않는다.

13 정답 ④

청소 용역처럼 기업이 수행하는 대로 그 수행의 효익을 고객이 얻고 동시에 소비한다면 이는 기간에 걸쳐 수행의무를 이행하는 것으로 본다. 이를 쉽게 식별하기 힘든 경우에는 다른 기업이 고객에게 나머지 수행의무를 이행한다고 가정할 때, 기업이 지금까지 완료한 업무를 다른 기업이 실질적으로 다시 수행할 필요가 없을 것이라고 판단한다면 그 수행의무는 기간에 걸쳐 이행하는 것이다.

14 정답 ①

중앙관서결산보고서는 3월 말일이 아닌 2월 말일까지 제출하여야 한다.

15 정답 ②

기회원가는 '특정 대안을 선택하기 위하여 포기해야 하는 가장 큰 효익(순현금흐름)'으로 측정한다. 포기하는 두 가지 대안의 현금흐름은 다음과 같다.

ㄱ. 즉시 처분 ₩30,000

ㄴ. 수선 후 처분 ₩40,000(₩50,000 - ₩10,000)

둘 중 큰 값이 ₩40,000이 기회원가가 된다.

16 정답 ②

제조간접원가 배부율(조립) = ₩800,000 ÷ 400노동시간 = ₩2,000/노동시간

제조간접원가 배부율(도장) = ₩700,000 ÷ 500기계시간 = ₩1,400/기계시간

	A제품	B제품
기초원가	₩150,000	₩110,000
제조간접원가 (조립)	₩2,000/노동시간 × 30 노동시간 = ₩60,000	₩2,000/노동시간 × 10 노동시간 = ₩20,000
제조간접원가 (도장)	₩1,400/기계시간 × 30 기계시간 = ₩42,000	₩1,400/기계시간 × 20 기계시간 = ₩28,000
합계	₩252,000	₩158,000

(2016 보험계리사)

17 정답 ①

단위당 공헌이익 = 단위당 판매가격 ₩12,000 - 단위당 변동원가

$$(₩800,000 ÷ 100개) = ₩4,000$$

손익분기점 판매량 = 고정원가 ₩200,000 ÷ 공헌이익 ₩4,000

$$= 50개$$

손익분기점 판매액 = 50개 × ₩12,000 = ₩600,000

18 정답 ①

표준원가(SQ × SP)	(AQ × SP)	실제원가(AQ × AP)
2,200개 × 1단위 × ₩50 = ₩110,000	2,300단위 × ₩50 = ₩115,000	2,300단위 × ₩48 = ₩110,400

수량차이	가격차이
₩5,000(불리)	₩4,600(유리)

풀이Tip 결국 차이분석은 회사가 설정한 표준원가(단위당 ₩5)를 실제생산량 2,200단위에 배분한 표준원가 총액 ₩110,000과 실제 발생한 재료원가 총액 ₩110,400의 차이를 분석하는 것이다. 2,200단위의 제품을 생산하는 데 원재료도 2,200단위면 될 줄 알았는데 실제 2,300단위가 투입되어 그만큼 불리한 차이(₩5,000)가 발생했다. 하지만 예상보다 원재료 단가가 하락해서(₩50 ☞ ₩48) 가격에서는 유리한 차이(₩4,600)가 발생했다. 결국 사전에 설정했던 표준보다 원가가 ₩400 더 들어간 데 대해 구매팀은 구입단가를 ₩2 낮춰서 잘못이 없지만, 생산팀이 2,300단위의 원재료를 투입해서 2,200단위밖에 생산하지 못한 데 원인이 있다고 성과를 분석하는 것이다.

19 정답 ③

비배분수익이 아닌 비교환수익 등을 빼서 표시한다.

20 정답 ②

				재료A (0%)	재료B (50%)	가공비
기초	1,000	완성	기초 1,000 (-20%)			200
			착수 4,000	4,000	4,000	4,000
착수	5,500	기말	1,500 (40%)	1,500	0	600
	6,500		6,500	5,500	4,000	4,800

14	④	15	③	16	④	17	②	18	①
19	①	20	②						

14

정답 ④

선입선출법 기말재고: 20개 × ₩140 = ₩2,800

총평균법 재고단가: (20개 × ₩120 + 40개 × ₩130 + 40개

$\times$ ₩140) ÷ 100개 = ₩132

총평균법 기말재고: 20개 × ₩132 = ₩2,640

15

정답 ③

취득원가를 A라 할 때,

처분시점까지의 감가상각누계액

$= (A - 0.1A) \times \left(\frac{4}{10} + \frac{3}{10} \times \frac{8}{12}\right) = 0.9A \times 0.6 = 0.54A$

20×2년 9월 1일 장부금액 = A - 0.54A = 0.46A

처분손익 (-)₩60,0000 = 처분대가 ₩400,000 - 장부금액 0.46A

0.46A = ₩460,000

A = ₩1,000,000

16

정답 ④

경제적효익을 갖는 자원의 유출가능성이 희박하다면 공시하지
아니한다.

17

정답 ②

유동자산 = 현금 ₩32,000 + 매출채권 ₩5,000 + 재고자산 ₩63,000

= ₩100,000

유동부채 = 매입채무 ₩13,000 + 단기차입금 ₩9,000

+ 선수수익 ₩3,000 + 유동성장기부채 ₩25,000

= ₩50,000

유동비율 = 유동자산 ₩100,000 ÷ 유동부채 ₩50,000 = 200%

(2016 보험계리사 변형)

18

정답 ①

① 사용가치와 이행가치는 미래현금흐름에 기초하기 때문에 자
산을 취득하거나 부채를 인수할 때 발생하는 거래원가는 포
함하지 않는다. 그러나 사용가치와 이행가치에는 기업이 자
산을 궁극적으로 처분하거나 부채를 이행할 때 발생할 것으
로 기대되는 거래원가의 현재가치가 포함된다.
② 시장참여자 사이의 정상거래에서 지급하게 될 가격인 공정가
치에는 취득이나 처분시의 거래원가가 반영되지 않는다.
③, ④ 유입가치에 해당하는 역사적 원가와 현행원가는 자산을
취득할 때의 거래원가를 반영하지만, 처분할 때의 거래원
가는 포함하지 않는다.

19

정답 ①

상환시점의 분개는 다음과 같다.

(차) 차입금	₩1,000	(대) 현금	₩1,100
이자비용	₩100		

따라서 부채(차입금)와 자산(현금)이 감소하고 비용(이자비용)
이 발생한다.

20

정답 ②

ㄱ. 결과: 340,000

ㄴ. 잔액: 210,000 - 대손액

ㄷ. 보충: 200,000

잔액 = ㄱ - ㄴ = 140,000

대손액 = 210,000 - 140,000 = 70,000

1	④	2	③	3	④	4	②	5	①
6	③	7	②	8	①	9	②	10	④
11	③	12	③	13	④	14	③	15	③
16	②	17	②	18	④	19	③	20	①

01

정답 ④

기업이 계속해서 수년간 영업한다는 가정이 성립되어야 취득원가를 여러 해(내용연수)에 걸쳐 비용화하는 감가상각이 정당화되며, 1년(혹은 정상영업주기)을 기준으로 유동 및 비유동으로 구분할 수 있다. 기업이 청산될 것으로 예상된다면 역사적원가는 측정기준으로 적합하지 않다.

(2017 보험계리사)

02

정답 ③

ㄱ. 결과: 86,000 - 81,800 = 4,200

ㄴ. 잔액: 기초 - 2,500

ㄷ. 보충: 3,200

잔액 = 4,200 - 3,200 = 1,000

기초금액 = 1,000 + 2,500 = 3,500

추정미래현금흐름 = 78,000 - 3,500 = 74,500

03

정답 ④

생산량이 많아지면 정상적인 조업도에 비해 단위당 고정비가 감소하기 때문에 제조원가가 낮아진다. 따라서 정상조업도를 기준으로 배부하면 실제 원가보다 초과배부가 되어 재고자산 원가가 증가하므로, 재고자산이 원가 이상으로 측정되지 않도록 생산단위당 고정제조간접원가 배부액을 '감소'시켜야 한다.

04

정답 ②

원금의 현재가치: ₩1,000,000 × 0.705 = ₩705,000

이자의 현재가치: ₩50,000 × 4.917 = ₩245,850

사채의 발행금액: ₩705,000 + ₩245,850 = ₩950,850

풀이Tip 이자를 6개월마다 지급하면 유효이자율은 6%, 기간은 6기간이 적용된다.

05

정답 ①

재평가잉여금은 당기손익으로 재분류하지 않는 데 반해, 나머지 항목은 당기손익으로 재분류되는 항목이다. (재택급여!)

06

정답 ③

전환사채가 전환되면 부채가 감소하고 자본이 증가한다.

오답노트 자기주식은 취득시점에 자본이 감소한다. 소각시점에는 자산이나 부채의 변화가 없으므로 자본도 불변이다.

07

정답 ②

ㄱ. 결과(누적이익): (₩36,000 - ₩31,500) × 100% = ₩4,500

ㄴ. 잔액(전기 누적이익): (₩36,000 - ₩30,000) × ₩7,500/(₩7,500 + ₩22,500) = ₩1,500

ㄷ. 보충(ㄱ - ㄴ): ₩4,500 - ₩1,500 = ₩3,000

08

정답 ①

증분접근법으로 풀이한다.

20×3년 말 자산계상된 수선비 잔액 = ₩100,000 - (₩100,000 × 3년/5년) = ₩40,000

20×3년	FP		PL	
ㄱ. 결과(正)	-		-	
ㄴ. 잔액(회사)	기계장치	100,000	감가상각비	20,000
	감가상각누계액	60,000		
ㄷ. 보충(수정)	기계장치	⊖100,000	감가상각비	⊖20,000
	감가상각누계액	⊖60,000		

수정분개는 다음과 같다.

(차) 감가상각누계액	60,000	(대) 기계장치	100,000
이익잉여금	60,000	감가상각비	20,000

09

정답 ②

이자지급이나 배당금지급은 자금조달과 영업의 결과이므로 재무활동 또는 영업활동으로 분류할 수 있을 뿐, 투자활동이 될 수는 없다.

10

정답 ④

리스부채는 리스의 내재이자율을 알 수 있는 경우에는 이를 바탕으로 산정한다.

리스부채 = 연간리스료 ₩200,000 × 3.31 = ₩662,000

사용권자산 = 리스부채 ₩662,000 + 사용권자산 ₩50,000
= ₩712,000

풀이Tip 예상한 범위 밖의 문제가 출제된 경우에는 빠르게 판단해서 찍고 다음 문제로 넘어가는 것도 실전에 필요한 전략이다. 우리의 목표는 회계학 100점 맞았다고 자랑하는 것이 아니라, 제한된 시간 안에 합격권의 점수를 얻는 것이다.

11

정답 ③

현금도 자산계정(차변 항목)이고, 토지도 자산계정(차변 항목)이므로 현금을 토지원장에 옮겨 적더라도(전기하더라도) 차변과 대변의 합계에 영향을 주지 않는다.

(2015 보험계리사)

12

일자	유효 이자	표시 이자	상각액	상각 후원가	공정 가치	평가손익 누계액
20×1초				9,000		
20×1말	900	600	300	9,300	9,400	(+)100
20×2말	930	600	330	9,630	9,600	(-)30

20×2년말 금융자산은 ₩9,600으로 보고된다.

13

정답 ④

이중체감법의 상각률: $\frac{1}{4} \times 2 = 50\%$

이중체감법 적용시 감가상각비: ₩100,000 × 50% = ₩50,000

연수합계법 적용시 감가상각비: (₩100,000 - ₩10,000) × 4/
$$(1+2+3+4) = ₩36,000$$

14

정답 ③

직접재료원가 완성품환산량 4,000개

  = 당기완성품 2,400개 × 100% + 기말재공품수량 × 100%

기말재공품수량 = 1,600개

가공원가 완성품환산량 3,600개

  = 당기완성품 2,400개 × 100% + 기말재공품수량 1,600개 × 완성도

기말재공품 완성도 = (3,600개 - 2,400개) ÷ 1,600개 = 75%

15

정답 ③

판매가격을 x라고 할 경우

증분수익 = x × 100개

증분비용 = (₩1,600 - ₩400) × 100개 + ₩20,000

증분수익이 증분비용보다 작아서는 안 되므로, 둘이 일치하는 최소한의 판매가격은

100x = ₩140,000

x = ₩1,400

16

정답 ②

제조간접원가(OH) = 간접재료원가 ₩20,000 + 공장건물감가
상각비 ₩40,000 + 공장수도광열비 ₩15,000
= ₩75,000

전환원가 ₩135,000 = 직접노무원가 + 제조간접원가 ₩75,000

직접노무원가 = ₩60,000

기본원가 ₩170,000 = 직접재료원가 + 직접노무원가 ₩60,000

직접재료원가 = ₩110,000

17

정답 ②

정부회계(국가, 지방)에서는 일반원칙으로 적시성은 제시하지 않고 있다. 일반적으로 국가나 지방자치단체는 투자의 대상이 아니므로 적시성이 강조되지는 않는다.

18

정답 ④

S1(₩50,000) 배부 ☞ P1:P2(20:30) = ₩20,000:₩30,000

S2(₩60,000) 배부 ☞ P1:P2(40:40) = ₩30,000:₩30,000

P1에 집계되는 제조간접원가 = ₩200,000 + ₩20,000 + ₩30,000
= ₩250,000

P2에 집계되는 제조간접원가 = ₩250,000 + ₩30,000 + ₩30,000
= ₩310,000

(2017 보험계리사)

19

정답 ③

목표이익 = ₩3,000,000 × 12% = ₩360,000

제품가격을 P라 할 때,

(P - ₩200) × 10,000개 - ₩450,000 = ₩360,000

P - ₩200 = ₩810,000/10,000개

P = ₩281

20

정답 ①

도로는 사회기반시설에 해당한다.

14	④	15	④	16	①	17	③	18	①
19	②	20	④						

14

정답 ④

500 / 450 / -90 / 360 / 430 / 400 / 320 / (+80) / 0

20×1년 말 회수가능액 = Max[순공정가치 ₩3,600,000, 사용가치 ₩3,000,000] = ₩3,600,000

20×1년 말 손상차손 = ₩4,500,000 - ₩3,600,000 = ₩900,000

20×1년 말 장부금액 = ₩5,000,000 - 감가상각비 ₩500,000

- 손상차손 ₩900,000

= ₩3,600,000

20×2년 감가상각비 = ₩3,600,000 ÷ 9년 = ₩400,000

20×2년 말 회수가능액 = Max[순공정가치 ₩3,900,000,

사용가치 ₩4,300,000]

= ₩4,300,000

20×2년 말 손상차손환입 = 회수가능액 ₩4,300,000

- 상각후원가 ₩3,200,000

[한도: ₩4,000,000 - ₩3,200,000]

= 한도 ₩800,000

(2017 감정평가사 변형)

15

정답 ④

브랜드, 제호, 출판표제, 고객목록, 그리고 이와 실질이 유사한 항목(외부에서 취득하였는지 또는 내부적으로 창출하였는지에 관계없이)에 대한 취득이나 완성 후의 지출은 발생시점에 항상 당기손익으로 인식한다. 취득후의 추가적인 지출은 내부적으로 창출한 무형자산과 일관성을 유지하기 위하여 당기손익으로 인식한다.

16

정답 ①

소모품비: 남아 있는 재고 ₩20,000만큼 소모품비가 감소해야 한다.

예금: 미수이자 = ₩1,000,000 × 8% × 3개월/12개월 = ₩20,000

수정 후 당기순이익 = 수정 전 ₩300,000 + 소모품비(비용 감소)

₩20,000 + 미수이자(수익임) ₩20,000

- 미지급급여(비용임) ₩100,000

= ₩240,000

17

정답 ③

기초 유동부채를 x라 하면,

구분	기초	증감	기말
유동자산	1.5x	(-)₩3,000 + ₩15,000	1.5x + ₩12,000
유동부채	x	(-)₩5,000 + ₩8,000	x + ₩3,000

기말 유동비율이 200%이므로

$1.5x + ₩12,000 = 2 × (x + ₩3,000) = 2x + ₩6,000$

₩6,000 = 0.5x

x = ₩12,000

기말 유동부채 = ₩12,000 + ₩3,000 = ₩15,000

18

정답 ①

급여는 지급받는 직원이 생산직인지 관리직인지 그 기능에 따라 매출원가와 판관비로 구분되어 영향을 미친다. 기부금이나 유형자산처분손익은 영업외손익 항목이며 선급금은 자산항목으로 매출원가나 판관비에 영향을 주지 않는다.

19

정답 ②

기초자본 + 당기순이익 ± 자본변동 = 기말자본

₩24,000 + 당기순이익 - 현금배당 ₩2,000 = ₩42,000

당기순이익 = ₩20,000

오답노트 주식배당(자본금 증가, 잉여금 감소)이나 준비금의 적립(이익잉여금 구성항목의 변화)은 자본총액에 변화가 없다.

20

정답 ④

지분상품은 별도의 만기가 없으므로 현금성자산에서 제외한다. 예외적으로 상환일이 정해져 있고 취득일로부터 상환일까지의 기간이 3개월 이내인 상환우선주와 같이 실질적인 현금성자산인 경우에만 현금성자산으로 분류한다.

1	④	2	②	3	④	4	④	5	②
6	①	7	③	8	②	9	①	10	①
11	③	12	①	13	④	14	③	15	④
16	②	17	③	18	④	19	④	20	①

01　　정답 ④

이해가능성은 보강적 질적 특성에 해당한다. 따라서 근본적 질적 특성에 대한 설명이 아닌 보강적 질적 특성에 대한 설명이다.

02　　정답 ②

성격이나 용도 면에서 차이가 있는 재고자산에는 서로 다른 단위원가 결정방법을 적용할 수 있다. 하지만, 재고자산의 지역별 위치나 과세방식이 다르다는 이유만으로 동일한 재고자산에 다른 단위원가 결정방법을 적용하는 것이 정당화될 수는 없다.

(2015 보험계리사)

03　　정답 ④

① 거래원가는 당기비용으로 인식하며, 취득원가는 ₩100,000이 된다.

② 평가이익 = 공정가치 ₩110,000 - 장부금액 ₩100,000
　　= ₩10,000

③ 평가이익 = 공정가치 ₩95,000 - 장부금액 ₩110,000
　　= (-)₩15,000

④ 당기손익 = 공정가치 ₩96,000 - 장부금액 ₩95,000
　　- 거래원가 ₩2,000 = (-)₩1,000

(2023 보험계리사 변형)

04　　정답 ④

기초자본 + 당기순이익 ± 자본변동 = 기말자본
₩36,000 + ₩13,000 - 현금배당 ₩4,000 - 유상감자 ₩3,000 = ₩42,000
기말 총자산 = 기말부채 ₩28,000 + 기말자본 ₩42,000 = ₩70,000

오답노트 유상감자시 감소하는 자본총액은 현금지급액 ₩3,000이다. 자본의 증감은 자산과 부채의 증감에 따른다.

(차) 자본금	₩5,000	(대) 현금	₩3,000
		감자차익	₩2,000

자본증감액 = 자본금 (-)₩5,000 + 감자차익 ₩2,000 = (-)₩3,000

05　　정답 ②

대손충당금

⊖ 대손확정	?	초	16,000
말	21,500	⊕ 대손상각비	21,000
	37,000		37,000

당기 대손확정액 = ₩37,000 - ₩21,500 = ₩15,500

매출채권

초	180,000	⊖ 현금회수	1,340,000
		⊖ 대손확정	15,500
⊕ 매출액	?	말	195,000
	1,550,500		1,550,500

매출액 = ₩1,550,500 - ₩180,000 = ₩1,370,500

06　　정답 ①

ㄱ. 처분이익 = 처분대가(공정가치) ₩220,000
　　- 장부금액 (₩300,000 - ₩100,000)
　　= ₩20,000

ㄴ. 처분이익 = 처분대가(공정가치) ₩230,000
　　- 장부금액 (₩300,000 - ₩100,000)
　　= ₩30,000

ㄷ. 상업적 실질이 없는 경우에는 처분손익을 인식하지 않는다. ₩0

07　　정답 ③

자산의 장부금액이 재평가로 인하여 감소된 경우에 그 감소액은 당기손익으로 인식한다. 다만, 그 자산에 대한 재평가잉여금의 잔액이 있다면 그 금액을 한도로 재평가감소액을 기타포괄손익으로 인식한다.

풀이Tip 타시험(보험계리사) 기출문제이지만, 사실 ②번 보기도 완전한 문장은 아니다. 정확히 표현하자면 '자산의 장부금액이 재평가로 인하여 증가된 경우에 그 증가액은 기타포괄손익으로 인식하고 재평가잉여금의 과목으로 자본에 가산한다. 그러나 동일한 자산에 대하여 이전에 당기손익으로 인식한 재평가감소액이 있다면 그 금액을 한도로 재평가증가액만큼 당기손익으로 인식한다'고 표현해야 한다. 실제 시험에서는 이처럼 단서조항이나 예외 사항을 제외하고 일반적인 내용으로 기술된 경우 더 적절하지 않은 보기가 있는지 확인해서 상대적으로 판단해야 한다.

(2015 보험계리사)

08　　정답 ②

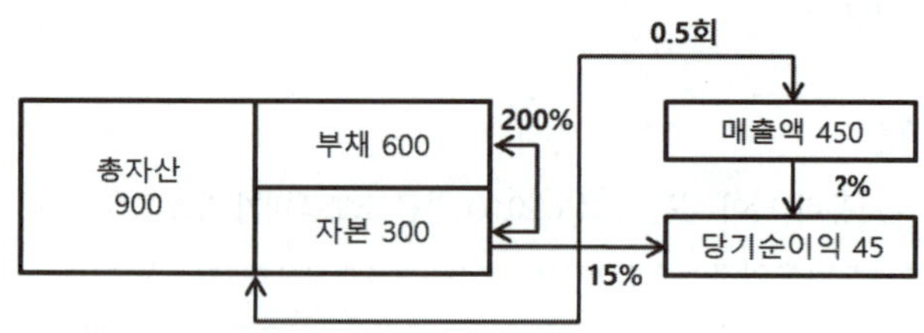

매출액 = 자산총액 900억 × 총자산회전율 0.5 = 450억
자산총액 900억 = 자본 + 부채 = 자본 + 자본 × (부채/자본)
　　= 자본 + 자본 × 부채비율 200% = 자본 × 300%
자본 = 900억 ÷ 300% = 300억

당기순이익 = 자본 300억 × 자기자본순이익률(당기순이익
/자본) 15% = 45억

매출액순이익률 = 당기순이익 45억 ÷ 매출액 450억 = 10%

(2012 감정평가사 변형)

09

정답 ①

특허권 취득원가: ₩30,000 + ₩10,000 = ₩40,000

특허권 상각비: (₩40,000 ÷ 4년) × 3/12 = ₩2,500

오답노트 신기술개발을 위해 투입된 지출은 자산인식요건을 만족하면 특허권이 아닌 별도의 개발비로 자산화된다.

10

정답 ①

이익준비금은 이익잉여금을 구성한다. 따라서 미처분이익잉여금이 감소하는 대신 이익준비금이 증가하여, 이익잉여금의 구성항목만 바뀔 뿐 이익잉여금 잔액은 변함이 없다.

11

정답 ③

① 내용연수가 비한정인 무형자산이나 아직 사용할 수 없는 무형자산은 일 년에 한 번은 손상검사를 한다. 손상검사를 매년 같은 시기에 수행한다면 회계연도 중 어느 때에라도 할 수 있다. 서로 다른 무형자산은 각기 다른 시점에 손상검사를 할 수 있다. 다만 해당 회계연도 중에 이러한 무형자산을 처음 인식한 경우에는 해당 회계연도 말 전에 손상검사를 한다.

② 사업결합으로 취득한 영업권은 일 년에 한 번은 손상검사를 한다.

③ 기업의 순자산 장부금액이 기업의 시가총액보다 '많다'는 것은 손상의 징후가 될 수 있지만, 반대의 경우는 성립하지 않는다.

④ 자산손상 징후 증거의 예는 다음과 같다.

(1) 자산의 매입에 드는 현금이나 자산의 운영·관리에 쓰는 후속적인 현금이 당초 예상 수준보다 유의적으로 많다.

(2) 자산에서 유입되는 실제 순현금흐름이나 실제 영업손익이 당초 예상 수준에 비해 유의적으로 악화된다.

(3) 자산에서 유입될 것으로 예상되는 순현금흐름이나 예상 영업손익이 유의적으로 악화된다.

(4) 당기 실적치와 미래 예상치를 합산한 결과, 자산에 대한 순현금유출이나 영업손실이 생길 것으로 예상된다.

12

정답 ①

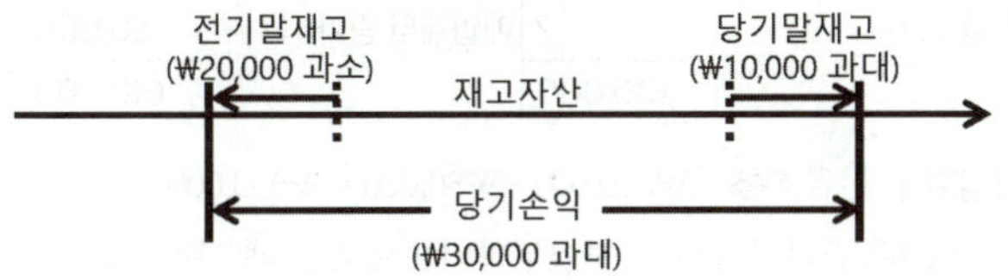

당기손익이 ₩30,000 과대계상되었으므로 수정하면 이익이 ₩30,000 감소한다.

자산에 해당하는 선급비용을 당기비용으로 처리한 오류를 수정하면 자산이 증가하여 수익도 증가한다. 그리고 이는 자동조정오류에 해당하므로 다음 해에는 반대조정이 생긴다. 부채에 해당하는 미지급비용을 누락한 오류를 수정하면 부채가 증가하여 수익이 감소한다. 그리고 다음 해에 반대조정이 생긴다.

	20×1년	20×2년
선급비용	⊕12,000	⊖12,000
		⊕15,000
미지급비용	⊖8,000	⊕8,000
		⊖5,000
손익에 미치는 영향	⊕4,000	**⊕6,000**

20×2년 수정 후 당기순이익

= 수정 전 ₩200,000 - 재고자산 오류 ₩30,000

+ 선급비용·미지급비용 오류 ₩6,000 = ₩176,000

13

정답 ④

원샷법에 의하여 다음과 같이 풀이한다.

보험료(비용)	69,800	현금지급	79,200
선급보험료(자산) 증가	?		
	79,200		79,200

선급보험료 증가액 = ₩79,200 - ₩69,800 = ₩9,400

기초 선급보험료 + 증가액 ₩9,400 = 기말 선급보험료 ₩25,760

기초 선급보험료 = ₩16,360

(2014 보험계리사)

14

정답 ③

가능성이 '매우' 높아야 한다.

15

정답 ④

구분	간접원가	주문처리	고객대응
급여	₩500,000	₩300,000	₩200,000
임대료	₩200,000	₩100,000	₩100,000
통신비	₩100,000	₩70,000	₩30,000
계	₩800,000	₩470,000	₩330,000

주문횟수당 주문처리원가 = 주문처리원가 ₩470,000

÷ 주문횟수 1,000회 = ₩470/주문

고객 1인당 고객대응원가 = 고객대응원가 ₩330,000 ÷ 110명

= ₩3,000/명

갑에게 배부될 간접원가 = 주문처리원가(10회 주문 × ₩470
/주문) + 고객대응원가 ₩3,000/명

= ₩7,700

(2016 감정평가사 변형)

16

제품별 NRV는 다음과 같다.

A: 200kg × ₩500 - ₩40,000 = ₩60,000

B: 150kg × ₩400 - ₩40,000 = ₩20,000

C: 100kg × ₩600 - ₩20,000 = ₩40,000

A에 배부되는 결합원가 = ₩1,000,000 × ₩60,000/₩120,000

= ₩500,000

A에 배부되는 kg당 원가 = ₩500,000 ÷ 200kg = ₩2,500

17

정답 ③

세전 목표이익 = 세후 목표이익 ₩400,000 ÷ (1 - 법인세율 20%)

= ₩500,000

단위당 공헌이익 = 단위당 판매가격 ₩2,000 - 단위당 변동원가

(₩500 + ₩300 + ₩250 + ₩150) = ₩800

목표 판매량 = (고정원가 ₩500,000 + 목표이익 ₩500,000)

÷ 단위당 공헌이익 ₩800 = 1,250개

18

정답 ④

장부가액과 공정가액의 차이금액은 순자산조정에 반영한다.

19

정답 ④

기초원재료를 A라 하면,

원재료

기초	A	DM(투입)	100,000
당기매입	?	기말	A + 25,000
	A + 125,000		A + 125,000

당기매입 = A + ₩125,000 - A = ₩125,000

20

정답 ①

예정배부율 = ₩300,000/1,000h = ₩300/h

예정배부액 = 900h × ₩300/h = ₩270,000

배부차이 = ₩270,000 - 실제발생액 = ₩12,000

실제발생액 = ₩258,000

14	④	15	③	16	④	17	②	18	③
19	④	20	②						

14

정답 ④

실물자본유지개념을 사용하기 위해서는 현행원가기준에 따라 측정해야 한다.

15

정답 ③

7월 1일 판매분 원가 = 기초 상품 원가 ₩8,000

10월 15일 판매분 원가 = 당기 구입 상품 원가 (₩20,000 + ₩2,000)

× 1/2 = ₩11,000

매출원가 = ₩8,000 + ₩11,000 = ₩19,000

16

정답 ④

비용처리한 임차료 ₩90,000 중 다음 년도 비용에 해당하는 ₩60,000
(= ₩90,000 × 8개월/12개월)을 취소하고 자산으로 인식한다.

(차) 선급임차료	60,000	(대) 임차료	60,000
(자산 증가)		(비용 취소)	

발생된 급여를 비용으로 인식하고 부채계상한다.

(차) 급여	20,000	(대) 미지급급여	20,000
(비용 인식)		(부채 증가)	

시산표 합계변화

	차변		대변	
자산	선급임차료 ⊕60,000	부채	미지급급여 ⊕20,000	
비용	임차료 ⊖60,000			
	급여 ⊕20,000			
합계	⊕20,000	합계	⊕20,000	

당기순이익은 비용감소 ₩40,000만큼 증가하고, 차변합계는 ₩20,000 만큼 증가한다.

17

정답 ②

(1) 영업무관 손익조정: 영업관련이익 = 당기순이익 ₩400,000 +
감가상각비 ₩80,000 - 유형자산처분이익 ₩40,000 + 사채상환
손실 ₩120,000 = ₩560,000

(2) 영업관련 자산·부채 조정(원샷법)

매출채권 증가	80,000	영업관련이익	560,000
현금 증가	?	매입채무 증가	50,000
	610,000		610,000

영업활동 현금흐름 = ₩610,000 - ₩80,000 = ₩530,000

오답노트 감가상각비는 영업무관비용으로 보아 가산한다. 장
기차입금은 영업활동이 아닌 재무활동이므로 고려하
지 않는다.

18

정답 ③

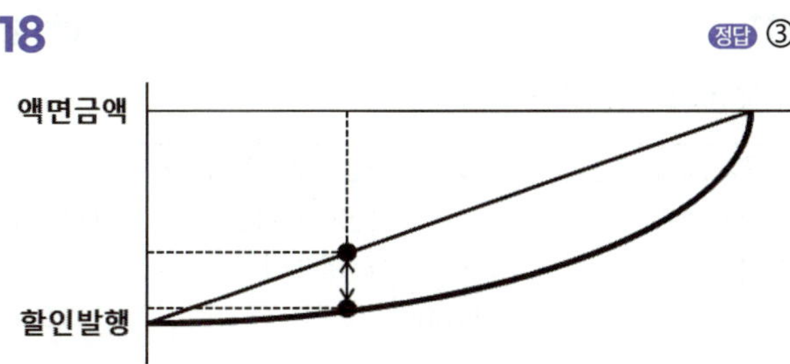

정액법은 직선으로 상각한 결과가 되므로 사채의 장부금액은 증가하고, 부채가 증가한 만큼(화살표) 이자비용도 증가한다. 이자비용이 증가하였으므로 당기순이익은 감소한다.

19

정답 ④

보고기간말(일반적으로 12월 31일) 이후에 발생한 사건의 영향을 재무제표에 반영할 지는 해당 상황이나 사건이 보고기간말에 존재하였는지를 기준으로 판단한다. 존재하였던 사건에 대해서 보고기간말 이후에 발견하거나, 존재하였지만 금액이 확정되지 않은 사건에 대해서 보고기간말 이후에 금액이 확정되는 경우에는 재무제표의 금액을 수정한다.

ㄱ. 보고기간말 존재하였던 사건의 결과가 보고기간후에 확정된 경우에 해당하므로 수정을 요한다.

ㄴ. 투자자산의 공정가치 하락은 보고기간 이후에 발생한 사건에 해당하므로 수정을 요하지 않는다. 투자자산 자체는 보고기간말에 존재하였지만, 보고기간말의 공정가치로 보고하는 것으로 정당한 회계처리가 완료되었다. 그 이후 기간에 공정가치가 하락한 사건은 이후의 기간에 보고한다.

ㄷ. 자산의 취득이라는 사건이 보고기간말 이전에 존재하였으므로 수정을 요한다.

(2016 감정평가사 변형)

20

정답 ②

직접원가는 주식의 발행금액에서 차감하여 주식발행초과금 혹은 주식할인발행차금에 반영하고, 간접원가는 비용으로 인식한다. 발생한 주식발행초과금 (₩8,000 − ₩5,000) × 100주 − 직접원가 ₩20,000 = ₩280,000 중 ₩200,000은 주식할인발행차금과 상계하고 나머지 ₩80,000이 주식발행초과금이 된다. 주식발행 시점의 분개는 다음과 같다.

(차) 현금	780,000	(대) 자본금	500,000
		주식할인발행차금	200,000
		주식발행초과금	80,000
(차) 제비용	10,000	(대) 현금	10,000

1	④	2	③	3	③	4	①	5	④
6	①	7	②	8	①	9	②	10	④
11	③	12	②	13	④	14	②	15	③
16	④	17	③	18	②	19	③	20	①

01

정답 ④

① 거래가격은 고객에게 약속한 재화나 용역을 이전하고 그 대가로 기업이 받을 권리를 갖게 될 것으로 예상하는 금액이며, 제삼자를 대신해서 회수한 금액(예: 일부 판매세)은 제외한다.

② 고객과의 계약에서 약속한 대가는 고정금액, 변동금액 또는 둘 다를 포함할 수 있다.

③ 변동대가는 기댓값과 가능성이 가장 높은 금액 중에서 기업이 받을 권리를 갖게 될 대가를 더 잘 예측할 것으로 예상하는 방법을 사용하여 추정한다.

02

정답 ③

수정분개로 자산(소모품)을 늘리고, 비용(소모품비)을 감소시키는 회계처리를 해줬다. 이는 현금 지급시 모두 비용처리 했음을 의미하며, 기말 재고액만큼 비용을 감소시키고 자산화했음을 의미한다.

구입시	(차) 소모품비	12,000	(대) 현금	12,000
결산시	(차) 소모품	8,000	(대) 소모품비	8,000

따라서 소모품 자산처리한 ₩8,000이 기말소모품 금액이다.

03

정답 ③

신중을 기하는 것이 비대칭의 필요성(예: 자산이나 수익을 인식하기 위해서는 부채나 비용을 인식할 때보다 더욱 설득력 있는 증거가 뒷받침되어야 한다는 구조적인 필요성)을 내포하는 것은 아니다. 그러한 비대칭은 유용한 재무정보의 질적특성이 아니다. 그럼에도 불구하고, 나타내고자 하는 바를 충실하게 표현하는 가장 목적적합한 정보를 선택하려는 결정의 결과가 비대칭성이라면, 특정 회계기준에서 비대칭적인 요구사항을 포함할 수도 있다.

04

정답 ①

재평가잉여금의 변동은 재분류조정을 하지 않는 항목이므로 후속 기간에 당기손익으로 재분류하지 않는다. 다만, 자산이 사용되는 후속 기간 또는 자산이 제거될 때 이익잉여금으로 대체될 수는 있다.

(2012 관세사 변형)

05

정답 ④

원샷법으로 접근한다.

매출채권(자산) 증가	13,000	매입채무(부채) 증가	4,000
재고자산(자산) 증가	4,000	현금감소(지급)	132,000
현금증가(회수)	128,000	매출총이익	
	145,000		145,000

매출총이익 = ₩145,000 - ₩4,000 - ₩132,000 = ₩9,000

다음과 같이 T계정으로 풀 수도 있다. 하지만, 이 문제처럼 현금흐름과 함께 여러 계정이 주어진 경우에는 원샷법으로 푸는 것이 시간을 절약할 수 있다.

매출채권			
초	32,000	⊖ 현금회수	128,000
⊕ 매출액	?	말	45,000
	173,000		173,000

매출액 = ₩173,000 - ₩32,000 = ₩141,000

매입채무			
⊖ 현금지급	132,000	초	40,000
말	44,000	⊕ 당기매입	?
	176,000		176,000

당기매입액 = ₩176,000 - ₩40,000 = ₩136,000

재고자산			
초	20,000	⊖ 매출원가	?
⊕ 당기매입	136,000	말	24,000
	156,000		156,000

매출원가 = ₩156,000 - ₩24,000 = ₩132,000

매출총이익 = 매출액 ₩141,000 - 매출원가 ₩132,000 = ₩9,000

06

정답 ①

일자	유효이자	표시이자	상각액	상각후원가	공정가치	평가손익누계액
20×1. 1. 1.				950,000		
20×1. 12. 31.	95,000	80,000	15,000	965,000	968,000	(+)3,000
20×2. 12. 31.	96,500	80,000	16,500	981,500	982,000	(+)500

20×2년에 인식할 평가손익은 다음과 같다.

ㄱ. 결과: 평가이익누계액 ₩500

ㄴ. 잔액: 평가이익누계액 ₩3,000

ㄷ. 보충(ㄱ - ㄴ): 평가손실 ₩2,500

※ 이러한 평가손실은 다음과 같이 구할 수도 있다.

평가손익 = 공정가치 변동액(₩982,000 - ₩968,000) - 상각액 ₩16,500 = (-)₩2,500

07

차량을 정부보조금만큼 싸게 구입한 것(₩30,000,000 - ₩20,000,000
= ₩10,000,000)으로 계산하면 다음과 같다.

첫 해 감가상각비: (₩10,000,000 - ₩1,000,000) × 5/(1+2+3+4+5)
= ₩3,000,000

둘째 해 감가상각비: ₩9,000,000 × 4/15 = ₩2,400,000

순장부금액: ₩10,000,000 - ₩5,400,000 = ₩4,600,000

08

취득원가를 X라 할 때,

20×1년 순장부금액 = (1 - 0.4) × X = 0.6X

20×2년 순장부금액 = 0.6X × 0.6 = 0.36X = 720,000

X = 2,000,000

오답노트 정률법이나 이중체감법에서 잔존가치는 감가상각비
계산시 별도로 고려하지 않는다.

09

개발비 취득원가: ₩40,000 + ₩80,000 = ₩120,000

20×2년 상각비: (₩120,000 ÷ 8년) × 6/12 = ₩7,500

20×2년 말 무형자산: ₩120,000 - ₩7,500 = ₩112,500

10

①, ③ 전환사채는 주식으로 바꿀(전환할) 수 있는 사채다. 따라
서, 전환권을 행사하면 사채를 반납하여 주식으로 바꿀 뿐 별도
의 돈(주금)을 납입하지 않는다. 반면에 신주인수권부사채는 신
주를 정해진 가격에 인수할 수 있는 권리(신주인수권)가 붙어 있
는 사채로, 권리를 행사할 때는 정해진 가격(주금)을 납입해야
한다. 대신에, 전환사채와 달리 사채를 반납하지 않고 계속 보유
한다.

② 전환사채는 전환권이 주어지는 대신 일반사채보다 이자율이
낮다. 이 때문에 만기까지 전환권을 행사하지 않으면 낮은 이자
율만큼 손해를 보는데, 이 손해를 일정 부분 보전해주기 위해 상
환할증금을 지급하기도 한다. 상환할증금은 말 그대로 상환시점
에 원금에 더해서 지급하는 금액이다. 따라서 만기까지 전환권
을 행사하지 않은 경우에는 상환할증금을 수령한다.

④ 신주인수권이나 전환권은 사채권자가 보유하는 권리이지 의
무가 아니다. 따라서, 권리행사 여부는 사채권자가 결정하는 것
이고, 회사의 요청에 따라야 하는 것은 아니다.

풀이Tip 복합금융상품은 9급 시험에서 출제가능성이 낮은 주
제다. 만약의 경우에 대비해, 가볍게 기본 개념만 알아
두자.

11

자본금은 발행되는 주식의 액면금액만큼 증가한다.

₩100,000 + 200주 × ₩500 = ₩200,000

주식배당과 무상증자는 회사의 자본총계에 변화를 가져오지 않고
구성내역만 바뀔 뿐이다. 따라서 자본총계는 변함없이 ₩500,000
이다.

12

20×1년 회사가 토지와 건물을 처분하고 받은 현금은 ₩140,000
(토지 ₩0)이다.

풀이Tip 어렵게 생각하지 말자! 현금흐름표 혹은 현금주의라는
것은 우리가 일반적으로 알고 있는 '너 돈 얼마 있어? 어
따 썼어? 어디서 났어?'를 묻는 것이다.

13

기본주당순이익 = (₩120,000 - 100주 × ₩5,000 × 6%) ÷ 300주
= ₩300

14

표시통화가 재무제표를 표시할 때 사용하는 통화를 의미한다.
따라서 표시통화와 기능통화가 다른 경우에는 경영성과와 재무
상태표를 표시통화로 환산하여 보고한다.

(2011 세무사 변형)

15

제품			
기초	50단위	판매량	900단위
생산	?	기말	80단위
	980단위		980단위

당기 생산량 = 980단위 - 50단위 = 930단위

제품 930단위를 생산하기 위해서는 465kg(930 × 0.5)의 원재료
가 투입되어야 한다.

원재료			
기초	100kg	투입	465kg
구입	?	기말	120kg
	585kg		585kg

구입량 = 585kg - 100kg = 485kg

구입예산 = 485kg × ₩10/kg = ₩4,850

(2014 감정평가사 변형)

16

재공품			
기초	₩2,400	제품제조원가	?
		기말	
DM	₩12,000	DM	₩1,500
DL	₩10,000	DL	₩1,000[*2]
OH	₩4,000[*1]	OH	₩400
	₩28,400		₩28,400

*1 DL ₩10,000 × 40%

*2 OH ₩400 ÷ 40%

제품제조원가 = ₩28,400 - ₩2,900 = ₩25,500

제품

기초	₩2,500	매출원가	?
제품제조원가	₩25,500	기말	₩6,000
	₩28,000		₩28,000

매출원가 = ₩28,000 - ₩6,000 = ₩22,000

배부차이 = 조정 후 매출원가 ₩23,400 - 조정 전 매출원가 ₩22,000

= ₩1,400

과소배부된 ₩1,400을 매출원가에 가산하였으므로

제조간접비 예정배부액 ₩4,000 + 과소배부액 ₩1,400

= 실제발생액 ₩5,400

17

정답 ③

결산보고서는 ① 결산 개요 ② 세입세출결산 ③ 재무제표(재정상태표, 재정운영표, 순자산변동표) ④ 성과보고서로 구성된다.

18

정답 ②

사업순원가 = 사업총원가 ₩80,000 - 사업수익 ₩24,000 = ₩56,000

재정운영순원가 = 사업순원가 ₩56,000 + 관리운영비 ₩20,000

+ 비배분비용 ₩12,000 - 비배분수익 ₩5,000

= ₩83,000

재정운영결과 = 재정운영순원가 ₩83,000 - (일반)수익 ₩6,000

= ₩77,000

19

정답 ③

결합원가의 배분은 판매량이 아닌 생산량을 기준으로 이루어진다.

구분	NRV	배부액
A	800단위 × ₩10 - 추가가공원가 ₩0 = ₩8,000	₩6,000 × (₩8,000/₩12,000) = ₩4,000
B	500단위 × ₩15 - 추가가공원가 ₩3,500 = ₩4,000	₩6,000 × (₩4,000/₩12,000) = ₩2,000

(2017 보험계리사)

20

정답 ①

여유설비의 임대료를 A라 하면

증분수익	A
증분비용	외부구입가격 ₩150 × 300단위 = ₩45,000 변동제조원가 절감 (-)₩120 × 300단위 = (-)₩36,000 고정제조간접원가 절감 ₩40,000 × (-)60% = (-)₩24,000 소계: ₩45,000 - 36,000 - 24,000 = (-)₩15,000
증분이익	A - (-)₩15,000 = A + ₩15,000

A + ₩15,000이 ₩20,000이 되려면 A는 ₩5,000이 되어야 한다.

15	③	16	④	17	④	18	②	19	①
20	②								

15

정답 ③

미래에 투자부동산으로 사용하기 위하여 건설 또는 개발중인 부동산은 투자부동산에 해당한다.

부동산 사용자에게 제공하는 부수적인 용역이 유의적인 경우, 예를 들어 호텔의 소유자가 투숙객에게 제공하는 용역이 전체 계약에서 유의적인 비중을 차지하는 경우 소유자가 직접 경영하는 호텔은 투자부동산이 아니며 자가사용부동산에 해당한다.

(2017 보험계리사)

16

정답 ④

현금및현금성자산: 지점전도금 8,000 + 자기앞수표 10,000 + 취득당시 만기 3개월 이내인 수익증권 3,000 = 21,000

매출채권: 약속어음 13,000 + 선일자수표 12,000 = 25,000

오답노트 차용증은 대여금에 해당한다. 양도성예금증서의 경우 결산시점에는 만기가 3개월 이내이지만, 취득시점을 기준으로 만기가 3개월을 초과하므로 현금 및 현금성자산에 해당하지 않는다.

17

정답 ④

일자별 회계처리는 다음과 같다.

7월 1일

(차)	자본금	₩50,000	(대)	현금	₩60,000
	감자차손	₩10,000			

10월 1일

(차)	자본금	₩100,000	(대)	현금	₩80,000
				감자차손	₩10,000
				감자차익	₩10,000

따라서, 10월 1일 감자차익 잔액은 ₩10,000이다.

18

정답 ②

측정기준의 변경은 회계추정치 변경이 아니라 회계정책의 변경에 해당한다.

19

정답 ①

'매출총이익'이나 '매출총이익률'이 등장하면 매출원가로 접근하는 방법을 추천한다.

매출원가 = 기초재고 ₩1,200,000 + 당기매입 ₩2,000,000

- 기말재고 ₩1,100,000 = ₩2,100,000

매출액 = 매출원가 ₩2,100,000 + 매출총이익 ₩900,000

= ₩3,000,000

외상매출액 = 매출액 ₩3,000,000 - 현금매출액 ₩500,000

           = ₩2,500,000

매출채권

초	800,000	⊖ 현금회수	2,600,000
⊕ 외상매출액	2,500,000	말	?
	3,300,000		3,300,000

기말 매출채권 = ₩3,300,000 - ₩2,600,000 = ₩700,000

(2014 보험계리사 변형)

20  정답 ②

일자	유효이자	표시이자	상각액	장부금액
20×1. 1. 1.				₩9,500
20×1. 12. 31.	₩950	₩800	₩150	₩9,650
20×2. 12. 31.	₩965	₩800	₩165	₩9,815

사채상환손익 (+)₩65 = 장부금액 ₩9,815 - 상환금액

상환금액 = ₩9,815 - ₩65 = ₩9,750

1	③	2	④	3	①	4	④	5	③
6	③	7	①	8	④	9	②	10	②
11	①	12	②	13	④	14	③	15	①
16	③	17	②	18	④	19	③	20	②

01
정답 ③

부채의 역사적 원가에는 거래원가가 '차감'된다.

02
정답 ④

① 재분류조정은 재평가잉여금의 변동이나 확정급여제도의 재측정요소에 의해서는 발생하지 않는다. 이러한 구성요소는 기타포괄손익으로 인식하고 후속 기간에 당기손익으로 재분류하지 않는다.

② 수익과 비용의 어느 항목도 당기손익과 기타포괄손익을 표시하는 보고서 또는 주석에 특별손익 항목으로 표시할 수 없다.

③ 기타포괄손익의 항목은 관련 법인세 효과를 차감한 순액으로 표시할 수도 있지만, 기타포괄손익의 항목과 관련된 법인세 효과 반영 전 금액으로 표시하고 각 항목들에 관련된 법인세 효과는 단일 금액으로 합산하여 표시하는 방법으로도 표시할 수 있다.

(2014 보험계리사)

03
정답 ①

매출채권

초	120,000	⊖ 현금회수	700,000
		⊖ 대손확정	4,000
⊕ 순매출액	760,000	말	?
	880,000		880,000

기말 매출채권 = ₩880,000 - ₩704,000 = ₩176,000

기말 대손충당금 = 기말 매출채권 ₩176,000 - 회수가능액(매출채권에 대한 미래현금흐름의 현재가치) ₩160,000 = ₩16,000

대손충당금

⊖ 대손확정	4,000	초	10,000
말	16,000	⊕ 대손상각비	?
	20,000		20,000

당기 대손상각비 = ₩20,000 - ₩10,000 = ₩10,000

04
정답 ④

순매출액 = 당기매출액 ₩140,000 - 매출할인액 ₩4,000 - 매출에누리 및 환입 ₩6,000 = ₩130,000

매출원가율 = 1 - 매출총이익률 30% = 70%

매출원가 = 순매출액 ₩130,000 × 매출원가율 70% = ₩91,000

매출원가 ₩91,000 = 기초재고 ₩12,000 + 순매입 (당기매입 ₩130,000 - 매입할인 ₩2,000 - 매입에누리 및 환출 ₩4,000) - 기말재고 = ₩12,000

+ ₩124,000 - 기말재고 = ₩136,000 - 기말재고

기말재고 = ₩136,000 - ₩91,000 = ₩45,000

횡령액 = ₩45,000 - 횡령 후 남아 있는 재고자산 ₩4,000 = ₩41,000

05
정답 ③

최초 인식 후에 금융상품의 신용위험이 유의적으로 증가하지 아니한 경우에는 보고기간 말에 12개월 기대신용손실에 해당하는 금액으로 손실충당금을 측정한다.

06
정답 ③

명목금액과 현재가치의 차이는 이자의 성격에 해당한다. 따라서 유효이자율법을 적용한 이자상당액을 비용으로 인식하고 복구충당부채에 가산하여야 한다.

07
정답 ①

재평가 전 상각후원가 = ₩1,000,000 - ₩1,000,000 × 40%
= ₩600,000

재평가잉여금 = 공정가치 ₩900,000 - 상각후원가 ₩600,000
= ₩300,000

감가상각누계액 제거법에 따라 감가상각누계액 ₩400,000을 전액 제거하고, 건물계정을 ₩100,000 감소시키면서 재평가잉여금 ₩300,000을 인식한다.

(차) 감가상각누계액	400,000	(대) 건물	100,000
		재평가잉여금	300,000

(2017 세무사 변형)

08
정답 ④

지분법손익: ₩40,000 × 40% = ₩16,000

관계기업투자주식: 기초 ₩200,000 + 지분법이익 ₩16,000
- 현금배당 ₩10,000 × 40% = ₩212,000

09
정답 ②

기업이 자산을 다시 사야 하는 의무나 다시 살 수 있는 권리(선도나 콜옵션)가 있다면, 고객은 자산을 통제하지 못한다. 고객이 자산을 통제하지 못하고 기업이 다시 살 수 있는 권리나 의무가 있는 경우 원래 판매가격과 재매입가격을 비교하여 리스나 금융약정으로 처리한다.

10
정답 ②

일자	유효이자	표시이자	상각액	상각후원가
20×1. 1. 1.				₩925,395
20×1. 12. 31.	₩92,540	?	?	₩947,935

상각액 = ₩947,935 - ₩925,395 = ₩22,540

표시이자 = 유효이자 ₩92,540 - 상각액 ₩22,540 = ₩70,000

표시이자율 = 표시이자 ₩70,000 ÷ 액면금액 ₩1,000,000 = 7%

(2016 보험계리사 변형)

11 정답 ①

자기주식과 감자차손은 자본의 차감항목이다.

자본총액: ₩50,000 + 30,000 - ₩10,000 - ₩12,000 + ₩35,000
$\qquad$ + ₩28,000 = ₩121,000

12 정답 ②

재무활동 현금흐름 = 단기차입금 차입 ₩24,000 + 전환사채의
$\qquad$ 발행 ₩20,000 - 장기차입금 상환 ₩34,000
$\qquad$ + 유상증자 ₩40,000 = ₩50,000

13 정답 ④

ㄱ. 유통보통주식수의 계산

구분	주식수	기간	조정	가중평균주식수
1/1	1,000	12/12	20% (주식배당)	1,000 × 12/12 × (1+20%) = 1,200
3/1	600	10/12	20% (주식배당)	600 × 10/12 × (1+20%) = 600
5/1	(-)300	8/12	20% (주식배당)	(-)300 × 8/12 × (1+20%) = (-)240
10/1	200	3/12	-	200 × 3/12 = 50
합계				1,610주

ㄴ. 당기순이익 = 1,610주 × ₩200/주 = ₩322,000

14 정답 ③

기간 간 형평성에 관한 정보는 「지방자치단체 회계기준에 관한
규칙」에는 재무보고의 목적으로 제시되어 있지만 「국가회계기준
에 관한 규칙」에는 포함되지 않는 항목이다.

15 정답 ①

실물흐름과 원가산정 방법 등에 비추어 다른 방법을 적용하는
것이 보다 합리적이라고 인정되는 경우에는 개별법, 이동평균법
등을 적용하고 그 내용을 주석으로 표시한다.

16 정답 ③

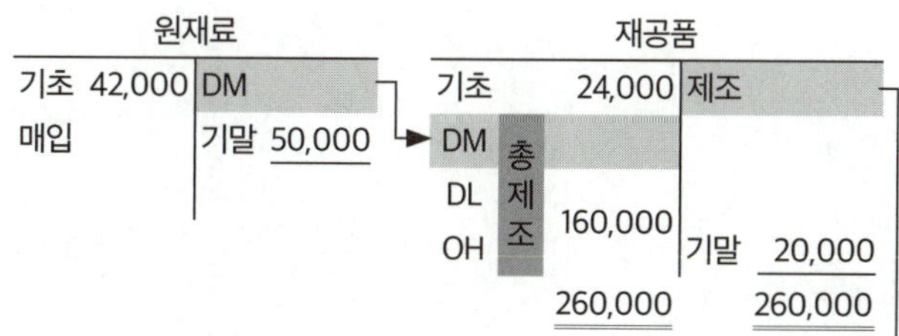

DM = ₩260,000 - ₩24,000 - ₩160,000 = ₩76,000

당기매입액 = ₩76,000 + ₩50,000 - ₩42,000 = ₩84,000

제품제조원가 = ₩260,000 - ₩20,000 = ₩240,000

매출원가 = ₩15,000 + ₩240,000 - ₩25,000 = ₩230,000

17 정답 ②

동력부문이 수선부문에 제공하는 서비스의 비율(20%)보다 수선
부문이 동력부문에 제공하는 서비스의 비율(30%)이 더 크므로
수선부문부터 배분한다.

수선(₩60,000) 배부 ☞ 절단:용접:동력(30:40:30)
$\qquad$ = ₩18,000:₩24,000:₩18,000

동력(₩50,000 + ₩18,000) 배부 ☞ 절단:용접(40:40)
$\qquad$ = ₩34,000:₩34,000

절단부문에 집계되는 원가 = ₩80,000 + ₩18,000 + ₩34,000
$\qquad$ = ₩132,000

18 정답 ④

					제조원가
기초	0	완성	기초	0	
			착수	525	525
착수		기말	150 (50%)		75
					600

완성품 환산량 단위당 원가 = ₩720,000 ÷ 600개 = ₩1,200

19 정답 ③

변동원가율 = 단위당 변동원가 ₩150 ÷ 단위당 판매가격 ₩250
$\qquad$ = 60%

공헌이익률 = 1 - 변동원가율 60% = 40%

공헌이익 증가액 = 매출증가액 ₩30,000 × 공헌이익률 40% =
$\qquad$ ₩12,000

이익증가액 = 공헌이익 증가액 ₩12,000 - 고정비(광고비) 증가액
$\qquad$ ₩10,000 = ₩2,000

(2017 보험계리사)

20 정답 ②

〈전기〉

영업레버리지도 3 = 공헌이익 ₩600 ÷ 영업이익

영업이익 = ₩200

영업이익 ₩200 = 공헌이익 ₩600 - 고정원가

고정원가 = ₩400

변동원가 = 매출액 ₩1,000 - 공헌이익 ₩600 = ₩400

〈당기〉

변동원가가 ₩500이므로 전기에 비해 25% 증가하였다.

변동원가가 25% 증가하였다는 것은 매출액이 25% 증가하였다
는 것을 의미하며, 영업레버리지가 3이므로 영업이익은 75%(=
매출액증가율 25% × 영업레버리지 3) 증가한다.

당기 영업이익 = 전기 영업이익 ₩200 × (1 + 75%) = ₩350

(2015 관세사 변형)

14	②	15	③	16	④	17	④	18	④
19	①	20	③						

14
정답 ②

ㄱ. 결과: ₩85,000

ㄴ. 잔액: 기초 ₩100,000 - 회수불능 ₩250,000 + 회수 ₩70,000

= (-)₩80,000

ㄷ. 보충: ₩85,000 - (-)₩80,000 = ₩165,000

※ 정석대로라면 대손확정시 대손충당금 잔액 ₩100,000을 넘어서는 금액은 대손상각비로 처리해야 한다. 하지만, 그렇더라도 포괄손익계산서에 표시되는 대손상각비는 다음과 같이 같은 결과가 나오므로 위의 해설처럼 풀이하는 것이 편하다.

ㄱ. 결과: ₩85,000

ㄴ. 잔액: 기초 ₩100,000 - 회수불능 ₩100,000(₩150,000은 대손상각비로 비용인식한 다음 회수된 ₩70,000은 비용인식한 대손상각비를 취소함으로써 ₩80,000이 비용으로 인식됨)

ㄷ. 보충: ₩85,000(비용인식)

ㄹ. 비용인식액 = 대손확정시 ₩150,000 - 대손확정된 채권의 회수 ₩70,000 + 기말 대손충당금 설정 ₩85,000 = ₩165,000

(2016 관세사 변형)

15
정답 ③

구분	재고자산
재고실사액	₩20,000
저당상품: 저당권 실행전에는 회사의 재고자산에 포함되는 게 맞음	-
수탁상품: 판매를 부탁한 위탁자의 재고자산이므로 회사의 재고자산에서 제외	(₩4,000)
미인도상품: 고객에게 판매완료된 상품으로 회사의 재고자산에서 제외	(₩2,000)
합계	₩14,000

매출원가 = 기초재고 10,000 + 당기매입 50,000 - 기말재고 14,000

= 46,000

16
정답 ④

비한정 내용연수를 유한 내용연수로 변경하는 것은 회계추정의 변경에 해당한다.

17
정답 ④

예상되는 자산 처분이 충당부채를 생기게 한 사건과 밀접하게 관련되었더라도 예상되는 자산 처분이익은 충당부채를 측정하는 데 고려하지 아니한다. 예상되는 자산 처분이익은 해당 자산과 관련된 회계처리를 다루는 한국채택국제회계기준서에서 규

정하는 시점에 인식한다.

(2024 보험계리사)

18
정답 ④

1. 누적배당: 우선주 ₩10,000,000 × 5% × 1년분 = ₩500,000

2. 비참가 우선주배당: ₩10,000,000 × 5% = ₩500,000

3. 나머지 배당(보통주) = ₩2,400,000 - ₩1,000,000 = ₩1,400,000

19
정답 ①

수정 후 당기순이익 = 수정 전 ₩520,000

- 미지급이자(비용임) ₩60,000

- 선수임대료(수익 아님) ₩120,000

+ 선급보험료(비용 아님) ₩80,000

- 감가상각비 ₩50,000

= ₩370,000

20
정답 ③

평균매출채권 = (₩500,000 + ₩800,000) ÷ 2 = ₩650,000

매출채권회전율 = 당기 매출액 ₩5,200,000

÷ 평균매출채권 ₩650,000

= 8회

매출채권회수기간 = 360일 ÷ 8회 = 45일

(2016 보험계리사 변형)

01	①	02	③	03	③	04	②	05	③
06	④	07	④	08	②	09	④	10	②
11	②	12	②	13	④	14	①	15	③
16	③	17	③	18	③	19	④	20	③

01

정답 ①

목적적합성은 근본적 질적 특성에 해당하며, 나머지는 모두 보강적 질적 특성에 해당한다. (증시비리!)

02

정답 ③

분개를 아예 누락하거나, 차변과 대변에 같은 금액의 오류가 발생하면 시산표의 차변과 대변 합계가 일치하므로 발견할 수 없다. 금액은 제대로 기입하고 계정과목을 달리 기입한 경우에도 합계가 일치하므로 발견할 수 없다. 하지만, 보기 3번처럼 차변과 대변 중 한쪽에서만 금액오류가 발생하면 합계가 일치하지 않으므로 발견할 수 있다.

03

정답 ③

'만할수'로 접근한다.

만기가치: 1,000,000 + 1,000,000 × 8% × 3/12 = 1,020,000

할인액: 1,020,000 × 12% × 1/12 = 10,200

수령액: 1,020,000 - 10,200 = 1,009,800

04

정답 ②

수입관세와 제세금은 매입원가에 '가산'하는 항목이다.

05

정답 ③

(1) FVPL 금융자산

금융자산 처분손익 = ₩578,000 - ₩5,100 × 100주 = ₩68,000

(2) FVOCI 금융자산

지분증권을 FVOCI 금융자산으로 선택한 경우 처분시점의 평가이익은 기타포괄손익으로 보고되므로 당기순이익에 미치는 영향은 없다.

06

정답 ④

선수금과 매출채권에 대한 T계정을 그리면 다음과 같다.

선수금

⊖매출인식	B	초	15,000
말	10,000	⊕현금수령	A
	B+10,000		A+15,000

매출채권

초	40,000	⊖현금회수	D
⊕매출액	C	말	48,000
	C+40,000		D+48,000

B + ₩10,000 = A + ₩15,000 ··· (1)

C + ₩40,000 = D + ₩48,000 ··· (2)

(1)과 (2)를 더하면

B + C + ₩50,000 = A + D + ₩63,000

B + C = A + D + ₩63,000 - ₩50,000

거래처로부터의 현금수입액 ₩200,000은 선수금 수령액(A)과 매출채권 회수액(D)의 합계이다. 그리고 매출액은 매출채권 증가액(C)과 선수금 감소액(B)의 합계가 된다.

매출액(B + C) = ₩200,000(A + D) + ₩13,000 = ₩213,000

별해

원샷법으로 풀이한다.

현금(자산) 증가	200,000	매출액(수익)	?
선수금(부채) 감소	5,000		
매출채권(자산) 증가	8,000		
	213,000		213,000

매출액(수익) = ₩213,000

07

정답 ④

유형자산의 공정가치가 장부금액을 초과하더라도 잔존가치가 장부금액을 초과하지 않는 한 감가상각액을 계속 인식한다. 유형자산의 '잔존가치'가 해당 자산의 장부금액과 같거나 큰 금액으로 증가하는 경우에는 자산의 잔존가치가 장부금액보다 작은 금액으로 감소될 때까지 유형자산의 감가상각액은 영(0)이 된다.

08

정답 ②

할증발행 시 사채의 장부금액은 매기 감소하며, 이에 따라 이자비용도 매기 감소한다.

09

정답 ④

ㄱ. 결과(제품보증충당부채): 20×2년 말 현재 예상되는 의무에 대한 최선의 추정치 = 경미한 결함 ₩100 × 10% + 치명적인 결함 ₩4,000 × 5% = ₩10 + ₩200 = ₩210

ㄴ. 잔액: 기초(20×1년 말 제품보증충당부채 잔액) ₩200 - 기중 수리비용 지출 ₩300 = (-)₩100

ㄷ. 보충(제품보증비) = ㄱ - ㄴ = ₩210 - (-)₩100 = ₩310

(2023 감정평가사 변형)

10

정답 ②

1. 누적배당: ₩1,000,000 × 6% × 1년(20×1년) = ₩60,000

2. 비참가 우선주배당: ₩1,000,000 × 6% = ₩60,000

3. 나머지 배당(보통주) = ₩200,000 - (₩60,000 + ₩60,000) = ₩80,000

11

문제에서 오류를 수정할 경우에 순이익에 미치는 영향이 아닌, 오류로 인한 영향을 물었기 때문에 회사가 인식한 손익(오류)과 바른손익의 차이를 계산해야 한다.

구분	기계장치	보험료
ㄱ. 회사인식:	⊖ 300,000	⊖ 200,000
ㄴ. 바른손익:	⊖ 60,000	⊖ 50,000
ㄷ. (ㄱ - ㄴ):	⊖ 240,000	⊖ 150,000

오류가 순이익에 미치는 영향: (-)₩240,000 + (-)₩150,000
= (-)₩390,000

만약에 문제에서 '오류를 수정할 경우 법인세비용차감전순이익에 미치는 영향'을 물었다면 'ㄴ - ㄱ'으로 계산하여 (+)₩390,000이 된다.

12
정답 ②

매출원가 = 매출액 ₩52,000 × 매출원가율 70% = ₩36,400

매출원가 ₩36,400 = 기초재고 ₩6,400 + 당기매입 ₩40,000 - 기말재고

기말재고 = ₩10,000

소실된 금액 = ₩10,000 - ₩4,200 = ₩5,800

13
정답 ④

ㄱ. 개념체계는 회계기준이 아니다. 따라서 개념체계의 어떠한 내용도 회계기준이나 그 요구사항에 우선하지 아니한다.

ㄴ. 보고기업의 경영진도 해당 기업에 대한 재무정보에 관심이 있다. 그러나 경영진은 그들이 필요로 하는 재무정보를 내부에서 구할 수 있기 때문에 일반목적재무보고서에 의존할 필요가 없다.

14
정답 ①

(1) 영업무관 손익조정: 영업관련이익 = 당기순이익 ₩30,000

(2) 영업관련 자산·부채 조정(원샷법)

매출채권(자산) 증가	18,000	영업관련이익	30,000
매입채무(부채) 감소	10,000		
미수수익(자산) 증가	2,000		
현금(자산) 증가	?		
	30,000		30,000

영업활동 현금흐름 = ₩30,000 - ₩30,000 = ₩0

오답노트 자료의 연도에 유의해야 한다. 좌측(20×2년 말)이 기말, 우측(20×1년 말)이 기초에 해당한다.

15
정답 ③

일반유형자산은 정액법 등을 적용하여 감가상각한다.

16
정답 ③

국가회계법상 재무제표는 재정상태표, 재정운영표, 순자산변동표, 현금흐름표다.

17
정답 ③

가공원가 = 직접노무원가 ₩20,000 + 제조간접원가
(간접노무원가 ₩9,000 + 공장소모품비 ₩10,000
+ 공장건물감가상각비 ₩15,000) = ₩54,000

오답노트 본사나 매장에서 발생하는 비용, 영업사원 급여 등은 모두 제조원가가 아닌 비제조원가(판관비)에 해당한다.

18
정답 ③

동력(₩80,000) 배부 ☞ 수선:절단:용접(40:40:20)
= ₩32,000:₩32,000:₩16,000

수선(₩60,000 + ₩32,000) 배부 ☞ 절단:용접(40:40)
= ₩46,000:₩46,000

용접부문에 배부되는 원가 = ₩16,000 + ₩46,000 = ₩62,000

19
정답 ④

				재료원가	가공원가
기초	40	완성	780	780	780
착수	800	기말	60 (70%)	60	42
	840		840	840	822

재료원가: 780 + 60 = 840개

가공원가: 780 + 60 × 70% = 822개

20
정답 ③

단위당 공헌이익 = 판매가격 ₩100 - 변동원가 ₩60 = ₩40

손익분기점 판매량 = 고정원가 ₩120,000 ÷ 단위당 공헌이익 ₩40
= 3,000개

손익분기점 매출액 = 3,000개 × ₩100 = ₩300,000

안전한계 = 매출액 ₩450,000 - 손익분기점 매출액 ₩300,000
= ₩150,000

15	①	16	③	17	④	18	②	19	①
20	④								

15 정답 ①

	유동비율	상황	변화
①	80%(100% 미만)	유동자산, 유동부채 동액 증가	증가
②	90%(100% 미만)	유동자산, 유동부채 동액 감소	감소
③	100%	유동자산, 유동부채 동액 감소	불변
④	110%(100% 초과)	유동자산, 유동부채 동액 증가	감소

16 정답 ③

정확한 예금잔액 = 조정 전 잔액 ₩4,200 - 부도수표 ₩1,000

+ 추심완료어음 ₩800 - 추심수수료 ₩100

+ 이자수익 ₩200 = ₩4,100

기발행 미인출수표는 은행측에서 차감해야 할 대상이므로 회사 측 잔액에서 조정하지 않는다.

17 정답 ④

소급법은 전기 재무제표를 수정하기 때문에 비교가능성이 향상되지만, 한번 공시한 재무제표를 수정함으로 인해 신뢰성이 상실된다.

18 정답 ②

창고에 보관 중인 재고	₩100,000
적송품: (₩15,000 + ₩2,000) × 40%	₩6,800
반품가능상품은 반품률의 추정여부와 상관없이 재고자산에서 제외한다.	₩0
합계	₩106,800

19 정답 ①

자기주식처분이익은 자본잉여금, 자기주식처분손실은 자본조정에 해당하는 항목이다.

20 정답 ④

₩150,000 + 위탁매출액(200개 × ₩2,000) = ₩550,000

위탁판매에 대한 수수료는 별도로 비용인식한다. 매출액에서 차감하지 않는다.

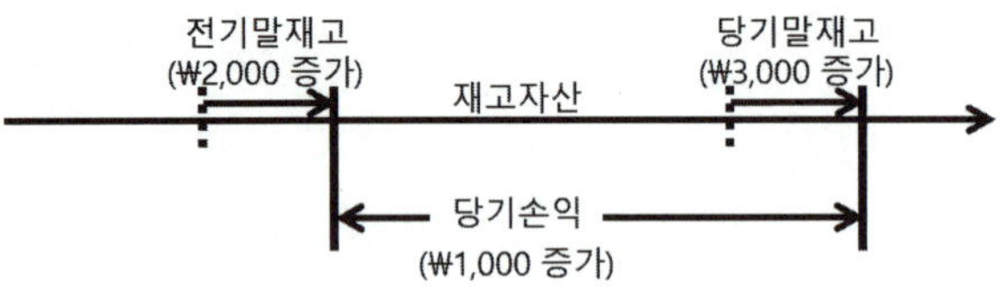

01	③	02	②	03	④	04	④	05	②
06	②	07	②	08	③	09	③	10	①
11	②	12	②	13	③	14	①	15	②
16	①	17	①	18	③	19	④	20	①

01

정답 ③

기초재고자산이 ₩2,000 증가하고 기말재고가 ₩3,000 증가하게 되면 다음 그림과 같이 당기손익은 ₩1,000 증가하게 된다.

02

정답 ②

유형자산(투자활동 현금흐름)은 T계정을 이용하여 접근한다.
처분한 기계장치의 순장부금액 = 취득원가 ₩200,000 - 감가상각누계액 ₩112,000 = ₩88,000

기계장치(순액)

기초	820,000	감소(처분)	88,000
		감소(감가상각비)	68,000
취득	?	기말	960,000
	1,116,000		1,116,000

취득한 기계장치 = ₩1,116,000 - ₩820,000 = ₩296,000

03

정답 ④

정부보조금 ₩8,000만큼 싸게 ₩12,000에 취득했다고 가정하면,
년간 감가상각비 = ₩12,000 ÷ 5년 = ₩2,400
20×3년 말 장부금액 = ₩12,000 - ₩2,400 × 3년 = ₩4,800
처분손익 = 처분대가 ₩5,000 - 장부금액 ₩4,800 = (+)₩200
20×3년에 인식할 순손익 = 감가상각비 (-)₩2,400
+ 처분이익 ₩200 = (-)₩2,200

04

정답 ④

① 자기주식 소각시 자본총계에는 변화가 없지만 자기주식이 감소하고 자본금도 감소하므로 자본금에 변화가 생긴다.
② 주식분할을 실시하면 주식수는 증가하지만 액면금액이 동일 비율로 감소하여 자본금을 비롯한 자본 전체에 아무런 변화가 없다.
③ 재평가잉여금의 변동처럼 재분류조정을 하지 않는 기타포괄손익누계액 항목은 자산이 사용되는 후속 기간 또는 자산이 제거될 때 이익잉여금으로 대체될 수 있다. 이 경우 당기순이익의 증가 없이 이익잉여금이 증가하게 된다.

④ 미처분이익잉여금이 이익준비금으로 바뀌는 것으로 둘 다 이익잉여금을 구성하기 때문에 이익잉여금 총액이 변하지 않고, 자본총계에도 영향이 없다.

05

정답 ②

동전과 지폐 ₩15,000 + 일람출급어음 ₩5,000 + 양도성예금증서 ₩2,500 = ₩22,500

오답노트 약속어음과 선일자수표는 매출채권에 해당하며, 환매채는 취득 당시 만기가 3개월을 초과하므로 단기금융상품으로 분류한다.

06

정답 ②

총비용(저가법): 기초재고(보고금액) ₩12,000 + 당기매입 ₩80,000 - 기말재고(보고금액) ₩80 × 200개
= ₩76,000
재고자산감모손실(비정상): 20개 × ₩100 × 40% = ₩800
매출원가: 총비용 ₩76,000 - 기타비용(비정상 감모손실) ₩800
= ₩75,200

07

정답 ②

회수가능액은 자산 또는 현금창출단위의 처분부대원가를 뺀 공정가치와 사용가치 중 더 많은 금액으로 한다.

08

정답 ③

유동성 순서에 따른 표시방법을 적용할 경우 모든 자산과 부채는 유동성의 순서에 따라 표시한다. 유동성 순서에 따른 표시방법을 적용하는 경우를 제외하고는 유동자산과 비유동자산, 유동부채와 비유동부채로 재무상태표에 구분하여 표시한다.

09

정답 ③

충실한 표현을 하기 위해서는 서술이 완전하고, 중립적이며, 오류가 없어야 할 것이다. (육중완!)

10

정답 ①

주식발행초과금 = (발행금액 ₩20,000 - 액면금액 ₩5,000) × 100주 - 직접비용 ₩100,000
= ₩1,400,000
주식발행초과금 잔액 = ₩1,400,000
- 주식할인발행차금 미상각액 ₩500,000
= ₩900,000

분개

(차) 현금	1,900,000	(대) 자본금	500,000
		주식할인발행차금	500,000
		주식발행초과금	900,000

11

정답 ②

원샷법으로 접근한다.

현금주의 영업이익(현금 증가)	10,000	미수수익(자산) 감소	2,000
선급비용(자산) 증가	1,000	발생주의 영업이익	?
	11,000		11,000

발생주의 영업이익 = ₩11,000 - ₩2,000 = ₩9,000

12

정답 ②

주식을 FVOCI 금융자산으로 분류(선택)한 경우 처분손익은 인식하지 않는다. 직전년도 말 장부금액과 처분가액의 차이를 평가손익(기타포괄손익)으로 인식한 다음, 처분시점에 이를 당기손익으로 재분류하지 않는다.

총포괄이익에 미치는 영향 = 평가손익(기타포괄손익) (-)₩10,000
당기순이익에 미치는 영향 없음

13

정답 ③

일자	유효이자	표시이자	상각액	장부금액
20×1. 1. 1.				₩90,000
20×1. 12. 31.	₩9,000	₩6,000	₩3,000	₩93,000
20×2. 12. 31.	₩9,300	₩6,000	₩3,300	₩96,300

사채상환손익: 상환시점 장부금액 ₩96,300 - 상환금액(경과이자 제외) ₩95,000 = ₩1,300

14

정답 ①

단위당 변동원가 = ₩10,000/100개 = ₩100

₩140,000 = 고정원가 + 800개 × ₩100; 고정원가 = ₩60,000

기계구입 전 원가함수 = ₩60,000 + ₩100×; 생산량 1,000개일 때 원가는 ₩160,000

기계구입 후 원가함수 = ₩72,000 + ₩90×; 생산량 1,000개일 때 원가는 ₩162,000

기계구입으로 인한 원가변화 = ₩162,000 - ₩160,000 = ₩2,000

15

정답 ②

문화재, 예술작품, 역사적 문건 및 자연자원은 필수보충정보의 '관리책임자산'으로 보고한다. 유산자산은 국가회계에 해당하는 내용이다.

16

정답 ①

매출원가 = ₩720,000 ÷ 1.2 = ₩600,000

가공원가 ₩240,000 = DL + OH = DL + 0.6DL = 1.6DL

DL = ₩150,000; OH = ₩90,000

DM = ₩450,000 - ₩150,000 = ₩300,000

재공품

기초	80,000	제품제조	600,000
DM	300,000		
DL (총제조)	150,000		
OH	90,000	기말	?
	620,000		620,000

제품

기초	0	매출원가	600,000
제품제조	600,000	기말	0
	600,000		600,000

기말재공품재고 = ₩620,000 - ₩600,000 = ₩20,000

17

정답 ①

재공품

기초	1,000개	완성	
착수		기말	3,000개

제품

기초	1,000개	판매	8,000개
완성		기말	2,000개

당기 제품 완성량 = 제품 판매량 8,000개 + 기말 제품 2,000개 - 기초 제품 1,000개 = 9,000개

					가공비
기초	1,000	완성	기초	1,000 (-40%)	400
			착수	8,000	8,000
착수		기말		3,000 (30%)	900
					9,300

18

정답 ③

전부원가계산에 의한 영업이익 = 변동원가계산에 의한 영업이익 + 기말재고자산에 포함된 고정제조간접원가 - 기초재고자산에 포함된 고정제조간접원가

전부원가계산에 의한 영업이익 = ₩200,000 + (23,000 - 20,000) × ₩12 = ₩236,000

19

정답 ④

활동계층은 제품단위활동(단위수준원가), 묶음단위활동(뱃치수준원가), 제품유지활동(제품수준원가), 설비유지활동(설비수준원가)로 나뉜다.

20

정답 ①

신고·납부하는 방식의 국세는 납세의무자가 세액을 자진'신고'하는 때에 수익으로 인식한다.

14	③	15	④	16	③	17	④	18	④
19	①	20	②						

14

정답 ③

매출원가 = 매출액 ₩600,000 ÷ 1.2 = ₩500,000

매출원가 ₩500,000 = 기초재고 ₩60,000 + 당기매입 ₩480,000
- 기말재고

기말재고 = ₩40,000

소실액 = ₩40,000 - ₩8,000 = ₩32,000

15

정답 ④

일자	유효이자	표시이자	상각액	상각후원가	공정가치
20×1년 초				95,000	
20×1년 말	5,700	4,000	1,700	96,700	96,200

풀이Tip FVOCI금융자산(채무상품)의 경우 당기순이익에 미치는 영향이 AC금융자산과 같다.

20×1년 당기순이익: 이자수익 ₩5,700

(평가손실 ₩500은 기타포괄손익)

20×2년 당기순이익: 처분금액 ₩95,700 - 상각후원가 ₩96,700
= 처분손실 ₩1,000

16

정답 ③

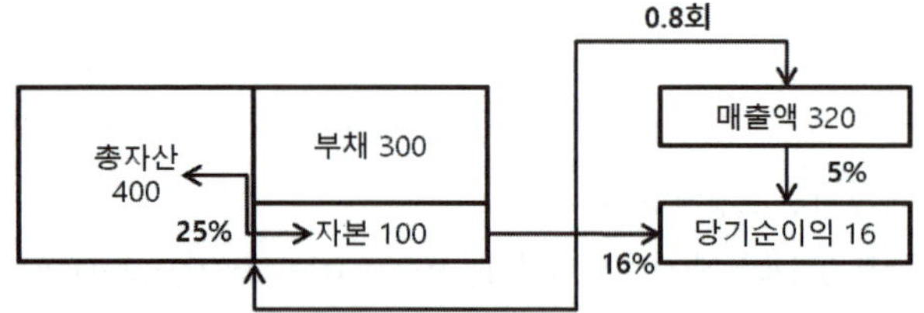

자기자본비율(25%) = 자기자본/총자산 = 자기자본/(부채 + 자본)
= 자본/(300억 + 자본)

1/4 = 자본/(300억 + 자본)

4 × 자본 = 300억 + 자본

3 × 자본 = 300억; 자본 = 100억; 총자산 = 400억

매출액 = 총자산 400억 × 총자산회전율 0.8회 = 320억

당기순이익 = 매출액 320억 × 매출액순이익률 5% = 16억

자기자본순이익률 = 16억 / 100억 = 16%

17

정답 ④

소모품이 ₩12,000으로 보고되야 하므로 ₩8,000이 감소해야 한다. 자산의 감소는 대변에 기입한다. 해당 금액이 차변의 소모품비가 된다.

18

정답 ④

무형자산을 최초로 인식할 때에는 원가로 측정한다.

19

정답 ①

충당부채는 지출의 시기 '또는' 금액이 불확실한 부채이다.

20

정답 ②

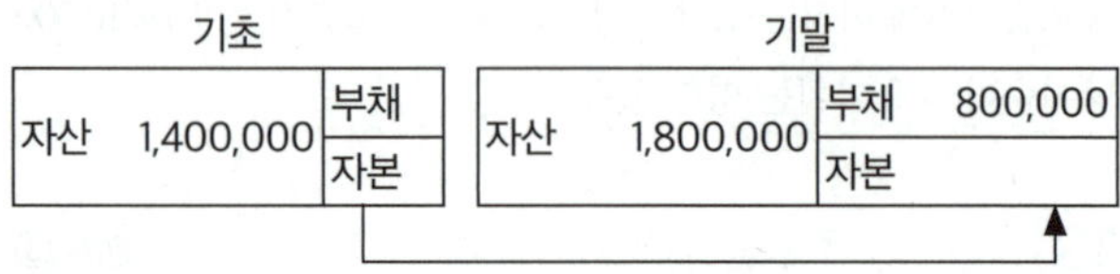

기초부채 = 기말부채 ₩800,000 - ₩140,000 = ₩660,000

기초자본 = 기초자산 ₩1,400,000 - 기초부채 ₩660,000
= ₩740,000

기말자본 = 기말자산 ₩1,800,000 - 기말부채 ₩800,000
= ₩1,000,000

기말자본 ₩1,000,000 = 기초자본 ₩740,000 + 당기순이익
± 자본변동(유상증자 ₩120,000 + 기타
포괄이익 ₩40,000 - 현금배당 ₩30,000)
= ₩740,000 + 당기순이익 + ₩130,000

당기순이익 = ₩1,000,000 - ₩870,000 = ₩130,000

01	④	02	③	03	④	04	②	05	④
06	③	07	①	08	①	09	④	10	②
11	③	12	②	13	③	14	②	15	③
16	③	17	①	18	①	19	②	20	②

01
정답 ④

이자율의 적용순서가 바뀌었다. 리스의 내재이자율을 쉽게 산정할 수 있는 경우에는 그 이자율로 리스료를 할인하되, 그 이자율을 쉽게 산정할 수 없는 경우에는 리스이용자의 증분차입이자율을 사용한다.

02
정답 ③

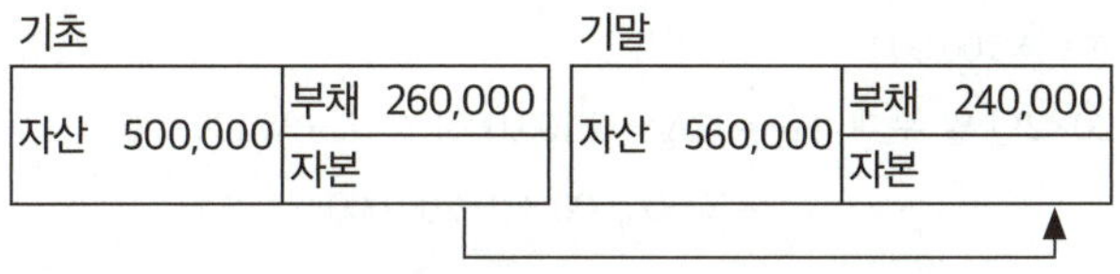

기초자본 = ₩500,000 - ₩260,000 = ₩240,000

기말자본 = ₩560,000 - ₩240,000 = ₩320,000

기초자본 + 당기순이익 ± 자본증감 = 기말자본

₩240,000 + 당기순이익 + (유상증자 ₩30,000 - 현금배당 ₩15,000 - 기타포괄손익 ₩10,000) = ₩320,000

당기순이익 = ₩320,000 - ₩245,000 = ₩75,000

총포괄손익 = 당기순이익 ₩75,000 - 기타포괄손익 ₩10,000

　　　　 = ₩65,000

03
정답 ④

매출원가 = 기초재고(보고금액) ₩90,000 + 당기매입 ₩1,050,000

　　　　 - 기말재고(보고금액) ₩130,000

　　　　 = ₩1,010,000

04
정답 ②

1. 누적배당: 우선주 B 200주 × ₩5,000 × 4% × 2년 = ₩80,000

2. 비참가 우선주배당: 우선주 A 200주 × ₩5,000 × 5%

　　= ₩50,000

3. 나머지 배당률 = (₩490,000 - ₩80,000 - ₩50,000) ÷ (보통주 ₩3,000,000 + 참가우선주B ₩1,000,000) > 참가배당률 4%

나머지 배당률이 참가배당률보다 크므로, 잔여배당 ₩360,000을 보통주와 우선주의 자본금 비율(3:1)로 안분한다. 보통주에 대한 배당총액 = ₩360,000 × 3/4 = ₩270,000

보통주 1주당 배당액 = ₩270,000 ÷ 600주 = ₩450/주

05
정답 ④

수정 후 당기순이익 = 수정 전 ₩200,000 - 선수수익(수익 아님) ₩20,000 + 선급비용(비용 아님) ₩24,000 - 미지급비용(비용임) ₩14,000 + 미수수익(수익임) ₩28,000 = ₩218,000

06
정답 ③

회계상 거래의 판단은 분개를 할 수 있는지의 여부이다.

① 상품판매계약 자체는 거래가 아니나, 계약금의 수령분에 대해서는 선수금으로 회계처리하므로 거래가 된다.

② 일단 건물 피해액에 대해서는 재해손실로 회계처리하고, 보험금 수령에 대한 권리가 확정되면 보험차익으로 회계처리한다.

③ 별도의 계약금이나 계약해지에 대한 보상금을 주고받지 않는 이상, 최초계약과 계약 취소 모두 회계상 거래에 해당하지 않는다.

④ 단기차입금이 감소하고, 장기차입금이 증가하는 계정대체에 대한 회계처리가 발생하므로 거래에 해당한다.

07
정답 ①

매출채권과 대손충당금에 대한 T계정을 그리면 다음과 같다.

순매출액 = 총매출액 ₩800,000 - 매출할인 ₩20,000

　　　　 - 매출환입 ₩16,000 = ₩764,000

매출채권			
초	240,000	⊖현금회수	?
		⊖대손확정	?
⊕매출액	764,000	말	210,000
	1,004,000		1,004,000

대손충당금			
⊖대손확정	?	초	16,000
말	10,000	⊕대손상각비	12,000
	28,000		28,000

대손확정액 = ₩28,000 - ₩10,000 = ₩18,000

매출채권 현금회수액 = ₩1,004,000 - 대손확정 ₩18,000

　　　　 - 기말채권 ₩210,000 = ₩776,000

08
정답 ①

매출총이익률이 제시되었으므로 매출원가로 접근한다.

매출원가 = 매출액 ₩800,000 × (1 - 20%) = ₩640,000

매출원가 ₩640,000 = 기초재고 ₩25,000 + 당기매입

　　　　 - 기말재고 ₩10,000

당기매입액 = ₩625,000

매입채무			
감소(현금지급)	?	기초	₩15,000
기말	₩20,000	증가(매입)	₩625,000
	₩640,000		₩640,000

현금지급액 = ₩640,000 - ₩20,000 = ₩620,000

09

공정가치의 변동이 당기손익으로 보고되든(FVPL) 기타포괄손익으로 보고되든(FVOCI) 모두 포괄손익에 해당한다. 따라서 공정가치의 변동액이 포괄손익의 변동액이 된다.

FVPL 금융자산: ₩510,000 - ₩520,000 = (-)₩10,000

FVOCI 금융자산: ₩820,000 - ₩760,000 = ₩60,000

	FVPL	FVOCI	합계
당기손익	(-)₩10,000	₩0	(-)₩10,000
기타포괄손익	₩0	₩60,000	₩60,000
총포괄손익	(-)₩10,000	₩60,000	₩50,000

10

정답 ②

증분접근법으로 풀이한다.

FP에 대해서는 수정사항이 없다(20×2년 말 미지급급여는 0으로 제대로 보고됨).

PL에 회사는 급여를 ₩200,000 보고했지만, 이는 전기급여로 당기에 비용인식할 금액은 없다.

20×2년	FP	PL
ㄱ. 결과(正)	-	-
ㄴ. 잔액(회사)	-	급여 200,000
ㄷ. 보충(수정)	-	급여 ⊖200,000

대변에 급여를 ₩200,000 감소시키고, 차변과 대변의 차액은 이익잉여금으로 보고한다.

(차) 이익잉여금	200,000	(대) 급여	200,000

11

정답 ③

토지의 취득원가: 토지와 건물의 대가 ₩900,000 + 철거비용 ₩80,000 + 취득세 ₩50,000 = ₩1,030,000

건물을 신축하기 위한 토지를 얻기 위하여 어쩔 수 없이 기존건물도 같이 취득하였으므로 건물과 토지에 대한 대가 전부를 토지의 취득원가로 처리한다. 취득 이후의 영업 및 관리에 해당하는 광고비는 취득원가에 포함하지 않는다.

12

정답 ②

자본은 자산, 부채의 변동에 따라 정해진다.

ㄱ. 배당으로 현금 ₩100,000 유출 ☞ 자산 ₩100,000 감소 ☞ 자본 ₩100,000 감소

ㄴ. 주식매각으로 현금 ₩700,000 유입 ☞ 자산 ₩700,000 증가 ☞ 자본 ₩700,000 증가

ㄷ. 감자대가로 현금 ₩300,000 유출 ☞ 자산 ₩300,000 감소 ☞ 자본 ₩300,000 감소

13

정답 ③

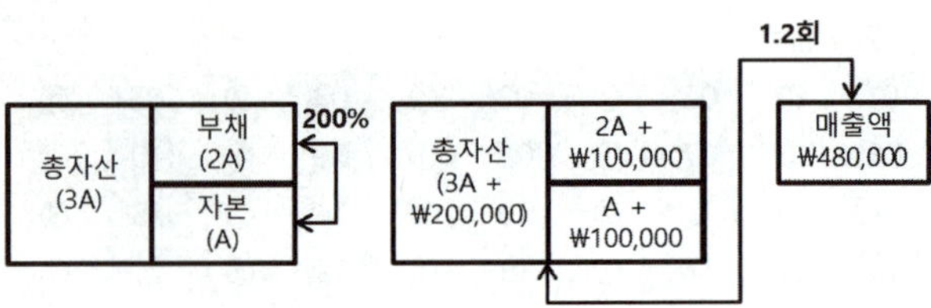

기초 자본을 A라 하면, 기초 부채는 2A(부채비율 200%)가 되고, 총자산은 3A가 된다.

기말 자본은 A + ₩100,000, 기말 부채는 2A + ₩100,000, 기말 총자산은 3A + ₩200,000이 된다.

평균총자산 = (기초 총자산 3A + 기말 총자산 3A + ₩200,000)

÷ 2 = 3A + ₩100,000

총자산회전율 1.2 = 매출액 ₩480,000 ÷ 평균총자산(3A + ₩100,000)

3A + ₩100,000 = ₩400,000

A = ₩100,000

20×2년 말 부채비율 = (2A + ₩100,000) ÷ (A + ₩100,000)

= ₩300,000 ÷ ₩200,000 = 150%

(2025 관세사 변형)

14

정답 ②

국가회계기준에는 부속서류(필수보충정보와 부속명세서)가 존재하지 않으며, 부속서류는 재무제표에 해당하지도 않는다.

15

정답 ③

재공품			
기초	0	제품제조	
DM	100,000		
DL (총제조)	80,000		
OH	40,000	기말	20,000
	220,000		220,000

당기총제조원가가 ₩220,000이다. 당기제품제조원가는 기초재공품 ₩0 + 당기총제조원가 ₩220,000 - 기말재공품 ₩20,000 = ₩200,000이 된다.

16

정답 ③

외부보고목적의 재무제표 작성에는 전부원가계산을 사용하여야 하며 변동원가계산은 허용되지 않는다.

17

정답 ①

제품			
기초	400	매출원가	2,400
제품제조	?	기말	600
	3,000		3,000

당기제품제조원가 = ₩3,000 - ₩400 = ₩2,600

재공품

기초	250	제품제조	2,600
DM	?		
DL (총제조)	1,250		
OH	500	기말	400
	3,000		3,000

당기직접재료원가 = ₩3,000 - ₩2,000 = ₩1,000

원재료

기초	300	직접재료원가	1,000
당기매입	?	기말	200
	1,200		1,200

당기원재료매입액 = ₩1,200 - ₩300 = ₩900

18　　　　　정답 ①

직접노무원가(DL) = 직접노동시간 50h × 임률 ₩500/h

　　　　　　　 = ₩25,000

제조간접원가(OH) = 기계시간 80h × 배부율 ₩200/h

　　　　　　　 = ₩16,000

당기총제조원가 = DM ₩100,000 + DL ₩25,000 + OH ₩16,000

　　　　　　 = ₩141,000

19　　　　　정답 ②

					재료비	가공비
기초	200	완성	기초	200 (-80%)	0	160
			착수	1,100	1,100	1,100
착수	1,400	기말		300 (70%)	300	210
					1,400	1,470

20　　　　　정답 ②

프로그램순원가 = 프로그램총원가 ₩2,000,000

　　　　　　 - 프로그램수익 ₩1,200,000

　　　　　　 = ₩800,000

재정운영순원가 = 프로그램순원가 ₩800,000

　　　　　　 + 관리운영비 ₩450,000 + 비배분비용

　　　　　　 ₩150,000 - 비배분수익 ₩100,000

　　　　　　 = ₩1,300,000

14	③	15	④	16	①	17	①	18	②
19	①	20	②						

14　　　　　정답 ③

검증가능성은 합리적인 판단력이 있고 독립적인 서로 다른 관찰자가 어떤 서술이 충실한 표현이라는 데, 비록 반드시 완전히 일치하지는 못하더라도, 의견이 일치할 수 있다는 것을 의미한다.

15　　　　　정답 ④

자본의 감소는 차변에, 비용의 발생 역시 차변에 발생하는 항목으로 동시에 발생할 수 없다.

16　　　　　정답 ①

통상적으로 상호 교환될 수 없는 재고자산항목의 원가와 특정 프로젝트별로 생산되고 분리되는 재화 또는 용역의 원가는 개별법을 사용하여 결정한다.

17　　　　　정답 ①

결과: ₩150,000 - ₩141,000 = ₩9,000

잔액: ₩120,000 - ₩115,000 = ₩5,000

보충: ₩9,000 - ₩5,000 = ₩4,000

18　　　　　정답 ②

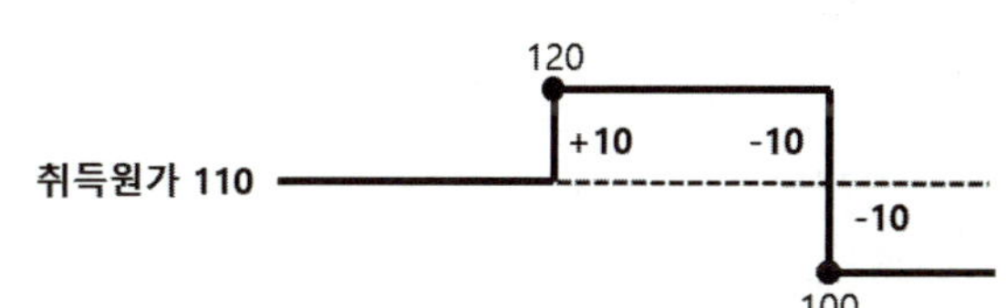

재평가시 회계처리는 다음과 같다.

(차)	재평가잉여금	₩10,000	(대)	토지	₩20,000
	재평가손실	₩10,000			

따라서, 재평가손실 ₩10,000만큼 당기순이익과 이익잉여금이 감소하고 재평가잉여금 ₩10,000만큼 기타포괄손익과 기타포괄손익누계액이 감소한다. 따라서 포괄손익과 자본은 ₩20,000만큼 감소하게 된다.

19 정답 ①

(1) 영업무관 손익조정: 영업관련이익 = 당기순이익 ₩200,000 +
     FVOCI금융자산처분손실 ₩30,000 = ₩230,000

(2) 영업관련 자산·부채 조정(원샷법)

매출채권 증가	10,000	영업관련이익	230,000
FVPL금융자산 증가	30,000	매입채무 증가	15,000
현금 증가	?		
	245,000		245,000

영업활동 현금흐름 = ₩245,000 - ₩40,000 = ₩205,000

오답노트 단기매매 목적의 FVPL은 영업관련항목에 해당한다.
FVOCI금융자산평가손익은 기타포괄손익에 해당하
므로 당기순이익에서 조정할 항목이 아니다.

20 정답 ②

합병시점 ㈜민국의 순자산 공정가치: 자산의 공정가치 (₩8,000,000
+ ₩500,000) - 부채의 공정가치 (₩5,500,000 + ₩200,000) =
₩2,800,000

영업권: 합병대가 ₩3,100,000 - 순자산 공정가치 ₩2,800,000 =
₩300,000

01	②	02	①	03	③	04	①	05	②
06	②	07	③	08	②	09	①	10	③
11	③	12	③	13	②	14	①	15	④
16	④	17	②	18	③	19	③	20	②

01
정답 ②

매출채권과 대손충당금에 대한 T계정을 그리면 다음과 같다.

매출채권

기초	₩1,200,000	감소(회수)	₩4,200,000
		대손발생	₩50,000
증가(당기매출)	₩3,800,000	기말	₩?
	₩5,000,000		₩5,000,000

기말 매출채권 = ₩5,000,000 - ₩4,250,000 = ₩750,000

대손충당금

감소(대손발생)	₩50,000	기초	₩80,000
		대손회수	₩10,000
기말	₩75,000	증가(대손상각비)	₩?
	₩125,000		₩125,000

기말 대손충당금 = ₩750,000 × 10% = ₩75,000

대손상각비 = ₩125,000 - ₩90,000 = ₩35,000

02
정답 ①

정보는 일부 정보이용자가 이를 이용하지 않기로 선택하거나 다른 원천을 통하여 이미 이를 알고 있다고 할지라도 의사결정에 차이가 나도록 할 수 있다.

03
정답 ③

사용가치에 대한 설명이다. 사용가치는 기업이 자산의 사용과 궁극적인 처분으로 얻을 것으로 기대하는 현금흐름 또는 그 밖의 경제적효익의 현재가치이다. 이행가치는 기업이 부채를 이행할 때 이전해야 하는 현금이나 그 밖의 경제적자원의 현재가치이다.

04
정답 ①

기초자본 = ₩200,000 - ₩120,000 = ₩80,000

기말자본 = ₩270,000 - ₩160,000 = ₩110,000

자본증감 = ₩110,000 - ₩80,000 = ₩30,000

자본증감 ₩30,000 = 총포괄이익 ₩40,000 - 현금배당

현금배당 = ₩40,000 - ₩30,000 = ₩10,000

오답노트 기타포괄손익과 총포괄손익을 혼동하지 않도록 한다.

총포괄이익 ₩40,000 = 당기순이익 ₩60,000 + 기타포괄손익 (-)₩20,000

05
정답 ②

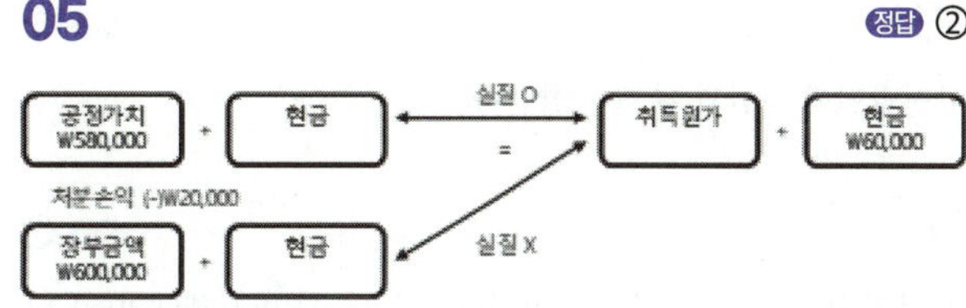

처분손익: 공정가치 - 장부금액 = ₩580,000 - ₩600,000 = (-)₩20,000

기계장치 Y의 취득원가 = 제공한 자산의 공정가치 - 현금수령액

= ₩580,000 - ₩60,000 = ₩520,000

06
정답 ②

감가상각비 = ₩1,000,000 × 0.3 × 6/12 = ₩150,000

감가상각은 자산의 사용시점부터 시작한다. 정률법 상각시 잔존가액은 상각률에 반영되므로, 감가상각비 계산시에는 별도로 고려하지 않는다.

07
정답 ③

이자수익 = 액면금액 ₩1,000,000 × 표시이자율 6% = ₩60,000

평가손익 = 기말 공정가치 ₩920,000 - 취득원가 ₩900,000

= ₩20,000

당기손익에 미치는 영향 = 이자수익 ₩60,000 + 평가이익

₩20,000 = ₩80,000

08
정답 ②

자본의 증감은 자산·부채의 증감에 따른 결과이다. 따라서 자산·부채의 증감을 파악하는 것이 시간을 절약하는 방법이다.

4/1: 현금(자산) ₩600,000 감소

7/1: 현금(자산) ₩480,000 증가

합계: 자산 ₩120,000감소

09
정답 ①

원샷법의 풀이 순서를 반대로 가져가야 한다.

(1) 영업관련 자산·부채 조정(원샷법)

현금(자산) 증가	300,000	매출채권(자산) 감소	15,000
재고자산(자산) 증가	7,000	매입채무(부채) 증가	12,000
		미지급법인세(부채) 증가	10,000
		영업관련이익	?
	307,000		307,000

영업관련이익 = ₩307,000 - ₩37,000 = ₩270,000

(2) 영업무관 손익조정: 영업관련이익 ₩270,000 = 당기순이익 - 유형자산처분이익 ₩30,000 + 감가상각비 ₩80,000 + 사채상환손실 ₩50,000

당기순이익 = ₩170,000

(3) 법인세차감전순이익 = 당기순이익 ₩170,000 + 법인세비용 ₩30,000 = ₩200,000

10

정답 ③

이연법인세 자산과 부채는 할인하지 아니한다.

11

정답 ③

① 계약의 승인은 서면뿐만 아니라 구두나 사업 관행에 따라 다른 방법으로도 가능하다.

② 각 당사자의 '권리'를 식별할 수 있다.

④ 계약에 '상업적 실질'이 있어야 한다.

12

정답 ③

재고자산이 증가하고 물가가 상승한다는 가정하에 선입선출법, 가중평균법, 후입선출법이 재무제표에 미치는 영향은 다음과 같다. 후입선출법이 세금을 절약하기 위해 고안된 방법임을 기억하면 쉽다.

법인세비용: 선입선출법 > 가중평균법 > 후입선출법

당기순이익: 선입선출법 > 가중평균법 > 후입선출법

매출원가: 선입선출법 < 가중평균법 < 후입선출법

기말재고자산: 선입선출법 > 가중평균법 > 후입선출법

13

정답 ②

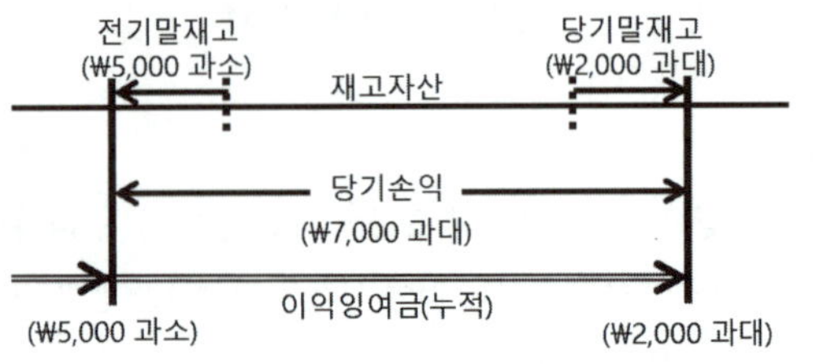

당기순이익은 ₩7,000 과대되어 있고, 이익잉여금은 ₩2,000 과대되어 있다. 따라서 오류를 수정하면 해당금액만큼 감소하게 된다.

수정 후 당기순이익 = ₩20,000 - ₩7,000 = ₩13,000

수정 후 이익잉여금 = ₩80,000 - ₩2,000 = ₩78,000

14

정답 ①

					검사통과(40%)
기초	40	완성	┌ 기초	40 (30%)	40
			└ 착수	700	700
		공손	┌ 기초		
		40개	└ 착수		
착수	800	기말		60 (70%)	60
	840			840	800

정상공손수량 = 800 × 3% = 24개

비정상공손수량 = 40개 - 24개 = 16개

15

정답 ④

부채는 차입부채, 충당부채 및 기타 부채로 구분하여 재정상태표에 표시한다.

16

정답 ④

국가의 분야별 재정운영표는 사업순원가, 재정운영순원가 및 재정운영결과를 구분하여 표시한다. 즉, 사업순원가를 표시한다.

17

정답 ②

기존 손익분기점 판매량 = 고정비 ₩1,200,000 ÷ 대당 공헌이익

(₩480,000 - ₩400,000) = ₩1,200,000

÷ ₩80,000 = 15대

새로운 손익분기점 판매량 = 고정비 (₩1,200,000 + ₩300,000)

÷ 대당 공헌이익 (₩80,000 - ₩20,000)

= ₩1,500,000 ÷ ₩60,000 = 25대

18

정답 ③

예정배부액 = 실제발생액 ₩4,500,000 - 과소배부액 ₩300,000

= ₩4,200,000

예정배부율 = 예정배부액 ₩4,200,000 ÷ 실제 기계작업시간 2,100h

= ₩2,000/h

예정배부율 ₩2,000/h = 제조간접원가 예산 ₩5,000,000

÷ 예상 기계작업시간

예상 기계작업시간 = ₩5,000,000 ÷ ₩2,000/h = 2,500h

19

정답 ③

제품별 NRV는 다음과 같다.

A: 1,000개 × (₩500 - ₩200) = ₩300,000

B: 500개 × (₩600 - ₩200) = ₩200,000

B에 배부된 결합원가 ₩50,000 = 총 결합원가 × ₩200,000/₩500,000

총 결합원가 = ₩50,000 × ₩500,000/₩200,000 = ₩125,000

20

정답 ②

표준원가(SP × SQ)	(SP × AQ)	실제원가(AP × AQ)
₩300/시간 × 1,000 시간 = ₩300,000	₩300/시간 × AQ = ₩330,000	AP × AQ = ₩308,000
	수량(능률)차이 ₩30,000(불리)	가격(임률)차이 ₩22,000(유리)

AQ = ₩330,000 ÷ ₩300/시간 = 1,100시간

AP = ₩308,000 ÷ 1,100시간 = ₩280

14	③	15	②	16	③	17	②	18	③
19	③	20	①						

14

정답 ③

① 재무상태표는 직전 회계연도의 동일기간말이 아닌 연차보고 기간말을 비교한다.

② 포괄손익계산서는 당해 중간기간과 누적기간을 직전 회계연도 동일기간과 비교한다.

④ 현금흐름표는 당해 회계연도 누적기간을 직전 회계연도 동일기간과 비교한다.

15

정답 ②

일자	유효이자	표시이자	상각액	상각후원가	공정가치
20×1초				900,000	
20×1말	72,000	50,000	22,000	922,000	923,400
20×2말	73,760	50,000	23,760	945,760	945,000

상각후원가 측정 금융자산인 경우 유효이자에 해당하는 ₩73,760이 이자수익으로 인식된다. FVPL에 해당하는 경우 표시이자 ₩50,000이 이자수익으로 공정가치의 변동분 ₩21,600(₩945,000 - ₩923,400)이 평가손익으로 하여 합계 ₩71,600이 당기손익으로 보고된다.

16

정답 ③

결과: ₩360,000 - ₩345,000 = ₩15,000

잔액: 기초(₩300,000 - ₩250,000) - 대손처리 ₩30,000

= ₩20,000

보충: 결과 ₩15,000 - 잔액 ₩20,000 = (-)₩5,000

17

정답 ②

매출원가 = 기초재고 ₩20,000 + 당기매입 ₩200,000

- 기말재고 ₩60,000 = ₩160,000

당기 매출액 = 매출원가 ₩160,000 ÷ 매출원가율 80%

= ₩160,000 × 100/80 = ₩200,000

매출채권 정상잔액 = 기초매출채권 ₩60,000 + 당기매출액

₩200,000 - 매출채권 회수액 ₩160,000

= ₩100,000

횡령액 = 정상잔액 ₩100,000 - 실제잔액 ₩20,000 = ₩80,000

매출채권

기초	₩60,000	감소(회수)	₩160,000
		횡령	₩?
증가(당기매출)	₩200,000	기말	₩20,000
	₩260,000		₩260,000

18

정답 ③

이자와 배당금의 수취 및 지급에 따른 현금흐름은 현금흐름표에 나타나는 항목이다.

19

정답 ③

유동자산	당좌자산 (2,000)	유동부채 (2,000)
	재고자산 (3,000)	비유동부채 (3,000)
비유동자산		자본 (2,500)

당좌자산 = 유동부채 ₩2,000 × 당좌비율 100% = ₩2,000

유동자산 = 유동부채 ₩2,000 × 유동비율 250% = ₩5,000

재고자산 = 유동자산 - 당좌자산 = ₩3,000

매출원가 = 재고자산 ₩3,000 × 재고자산회전율 5회 = ₩15,000

부채 = 유동부채 ₩2,000 + 비유동부채 ₩3,000 = ₩5,000

부채비율 200% = 부채 ₩5,000 ÷ 자본

자본 = ₩5,000 ÷ 200% = ₩2,500

20

정답 ①

일자	유효이자	표시이자	상각액	장부금액
20×1. 1. 1.				₩10,490
20×1. 12. 31.	₩1,049	₩1,200	₩151	₩10,339

01	②	02	②	03	③	04	④	05	①
06	②	07	④	08	①	09	①	10	②
11	③	12	②	13	③	14	①	15	①
16	④	17	③	18	④	19	②	20	④

01

정답 ②

보강적 질적 특성은, 정보가 목적적합하지 않거나 나타내고자 하는 바를 충실하게 표현하지 않으면, 개별적으로든 집단적으로 든 그 정보를 유용하게 할 수 없다.

02

정답 ②

공정가치는 자산이나 부채를 발생시킨 거래나 그 밖의 사건의 가격으로부터 부분적이라도 도출되지 않기 때문에, 공정가치는 자산을 취득할 때 발생한 거래원가로 인해 증가하지 않으며 부 채를 발생시키거나 인수할 때 발생한 거래원가로 인해 감소하지 않는다. 또한 공정가치는 자산의 궁극적인 처분이나 부채의 이 전 또는 결제에서 발생할 거래원가를 반영하지 않는다.

03

정답 ③

일자	유효이자	표시이자	상각액	상각후원가
20×1. 1. 1.				920,000
20×1. 12. 31.	73,600	50,000	23,600	943,600

금융자산평가손익(기타포괄손익) = ₩938,000 - ₩943,600

$$= (-)₩5,600$$

총포괄손익 = 이자수익 ₩73,600 - 금융자산평가손익 ₩5,600

$$= ₩68,000$$

별해

자산의 증가만큼 총포괄이익이 증가한다. 회사의 자산은 이자 로 받는 현금 ₩50,000과 금융자산의 공정가치 증가액 ₩18,000 (₩938,000 - ₩920,000)의 합계인 ₩68,000만큼 증가한다.

04

정답 ④

감가상각비: ₩2,000,000 × 0.36 × 7/12 = ₩420,000

손상차손: 장부금액(₩2,000,000 - ₩420,000) - Max[₩380,000, ₩420,000] = ₩1,580,000 - ₩420,000 = ₩1,160,000

당기손익에 미치는 영향 = 감가상각비 (-)₩420,000 + 손상차손 (-)₩1,160,000 = (-)₩1,580,000

별해

₩2,000,000에 취득한 기계장치가 기말에는 ₩420,000(순공정가 치와 사용가치 중 큰 금액)으로 재무상태표에 보고된다. 따라서 그 차액인 ₩1,580,000은 당기손익에 반영된다.

05

정답 ①

회사측 잔액에 회사측 조정사항을 가감하여 정확한 잔액을 구하 면 다음과 같다.

조정 전 잔액 ₩62,000 + 예금이자 ₩1,200 - 기입오류 ₩1,800 = ₩61,400

은행측 잔액에 은행측 조정사항을 가감하여 구해도 결과는 같다.

은행측 잔액 ₩73,400 - 기발행미인출수표 ₩20,000 + 마감후 입 금액 ₩8,000 = ₩61,400

06

정답 ②

매출채권과 대손충당금에 대한 T계정을 그리면 다음과 같다.

매출채권

기초	₩200,000	감소(회수)	₩920,000
		대손발생	₩12,000
증가(당기매출)	₩1,000,000	기말	
	₩1,200,000		₩1,200,000

기말 매출채권 = ₩1,200,000 - ₩932,000 = ₩268,000

대손충당금

감소(대손발생)	₩12,000	기초	₩20,000
기말		증가(대손상각비)	

기말 대손충당금 = 기말 매출채권 ₩268,000

    - 매출채권에 대한 미래현금흐름의 현재가치

    ₩210,000 = ₩58,000

대손상각비 = 차변합계(감소 ₩12,000 + 기말 ₩58,000)

    - 기초 ₩20,000 = ₩50,000

07

정답 ④

ㄱ. 유통보통주식수의 계산

구분	주식수	기간	조정	가중평균주식수
1/1	800주	12/12	10%	800주 × (1+10%) × 12/12 = 880주
7/1	200주	6/12	10%	200주 × (1+ 10%) × 6/12 = 110주
10/1	(-)360주	3/12		(-)360주 × 3/12 = (-)90주
합계				900주

ㄴ. 기본주당순이익 = ₩216,000 ÷ 900주 = ₩240

08

정답 ①

투자부동산평가손실: ₩800,000 - ₩780,000 = ₩20,000

투자부동산에 대하여 공정가치모형을 적용하는 경우, 별도의 감 가상각비는 인식하지 않는다.

09

정답 ①

기말재고(보고금액) = 실제수량 1,000개 × Min(₩500, ₩450)

= ₩450,000

총비용으로 보고될 금액 = 기초재고(보고금액) ₩0

+ 당기매입 ₩4,000,000

- 기말재고(보고금액) ₩450,000

= ₩3,550,000

영업외비용(비정상감모) = (장부수량 1,100개 - 실제수량 1,000개)

× (1 - 정상감모비율 60%) × 취득원가

₩500 = 100개 × 40% × ₩500

= ₩20,000

매출원가 = 총비용 ₩3,550,000 - 영업외비용 ₩20,000 = ₩3,530,000

영업이익 = 매출액 ₩8,000,000 - 매출원가 ₩3,530,000

- 판관비 ₩3,000,000 = ₩1,470,000

당기순이익 = 영업이익 ₩1,470,000 - 영업외비용

(비정상감모손실) ₩20,000 = ₩1,450,000

(2024 보험계리사 변형)

10

정답 ②

계약상 현금흐름의 수취와 금융자산의 매도 둘 다를 통해 목적을 이루는 사업모형하에서 금융자산을 보유하고, 금융자산의 계약 조건에 따라 특정일에 원리금 지급만으로 구성되어 있는 현금흐름이 발생한다면 금융자산을 '기타포괄손익-공정가치'로 측정한다.

11

정답 ③

20×1년 감가상각비 = (₩6,000,000 - ₩1,000,000)/5

= ₩1,000,000

감가상각누계액 = ₩1,000,000 × ₩6,500,000/₩5,000,000

= ₩1,300,000

재평가 전과 후의 건물에 대한 장부금액은 다음과 같다.

	재평가 전	재평가 후
건물	₩6,000,000	₩7,800,000
감가상각누계액	(₩1,000,000)	(₩1,300,000)
장부금액	₩5,000,000	₩6,500,000

12

정답 ②

제품보증충당부채 = ₩20,000 × 9% + ₩400,000 × 1% = ₩5,800

13

정답 ③

현금(당좌자산, 자산)과 비유동부채가 동시에 감소한다.

총자산회전율 = 매출액(불변) / 총자산(감소) ☞ 증가

당좌비율 = 당좌자산(감소) / 유동부채(불변) ☞ 감소

14

정답 ①

시산표 합계변화

3년(36개월)분 보험료가 ₩3,600,000이므로

월 보험료는 ₩100,000, 2011년 보험료는 ₩1,000,000이다.

	차변		대변
자산	소모품 ⊕200,000 선급보험료 ⊖1,000,000 미수이자 ⊕1,000,000	부채	미지급급여 ⊕5,000,000
비용	소모품비 ⊖200,000 보험료 ⊕1,000,000 급여 ⊕5,000,000	수익	이자수익 ⊕1,000,000
합계	⊕6,000,000	합계	⊕6,000,000

위 회계처리를 누락하였으므로 자산 ₩200,000 과소계상, 부채 ₩5,000,000 과소계상, 비용 ₩5,800,000 과소계상, 수익 ₩1,000,000 과소계상 되었다. 당기순이익은 ₩4,800,000 과대계상되고 이로 인해 자본(이익잉여금)도 ₩4,800,000 과대계상된다.

(2012 국가직 7급)

15

정답 ①

고정순자산 = 일반유형자산 등의 투자액 ₩400,000 - 투자재원

마련 목적의 지방채증권 ₩150,000 = ₩250,000

특정순자산 = 적립성기금의 원금 ₩150,000

일반순자산 = 순자산(자산총계 ₩3,000,000 - 부채총계

₩2,200,000) - 고정순자산 ₩250,000

- 특정순자산 ₩150,000 = ₩400,000

16

정답 ④

재공품			
기초	80,000	제품제조	?
총제조	310,000	기말	60,000
	390,000		390,000

당기제품제조원가 = ₩390,000 - ₩60,000 = ₩330,000

제품			
기초	18,000	매출원가	?
제품제조	330,000	기말	28,000
	348,000		348,000

매출원가 = ₩348,000 - ₩28,000 = ₩320,000

매출액 = ₩320,000 ÷ 0.8 = ₩400,000

매출총이익 = ₩400,000 - ₩320,000 = ₩80,000

17

정답 ③

평균법은 완성품환산량 계산시 기초재공품을 포함하고, 선입선출법은 기초재공품을 제외한 당기착수분에 대한 완성품환산량을 계산한다. 따라서, 평균법과 선입선출법의 완성품환산량은 기초재공품의 완성품환산량만큼 차이가 발생한다.

기초재공품 200단위 × 기초재공품 완성도 75% = 150단위

18

정답 ④

손익분기점 매출액 ₩400,000 × 공헌이익률 (1 - 변동비율 80%)
- 고정비 = ₩0

고정비 = ₩400,000 × 20% = ₩80,000

현재 매출액 × 공헌이익률 20% - 고정비 ₩80,000 = 영업이익
₩100,000

매출액 = ₩180,000 × 5 = ₩900,000

안전한계 = 현재 매출액 ₩900,000 - 손익분기점 매출액 ₩400,000
= ₩500,000

별해

결국, 공헌이익률 20%에 영업이익은 ₩100,000이므로 손익
분기점을 넘어서는 매출액(안전한계)은 ₩100,000 ÷ 20% =
₩500,000으로 바로 구할 수도 있다.

19

정답 ②

채무증권은 상각후취득원가로 평가하고, 지분증권은 취득원가
로 평가한다. 다만, 재정상태표일 현재 신뢰성 있게 공정가액을
측정할 수 있으면 그 공정가액으로 평가한다. 따라서 단서가 없
으면 지분증권은 취득원가로 평가한다.

20

정답 ④

기존 컴퓨터의 취득원가와 장부금액은 매몰원가로 비관련원가
이다.

15	④	16	③	17	③	18	④	19	③
20	②								

15

정답 ④

새로운 시설을 개설하는 데 소요되는 원가, 기업의 영업 전부 또
는 일부를 재배치하거나 재편성하는 과정에서 발생하는 원가,
자가건설에 따른 내부이익은 유형자산의 취득원가에 포함하지
않는다.

16

정답 ③

연구식대!
새로운 지식을 얻고자 하는 활동과 연구결과나 기타 지식을 최
종 선택하는 활동은 연구단계에 해당한다.

17

정답 ③

진행률을 합리적으로 측정할 수 없는 경우에는 진행기준을 적용
한 수익인식이 어렵다. 이 경우에도 발생한 원가에 대해서는 회
수될 것으로 예상한다면, 발생원가의 범위에서만 수익을 인식한
다. 따라서, 발생한 원가(₩1,200,000)만큼 수익(₩1,200,000)을
인식하며 이 경우에 수익에서 원가를 차감한 공사손익은 ₩0이
된다.

18

정답 ④

자기주식 처분으로 인해 유입된 현금 ₩32,000(= 40주 × ₩800)
만큼 자산이 증가하고, 이로 인해 자본도 ₩32,000 증가한다. 분
개로 나타나면 다음과 같이 자기주식이 ₩20,000감소하고, 자기
주식처분이익이 ₩12,000 발생한다. 자기주식은 자본의 차감항
목이므로, 결국 자본이 ₩32,000만큼 증가한다.

(차)	현금	32,000	(대)	자기주식	20,000
				자기주식	12,000
				처분이익	

오답노트 자기주식을 소각할 때는 자산과 부채의 변화가 없으므
로 자본의 변화도 없다. 다음과 같이 자기주식이 감소
하여 ₩5,000만큼 자본이 증가하지만, 자본금이 ₩1,000
감소하고 감자차손이 ₩4,000 발생하여 결국 자본총계
에 미치는 영향은 ₩0이 된다.

(차)	자본금	1,000	(대)	자기주식	5,000
	감자차손	4,000			

(2025 관세사 변형)

19

정답 ③

생물자산을 최초 인식시점에 순공정가치로 인식하여 발생하는
평가손익과 생물자산의 순공정가치 변동으로 발생하는 평가손

익은 발생한 기간의 당기손익에 반영한다. 또한 수확물을 최초
인식시점에 순공정가치로 인식하여 발생하는 평가손익도 발생
한 기간의 당기손익에 반영한다.

20

소멸 시 당기손익에 반영되지 않는 항목(재분류조정 불필요): 재
평가잉여금, 기타포괄손익-공정가치 측정(FVOCI) 선택 금융자
산 평가손익, 확정급여제도의 재측정요소
소멸 시 당기손익에 반영되는 항목(재분류조정 필요): 기타포괄
손익-공정가치 측정(FVOCI) 금융자산 평가손익, 해외사업환산
손익, 현금흐름위험회피 파생상품평가손익 중 위험회피에 효과
적인 부분

01	④	02	④	03	②	04	①	05	③
06	②	07	②	08	④	09	②	10	③
11	③	12	③	13	①	14	①	15	④
16	③	17	①	18	①	19	②	20	③

01
정답 ④

재무보고서는 정확한 서술보다는 상당 부분 추정, 판단 및 모형에 근거한다.

02
정답 ④

재무제표 항목의 표시와 분류는 다음의 경우를 제외하고는 매기 동일하여야 한다.
(1) 사업내용의 유의적인 변화나 재무제표를 검토한 결과 다른 표시나 분류방법이 더 적절한 것이 명백한 경우.
(2) 한국채택국제회계기준에서 표시방법의 변경을 요구하는 경우

03
정답 ②

유상감자는 유상으로 진행하는 만큼 회사에서 자금의 유출이 발생하고 이로 인해 자산감소, 자본감소가 발생한다. 나머지 주식분할, 무상감자, 주식배당의 경우에는 자본총액에 변화가 없다.

04
정답 ①

결과: ₩460,000 - ₩445,000 = ₩15,000

잔액: (₩400,000 - ₩380,000) - ₩8,000 = ₩12,000

보충: ₩15,000 - ₩12,000 = ₩3,000

05
정답 ③

일자	유효이자	표시이자	상각액	상각후원가
20×1. 1. 1.				9,600
20×1. 12. 31.	1,100	1,000	100	9,700

금융자산평가손익 = 공정가치 ₩9,400 - 상각후원가 ₩9,700 = (-)₩300

금융자산처분손익 = 처분가액 ₩9,500 - 상각후원가 ₩9,700 = (-)₩200

06
정답 ②

(1) 영업무관 손익조정: 영업관련이익 = 당기순이익 ₩97,000 + 감가상각비 ₩20,000 + 유형자산처분손실 ₩8,000 + 사채상환손실 ₩12,000 = ₩137,000

(2) 영업관련 자산·부채 조정(원샷법)

재고자산 증가	14,000	영업관련이익	137,000
현금 증가	?	매출채권 감소	15,000
		미지급법인세 증가	9,000
		매입채무 증가	12,000
		미수이자 감소	2,000
	175,000		175,000

영업활동 현금흐름 = ₩175,000 - ₩14,000 = ₩161,000

07
정답 ②

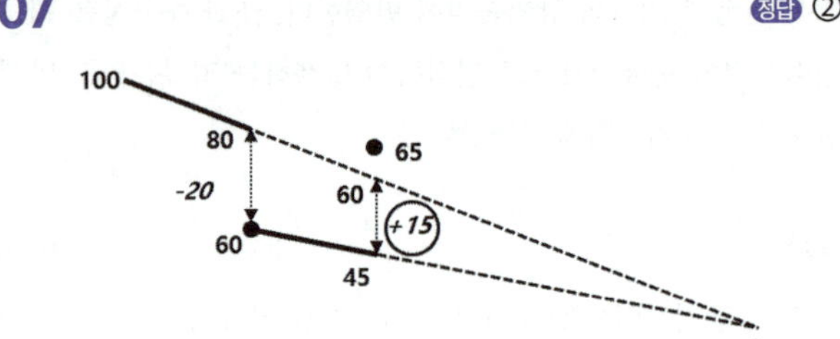

감가상각 후 장부금액: ₩60,000 - ₩60,000/4년 = ₩45,000

손상차손을 인식하지 않았을 경우 20×2년 말 장부금액:
  ₩100,000 - ₩100,000 × 2년/5년 = ₩60,000

손상차손환입액: Min{₩65,000, ₩60,000} - ₩45,000 = ₩15,000

08
정답 ④

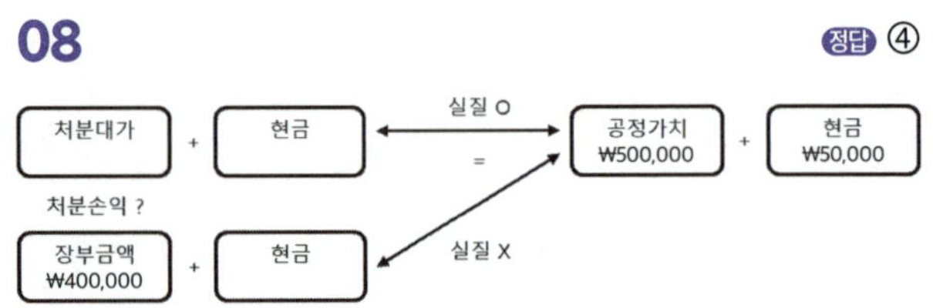

유형자산처분손익 = 처분대가(₩500,000 + ₩50,000) - 장부금액(₩1,000,000 - ₩600,000) = ₩550,000 - ₩400,000 = ₩150,000

상업적 실질이 있는 경우 공정가치로 처분한 것으로 보아 처분손익을 인식한다. 문제의 경우 제공하는 자산인 컴퓨터의 공정가치가 주어지지 않았으므로 취득한 자산(노트북)의 공정가치가 더 명확한 것으로 보아 노트북의 공정가치를 기준으로 현금 ₩50,000을 더한 ₩550,000이 처분대가가 된다.

09
정답 ②

[K-IFRS 제1038호 무형자산 문단 57]

다음 사항을 모두 제시할 수 있는 경우에만 개발활동(또는 내부 프로젝트의 개발단계)에서 발생한 무형자산을 인식한다.
(1) 무형자산을 사용하거나 판매하기 위해 그 자산을 완성할 수 있는 기술적 실현가능성
(2) 무형자산을 완성하여 사용하거나 판매하려는 기업의 의도
(3) 무형자산을 사용하거나 판매할 수 있는 기업의 능력
(4) 무형자산이 미래경제적효익을 창출하는 방법. 그 중에서도 특히 무형자산의 산출물이나 무형자산 자체를 거래하는 시장이 존재함을 제시할 수 있거나 또는 무형자산을 내부적으로 사용할 것이라면 그 유용성을 제시할 수 있다.
(5) 무형자산의 개발을 완료하고 그것을 판매하거나 사용하는 데 필요한 기술적, 재정적 자원 등의 입수가능성
(6) 개발과정에서 발생한 무형자산 관련 지출을 신뢰성 있게 측정할 수 있는 기업의 능력

10
정답 ③

지분법손익: ₩40,000 × 40% = ₩16,000

관계기업투자주식: 기초 ₩100,000 + (총포괄이익 ₩60,000 - 현금배당 ₩10,000) × 40% = ₩120,000

피투자회사의 당기순이익은 지분법손익을 통해 관계기업투자주식에 반영되고, 기타포괄손익은 관계기업(지분법)기타포괄손익으로 관계기업투자주식에 반영된다. 따라서 총포괄손익에 대한 지분율만큼 관계기업투자주식이 증가한다.

11   정답 ③

복구충당부채 = ₩200,000 × 0.6 = ₩120,000

감가상각비 = (₩1,000,000 + ₩120,000 - ₩200,000) ÷ 5 = ₩184,000

이자비용 = ₩120,000 × 10% = ₩12,000

총비용 = ₩184,000 + ₩12,000 = ₩196,000

12   정답 ③

① 취득완료시점이 아닌 '자산을 사용할 수 있는 때'부터 시작한다.

② 무형자산의 상각방법은 자산의 경제적 효익이 소비될 것으로 예상되는 형태를 반영한 다양한 방법이 가능하다. 다만, 그 형태를 신뢰성 있게 결정할 수 없는 경우에는 정액법을 사용한다.

④ 손상에 대한 징후가 없더라도 매년 손상검사를 수행해야 한다.

13   정답 ①

제3자를 위하여 건설 또는 개발 중인 부동산은 재고자산(미성공사)으로 인식한 다음 진행기준에 따라 수익으로 대체한다. 금융리스로 제공한 부동산은 리스이용자의 자산에 해당한다.

14   정답 ①

사회기반시설에 대한 내용이다. 유산자산은 자산으로 인식하지 아니하고 그 종류와 현황 등을 주석으로 공시한다.

15   정답 ④

원재료

기초	10,000	직접재료원가	48,000
당기매입	50,000	기말	12,000
	60,000		60,000

재공품

기초	40,000	제품제조	?
DM	48,000		
DL	60,000		
OH	40,000	기말	?
	188,000		188,000

(DM, DL, OH에 걸쳐 "총제조")

DL = ₩40,000/40% - ₩40,000 = ₩60,000

제품

기초	15,000	매출원가	80,000
제품제조	110,000	기말	45,000
	125,000		125,000

매출원가 = ₩104,000 / 1.3 = ₩80,000

당기제품제조원가 = ₩125,000 - ₩15,000 = ₩110,000

기말재공품 = ₩188,000 - ₩110,000 = ₩78,000

16   정답 ③

					가공비
기초	1,000	완성 ┌ 기초	1,000 (-40%)		400
		└ 착수	2,500		2,500
착수	4,000	기말	1,500 (40%)		600
	5,000		5,000		3,500

당기발생 가공원가 × 600/3,500 = ₩120,000

당기발생 가공원가 = ₩120,000 × 3,500/600 = ₩700,000

17   정답 ①

단위당 변동원가 = (DM ₩100,000 + DL ₩50,000) ÷ 100개
       = ₩1,500

단위당 공헌이익 = 판매가격 ₩2,000 - 단위당 변동원가 ₩1,500
       = ₩500

손익분기점 판매량 = 고정원가 ₩30,000 ÷ 단위당 공헌이익 ₩500
       = 60개

손익분기점 판매액 = 60개 × ₩2,000 = ₩120,000

(2012 국가직 9급 변형)

18   정답 ①

매출원가 배부차이 조정액 = (-)₩20,000 × ₩300,000/
       (₩40,000 + ₩60,000 + ₩300,000)
       = (-)₩15,000

조정 후의 매출원가 = ₩300,000 - ₩15,000 = ₩285,000

19   정답 ②

표준원가	고정예산	실제원가
800개 × ₩80/개 = ₩64,000	10,000시간 × ₩8/시간 = ₩80,000	₩70,000

조업도차이	예산차이
₩16,000(불리)	₩10,000(유리)

20   정답 ③

지방자치단체에서 현금흐름표는 경상활동, 투자활동 및 재무활동으로 구성된다. 영업활동이 아닌 경상활동으로 표시한다.

14	①	15	②	16	④	17	②	18	④
19	③	20	②						

14

정답 ①

금융자산으로 분류될 금액 = 대여금 ₩16,300 + 미수금 ₩13,000

오답노트 선급금은 재화를 제공받게 될 뿐, 현금이나 금융자산으로 결제되지 않기 때문에 금융자산에 해당하지 않는다. 당기법인세자산의 경우 계약에 의해 발생한 것이 아니므로 금융자산에 해당하지 않는다.

15

정답 ②

재고자산(원가)

기초재고	20,000	매출원가	?
순매입	61,000	기말재고	?
	81,000		81,000

재고자산(매가)

기초재고	20,000	순매출액	80,000
순매입	80,000		
순인상	10,000		
순인하	(20,000)	기말재고	?
	90,000		90,000

기말재고(매가) = ₩90,000 - ₩80,000 = ₩10,000

원가율 = ₩81,000 ÷ ₩90,000 = 90%

기말재고(원가) = ₩10,000 × 90% = ₩9,000

16

정답 ④

수행의무의 산출물을 합리적으로 측정할 수 없으나, 수행의무를 이행할 때 드는 원가는 회수될 것으로 예상한다면 수행의무의 산출물을 합리적으로 측정할 수 있을 때까지 발생원가의 범위에서만 수익을 인식한다. 즉, 발생원가의 범위에서 수익을 인식할 수 있으므로 수익을 인식하지 못한다는 설명은 옳지 않다.

17

정답 ②

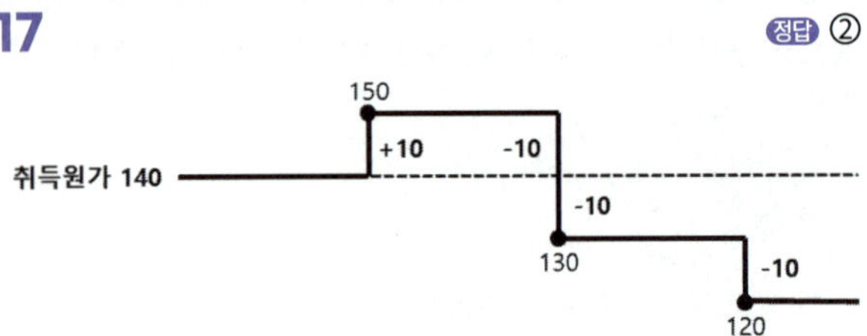

취득세는 토지의 취득원가에 포함한다. 취득원가(₩140,000) 아래에서 변동되는 부분(20×2년 ₩10,000, 20×3년 ₩10,000)만큼 당기순이익에 영향을 미친다.

18

정답 ④

과거에 우발부채로 처리하였더라도 미래 경제적 효익의 유출 가능성이 높아진 경우에는 그러한 가능성의 변화가 생긴 기간의 재무제표에 충당부채로 인식한다

19

정답 ③

공사손익

ㄱ. 결과(누적이익): (도급금액 ₩300,000 - 추정총공사원가 ₩320,000) × 100%(손실예상) = (-)₩20,000

ㄴ. 잔액(전기 누적이익): (₩300,000 - ₩250,000) × 20% = ₩10,000

ㄷ. 보충(ㄱ - ㄴ): (-)₩30,000

20

정답 ②

생물자산 평가손익: 공정가치 ₩4,200,000 - (취득원가 ₩3,000,000 + 사육비용 ₩700,000) = ₩500,000

수확물 평가손익: 공정가치 ₩250,000 - 판매비용 ₩80,000 = ₩170,000

01	③	02	①	03	②	04	③	05	②
06	④	07	③	08	①	09	③	10	①
11	③	12	④	13	①	14	④	15	④
16	③	17	②	18	②	19	④	20	①

01

정답 ③

① 재무정보의 예측가치와 확인가치는 상호 연관되어 있다. 예측가치를 갖는 정보는 확인가치도 갖는 경우가 많다. 예를 들어, 미래 연도 수익의 예측 근거로 사용될 수 있는 당해 연도 수익 정보를 과거 연도에 행한 당해 연도 수익 예측치와 비교할 수 있다. 그 비교 결과는 정보이용자가 그 과거 예측에 사용한 절차를 수정하고 개선하는 데 도움을 줄 수 있다.

② 신중을 기하는 것이 비대칭의 필요성(예: 자산이나 수익을 인식하기 위해서는 부채나 비용을 인식할 때보다 더욱 설득력 있는 증거가 뒷받침되어야 한다는 구조적인 필요성)을 내포하는 것은 아니다. 그러한 비대칭은 유용한 재무정보의 질적 특성이 아니다. 그럼에도 불구하고, 나타내고자 하는 바를 충실하게 표현하는 가장 목적적합한 정보를 선택하려는 결정의 결과가 비대칭성이라면, 특정 기준서에서 비대칭적인 요구사항을 포함할 수도 있다.

③ 오류가 없다는 것은 모든 면에서 완벽하게 정확하다는 것을 의미하지는 않는다. 예를 들어, 관측가능하지 않은 가격이나 가치의 추정치는 정확한지 또는 부정확한지 결정할 수 없다. 그러나 추정치로서 금액을 명확하고 정확하게 기술하고, 추정 절차의 성격과 한계를 설명하며, 그 추정치를 도출하기 위한 적절한 절차를 선택하고 적용하는 데 오류가 없다면 그 추정치의 표현은 충실하다고 할 수 있다.

④ 일반적으로 정보는 오래될수록 유용성이 낮아진다. 그러나 일부 정보는 보고기간 말 후에도 오랫동안 적시성이 있을 수 있다. 예를 들어, 일부 이용자들은 추세를 식별하고 평가할 필요가 있을 수 있기 때문이다.

02

정답 ①

사채의 발행금액 = ₩100,000 × 0.76 + ₩100,000 × 8% × 2.50

$$= ₩76,000 + ₩20,000 = ₩96,000$$

20×1년 이자비용 = ₩96,000 × 10% × 9/12 = ₩7,200

03

정답 ②

유형자산의 취득시 전문가에게 지급하는 수수료는 일단 취득원가에 가산하고 이후에 감가상각을 통해 비용화된다. 사채발행비는 사채발행시점에는 조달금액을 감소시켜 사채할인발행차금을 증가시키거나 사채할증발행차금을 감소시킨 다음 유효이자율법에 따라 이자비용으로 반영된다. 주식발행비(직접비용) 역시 조달금액을 감소시켜 주식발행초과금을 감소시키거나 주식할인발

행차금을 증가시킨다. 금융자산의 경우 당기손익-공정가치 측정 금융자산이 아닌 경우에는 수수료를 공정가치에 가산하여 취득원가에 포함하지만, 당기손익-공정가치 측정 금융자산의 경우에는 바로 비용으로 인식한다.

04

정답 ③

기계장치

기초	500,000	감소(처분)	120,000
증가(취득)	?	기말	550,000
	670,000		670,000

당기취득액 = ₩670,000 - ₩500,000 = ₩170,000

감가상각누계액

감소(처분)	80,000	기초	210,000
기말	200,000	증가(상각)	?
	280,000		280,000

당기상각비 = ₩280,000 - ₩210,000 = ₩70,000

05

정답 ②

유형자산처분이익 ₩100,000 = 처분대가 - 장부금액(취득원가 ₩900,000 - 감가상각누계액 ₩600,000) = 처분대가 - ₩300,000

처분대가 = ₩100,000 + ₩300,000 = ₩400,000

투자활동: 유형자산 취득액 중 현금지급액 (-)₩700,000
+ 유형자산 처분대가 ₩400,000 = (-)₩300,000

재무활동: 자금조달액(유상증자 ₩350,0000 + 단기차입
₩400,000) - 배당 지급액 ₩300,000 = ₩450,000

(2025 보험계리사)

06

정답 ④

임대료 ₩180,000 중 8개월/12개월 ₩120,000은 선수임대료(부채)에 해당한다.

보험료 ₩120,000 중 4개월/6개월 ₩80,000은 선급보험료(자산)에 해당한다.

시산표 합계변화

	차변		대변	
자산	선급보험료 ⊕ 80,000	부채	선수임대료 ⊕120,000
비용	보험료 ⊖80,000	수익	임대수익 ⊖120,000
합계	0	합계	0

수익은 ₩120,00 감소하고 비용이 ₩80,000 감소하여 이익은 ₩40,000 감소한다.

07

정답 ③

일자	유효이자	표시이자	상각액	상각후원가
20×1. 12. 31.				?
20×2. 12. 31.	4,400	2,400	2,000	42,000

20×1년 말 사채의 장부금액 = 20×2년 말 장부금액 ₩42,000

　　　　　　　　　　　- 20×2년 상각액 ₩2,000 = ₩40,000

사채의 유효이자율 = ₩4,400 ÷ ₩40,000 = 11%

08　　　　　　　　　　　　　　　　　정답 ①

승인 전 이익잉여금 ₩200,000 - 자기주식처분손실 상각 ₩20,000
- 현금배당액 ₩50,000 - 주식배당액 ₩30,000 = ₩100,000

임의적립금의 적립이나 이입, 이익준비금의 적립은 이익잉여금의 구성항목에 변화가 생길 뿐 이익잉여금 총액에는 영향을 주지 않는다. 주식배당의 경우 자본총계에는 변화가 없지만 이익잉여금이 감소하고 자본금이 증가하는 변화가 생긴다.

09　　　　　　　　　　　　　　　　　정답 ③

매출원가 = 매출액 ₩240,000 ÷ 1.2 = ₩200,000

매출원가 ₩200,000 = 기초재고 ₩35,000

　　　　　　　　　+ 당기매입 ₩210,000 - 기말재고

기말재고 = ₩245,000 - ₩200,000 = ₩45,000

평균상품재고 = (기초 ₩35,000 + 기말 ₩45,000) ÷ 2 = ₩40,000

재고자산회전율 = 매출원가 ₩200,000 ÷ 평균재고 ₩40,000 = 5회

10　　　　　　　　　　　　　　　　　정답 ①

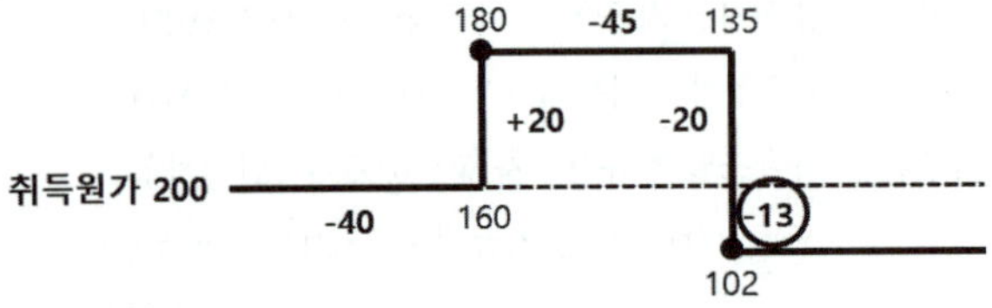

20×1년 상각비 = ₩200,000 ÷ 5년 = ₩40,000

20×1년 말 상각후원가 = ₩200,000 - 상각비 ₩40,000 = ₩160,000

20×1년 말 재평가잉여금 = 공정가치 ₩180,000 - 상각후원가

　　　　　　　　　　　₩160,000 = ₩20,000

20×2년 상각비 = ₩180,000 ÷ 4년 = ₩45,000

20×2년 말 상각후원가 = ₩180,000 - ₩45,000 = ₩135,000

20×2년 말 재평가로 인한 감소액 = 상각후원가 ₩135,000

　　　　　　　　　　　- 공정가치 ₩102,000

　　　　　　　　　　　= ₩33,000

₩33,000 중 ₩20,000은 이전에 설정한 재평가잉여금과 상계하고, 나머지 ₩13,000은 재평가손실로 당기손익에 반영한다.

11　　　　　　　　　　　　　　　　　정답 ③

① 기능별 분류와 성격별 분류 각 방법이 상이한 유형의 기업별로 장점이 있기 때문에 신뢰성 있고 보다 목적적합한 표시방법을 경영진이 선택하도록 하고 있다. 그러나 비용의 성격에 대한 정보가 미래현금흐름을 예측하는 데 유용하기 때문에, 비용을 기능별로 분류하는 경우에는 비용의 성격에 대한 추가 공시가 필요하다.

② 유동/비유동 구분법이나 유동성 순서에 따른 표시 외에, 자산과 부채의 일부는 유동/비유동 구분법으로 나머지는 유동성 순서에 따른 표시방법으로 표시하는 것도 허용된다.

④ 단일의 포괄손익계산서와 두 개의 보고서(당기손익 부분을 표시하는 별개의 손익계산서와 포괄손익을 표시하는 보고서) 중 한 가지 방법으로 표시한다.

12　　　　　　　　　　　　　　　　　정답 ④

일자	유효이자	표시이자	상각액	상각후원가	공정가치
20×1년 초				9,000	
20×1년 말	900	600	300	9,300	9,400

20×1년: AC금융자산인 경우 이자수익 ₩900을 당기손익으로 인식한다. FVOCI의 경우에도 이자수익 ₩900을 당기손익으로 인식하며, 기말 공정가치와 상각후원가의 차이 ₩100은 기타포괄손익으로 인식한다.

20×2년: FVPL의 경우 처분금액(₩9,450)과 장부금액(직전년도 말 공정가치 ₩9,400)의 차이인 ₩50이 처분손익으로 인식된다. AC금융자산과 FVOCI의 경우 처분금액(₩9,450)과 처분시점 상각후원가(₩9,300)의 차이인 ₩150이 처분손익으로 인식된다. 결국 AC금융자산과 FVOCI는 당기손익에 미치는 영향이 같다.

13　　　　　　　　　　　　　　　　　정답 ①

① 기업은 단기매매목적으로 유가증권이나 대출채권을 보유할 수 있으며, 이때 유가증권이나 대출채권은 판매를 목적으로 취득한 재고자산과 유사하다. 따라서 단기매매목적으로 보유하는 유가증권의 취득과 판매에 따른 현금흐름은 영업활동으로 분류한다.

② 제3자에 대한 자금의 대여는 투자활동에 해당한다.

③ 영업활동 현금흐름에 대해서만 직접법 또는 간접법의 선택이 가능하다. 투자활동 현금흐름과 재무활동 현금흐름은 모두 직접법에 의해 작성한다.

④ 직접법과 간접법 중 어떤 방법을 쓰든지 현금흐름의 크기는 달라지지 않는다.

14　　　　　　　　　　　　　　　　　정답 ④

1월 말 재고자산: 800 - 600 = 200단위

기말재고자산에 포함된 고정제조간접원가 = ₩24,000 × 200/800 = ₩6,000

2월 말 재고자산: 기초 200 + 생산 900 - 판매 800 = 300단위

기말재고자산에 포함된 고정제조간접원가 = ₩27,000 × 300/900 = ₩9,000

전부원가계산에 의한 영업이익 = 변동원가계산에 의한 영업이익 + 기말재고자산에 포함된 고정제조간접원가 - 기초재고자산에 포함된 고정제조간접원가 = ₩20,000 + ₩9,000 - ₩6,000 = ₩23,000

15

① 투자증권의 취득원가는 종목별로 총평균법을 적용한다.

② 재고자산은 품목별로 선입선출법을 적용하여 평가하는 것이 원칙이다.

③ 일반유형자산에 대해서는 정액법 등을 적용하여 감가상각한다.

16

					가공비
기초	1,000	완성	┌ 기초	1,000 (-60%)	600
			└ 착수	3,000	3,000
착수	4,000	기말		1,000 (40%)	400
	5,000			5,000	4,000

월말재공품에 포함된 가공원가 = ₩408,000 × 400/4,000 = ₩40,800

17

A 2개, B 1개, C 3개를 1세트로 구성했을 때,

1세트 판매가격 = A ₩400 × 2개 + B ₩400 × 1개 + C ₩600 × 3개 = ₩800 + ₩400 + ₩1,800 = ₩3,000

	제품 A	제품 B	제품 C	세트(2:1:3)
단위당 판매가격	₩400	₩400	₩600	₩3,000
단위당 변동비	₩250	₩300	₩400	
단위당 공헌이익	₩150	₩100	₩200	₩1,000

1세트 공헌이익 = A ₩150 × 2개 + B ₩100 × 1개 + C ₩200 × 3개

$\qquad$ = ₩300 + ₩100 + ₩600 = ₩1,000

공헌이익률 = ₩1,000/₩3,000 = 1/3

예상영업이익 = 매출액 ₩4,500,000 × 공헌이익률 1/3

$\qquad$ - 고정비 ₩1,000,000 = ₩500,000

18

고정제조간접원가 배부율을 x라 하면,

고정제조간접원가 예산 ÷ 기준조업도 1,000시간 = x

고정제조간접원가 예산 = 1,000x

표준원가	고정예산	실제원가
210단위 × 5시간 × x = 1,050x	1,000시간 × x = 1,000x	₩115,000
	조업도차이 ₩5,000(유리)	예산(소비)차이 ?

조업도차이 ₩5,000 = 1,050x - 1,000x = 50x

X = ₩100

고정예산 = 1,000시간 × ₩100 = ₩100,000

소비차이 = 고정예산 ₩100,000 - 실제원가 ₩115,000 = (-)₩15,000

19

종업원 만족도, 이직률, 종업원 생산성 등은 학습과 성장 관점에서 사용하는 지표이다.

20

신고·납부하는 방식의 국세는 납세의무자가 세액을 자진'신고'하는 때에 수익으로 인식한다.

14	③	15	②	16	④	17	③	18	①
19	④	20	②						

14

정답 ③

[K-IFRS 1038호 무형자산 문단 29]

무형자산 원가에 포함하지 않는 지출의 예는 다음과 같다.

(1) 새로운 제품이나 용역의 홍보원가(광고와 판매촉진활동 원가
    를 포함한다)

(2) 새로운 지역에서 또는 새로운 계층의 고객을 대상으로 사업을
    수행하는 데서 발생하는 원가(교육훈련비를 포함한다)

(3) 관리원가와 기타 일반경비원가

15

정답 ②

시가 이하 유상증자는 공정가치에 의한 유상증자와 무상증자가
혼합된 형태로 본다.

유상증자 해당분: (500주 × ₩600) ÷ ₩1,000 = 300주

무상증자 해당분: 500주 - 300주 = 200주

무상증자 비율: 200주/(1,700주 + 300주) = 10%

구분	주식수	기간	조정	가중평균주식수
1/1	1,700	12/12	+10% (무상증자)	1,700 × 12/12 × (1+10%) = 1,870
5/1	300	4/12	+10% (무상증자)	300 × 4/12 × (1+10%) = 220
합계				2,090주

기본주당순이익 = ₩209,000 ÷ 2,090주 = ₩100/주

16

정답 ④

이전에 당기손익으로 인식하였던 재평가손실 ₩1,000,000만큼
당기이익으로 인식한다.

17

정답 ③

20×1년 4월 1일 ~ 20×2년 12월 31일 상각비: ₩400,000 × 1/5 ×
(1 + 9/12) = ₩80,000 + ₩60,000 = ₩140,000

20×3년 초 장부금액: ₩400,000 - ₩140,000 = ₩260,000

20×3년 상각비: ₩260,000 × 4/(1+2+3+4) = ₩104,000

20×3년 말 장부금액: ₩260,000 - ₩104,000 = ₩156,000

18

정답 ①

수익(이자수익)과 비용(지급수수료)항목은 발생만 할 뿐, 감소
나 소멸이라는 개념이 없다. 따라서 수익은 대변에만, 비용은 차
변에만 금액이 발생한다. 문제에서 제시된 원장의 경우 차변과
대변에 모두 금액이 적혀 있으므로 수익과 비용은 해당사항이
없다.

원장 잔액이 차변에 적혔는데, 부채(선수수익)는 대변잔액이 남

는 항목이다. 따라서 자산에 해당하는 상품만이 적절한 과목이
될 수 있다.

(2024 보험계리사)

19

정답 ④

자기주식처분손익은 자본조정 혹은 자본잉여금으로 처리되는
자본항목이다.

20

정답 ②

구분	재고자산 포함액
기말 재고실사	₩15,000
미착품	₩2,000
반품조건부 판매상품	0
할부판매상품	0
합계	₩17,000

반환제품회수권 = 반품조건부 판매상품 ₩5,000

　　　　　　× 추정반품률 20% = ₩1,000

매출원가 = 기초재고 ₩20,000 + 당기매입 ₩80,000

　　　　- 기말재고 ₩17,000 - 반환제품회수권 ₩1,000

　　　　= ₩82,000

오답노트 별다른 단서 없이 '미착품'이라고 제시된 경우에는 (판
매하였으나 도착하지 않은 미착품이 아닌) 구매하였
으나 도착하지 않은 미착품으로 보아야 한다.

01	③	02	②	03	②	04	②	05	①
06	②	07	③	08	②	09	③	10	④
11	①	12	③	13	①	14	④	15	③
16	①	17	③	18	②	19	②	20	①

01

정답 ③

이익잉여금처분계산서의 작성을 요구하는 경우에는 재무상태표의 이익잉여금에 대한 보충정보로서 이익잉여금처분계산서를 주석으로 공시한다.

[K-IFRS 제 1001호 문단 112]

주석은 다음의 정보를 제공한다.

(1) 재무제표 작성 근거와 문단 117~124에 따라 사용한 구체적인 회계정책에 대한 정보

(2) 한국채택국제회계기준에서 요구하는 정보이지만 재무제표 어느 곳에도 표시되지 않는 정보

(3) 재무제표 어느 곳에도 표시되지 않지만 재무제표를 이해하는 데 목적적합한 정보

02

정답 ②

중요성은 개별 기업 재무보고서 관점에서 해당 정보와 관련된 항목의 성격이나 규모 또는 이 둘 모두에 근거하여 해당 기업에 특유한 측면의 목적적합성을 의미한다. 중요성에 대한 판단기준은 개별기업마다 다르므로 회계기준위원회는 중요성에 대한 획일적인 계량 임계치를 정하거나 특정한 상황에서 무엇이 중요한 것인지를 미리 결정할 수 없다.

03

정답 ②

매각한 건물의 감가상각누계액을 A라 하면,

건물(순액)

기초	₩320,000	감소(처분)	₩60,000 - A
		감소(감가상각)	₩70,000
증가(취득)	₩80,000	기말	₩290,000
	₩400,000		₩400,000

₩60,000 - A = ₩400,000 - ₩70,000 - ₩290,000 = ₩40,000

A = ₩20,000

04

정답 ②

현금 ₩20,000 + 우편환 ₩10,000 + 보통예금 ₩35,000 + 자기앞수표 ₩34,000 + 양도성예금증서 ₩47,000 = ₩146,000

(2014 서울시 9급)

오답노트 '회사가 발행하였으나 은행에 지급 제시되지 않은 수표'는 회사가 거래대금 결제 등의 목적으로 발행하여 지급한 수표를 말한다. 따라서 발행 받은 상대방의 자산에 포함되는 것이지 발행한 회사의 자산이 될 수 없다.

05

정답 ①

일자	유효이자	표시이자	상각액	상각후원가
20×1. 1. 1				90,000
20×1. 12. 31	9,000	6,000	3,000	93,000

금융자산손상차손 = ₩93,000 - ₩70,000 = ₩23,000

· AC금융자산의 경우 손상차손 ₩23,000을 당기손익으로 인식한다.

· FVPL의 경우 어차피 공정가치의 변동이 당기손익으로 인식되므로 별도로 손상차손을 인식하지 않는다.

· FVOCI의 경우에도 이미 손상차손이 공정가치의 변동에 반영되어 있으므로, 추가적으로 장부금액을 감액하지는 않는다. 다만 공정가치의 변동이 기타포괄손익으로 보고되었으므로, 손상차손에 해당하는 부분은 기타포괄손익을 당기손익으로 대체한다. 결국 손상차손 ₩23,000을 당기손익으로 인식하게 되므로 당기손익에 미치는 영향은 AC금융자산과 같아진다.

06

정답 ②

ㄱ. 결과(누적이익): (₩100,000 - ₩90,000) × 60% = ₩6,000

ㄴ. 잔액(전기 누적이익): (₩100,000 - ₩80,000) × 40% = ₩8,000

ㄷ. 보충(ㄱ - ㄴ): (-)₩2,000

미성공사 = 누적발생원가 ₩54,000 + 누적이익 ₩6,000 = ₩60,000

누적청구액: ₩32,000 + ₩34,000 = ₩66,000

미청구공사 = 미성공사 ₩60,000 - 누적청구액 ₩66,000 = (-)₩6,000

07

정답 ③

(1) 영업무관 손익조정: 영업관련이익 = 당기순이익 ₩147,000 + 감가상각비 ₩40,000 + 유형자산처분손실 ₩20,000 = ₩207,000

(2) 영업관련 자산·부채 조정(원샷법)

매출채권 증가	15,000	영업관련이익	207,000
매입채무 감소	6,000	미지급이자 증가	5,000
미지급법인세 감소	5,000	재고자산 감소	4,000
현금증가	?		
	216,000		216,000

영업활동 현금흐름 = ₩216,000 - ₩26,000 = ₩190,000

08

정답 ②

일자	유효이자	표시이자	상각액	상각후원가
20×1. 1. 1.				95,000
20×1. 12. 31.	a	10,000	b	
20×2. 12. 31.	c	10,000	d	e

상환시점까지 인식한 총 이자비용 = a + c = ₩23,000

상환시점까지 총 상각액 = b + d = 유효이자 ₩23,000 - 표시이자 ₩20,000 = ₩3,000

상환시점의 장부금액(e) = ₩95,000 + 총 상각액 ₩3,000 = ₩98,000
사채상환이익 ₩500 = 상환시점 장부금액 ₩98,000 - 현금지급액
현금지급액 = ₩97,500

09   정답 ③

총평균법에 의한 단위당 취득원가 = (₩18,000 + ₩96,000)

$$\div (200개 + 800개) =$$

$$₩114,000 \div 1,000개 = ₩114$$

총비용(저가법) = 기초재고(보고금액) ₩18,000 + 당기매입

₩96,000 - 기말재고(보고금액) 110개

× min(취득원가 ₩114, NRV ₩100)

= ₩114,000 - ₩11,000 = ₩103,000

10   정답 ④

〈배당기준일〉

배당을 지급할 대상이 되는 주주를 확정하는 날로 별도의 회계처리가 없음

〈배당결의일〉

현금배당의 경우 미처분이익잉여금(자본)이 감소하는 대신 미지급배당금(부채)이 증가하므로 자본이 감소한다.

(차)	미처분이익잉여금	XXX	(대)	미지급배당금	XXX
	(자본)			(부채)	

주식배당의 경우 미처분이익잉여금(자본)이 감소하는 대신 미교부주식배당(자본-자본조정)이 증가하므로 자본총계에 변화가 없다.

(차)	미처분이익잉여금	XXX	(대)	미교부주식배당	XXX
	(자본)			(자본)	

〈배당지급일〉

현금배당의 경우 미지급배당금(부채)과 현금(자산)이 감소하므로 자본의 변화는 없다.

(차)	미지급배당금	XXX	(대)	현금	XXX
	(부채)			(자산)	

주식배당의 경우 미교부주식배당(자본-자본조정)이 감소하는 대신 자본금(자본)이 증가하므로 마찬가지로 자본총계에 변화가 없다.

(차)	미교부주식배당	XXX	(대)	자본금	XXX
	(자본)			(자본)	

11   정답 ③

증감	유동자산	당좌자산	유동부채
차입금 상환	⊖ ₩50,000	⊖ ₩50,000	⊖ ₩50,000
채권회수	⊕ ₩20,000 ⊖ ₩20,000	⊕ ₩20,000 ⊖ ₩20,000	-
외상매입	⊕ ₩10,000	-	⊕ ₩10,000
합계	⊖ ₩40,000	⊖ ₩50,000	⊖ ₩40,000

상품을 외상매입하는 경우 재고자산과 매입채무가 증가한다. 따라서 재고자산이 포함되는 유동자산은 증가하지만, 당좌자산은 변화가 없다. 유동비율이 100%를 초과하는 상태에서 유동자산과 유동부채가 동시에 감소하면 유동비율은 증가한다. 당좌비율이 100%로 당좌자산과 유동부채가 같은 상태에서 당좌자산이 더 크게 감소하였으므로 당좌비율은 100% 미만으로 감소한다.

※ 정확하게 구분하자면 회사가 재고자산에 대해 계속기록법을 적용하는지, 실지재고조사법을 적용하는지에 따라 답이 달라질 수 있다. 계속기록법에서는 재고자산 매입시 '재고자산'으로 기록하여 재고자산이 증가하지만 실지재고조사법에서는 일단 '매입'이라는 계정으로 기록하고 기말실사를 마치고 나면 결산분개로 '매출원가 = 기초재고 + (당기)매입 - 기말재고'의 과정을 거쳐 매출원가로 대체하기 때문에 매입시점에 재고자산이 증가하지 않는다. 하지만, 기존 기출문제의 경우에도 상품매입에 대해 별다른 단서 없이 재고자산이 증가하는 것으로 가정하고 출제되었으므로 이 문제처럼 단서가 없다면 계속기록법에 따라 재고자산이 증가하는 것으로 풀도록 한다.

12   정답 ③

① (1) 과거에 발생한 거래와 실질이 다른 거래, 기타 사건 또는 상황에 대하여 다른 회계정책을 적용하는 경우 (2) 과거에 발생하지 않았거나 발생하였어도 중요하지 않았던 거래, 기타 사건 또는 상황에 대하여 새로운 회계정책을 적용하는 경우는 회계정책의 변경에 해당하지 아니한다.

② 측정기준의 변경은 회계추정의 변경이 아니라 회계정책의 변경에 해당한다.

④ 새로운 회계정책을 과거기간에 적용하거나 과거기간의 금액을 수정하는 경우 과거기간에 존재했던 경영진의 의도에 대한 가정이나 과거기간에 인식, 측정, 공시된 금액의 추정에 사후에 인지된 사실을 이용할 수 없다.

13   정답 ①

ㄱ. ₩4,000만큼 현금자산이 증가하고 자본도 증가한다.

ㄴ. 자산, 부채의 변화가 없고 자본의 구성내역만 변한다.

ㄷ. ₩3,000의 현금자산이 증가하고 자본도 증가한다.

ㄹ. 우선주가 보통주로 바뀔 뿐 자본의 변화는 없다.

ㅁ. 현금 ₩3,000의 자산이 감소하고 자본도 감소한다.

14

정답 ④

투자수익률 12% = 영업이익 ÷ 평균영업자산 ₩10,000

영업이익 = ₩10,000 × 12% = ₩1,200

잔여이익 ₩200 = 영업이익 ₩1,200 - 평균영업자산 ₩10,000 × 최저요구수익률

₩10,000 × 최저요구수익률 = ₩1,200 - ₩200 = ₩1,000

최저요구수익률 = ₩1,000 ÷ ₩10,000 = 10%

(2024 관세사 변형)

15

정답 ③

제품

기초	30,000	매출원가	256,000
제품제조	?	기말	40,000
	296,000		296,000

매출원가 = ₩320,000 × 80% = ₩256,000

당기제품제조원가 = ₩296,000 - ₩30,000 = ₩266,000

재공품

기초	30,000	제품제조	266,000
DM	?		
DL	80,000		
OH	64,000	기말	24,000
	290,000		290,000

총제조

당기직접재료원가 = ₩290,000 - ₩174,000 = ₩116,000

원재료

기초	14,000	직접재료원가	116,000
당기매입	?	기말	20,000
	136,000		136,000

당기원재료매입액 = ₩136,000 - ₩14,000 = ₩122,000

16

정답 ①

평균법은 기초재공품에 대해 100% 완성품환산량에 포함하지만, 선입선출법은 당기에 추가로 작업한 부분(100% - 완성도)만 완성품환산량에 포함한다. 따라서, 평균법과 선입선출법의 완성품환산량은 기초재공품의 완성품환산량만큼 차이가 난다.

평균법	100%
선입선출법	100% - 완성도
평균법 - 선입선출법	완성도

완성품환산량 차이 = 평균법 9,200단위 - 선입선출법 8,600단위

= 600단위

완성품환산량 차이 600단위 = 기초재공품 2,000단위 × 완성도

완성도 = 600 ÷ 2,000 = 30%

17

정답 ③

₩100,000을 초과하는 세전이익을 A라고 할 때,

세전 목표이익	세율	세후 목표이익
₩100,000	10%	₩90,000
A	20%	0.8A
합계		₩250,000

₩90,000 + 0.8A = ₩250,000

0.8A = ₩160,000

A = ₩200,000

세전 목표이익 = ₩100,000 + A(₩200,000) = ₩300,000

가격을 p라 할 때,

(p - 단위당 변동원가 ₩2,000) × 예상판매량 400개 - 총고정원가 ₩100,000 = 목표이익 ₩300,000

p - ₩2,000 = ₩400,000/400 = 1,000

p = ₩3,000

18

정답 ②

전부원가계산에 의한 영업이익 = 변동원가계산에 의한 영업이익 + 기말재고자산에 포함된 고정제조간접원가 - 기초재고자산에 포함된 고정제조간접원가 = ₩40,000 + (800 - 1,000) × ₩50 = ₩30,000

19

정답 ②

① 재무제표의 양식, 과목 및 회계용어는 이해하기 쉽도록 간단명료하게 표시하여야 한다.

③ 순자산은 자산에서 부채를 뺀 금액을 말하며, '기본'순자산, 적립금 및 잉여금, 순자산조정으로 구분한다.

④ 사회기반시설이 아닌 유산자산에 대한 설명이다.

20

정답 ①

① 지자체회계의 경우 재무제표의 작성원칙에는 재무제표 항목의 구분 및 통합표시가 명시되어 있지 않으나, 재정운영표의 작성기준에는 수익과 비용에 대한 구분 및 통합표시가 명시되어 있다.

② 개별 회계실체의 재무제표를 작성할 때에는 지방지치단체 안의 다른 개별 회계실체와의 내부거래를 상계하지 아니한다.

③ 지자체회계에서는 무형자산이 별도의 자산으로 분류되지 않는다.

④ 지자체회계에서는 프로그램순원가가 아닌 사업순원가로 표시한다.

14	④	15	①	16	②	17	③	18	④
19	③	20	③						

14
정답 ④

취득한 자산과 제공한 자산 모두의 공정가치를 신뢰성 있게 측정할 수 없는 경우에는 '제공'한 자산의 장부금액을 취득원가로 인식한다.

15
정답 ①

종업원에 대한 교육훈련이나 기계장치의 수리는 과거사건의 결과로 인한 현재의무가 아니다. 교육훈련이나 기계의 수리를 하지 않는 것도 회사가 선택할 수 있다.

16
정답 ②

반품권 용역을 별도의 수행의무로 회계처리하면 그 용역의 개별판매가격을 추정해야 한다. 하지만, 반품되는 수량이 일반적으로 적은 부분일 뿐이며 반품기간도 짧기 때문에 반품권 용역을 수행의무로 회계처리하여 재무제표이용자들에게 추가로 제공되는 정보가 정보제공을 위한 원가를 정당화할 수 없다고 판단하였다. 따라서 회계기준위원회는 반품권 용역은 수행의무로 회계처리해서는 안 된다고 결정하였다.

현행회계기준은 제품 책임법 때문에 수행의무가 생기지 않는다고 명확히 하였다. 해당 법에서는 일반적으로 제품이 피해나 손상을 일으키면 보상금을 지급하도록 기업에 요구한다. 하지만, 판매시점에 기업이 부담하는 계약의 수행의무는 고객에게 제품을 이전하는 것이고 차후에 피해나 손상이 발생했을 때 생겨나는 의무는 이와는 별개의 의무로 본다. 대신에 기업이 제품에 결함이 있다고 예상하는 정도까지 기업은 제품을 수리하거나 교체하는 데 드는 예상 원가를 고객과의 계약이 아닌 충당부채로 회계처리하도록 하고 있다.

17
정답 ③

20×2년	특허권	상표권
상각비	₩40,000	-
손상차손	₩120,000 - ₩45,000 = ₩75,000	₩300,000 - ₩210,000 = ₩90,000

당기비용 = 상각비 ₩40,000 + 손상차손 ₩165,000 = ₩205,000

18
정답 ④

① 원가모형을 적용할 경우, 20×1년 감가상각비는 (₩1,000,000 - ₩200,000) ÷ 10년 = ₩80,000이다.
② 공정가치모형을 적용할 경우 별도의 감가상각비는 인식하지 않는다.
③ 공정가치모형을 적용할 경우, 20×1년 평가이익은 ₩1,120,000 - ₩1,000,000 = ₩120,000이다.

19
정답 ③

20×1년 말 장부금액: ₩1,000,000 - ₩1,000,000 × 4/10 × 6/12 = ₩800,000

20×2년 말 장부금액: (₩800,000 + ₩400,000) - ₩1,200,000 × 4/10 = ₩720,000

20×3년 감가상각비: ₩720,000 ÷ 3년 = ₩240,000

20×3년 비용: 도색비(수익적 지출) ₩100,000 + 감가상각비 ₩240,000 = ₩340,000

20
정답 ③

① 기초자본 = ₩100,000(실물생산능력: 재고자산 40개)
② 유지해야 할 기말 실물생산능력 = 재고자산 40개 × ₩2,600 = ₩104,000
③ 당기순이익 = ₩120,000 - ₩104,000 = ₩16,000

01	③	02	③	03	③	04	①	05	①
06	④	07	④	08	③	09	①	10	②
11	①	12	②	13	③	14	②	15	④
16	①	17	②	18	④	19	④	20	③

01

정답 ③

(1) 영업무관 손익조정: 영업관련이익 = 당기순이익 ₩200,000 + 감가상각비 ₩40,000 + 유형자산처분손실 ₩15,000 = ₩255,000

(2) 영업관련 자산·부채 조정(원샷법)

재고자산 증가	12,000	영업관련이익	255,000
현금 증가	?	매출채권 감소	20,000
	275,000		275,000

영업활동 현금흐름 = ₩275,000 - ₩12,000 = ₩263,000

건물의 증가는 투자활동, 사채의 발행 및 유상증자는 재무활동에 해당한다.

02

정답 ③

남아 있는 소모품만큼 소모품비를 감소시켜야 하며, 당기 이자수익은 ₩100,000 × 8% × 3개월/12개월 = ₩2,000이다.

수정 후 당기순이익 = 수정 전 ₩300,000 + 소모품(비용 취소) ₩12,000 - 미지급임차료(비용임) ₩20,000 + 감가상각비 과대계상액(비용 취소) ₩10,000 + 미수이자(수익임) ₩2,000 = ₩304,000

03

정답 ③

(1) 원가모형 감가상각비 = ₩100,000 ÷ 10년 = ₩10,000

(2) 재평가모형 감가상각비 = ₩126,000 ÷ 9년 = ₩14,000

재평가잉여금을 이익잉여금으로 대체하더라도 당기손익에 미치는 영향은 없다. 재평가잉여금(기타포괄손익누계액)이 감소하고 이익잉여금이 증가하므로 자본 구성항목의 변화만 생겨난다.

(3) 투자부동산 평가손실 = ₩126,000 - ₩116,000 = ₩10,000

공정가치모형을 적용하는 투자부동산에 대해서는 감가상각을 수행하지 않는다.

04

정답 ①

현금증가	150,000	재고자산 감소	2,000
매출채권 증가	4,000	매입채무 증가	3,000
		미수수익 감소	2,000
		순이익	?
	154,000		154,000

발생기준 순이익 = ₩154,000 - ₩7,000 = ₩147,000

05

정답 ①

구분	재고자산 포함액
창고 보관상품	₩200,000
수탁상품(기말재고자산에 포함된 미판매분 ₩50,000을 회사재고자산에서 제외한다)	(-)₩50,000
선적지 인도조건 매입상품(12월 26일 선적)	(+)₩40,000
반품가능상품(반품률의 추정여부와 상관없이 재고자산에 포함하지 아니한다)	₩0
기말재고 합계	₩190,000

반환제품회수권 = ₩50,000 × 40% = ₩20,000

매출원가 = 기초재고 ₩120,000 + 당기매입 ₩1,000,000 - 기말재고 ₩190,000 - 반환제품회수권 ₩20,000 = ₩910,000

06

정답 ④

고객이 현금 외의 형태로 대가를 약속한 계약의 경우에는 회사가 수령하는 비현금 대가(또는 비현금 대가의 약속)를 공정가치로 측정하여 수익을 인식한다. 비현금 대가의 공정가치를 합리적으로 추정할 수 없는 경우에, 그 대가와 교환하여 고객에게 약속한 재화나 용역의 개별 판매가격을 참조하여 간접적으로 그 대가를 측정한다.

07

정답 ④

보고기간말 이전에 장기차입약정을 위반했을 때 대여자가 즉시 상환을 요구할 수 있는 채무는 보고기간 후 재무제표 발행승인일 전에 채권자가 약정위반을 이유로 상환을 요구하지 않기로 합의하더라도 유동부채로 분류한다.

08

정답 ③

이 문제에 대한 풀이는 다음 두 가지 방법이 가능하다.

(1) 발행가액 ₩84,846을 기준으로 5년간의 유효이자율 상각표를 그려 접근할 수 있으나, 시간이 오래 걸리므로 권장하지 않는다.

일자	유효이자	표시이자	상각액	상각후원가
20×1. 1. 1.				84,846
20×1. 12. 31.	8,485	6,000	2,485	87,331
20×2. 12. 31.	8,733	6,000	2,733	90,064
20×3. 12. 31.	9,006	6,000	3,006	93,070
20×4. 12. 31.	9,307	6,000	3,307	96,377
20×5. 12. 31.	9,638			

장부금액 ₩96,377과 이바지용 ₩9,638의 근사치인 ③번 선택

(2) 20×4년 말 사채의 장부금액은 남아 있는 현금흐름을 발행시점의 유효이자율로 할인한 값과 같다. 즉, 20×4년 말 기준으로 남아 있는 현금흐름은 20×5년 말에 지급할 원금 ₩100,000과 이자 ₩6,000이므로 장부금액은 다음과 같다.

20×4년 말 사채 장부금액 = ₩100,000 × 0.909 + ₩6,000 × 0.909 = ₩90,900 + ₩5,454 = ₩96,354

20×5년 이자비용 = ₩96,354 × 10% = ₩9,635

09

정답 ①

(1) 재고자산감모손실: 원재료 (440kg - 400kg) × ₩100/kg + 제품 (200개 - 150개) × ₩400/개 = ₩4,000 + ₩20,000 = ₩24,000

(2) 재고자산평가손실: 제품의 순실현가능가치(₩500)가 원가(₩400)보다 높기 때문에 제품에 대해서 평가손실을 인식하지 않는다. 원재료에 대해서도 단일제품을 생산하고 있고, 완성된 제품의 순실현가능가치가 원가보다 높으므로 평가손실을 인식하지 않는다. 재무제표에 보고되어야 할 결과가 ₩0이므로 다음과 같이 재고자산평가손실을 환입한다.

① 결과: ₩0

② 잔액: 재고자산평가충당금 ₩2,000

③ 보충: (-)₩2,000(재고자산평가충당금환입)

매출원가에서 조정될 순효과 = 재고자산감모손실 ₩24,000 - 재고자산평가손실환입 ₩2,000 = ₩22,000

10

정답 ②

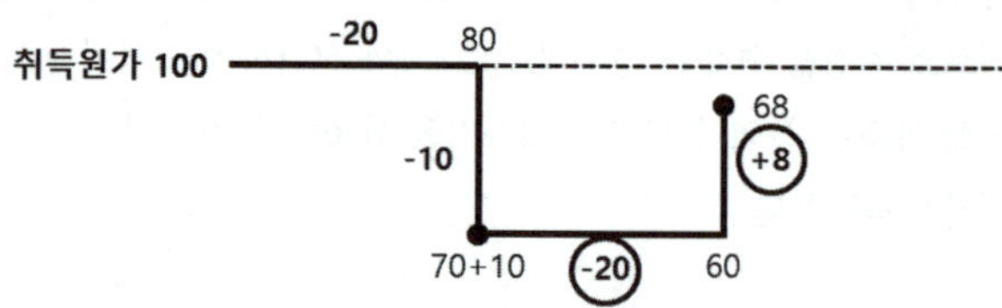

20×1년 상각비 = ₩100,000 ÷ 5년 = ₩20,000

20×1년 말 상각후원가 = ₩100,000 - ₩20,000 = ₩80,000

20×1년 재평가손익 = 공정가치 ₩70,000 - 상각후원가 ₩80,000 = (-)₩10,000

20×2년 초 장부금액 = 20×1년 말 장부금액(공정가치) ₩70,000 + 후속원가 ₩10,000 = ₩80,000

20×2년 감가상각비 = 기초 장부금액 ₩80,000 ÷ 잔존내용연수 4년 = ₩20,000

20×2년 말 상각후원가 = ₩80,000 - ₩20,000 = ₩60,000

20×2년 재평가손익 = 공정가치 ₩68,000 - 상각후원가 ₩60,000 = ₩8,000

20×2년도 당기순이익에 미치는 영향 = 감가상각비 (-)₩20,000 + 재평가이익 ₩8,000 = (-)₩12,000

(2025 관세사 변형)

11

정답 ①

전기오류는 과거 재무정보를 소급하여 재작성하는 것이 원칙이므로 오류가 발견된 기간의 당기손익으로 보고하지 않는다. 과거 재무자료의 요약을 포함한 과거기간의 정보는 실무적으로 적용할 수 있는 최대한 앞선 기간까지 소급하여 재무정보를 재작성하여 수정한다.

(CPA 2018 기출 변형)

12

정답 ②

구분	회사측	은행측
조정 전 잔액	₩112,000	₩89,400
기발행미인출수표		(-)20,000
예금이자	(+)2,400	
은행미기입예금		(+)3,000
횡령 추정액	?	
	₩72,400	₩72,400

₩112,000 + ₩2,400 - 횡령액 = ₩72,400

횡령액 = ₩114,400 - ₩72,400 = ₩42,000

13

정답 ③

당기손익-공정가치 측정 금융자산 또는 당기손익-공정가치 측정 금융부채가 아닌 경우에 해당 금융자산의 취득이나 해당 금융부채의 발행과 직접 관련되는 거래원가는 공정가치에 가감한다. 당기손익-공정가치 측정 금융자산(부채)의 취득과 관련되는 거래원가는 당기비용으로 인식한다.

14

정답 ②

기초 확정급여채무에 대한 이자원가 = ₩2,400,000 × 10% = ₩240,000

기초 사외적립자산에 대한 이자수익 = ₩2,000,000 × 10% = ₩200,000

당기손익으로 인식할 퇴직급여 = 당기근무원가 ₩120,000 + 이자원가 ₩240,000 - 이자수익 ₩200,000 = ₩160,000

풀이Tip 대비하지 않은 주제가 출제되었을 때, 100점을 목표로 하지 않고 잘 회피하는 연습도 필요하다.

15

정답 ④

A = ₩70,000 + (100/200) × B = ₩70,000 + 0.5B

B = ₩20,000 + (40/100) × A = ₩20,000 + 0.4A

A = ₩70,000 + 0.5 × (₩20,000 + 0.4A)

= ₩70,000 + ₩10,000 + 0.2A

0.8A = ₩80,000; A = ₩100,000

B = ₩20,000 + 0.4 × ₩100,000 = ₩60,000

X에 배분될 보조부문원가 = ₩100,000 × 40/100 + ₩60,000 × 50/200 = ₩40,000 + ₩15,000 = ₩55,000

16

정답 ①

제약조건은 기계시간이고, 기계시간당 공헌이익은 다음과 같다.

제품 A: (₩1,000 - ₩700) ÷ 2시간 = ₩150/h

제품 B: (₩1,500 - ₩900) ÷ 3시간 = ₩200/h

따라서, 기계시간당 공헌이익이 높은 제품 B를 우선생산하고, 나머지 시간에 제품 A를 생산한다.

제품 B 생산량: 100단위

제품 A 생산량: (400시간 - 제품 B 100단위 × 3시간) ÷ 2시간 = 50단위

17

표준원가	고정예산	실제원가
100개 × 단위당 기계시간 × 시간당 표준배부율 = ₩120,000	기준조업도 500시간 × 시간당 표준배부율 = ₩150,000	₩145,000

조업도차이	예산차이
₩30,000(불리)	₩5,000(유리)

예산차이 ₩5,000 = 고정예산 − 실제원가 ₩145,000

고정예산 = ₩150,000

시간당 표준배부율 = 고정예산 ₩150,000 ÷ 기준조업도 500시간
= ₩300/시간

표준원가 ₩120,000 = 제품생산량 100개 × 단위당 표준원가
(단위당 기계시간 × 시간당 표준배부율
₩300/시간)

₩120,000 = 단위당 기계시간 × ₩30,000

단위당 기계시간 = 4시간

18

두 방법 간의 이익차이(₩80,000 − ₩60,000) = 기말재고자산에 포함된 고정제조간접원가 − 기초재고자산에 포함된 고정제조간접원가

기초재고자산이 존재하지 않으므로, 기말재고자산에 포함된 고정제조간접원가 = ₩20,000

당기 발생 고정제조간접원가 × 기말재고 100개/당기생산량 1,000개 = 기말재고자산에 포함된 고정제조간접원가

당기 발생 고정제조간접원가 × 100개/1,000개 = ₩20,000

당기 발생 고정제조간접원가 = ₩200,000

19

① 국가회계실체란 「국가재정법」에 따른 일반회계, 특별회계 및 기금으로서 중앙관서별로 구분된 것을 말한다. 개별 회계실체, 유형별 회계실체 및 통합 회계실체로의 구분은 지방자치단체회계에 적용 되는 내용이다.

② 지방자치단체회계에 해당하는 내용이다.

③ 자산은 금융자산, 유·무형자산 및 기타 자산으로 구분하여 재정상태표에 표시한다. 국민편의시설이라는 자산분류는 존재하지 않는다.

20

[A부처의 일반회계]

재정운영결과 = 프로그램순원가 ₩120,000 + 관리운영비 ₩80,000
= ₩200,000

※ 부담금 수익 ₩50,000은 비교환수익으로 행정형 회계(일반회계)에서는 재정운영표가 아닌 순자산변동표의 재원의 조달 및 이전란에 표시한다. 다만, 중앙관서의 재무제표를 통합하여 국가 재무제표를 작성하는 과정에서는 재정운영결과로 통합되어 나타난다.

※ 무상이전수입(무상관리환)은 행정형 회계에서 순자산변동표의 재원의 조달 및 이전란에 기록하고, 국가 재무제표를 작성할 때는 B부처에 기록된 금액과 서로 상계되어 나타나지 않는다.

[대한민국 정부]

A부처의 프로그램순원가는 국가의 분야별 사업순원가를 구성한다.

재정운영결과 = 사업순원가 ₩120,000 + 관리운영비 ₩80,000
− 비교환수익 ₩50,000 = ₩150,000

15	④	16	③	17	④	18	②	19	②
20	①								

15

정답 ④

근본적 질적 특성을 적용하기 위한 가장 효율적이고 효과적인 절차는 일반적으로 다음과 같다(보강적 특성과 원가 제약요인의 영향을 받지만 이 사례에서는 고려하지 않음). 첫째, 보고기업의 재무정보 이용자들에게 유용할 수 있는 정보의 대상이 되는 경제적 현상을 식별한다. 둘째, 그 현상에 대한 가장 목적적합한 정보의 유형을 식별한다. 셋째, 그 정보가 이용가능한지, 그리고 경제적 현상을 충실하게 표현할 수 있는지 결정한다. 만약 그러하다면, 근본적 질적 특성의 충족 절차는 그 시점에 끝난다. 만약 그러하지 않다면, 차선의 목적적합한 유형의 정보에 대해 그 절차를 반복한다.

16

정답 ③

매출원가 = 매출액 × (1 − 매출총이익률) = ₩820,000 × 80%
    = ₩656,000
매출원가 = 기초재고 + 당기매입 − 기말재고
₩656,000 = ₩120,000 + ₩680,000 − 기말재고
기말재고 = ₩144,000

17

정답 ④

유형자산의 원가가 아닌 예는 다음과 같다.
(1) 새로운 시설을 개설하는 데 소요되는 원가
(2) 새로운 상품과 서비스를 소개하는 데 소요되는 원가(예: 광고 및 판촉활동과 관련된 원가)
(3) 새로운 지역에서 또는 새로운 고객층을 대상으로 영업을 하는 데 소요되는 원가(예: 직원 교육훈련비)
(4) 관리 및 기타 일반간접원가

18

정답 ②

보통주자본금 ₩40,000 + 우선주자본금 ₩20,000 + 주실발행초과금 ₩30,000 − 자기주식 ₩15,000 + 이익잉여금 ₩60,000 = ₩135,000
자기주식은 자본의 차감항목이다. 배당금의 경우 배당선언일과 지급일에는 회계처리가 이루어지지만, 배당기준일인 20×1년 말에는 어떠한 회계처리도 이루어지지 않기 때문에 20×1년 말 자본에 미치는 영향은 없다.

19

정답 ②

총자산회전율 = 매출액 / 평균총자산
매출액이 감소하거나 불변인 상태에서 총자산이 증가하면 총자산회전율은 감소한다.

20

정답 ①

기초자본 + 당기순이익 ± 자본변동 = 기말자본
기초자본(₩1,200,000 − ₩350,000) + 당기순이익 + 유상증자
₩200,000 − 현금배당 ₩80,000 = 기말자본(₩1,600,000 − ₩500,000)
당기순이익 = ₩1,100,000 − ₩970,000 = ₩130,000
오답노트 주식배당은 자본의 증감에 영향을 주지 않는다.

01	③	02	③	03	③	04	④	05	④
06	②	07	④	08	②	09	③	10	④
11	③	12	④	13	②	14	④	15	③
16	③	17	①	18	①	19	④	20	②

01

정답 ③

예측가치와 확인가치 둘 중 하나만 있어도 의사결정에 차이가 나도록 할 수 있다.

02

정답 ③

20×3년 초 장부금액 = ₩1,000,000 - (₩1,000,000 - ₩100,000)
× 2년/10년 = ₩820,000

변경 후 잔존내용연수를 X라 하면,

₩820,000 × 2/X = ₩328,000

₩820,000 = ₩328,000 × X/2 = ₩164,000×

X = 5

내용연수가 2년 지난 시점에 잔존내용연수가 5년이므로, 내용연수는 애초 10년에서 7년으로 변경되었다.

03

정답 ③

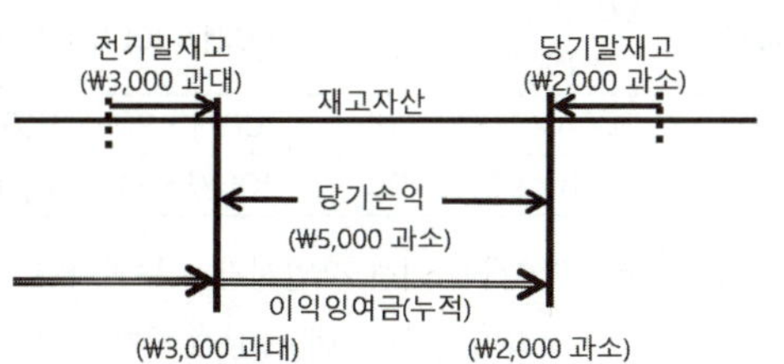

20×1년 말 이익잉여금은 ₩3,000 과대, 20×2년 기초재고는 ₩3,000 과대, 당기순이익 ₩5,000 과소, 기말 이익잉여금 ₩2,000 과소 계상된다.

04

정답 ④

일반유형자산과 원가모형을 적용하는 투자부동산은 손상차손과 손상차손환입을 모두 인식한다. 당기손익-공정가치 측정 금융자산의 경우에는 손상차손을 인식하지 않고 손상차손환입도 발생하지 않는다. 영업권의 경우 손상차손을 인식하지만, 이를 환입하지 않는다.

05

정답 ④

배당기준일에는 회사의 자산이나 부채에 아무런 변화가 없고 배당지급에 대한 의무도 발생하지 않으므로 어떠한 회계처리도 하지 않는다. 배당에 대한 권리와 의무는 배당결의시점에 발생하므로 배당선언일에 미처분이익잉여금을 대체한다. 이때, 현금이 지급되지 않지만 회사는 배당금 지급에 대한 의무가 생겼으므로 미지급배당금이라는 부채를 계상한다. 그런 다음 실제 지급이 이루어지는 시점에 현금지급액과 부채를 상계하는 회계처리를 한다.

06

정답 ②

매출총이익이 제시되어 있으므로 매출원가에서 접근한다.

매출원가 = 매출액 ₩200,000 - 매출총이익 ₩50,000 = ₩150,000

	재고자산		
기초	₩32,000	감소(매출원가)	₩150,000
증가(당기매입)	?	기말	₩38,000
	₩188,000		₩188,000

당기매입 = ₩188,000 - ₩32,000 = ₩156,000

	매입채무		
감소(현금지급)	₩190,000	기초	₩65,000
기말	?	증가(당기매입)	₩156,000
	₩221,000		₩221,000

기말 매입채무 = ₩221,000 - ₩190,000 = ₩31,000

07

정답 ④

제품이 손해나 피해를 끼치는 경우에 기업이 보상하도록 요구하는 법률 때문에 수행의무가 생기지는 않는다. 이러한 의무는 기업회계기준서 제1037호 '충당부채, 우발부채, 우발자산'에 따라 회계처리한다.

08

정답 ②

원재료에 대해서도 순실현가능가치를 기준으로 취득원가와 비교하여 저가법을 적용한다. 다만, 순실현가능가치의 추정이 실무적으로 어려운 경우에 현행대체원가가 순실현가능가치에 대한 최선의 이용가능한 측정치가 될 수 있다.

09

정답 ③

복구충당부채 = ₩50,000 × 0.621 = ₩31,050

설비 취득원가 = ₩100,000 × 3.791 + ₩31,050 = ₩410,150

감가상각비 = ₩410,150 ÷ 5년 = ₩82,030

복구충당부채의 인식

일자	유효이자	액면이자	상각액	장부금액
20×1년 초				31,050
20×1년 말	3,105	-	3,105	34,155

따라서 20×1년 말 복구충당부채의 장부금액은 ₩34,155이 된다.

10

정답 ④

두 회사의 년도별 감가상각비와 기말 장부금액은 다음과 같다.

	20×1년	20×2년
㈜대한	감가상각비 = ₩10,000,000 × 2/5 = ₩4,000,000 장부금액 = ₩10,000,000 - ₩4,000,000 = ₩6,000,000	감가상각비 = (₩6,000,000 - ₩1,000,000) × 4/10 = ₩2,000,000 장부금액 = ₩6,000,000 - ₩2,000,000 = ₩4,000,000
㈜민국	감가상각비 = (₩10,000,000 - ₩1,000,000) × 5/15 = ₩3,000,000 장부금액 = ₩10,000,000 - ₩3,000,000 = ₩7,000,000	감가상각비 = ₩7,000,000 × 2/4 = ₩3,500,000 장부금액 = ₩7,000,000 - ₩3,500,000 = ₩3,500,000

11

정답 ③

당기순이익 ₩800,000(총포괄이익 ₩900,000 - 기타포괄이익 ₩100,000)에 대한 지분율(30%)만큼을 지분법이익으로 인식한다.

지분법이익 = 당기순이익 ₩800,000 × 지분율 30% = ₩240,000

기타포괄이익 ₩100,000으로 인한 순자산증가액은 지분법기타포괄손익(관계기업기타포괄손익)으로 인식한다. 배당금은 수령 시 관계기업투자주식에서 차감할 뿐 지분법이익에는 반영하지 않는다.

12

정답 ④

환매채의 만기가 취득일로부터 3개월 이내에 도래하므로 이는 현금 및 현금성자산에 해당한다. 현금을 지급하고 현금 및 현금성자산을 취득하였으므로 이는 현금의 대체(예를 들어, ₩50,000짜리 지폐를 ₩10,000짜리 다섯 장으로 바꾼 것과 같음)에 해당할 뿐 별도의 현금흐름으로 공시되지 않는다.

13

정답 ②

만기가치 = ₩1,000,000 + ₩1,000,000 × 6% × 3개월/12개월
= ₩1,015,000

할인액 = 만기가치 ₩1,015,000 × 할인율 12% × 2개월/12개월
= ₩20,300

수령액 = 만기가치 ₩1,015,000 - ₩20,300 = ₩994,700

장부금액 = ₩1,000,000 + ₩1,000,000 × 6% × 1개월/12개월
= ₩1,005,000

처분손익 = 처분대가(수령액) ₩994,700 - 장부금액 ₩1,005,000
= (-)₩10,300

풀이Tip 간편법으로 다음과 같이 구할 수 있다.

액면금액 ₩1,000,000 × (수령이자 6% - 지급이자 12%) × 잔여기간 2개월/12개월 = ₩1,000,000 × (-)6% × 2/12
= (-)₩10,000

간편법으로 구한 ₩10,000보다 약간 더 큰 ₩10,300이 정답이 된다.

14

정답 ④

일자	유효이자	표시이자	상각액	상각후원가
20×1. 1. 1.				87,566
20×1. 12. 31.	8,757	5,000	3,757	91,323
20×2. 12. 31.	9,132	5,000	4,132	95,455

풀이Tip 1년 뒤 만기에 수령할 현금 ₩105,000(원금 ₩100,000 + 표시이자 ₩5,000)을 '1 + 할인율 10%'로 할인하여 ₩105,000 ÷ 1.1 = ₩95,455로 구할 수도 있다.

15

정답 ③

① 출납정리기한 중 발생한 거래는 해당 회계연도에 발생한 거래로 보아 회계처리한다.

② 주민편의시설은 지방자치단체회계에는 존재하지만 국가회계에는 존재하지 않는 자산분류이다.

④ 장부가액과 공정가액의 차이금액은 순자산조정에 반영한다.

16

정답 ③

문제에 별다른 단서가 없는 경우, 학습곡선은 누적평균시간모형을 따른다고 가정한다. (타 시험의 기출문제들이 그렇게 출제되었다)

누적생산량	평균작업시간	누적작업시간
100개	₩100,000 ÷ ₩10/h ÷ 100개 = 100h	100개 × 100h = 10,000h
200개	100h × 90% = 90h	200개 × 90h = 18,000h
400개	90h × 90% = 81h	400개 × 81h = 32,400h

2월에 생산할 추가 300개에 대한 작업시간 = 누적작업시간(400개) 32,400시간 - 누적작업시간(100개) 10,000시간 = 22,400시간

제품 300개에 대한 예상원가 = 직접재료원가 ₩300,000 + 직접노무원가 ₩224,000 + 제조간접원가 ₩224,000 = ₩748,000

17

정답 ①

실패원가는 생산된 제품이 원하는 품질을 달성하지 못했을 때 사후적으로 발생하는 원가이다. 이 중 고객에게 제품이 전달되기 전에 발생하면 내부실패원가, 고객에게 제품이 전달된 다음에 발생하면 외부실패원가가 된다.

예방원가	설비보수 및 유지활동
평가원가	원재료 검사활동
내부실패원가	불량품 재작업활동 ₩4,000 + 작업중단 손실 ₩1,000 = ₩5,000
외부실패원가	제품보증수리활동, 판매기회 상실로 인한 기회비용

18

정답 ①

총 매출액 = A 100개 × ₩500 + B 200개 × ₩300 = ₩50,000 + ₩60,000 = ₩110,000

총 원가 = 결합원가 ₩50,000 + 추가가공원가 ₩12,000 + ₩15,000
= ₩77,000

균등이익률 = (₩110,000 - ₩77,000) ÷ ₩110,000 = 30%

원가율 = 1 - 30% = 70%

제품 A의 원가 = 매출액 ₩50,000 × 원가율 70% = ₩35,000

제품 A에 배부되는 결합원가 = 원가 ₩35,000 - 추가가공원가

$$₩12,000 = ₩23,000$$

19   정답 ④

이중배분율법에서 고정원가는 최대조업도를 기준으로 배부한다.

고정원가 총액 × 200시간/(200시간 + 300시간) = ₩20,000

고정원가 총액 = ₩20,000 × 500/200 = ₩50,000

20   정답 ②

각 중앙관서의 장은 결산보고서를 다음 연도 2월 말일까지 감사원이 아닌 재정경제부장관에게 제출하여야 한다. 재정경제부장관은 대통령의 승인을 받은 국가결산보고서를 다음 연도 4월 10일까지 기획예산처장관과 감사원에 각각 제출하여야 한다.

15	③	16	②	17	④	18	③	19	①
20	④	20							

15   정답 ③

계속기업으로서의 존속능력에 유의적인 의문이 제기될 수 있는 사건이나 상황과 관련된 중요한 불확실성을 알게 된 경우에는, 경영진은 그러한 불확실성을 '공시'하여야 한다. 이 경우 계속기업이 아닌 다른 기준을 적용하여 재무제표를 작성하여야 하는 것은 아니다. 계속기업을 전제로 재무제표를 작성하되 관련된 불확실성을 공시하는 것만으로 충분할 수 있다.

16   정답 ②

감가상각은 자산이 사용가능한 때(20×1년 4월 1일)부터 시작한다. 20×2년 초에 잔존내용연수는 3.25년(3년 3개월)이므로 20×2년의 감가상각비는 다음과 같다.

(₩1,000,000 - ₩200,000) × 3.25/(1+2+3+4) = ₩260,000

17   정답 ④

외환손익 또는 단기매매 금융상품에서 발생하는 손익과 같이 유사한 거래의 집합에서 발생하는 차익과 차손은 순액으로 표시한다. 그러나 그러한 차익과 차손이 중요한 경우에는 구분하여 표시한다.

18   정답 ③

금융자산이나 금융부채는 최초 인식시점에 공정가치로 측정하며, 당기손익-공정가치 측정 금융자산 또는 당기손익-공정가치 측정 금융부채가 아닌 경우에 해당 금융자산의 취득이나 해당 금융부채의 발행과 직접 관련되는 거래원가는 공정가치에 가감한다.

19   정답 ①

기초자본 = ₩60,000 - ₩30,000 = ₩30,000

기말자본 = ₩80,000 - ₩40,000 = ₩40,000

기말자본 ₩40,000 = 기초자본 ₩30,000 - 현금배당 ₩4,000

$$+ 당기순이익 ₩20,000 + 기타포괄손익$$

기타포괄손익 = (-)₩6,000

총포괄손익 = 당기순이익 ₩20,000 + 기타포괄손익 (-)₩6,000

$$= ₩14,000$$

20   정답 ④

매출채권에 대한 대손상각비는 영업비용(판관비)에 해당하지만, 대여금에 대한 대손상각비는 영업외비용에 해당한다. 접대비는 영업비용에 해당하지만 기부금은 영업외비용에 해당한다. 자기

주식처분손실의 경우 손익항목이 아닌 자본항목(자본조정)에 해
당한다.
매출총이익 = 매출액 ₩80,000 - 매출원가 ₩50,000 = ₩30,000
영업이익 = 매출총이익 ₩30,000 - 급여 ₩10,000
        - 감가상각비 ₩5,000 - 접대비 ₩1,000
        - 임차료 ₩3,000 = ₩11,000
당기순이익 = 영업이익 ₩11,000 - 대손상각비 ₩2,000
        - 기부금 ₩2,000 - 유형자산처분손실 ₩1,000
        = ₩6,000

1	①	2	②	3	③	4	③	5	③
6	②	7	④	8	④	9	④	10	③
11	④	12	②	13	④	14	③	15	①
16	①	17	②	18	②	19	④	20	②

01

정답 ①

비유동자산을 과대계상하는 것은 보기 ①번뿐이다. 나머지는 ②
유동자산(순매출채권) 과대계상 ③ 비유동자산 과소계상(자산
으로 인식하지 않고 전액 비용처리) ④ 유동자산(재고자산) 과대
계상에 해당한다. ①번의 경우 비용(감가상각비)을 과소계상하
고, 비유동자산(순기계장치)을 과대계상하게 된다.

(2016 관세사 변형)

02

정답 ②

정률법이나 이중체감법은 기초장부금액에 상각률을 곱하여 감
가상각비를 구하면 된다.

(₩1,000,000 - ₩90,000 - ₩327,600) × 0.36 = ₩209,664

풀이Tip 정률법의 경우 전해의 상각비를 알면 여기에 (1 - 상각률)
을 곱해서 상각비를 구할 수도 있다.

₩327,600 × 0.64 = ₩209,664

03

정답 ③

① 비교가능성이 목표이고 일관성은 그 목표를 달성하는 데 도
움을 준다.

② 검증가능성은 합리적인 판단력이 있고 독립적인 서로 다른
관찰자가 어떤 서술이 표현충실성에 있어, 비록 반드시 완전
히 의견이 일치하지는 않더라도, 합의에 이를 수 있다는 것을
의미한다.

④ 일반적으로 정보는 오래될수록 유용성이 낮아진다.

04

정답 ③

외환손익 또는 단기매매 금융상품에서 발생하는 손익과 같이 유
사한 거래의 집합에서 발생하는 차익과 차손은 순액으로 표시한
다. 그러나 그러한 차익과 차손이 중요한 경우에는 구분하여 표
시한다.

05

정답 ③

구분	회사측	은행측
조정 전 잔액	₩2,400,000	₩2,260,000
기발행미인출수표		(-) 100,000
은행측 미기입예금		(+) 140,000
부도수표	(-) 120,000	
이자수익	(+) 20,000	
정확한 잔액	₩2,300,000	₩2,300,000

수정사항을 반영하면 회사측 당좌예금 잔액은 ₩100,000이 감
소하여 ₩2,300,000이 된다. 이 중 부도처리된 당좌수표는 당좌
예금에서 부도수표(기타비유동자산)로 계정분류가 바뀌게 되므
로, 당좌예금이 ₩120,000 감소하고 비유동자산이 ₩120,000 증
가하지만 손익에는 영향을 미치지는 않는다. 따라서 이자수익
₩20,000만 손익에 반영된다. 은행계정조정표 작성 후 회사가 해
야 할 수정분개는 다음과 같다.

(차) 부도수표	120,000	(대) 당좌예금	120,000
(비유동자산)		(현금및현금성자산)	
(차) 당좌예금	20,000	(대) 이자수익(I/S)	20,000
(현금및현금성자산)			

06

정답 ②

재고자산(원가)			
기초재고	900,000	매출원가	?
순매입	3,000,000	기말재고	?
	3,900,000		3,900,000

재고자산(매가)			
기초재고	1,000,000	순매출액	4,000,000
순매입	4,800,000		
순인상	400,000		
순인하	(200,000)	기말재고	?
	6,000,000		6,000,000

기말재고자산(매가) = ₩6,000,000 - ₩4,000,000 = ₩2,000,000

원가율(당기매입) = ₩3,000,000 ÷ (₩4,800,000 + ₩200,000)

= 60%

기말재고자산(원가) = 매가 ₩2,000,000 × 원가율 60% = ₩1,200,000

(2017 감정평가사 변형)

07

정답 ④

A주식 평가손익: ₩42,000 - ₩38,600 = ₩3,400

B주식 평가손익: 기타포괄손익으로 처리

C사채 이자수익: 액면이자 ₩8,000 + 상각액 (₩93,600 - ₩92,400)

= ₩9,200

손익에 미치는 영향: FVPL금융자산 평가이익 ₩3,400

+ 이자수익 ₩9,200 = ₩12,600

풀이Tip AC금융자산(채권)의 경우 상각액만큼 장부금액이 증
가한다. 유효이자율을 적용한 이자수익은 액면이자와
상각액의 합계와 같다.

일자	유효이자	표시이자	상각액	장부금액
20×1년말				₩92,400
20×2년말	a	₩8,000	b	₩93,600

b = 93,600 - 92,400 = 1,200

a = 8,000 + 1,200 = 9,200

08

정답 ④

처분대가 = 취득한 자산의 공정가치 ₩2,500,000
　　　　　 + 현금 수령액 ₩2,000,000 = ₩4,500,000

처분손익 = 처분대가 ₩4,500,000 - 장부금액 ₩3,500,000
　　　　　 = ₩1,000,000

(2017 보험계리사)

09

정답 ④

연간 감가상각비 = ₩300,000 ÷ 5년 = ₩60,000

20×2년 말까지 경과한 내용연수 = 감가상각누계액 ₩120,000
　　　　　　　　　　　　　　　 ÷ ₩60,000 = 2년

20×3년 감가상각비 = 장부금액 ₩120,000 ÷ 잔존 내용연수 3년
　　　　　　　　　 = ₩40,000

20×3년 말 상각후원가 = ₩120,000 - ₩40,000 = ₩80,000

손상차손을 인식하지 않았을 경우 20×3년 말 장부금액
　 = ₩300,000 - ₩300,000 × 3년/5년 = ₩120,000

손상차손환입액: Min(₩130,000, ₩120,000) - ₩80,000 = ₩40,000

20×3년 말 손상차손누계액: ₩60,000 - ₩40,000 = ₩20,000

풀이Tip 20×2년 말 감가상각누계액이 ₩120,000(취득원가 ₩300,000의 40%)인 것은 구입 후 2년이 지났음을 의미한다.

10

정답 ③

회사가 인식하는 이자비용은 액면이자(₩5,000)와 사채할인발행차금상각액(₩1,860 - ₩950 = ₩910)의 합계인 ₩5,910이다.

11

정답 ④

① 비한정 내용연수를 유한 내용연수로 재평가하는 것은 그 자산의 손상을 시사하는 하나의 징후가 된다. 따라서 회수가능액과 장부금액을 비교하여 그 자산에 대한 손상검사를 하고, 회수가능액을 초과하는 장부금액을 손상차손으로 인식한다.

② 내용연수가 비한정인 무형자산이나 아직 사용할 수 없는 무형자산은 일 년에 한 번은 손상검사를 한다.

③ 내부적으로 창출한 브랜드, 제호, 출판표제, 고객 목록과 이와 실질이 유사한 항목은 무형자산으로 인식하지 아니한다.

(2025 관세사 변형)

12

정답 ②

일자별 회계처리는 다음과 같다.

4/1	(차)	자기주식	₩7,000	(대)	현금	₩7,000
12/1	(차)	자본금	₩2,500	(대)	자기주식	₩3,500
		감자차손	₩1,000			

13

정답 ④

관계기업으로부터의 배당은 현금수령액만큼 관계기업투자주식을 차감하여야 한다. 이를 수익으로 처리하였으므로 자산(관계기업투자주식)과 수익(배당금수익)이 과대계상되고 이로 인해 당기순이익과 이익잉여금도 과대계상된다.

14

정답 ③

기말 유동자산 = 유동부채 ₩4,000 × 유동비율 300% = ₩12,000

기말 당좌자산 = 유동부채 ₩4,000 × 당좌비율 180% = ₩7,200

기말 재고자산 = 유동자산 ₩12,000 - 당좌자산 ₩7,200 = ₩4,800

평균 재고자산 = (기초 ₩3,600 + 기말 ₩4,800) ÷ 2 = ₩4,200

매출원가 = 평균 재고자산 ₩4,200 × 재고자산회전율 8회
　　　　 = ₩33,600

(2014 보험계리사 변형)

15

정답 ①

직접재료원가 = 기초 ₩12,000 + 당기매입 ₩82,000 - 기말 ₩15,000
　　　　　　 = ₩79,000

가공원가 = DL + OH = 0.5 × OH + OH = ₩75,000

OH = ₩75,000 / 1.5 = ₩50,000

DL = 0.5 × OH = ₩25,000

기본원가 = DM + DL = ₩79,000 + ₩25,000 = ₩104,000

16

정답 ①

원가요소비례법에서는 배부차이를 기말재공품, 기말제품, 매출원가에 포함된 제조간접원가(₩2,000, ₩8,000, ₩90,000)의 비율대로 배분한다.

매출원가 배부차이 조정액
　 = (-)₩12,000 × ₩90,000/(₩2,000 + ₩8,000 + ₩90,000)
　 = (-)₩10,800

조정 후의 매출원가 = ₩400,000 - ₩10,800 = ₩389,200

17

정답 ②

지방의회는 검사위원의 실명을 공개하여야 한다.

18

정답 ②

						원가
기초	100	완성	기초	100 (-40%)		
			착수	200		300
착수	400	기말		200 (50%)		100
	500			500		400

기말재공품의 원가 = (₩30,000 + ₩210,000) × 100/400 = ₩60,000

19
정답 ④

보기 ④는 이전수익에 대한 설명이다. 국가운영수익은 국가의 재정활동과 관련하여 발생하는 수익 중 국세수익과 이전수익을 제외한 수익을 말한다.

20
정답 ②

(1) 변경 전 손익분기매출수량

단위당 공헌이익 = ₩1,200 - ₩800 = ₩400

손익분기매출수량

  = 고정비 ₩800,000 ÷ 단위당 공헌이익 ₩400 = 2,000개

(2) 변경 후 손익분기점

(P - ₩900) × 2,000개 = ₩800,000 + ₩200,000

P - ₩900 = ₩500

P = ₩1,400

15	②	16	①	17	②	18	①	19	③
20	③								

15
정답 ②

① 이자비용 인식(비용 증가) ☞ 이익 감소

② 선급보험료 계상, 보험료 감소 ☞ 이익 증가

③ 재평가손실 인식(비용 증가) ☞ 이익 감소

④ 선수수익 증가, 용역수익 감소 ☞ 이익 감소

16
정답 ①

원샷법으로 숫자를 채우면 다음과 같다.

현금(자산) 증가	400,000	매출채권 감소	140,000
재고자산 증가	100,000	매입채무 증가	120,000
		이연법인세부채 증가	80,000
?		?	
	500,000		340,000

대차가 일치하기 위해서는 대변이 ₩160,000 증가해야 한다. 선급비용은 자산이므로 자산의 감소 ₩160,000이 필요하다.

17
정답 ②

이자수익(수익)은 대변항목인데 차변항목인 미수이자(자산) 계정에 기입하였으므로 합계가 불일치한다.

18
정답 ①

3월 5일 회수액: ₩10,000 × 50% × (100% - 2%) = ₩4,900

3월 20일 회수액: ₩10,000 × 30% × 100% = ₩3,000

19
정답 ③

매출원가 = ₩120,000 × 80% = ₩96,000

매출원가 ₩96,000 = 기초재고 ₩12,000 + 당기매입 - 기말재고 ₩14,000

당기매입액 = ₩98,000

	매입채무		
감소(지급)		기초	₩30,000
기말		증가(매입)	₩98,000

매입채무 지급액 = ₩30,000 + ₩98,000 × 40% = ₩69,200

20
정답 ③

권면상 발행일(20×1년 1월 1일)의 발행가액 = ₩100,000 × 0.71

+ ₩10,000 × 2.40 = ₩71,000 + ₩24,000 = ₩95,000

실제발행일(7월 1일)까지의 유효이자 = ₩95,000 × 12% × 6개월

/12개월 = ₩5,700

발행시 현금수령액 = ₩95,000 + ₩5,700 = ₩100,700

(2017 보험계리사 변형)

1	④	2	④	3	③	4	④	5	②
6	③	7	③	8	②	9	④	10	②
11	②	12	②	13	③	14	②	15	①
16	③	17	①	18	①	19	③	20	①

01 정답 ④

재무제표는 일반적으로 보고기업이 계속기업이며 예측가능한 미래에 영업을 계속할 것이라는 가정하에 작성된다. 따라서 기업이 청산을 하거나 거래를 중단하려는 의도가 없으며, 그럴 필요도 없다고 가정한다. 만약 그러한 의도나 필요가 있다면, 재무제표는 계속기업과는 다른 기준에 따라 작성되어야 한다. 그러한 경우라면, 사용된 기준을 재무제표에 기술한다.

02 정답 ④

내부적으로 창출한 영업권은 무형자산으로 인식할 수 없지만, 기업합병에서 발생한 영업권은 자산으로 인식한다.

(2015 보험계리사)

03 정답 ③

오답노트 선일자수표는 매출채권, 부도수표는 기타비유동자산으로 분류한다. 당좌차월은 단기차입금에 해당하며, 양도성예금증서는 취득당시 만기가 3개월 이내인 경우에 현금및현금성자산으로 분류한다.

04 정답 ④

회사의 자산은 실사누락된 재고자산금액만큼 과소계상된다. 매입채무는 기록하였으므로 부채에는 영향이 없다. 매출원가는 '기초재고 + 당기매입 - 기말재고'에서 매입은 기록하였으나 기말재고가 누락되었으므로 매출원가가 과대계상되고 이로 인해 당기순이익은 과소계상 그리고 자본 역시 과소계상된다.

05 정답 ②

재고자산감모손실 ₩2,000 = 단위당 원가 ₩100
　　　　　　　　× (100개 - 실사수량)
실사수량 = 80개
재고자산평가손실 ₩2,000 = 실사수량 80개
　　　　　　　　× (₩100 - 순실현가능가치)
순실현가능가치 = ₩75
오답노트 감모손실과 평가손실이 동시에 주어진 경우 감모손실부터 인식하여야 한다. (감평)

06 정답 ③

20×2년 당기손익(A주식 평가손익) = 20×2년 말 공정가치 ₩11,000
　- 20×1년 말 공정가치 ₩9,000 = ₩2,000

20×2년 말 기타포괄손익누계액(B주식 평가손익누계)
　= 20×2년 말 공정가치 ₩11,000
　- (취득원가 ₩12,000 + 취득수수료 ₩500) = (-)₩1,500

(2017 보험계리사 변형)

07 정답 ③

사채상환이익이 아닌 손실 ₩36이 발생한다.
20×2년 말 장부금액 = ₩1,000 - 36 = ₩964
사채상환손익 = 상환시점 장부금액 ₩964 - 상환금액 ₩1,000
　　　　　　= (-)₩36

08 정답 ②

재평가잉여금, 해외사업환산손실, FVOCI금융자산평가이익이 기타포괄손익누계액에 해당한다.

09 정답 ④

주주총회 결의 후 이익잉여금
　= 기초 이익잉여금 ₩1,000 + 당기순이익 ₩500 - 현금배당 ₩200
　= ₩1,300
적립금(법정적립금, 임의적립금)의 적립과 이입은 이익잉여금 내에서 구성항목의 변화가 발생할 뿐 전체 이익잉여금 총액은 변하지 않는다. 현금배당의 경우에만 배당결의일에 이익잉여금이 감소하고 미지급배당금(부채)이 증가되는 변화가 발생한다.

10 정답 ②

20×1년 말 장부금액 = ₩1,000,000 - ₩1,000,000 × 4/(1+2+3+4)
　　　　　　　　× 6개월/12개월 = ₩800,000
20×2년 감가상각비 = (₩800,000 + ₩200,000) × 4/(1+2+3+4)
　　　　　　(내용연수 변경) = ₩400,000
20×2년 말 장부금액 = (₩800,000 + ₩200,000) - ₩400,000
　　　　　　　　= ₩600,000
20×3년 감가상각비 = ₩600,000 ÷ 3년(정액법으로 변경)
　　　　　　　　= ₩200,000
유형자산의 인식요건을 만족하는 자본적 지출은 자산의 원가를 구성하지만, 수익적 지출에 해당하면 당기비용으로 인식한다. 따라서 20×3년 인식할 당기비용은 감가상각비 ₩200,000과 수익적 지출에 해당하는 도색비 ₩50,000의 합계인 ₩250,000이 된다.

(2017 감정평가사 변형)

11 정답 ②

매출원가 ₩1,500 = 기초재고 + 당기매입 ₩1,400 - 기말재고 ₩200
　　　　　　　= 기초재고 + ₩1,200
기초재고 = ₩1,500 - ₩1,200 = ₩300
평균재고자산 = (기초재고 ₩300 + 기말재고 ₩200) ÷ 2 = ₩250
재고자산회전율 = 매출원가 ₩1,500 ÷ 평균재고 ₩250 = 6회

재고자산보유기간 = 360일 ÷ 회전율 6회 = 60일

매출액 = 매출원가 ₩1,500 × (1 + 20%) = ₩1,800

매출채권 T계정은 다음과 같다.

매출채권

초	100	⊖ 현금회수	1,600
⊕ 매출액	1,800	말	?
	1,900		1,900

기말 매출채권 = ₩1,900 - ₩1,600 = ₩300

평균 매출채권 = (기초 ₩100 + 기말 ₩300) ÷ 2 = ₩200

매출채권회전율 = 매출액 ₩1,800 ÷ 평균 매출채권 ₩200 = 9회

매출채권회수기간 = 360일 ÷ 회전율 9회 = 40일

영업순환기간 = 재고자산보유기간 60일 + 매출채권회수기간 40일
= 100일

오답노트 자료의 년도에 주의한다. 전기(20×0년)가 우측이고, 당기(20×1년)가 좌측이다.

(2025 보험계리사)

12

정답 ②

⊙ 종업원과 관련하여 직·간접적으로 발생하는 현금유출	영업활동
ⓛ 단기매매목적의 계약에서 발생하는 현금의 유·출입	영업활동
ⓒ 제3자에 대한 선급금 및 대여금의 회수 또는 지급에 따른 현금의 유·출입(금융회사의 현금 선지급과 대출채권 제외)	투자활동
ⓔ 주식 등의 지분상품 발행에 따른 현금의 유입	재무활동
ⓜ 어음의 발행 및 장·단기차입에 따른 현금의 유입	재무활동
ⓗ 유형자산의 취득 및 처분에 따른 현금의 유·출입	투자활동
ⓢ 타기업 지분상품의 취득·처분에 따른 현금의 유·출입 (현금성자산, 단기매매금융자산 제외)	투자활동
ⓞ 재무·투자활동과 관련 없는 법인세 납부 및 환급에 따른 현금의 유·출입	영업활동

(2016 보험계리사)

13

정답 ③

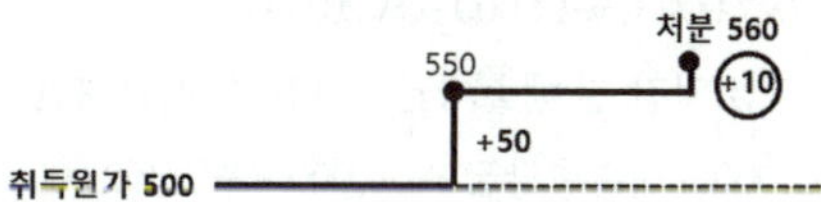

① 재평가잉여금 ₩50은 기타포괄손익으로 인식한다.

② 당기순이익의 변동은 없지만 기타포괄손익이 ₩50 증가하여 총포괄손익도 ₩50 증가한다.

④ 토지를 처분할 때 해당 토지와 관련하여 재무상태표에 계상된 재평가잉여금은 이익잉여금으로 대체할 수도 있고, 그대로 둘 수도 있다. 따라서 반드시 제거할 필요는 없다.

※ 유형자산 기준서 1016호 문단 41에 '어떤 유형자산 항목과 관련하여 자본에 계상된 재평가잉여금은 그 자산이 제거될 때 이익잉여금으로 직접 대체할 수 있다'고 규정하고 있는데, 이는 대체하지 않고 그대로 두는 것도 가능하다고 해석된다.

(2014 보험계리사)

14

정답 ②

유형자산이나 사회기반시설에 대한 사용수익권은 해당 자산의 차감항목에 표시한다.

15

정답 ①

재공품

기초	50,000	제품제조	
DM			
DL	총제조		
OH	60,000	기말	70,000
	110,000		110,000

당기제품제조원가 = ₩110,000 - ₩70,000 = ₩40,000

제품

기초	80,000	매출원가	
제품제조	40,000	기말	90,000
	120,000		120,000

매출원가 = ₩120,000 - ₩90,000 = ₩30,000

영업이익 = 매출액 ₩45,000 - 매출원가 ₩30,000
- 판매관리비 ₩10,000 = ₩5,000

(2017 보험계리사)

16

정답 ③

구분	세전이익	세후이익
세전이익 ₩10,000 이하	₩10,000	₩9,000
세전이익 ₩10,000 초과	초과액	초과액 × (1 - 20%)
합계	₩10,000 + 초과액	₩9,000 + 초과액 × 0.8

세후이익 ₩25,000 = ₩9,000 + 초과액 × 0.8

₩16,000 = 초과액 × 0.8

초과액 = ₩20,000

목표 세전이익 = ₩10,000 + 초과액 ₩20,000 = ₩30,000

단위당 공헌이익 = ₩1,500 - ₩1,000 = ₩500

목표판매량 = (고정원가 ₩60,000 + 목표 세전이익 ₩30,000)
÷ 단위당 공헌이익 ₩500 = 180개

17

정답 ①

국가회계기준은 자산과 부채를 유동, 비유동으로 구분하지 않는다. 따라서 유동자산이나 유동부채라는 분류는 나타나지 않는다.

18

정답 ①

일반관리(₩30,000) 배부 ☞ 청소:절단:조립(5명:20명:25명)
= ₩3,000:₩12,000:₩15,000

청소(₩60,000 + ₩3,000) 배부 ☞ 절단:조립(400평:500평)
= ₩28,000:₩35,000

절단부문에 집계되는 총원가 = 자체집계 ₩200,000 + 일반관리
배부 ₩12,000 + 청소배부 ₩28,000 = ₩240,000

풀이Tip 자가제공하는 부분의 자료는 문제에서 지워 버리고 생
각하면 된다.

19
정답 ③

재공품(가공원가)				환산량
기초	₩25,000	⊖ 완성품	₩240,000	6,000개
⊕ 발생	₩245,000	기말	?	?
	₩270,000		₩270,000	

기말 재공품 가공원가 = ₩270,000 - ₩240,000 = ₩30,000
완성품환산량 단위당 가공원가 = ₩240,000 ÷ 6,000개 = ₩40/개
기말재공품의 가공원가 완성품환산량 = ₩30,000 ÷ ₩40/개 = 750개

20
정답 ①

기말 제품재고수량 = 생산량 3,000단위 - 판매량 2,700단위 = 300단위
단위당 고정제조간접원가 = 고정제조간접원가 ₩270,000
　　　　　　　　　　　　　　 ÷ 생산량 3,000단위 = ₩90
변동원가계산하의 단위당 제품원가 = 전부원가계산하의 단위당
제품원가 ₩900 - 단위당 고정제조간접원가 ₩90 = ₩810
변동원가계산하의 기말제품재고액
　= 재고수량 300단위 × 단위당 제품원가 ₩810 = ₩243,000

풀이Tip 변동원가계산은 고정제조간접원가를 제품원가가 아
닌 기간비용으로 처리한다.

(2024 보험계리사 변형)

14	①	15	①	16	③	17	③	18	②
19	②	20	④						

14
정답 ①

거래에 대한 분개는 다음과 같다.

(차) 재고자산	₩1,000,000	(대) 현금	₩500,000
		매입채무	₩500,000

유동비율이 100%인 상태에서 유동자산의 증가(재고자산 ₩1,000,000
- 현금 ₩500,000 = ₩500,000)와 유동부채의 증가(매입채무 ₩500,000)
가 같은 금액 발생하므로 유동비율은 그대로 100%이다.
당좌비율이 100%보다 낮은 상태에서 당좌자산은 감소(현금
₩500,000)하고 유동부채는 증가(매입채무 ₩500,000) 당좌비율은
더 낮아진다.

(2015 보험계리사)

15
정답 ①

ㄱ. 미수수익계정은 자산에 해당하므로 포괄손익계산서가 아닌
　　재무상태표에 보고된다.
ㄷ. 선수수익(부채)이 실현되어 수익으로 대체되면 부채가 감소
　　하고 수익이 증가한다.
ㅁ. 수익과 비용항목은 마감후에 이익잉여금으로 대체되어 잔액
　　이 0이 되지만, 자본항목으로 재무상태표 계정인 이익잉여금
　　은 기말잔액이 다음 연도 기초잔액으로 이월된다.

16
정답 ③

ㄱ. 결과: ?
ㄴ. 잔액: 기초 대손충당금 잔액 ₩12,000 - 당기 중 대손확정 ₩8,000
　　+ 대손확정 중 회수 ₩3,000 = ₩7,000
ㄷ. 보충: 결산 계상 대손상각비 ₩13,000
　　결과 = ₩7,000 + ₩13,000 = ₩20,000
　　대손충당금 차감 전 매출채권 = 차감 후 매출채권
　　₩1,342,000 + 대손충당금 ₩20,000 = ₩1,362,000

별해 다음과 같이 T계정을 그려도 된다.

매출채권			
기초		감소(회수)	
		대손발생	₩8,000
증가(당기매출)		기말	

대손충당금			
감소(대손발생)	₩8,000	기초	₩12,000
		대손회수	₩3,000
기말	₩?	증가(대손상각비)	₩13,000
	₩28,000		₩28,000

기말 대손충당금 = ₩28,000 - ₩8,000 = ₩20,000

대손충당금 차감 전 매출채권 = 차감 후 매출채권 ₩1,342,000 + 대손충당금 ₩20,000 = ₩1,362,000

17   정답 ③

매출액 = ₩20,000 × 2.49 = ₩49,800

20×1년 매출총이익 = ₩49,800 - ₩45,000 = ₩4,800

20×1년 이자수익 = ₩49,800 × 10% = ₩4,980

20×1년 당기순이익 증가액 = ₩4,800 + ₩4,980 = ₩9,780

18   정답 ②

기계장치(순액)			
기초	66,000	감소(매각)	?
		감소(상각)	56,000
증가(취득)	108,000	기말	114,000
	174,000		174,000

당기 매각한 기계장치 순액 = ₩174,000 - (₩56,000 + ₩114,000)

$$= ₩4,000$$

당기 매각한 기계장치의 취득원가

= 순액 ₩4,000 + 감가상각누계액 ₩20,000 = ₩24,000

(2014 보험계리사)

19   정답 ②

① 매출원가 = 기초상품 ₩20,000 + 당기매입 ₩100,000 - 기말상품 ₩30,000 = ₩90,000

매출원가 ₩90,000을 인식하기 위해 다음과 같은 결산분개가 필요하다.

(차) 매출원가	20,000	(대) 상품(기초)	20,000
(차) 매출원가	100,000	(대) 당기매입	100,000
(차) 상품(기말)	30,000	(대) 매출원가	30,000

차변과 대변의 매출원가, 상품을 서로 상계하면 다음과 같은 분개가 된다.

(차) 매출원가	90,000	(대) 매입	100,000
상품	10,000		

② 비용인식한 보험료 중 미경과분을 취소하여 비용을 감소시키고 선급비용(자산)으로 인식한다.

(차) 선급보험료	30,000	(대) 보험료	30,000

③ 소모품비 = 기초소모품 ₩20,000 + 당기매입 ₩60,000 - 기말소모품 ₩40,000 = ₩40,000

회사가 매입시 ₩60,000을 소모품비로 처리하였으므로, ₩20,000을 취소한다.

④ 감가상각비 ₩20,000을 인식하고 감가상각누계액으로 처리한다.

20   정답 ④

선급비용(자산) 증가	3,000	당기순이익	50,000
현금증가	?	선수수익(부채) 증가	1,000
		미수수익(자산) 감소	2,000
		미지급비용(부채) 증가	2,000
	55,000		55,000

현금주의 당기순이익(현금증가) = ₩55,000 - ₩3,000 = ₩52,000

1	②	2	③	3	②	4	②	5	③
6	①	7	④	8	②	9	②	10	①
11	③	12	④	13	③	14	④	15	①
16	①	17	④	18	①	19	③	20	④

01 정답 ②

만무해! (만드는 데, 없을 때, 해석하는 데 도움을 준다)

②번은 일반목적재무보고의 목적에 해당한다. 개념체계는 이렇게 재무보고의 목적과 개념을 서술함으로써 회계기준을 제정하거나 회계정책을 개발하는 데 도움을 주고, 회계기준의 이해와 해석을 돕는 것이 목적이다.

02 정답 ③

기말 현재 보유현금 = 상품 구입 후 잔여현금 ₩2,000
+ 상품 판매액 8개 × ₩1,500 = ₩14,000

기말에 현금 외에 자산이 없으므로 총자산은 ₩14,000, 부채도 없으므로 자본 역시 ₩14,000이다.

	명목재무 자본유지	불변구매력재무 자본유지	실물자본유지
기초자본	₩10,000	₩10,000	₩10,000
유지 해야 할 자본	₩10,000	₩10,000 × (1 + 일반물가인상율 10%) = ₩11,000	10개 × ₩1,200/개 = ₩12,000
기말자본	₩14,000	₩14,000	₩14,000
이익	₩14,000 - ₩10,000 = ₩4,000	₩14,000 - ₩11,000 = ₩3,000	₩14,000 - ₩12,000 = ₩2,000

03 정답 ②

원샷법으로 접근한다.

순매출채권(자산) 증가	38,000	매출액(수익)	860,000
대손상각비(비용)	6,000		
현금 증가(회수)	?		
	860,000		860,000

현금유입액 = ₩860,000 - ₩38,000 - ₩6,000 = ₩816,000

다음과 같이 T계정을 이용한 풀이도 가능하다.

대손충당금

⊖ 대손확정	?	초	3,000
말	5,000	⊕ 대손상각비	6,000
	9,000		9,000

당기 대손확정액 = ₩9,000 - ₩5,000 = ₩4,000

매출채권

초	110,000	⊖ 현금회수	
		⊖ 대손확정	4,000
⊕ 매출액	860,000	말	150,000
	970,000		970,000

현금회수액 = ₩970,000 - ₩154,000 = ₩816,000

(2016 감정평가사 변형)

04 정답 ②

무상증자, 잉여금 처분에 의한 상각은 자본에 변화가 없다. 자기주식 취득은 자본이 감소한다. 주식발행만 발행금액만큼 자본이 증가한다.

05 정답 ③

고객의 지급불이행에 대비한 안전장치로서만 기업이 법적 소유권을 보유한다면, 그러한 기업의 권리가 고객이 자산을 통제하게 되는 것을 막지는 못할 것이다.

06 정답 ①

5월 10일 매출액: 20개 × ₩100 × 120% = ₩2,400

5월 15일 재고단가: (20개 × ₩100 + 20개 × ₩120 + 40개
× ₩130) ÷ 80개 = ₩120

5월 28일 매출액: 30개 × ₩120 × 120% = ₩4,320

5월 매출액 = ₩2,400 + ₩4,320 = ₩6,720

07 정답 ④

금무합생!

① 금괴는 일반상품이다. 금괴는 유동성이 매우 높지만 현금 등 금융자산을 수취할 계약상 권리가 금괴에 내재되어 있지 않다.

③ 기존 차입자와 대여자가 실질적으로 다른 조건으로 채무상품을 교환한 경우에 최초의 금융부채를 제거하고 새로운 금융부채를 인식한다. 마찬가지로, 기존 금융부채의 조건이 실질적으로 변경된 경우에도 최초의 금융부채를 제거하고 새로운 금융부채를 인식한다.

④ 금융자산이나 금융부채는 최초 인식시점에 공정가치로 측정한다.

08 정답 ③

순자산 공정가치 = 자산(장부금액 ₩166,000 + 상품 ₩10,000
+ 토지 ₩28,000) - 부채 ₩92,000 = ₩112,000

영업권 = 합병대가 ₩200,000 - 순자산 공정가치 ₩112,000
= ₩88,000

중개수수료, 컨설팅수수료, 자문수수료 등의 취득관련원가는 해당 기간의 비용으로 회계처리한다.

(2014 세무사 변형)

09

액면이자 지급액 = ₩1,000,000 × 10% × 3년 = ₩300,000

사채의 발행가액 = ₩1,000,000 × 0.794 + ₩100,000 × 2.577

= ₩1,051,700

사채할증발행차금 = 발행가액 ₩1,051,700 - 액면금액 ₩1,000,000

= ₩51,700

3년간 인식할 총이자비용 = 액면이자 ₩300,000 - 사채할증발행

차금 상각액 ₩51,700 = ₩248,300

10

② 부적절한 회계정책은 이에 대하여 공시나 주석 또는 보충 자료를 통해 설명하더라도 정당화될 수 없다.

③ 기업이 재무상태표에 유동자산과 비유동자산, 그리고 유동부채와 비유동부채로 구분하여 표시하는 경우, 이연법인세자산(부채)은 유동자산(부채)으로 분류하지 아니한다.

④ 총포괄손익은 거래나 그 밖의 사건으로 인한 기간 중 자본의 변동(소유주로서의 자격을 행사하는 소유주와의 거래로 인한 자본의 변동 제외)을 말한다.

(2025 관세사 변형)

11

① '기능'통화 이외의 다른 통화를 외화라고 한다.

② 화폐성 외화항목은 마감환율로 환산한다. 비화폐성 외화항목은 역사적원가로 측정하는 항목은 거래일의 환율로 환산하고, 공정가치로 측정하는 항목은 공정가치가 측정된 날의 환율로 환산한다.

④ 기능통화가 변경되는 경우에는 새로운 기능통화에 의한 환산 절차를 변경한 날부터 전진적용한다.

(2016 공인회계사 변형)

12

순이익을 구하는 문제로, 원샷계정에 순이익을 입력하면 감가상각비는 굳이 따로 입력할 필요가 없으므로(당기순이익 안에 다 포함되어 있으므로) 사용하지 않아도 되는 자료이다. 이 때는 감가상각비에 대응하는 상각자산(유형자산)의 증감이 주어져 있는지 확인해야 한다. 유형자산 금액의 증감이 주어져 있지 않으므로 감가상각비만큼 유형자산이 감소했다고 가정하고 푼다.

현금 증가	80,000	매출채권 감소	5,000
재고자산 증가	12,000	매입채무 증가	4,000
선수수익 감소	8,000	유형자산 감소	4,000
		순이익	?
	100,000		100,000

순이익 = ₩100,000 - ₩13,000 = ₩87,000

13

X2년도 기초 장부금액을 A라고 하면, X2년도 상각비와 X3년도 상각비는 다음과 같다.

	X2	X3
상각비	A × 0.36	0.64A × 0.36 = (A × 0.36) × 0.64
장부금액	0.64A	

즉, 정률법의 경우 특정연도 상각비는 전년도 상각비에 (1 - 상각률)을 곱한 것과 같다.

20×3년도 상각비 = ₩525,600 × (1 - 0.36) = ₩336,384

14

일자	유효이자	표시이자	상각액	상각후원가	공정가치
20×1. 1. 1				950,000	
20×1. 12. 31	95,000	80,000	15,000	965,000	970,000

① FVPL 20×1년 당기순이익 = 표시이자 ₩80,000 + 장부금액 증가(₩970,000 - ₩950,000) = ₩100,000

②, ③ FVOCI, AC 20×1년 당기순이익 = 유효이자 ₩95,000, 평가이익은 FVOCI의 경우 기타포괄손익으로 인식하고, AC의 경우 공정가치 평가를 하지 않는다.

④ FVOCI, AC 당기순이익 = 처분손익 = 처분금액 ₩975,000 - 상각후원가 ₩965,000 = ₩10,000

※ 채무상품의 경우 AC금융자산과 FVOCI금융자산이 당기손익에 미치는 영향이 같다.

(2014 공인회계사 변형)

15

4월의 매출원가 = ₩6,000 × 70% = ₩4,200

4월 기초 상품 = ₩4,200 × 10% = ₩420

4월 기말 상품 = 5월 매출액 ₩8,000 × 매출원가율 70% × 10%

= ₩560

상품			
기초	420	판매	4,200
구입	?	기말	560
	4,760		4,760

상품구입액 = ₩4,760 - ₩420 = ₩4,340

(2014 감정평가사 변형)

16

제조간접원가(비용) 계정의 차변은 발생액을 나타내며 대변은 배부액을 나타낸다.

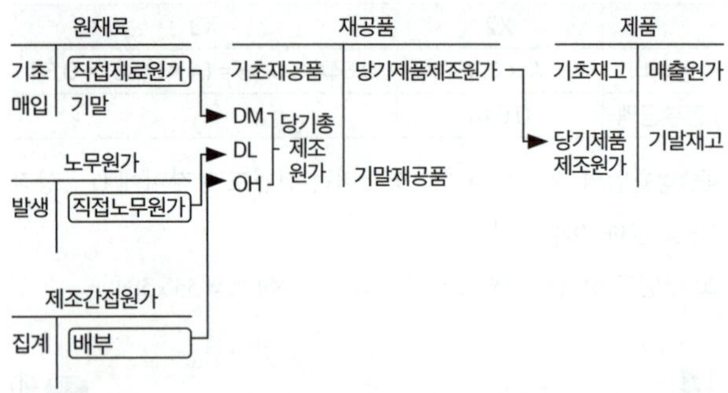

발생액이 ₩92,000인 반면 배부액은 ₩80,000이므로 ₩12,000이 과소배부되었다.

회사는 매출원가조정법에 따라 이를 전액 매출원가에서 조정했으므로

매출원가 = 조정 전 ₩60,000 + 배부차이 ₩12,000 = ₩72,000

만약 총원가비례배분법에 따라 조정한다면 재공품, 제품, 매출원가에 1:3:6으로 배부되므로 각각 (₩1,200, ₩3,600, ₩7,200)이 배부된다.

매출원가 = 조정 전 ₩60,000 + 배부차이 ₩7,200 = ₩67,200

매출원가가 ₩4,800(₩72,000 - ₩67,200) 감소하므로 당기순이익은 ₩4,800 증가한다.

(2016 관세사 변형)

17

정답 ④

①, ②, ③은 모두 개정 전 「국가회계기준에 관한 규칙」에 따른 분류이다. 「지방자치단체 회계기준에 관한 규칙」에 따른 분류는 다음과 같은 차이가 있다.

① 주민편의시설이 추가되고, 무형자산 분류가 따로 없다.

② 장기충당부채 항목이 없다.

③ 무형자산은 기타 비유동자산에 해당한다.

18

정답 ①

					가공비
기초	15,000	완성 ┌ 기초	15,000		
		└ 착수	85,000		100,000
착수	110,000	기말	25,000 (80%)		20,000
	125,000		125,000		120,000

기말재공품에 배부되는 가공원가

= (₩210,000 + ₩30,000) × 20,000/120,000 = ₩40,000

19

정답 ③

공헌이익 = 단위당 판매가격 ₩500 - 단위당 변동원가 ₩300 = ₩200

공헌이익률 = 공헌이익 ₩200 ÷ 판매가격 ₩500 = 40%

매출액 증가로 인한 공헌이익 증가

= ₩60,000 × 공헌이익률 40% = ₩24,000

영업이익 변화 = 공헌이익 증가 ₩24,000 - 고정비 증가 ₩20,000

= ₩4,000

(2025 보험계리사)

20

정답 ④

개별 회계실체의 재무제표를 작성할 때에는 지방자치단체 안의 다른 개별 회계실체와의 내부거래를 상계하지 아니한다. 이 경우 내부거래는 해당 지방자치단체에 속하지 아니한 다른 회계실체 등과의 거래와 동일한 방식으로 회계처리한다.

15	②	16	①	17	④	18	④	19	②
20	③								

15

정답 ②

재평가는 수평선으로 접근한다.

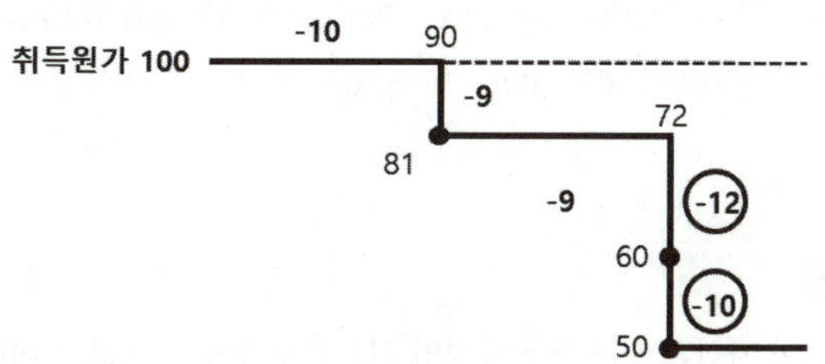

20×5년 감가상각비 = ₩81,000,000 ÷ 9년 = ₩9,000,000

20×5년 말 평가전 장부금액 = ₩81,000,000 - ₩9,000,000
= ₩72,000,000

20×5년 말 재평가손실 = 장부금액 ₩72,000,000 - 공정가치
₩60,000,000 = ₩12,000,000

20×5년 말 손상차손 = 공정가치 ₩60,000,000 - 회수가능액
₩50,000,000 = ₩10,000,000

(2015 보험계리사)

16

정답 ①

기말 자본 = 수익 ₩400,000 - 비용 ₩320,000
+ 자본금 ₩100,000 + 주식발행초과금 ₩40,000
- 자기주식 ₩35,000 - 감자차손 ₩25,000
+ 재평가잉여금 ₩50,000 + 이익잉여금 ₩42,000
= ₩252,000

17

정답 ④

① 무형자산을 최초로 인식할 때에는 원가로 측정한다.

② '연구결과나 기타 지식을 탐색, 평가, 최종 선택, 응용하는 활동'은 연구활동에 해당하므로 발생시점에 비용으로 인식한다.

③ 무형자산을 창출하기 위한 내부 프로젝트를 연구단계와 개발단계로 구분할 수 없는 경우에는 그 프로젝트에서 발생한 지출은 모두 연구단계에서 발생한 것으로 본다.

(2017 공인회계사)

18

정답 ④

오류수정 후 당기순이익 = 수정 전 ₩150,000 + 전기말 재고 과대계상 ₩20,000 + 전기 선수임대수익(당기수익임) ₩6,000 + 전기 보험료 해당분(당기비용 아님) ₩9,000 = ₩185,000

※ 직관적 접근이 어렵다면 다음과 같이 풀이한다.

구분	재고자산		임대료		보험료	
	20×1년	20×2년	20×1년	20×2년	20×1년	20×2년
ㄱ. 회사 인식	⊕ 20,000	-	⊕ 12,000			⊖ 12,000
ㄴ. 바른 손익	-	⊕ 20,000	⊕ 6,000	⊕ 6,000	⊖ 9,000	⊖ 3,000
ㄷ. (ㄴ - ㄱ)	⊖ 20,000	⊕ 20,000	⊖ 6,000	⊕ 6,000	⊖ 9,000	⊕ 9,000

20×2년 수정 후 당기순이익: ₩150,000 + ₩20,000 + ₩6,000
+ ₩9,000 = ₩185,000

19

정답 ②

잠재적보통주는 보통주를 받을 수 있는 권리가 부여된 금융상품이나 계약을 말한다. 전환우선주는 전환으로 인해 보통주가 발행되는 반면, 상환우선주는 상환으로 인해 우선주가 소멸될 뿐 보통주가 발행되지 않는다.

20

정답 ③

평균 영업주기는 재고자산이 완성돼서 판매된 다음 현금으로 회수되기까지의 기간을 말한다.

평균 영업주기 = 재고자산회전기간 + 매출채권회수기간

재고자산회전율 = 매출원가 ₩3,600 ÷ 평균재고자산 ₩500 = 7.2회

재고자산회전기간 = 360일 ÷ 회전율 7.2회 = 50일

매출채권회전율 = 순매출액 ₩7,200 ÷ 평균매출채권(순액) ₩600
= 12회

매출채권회수기간 = 360일 ÷ 회전율 12회 = 30일

평균 영업주기 = 재고자산회전기간 50일 + 매출채권회수기간 30일
= 80일

(2014 보험계리사)

1	②	2	③	3	②	4	④	5	④
6	①	7	①	8	②	9	③	10	④
11	①	12	③	13	③	14	④	15	①
16	④	17	④	18	③	19	②	20	④

01

정답 ②

① 재무정보가 유용하기 위해서는 목적적합해야 하고 나타내고자 하는 바를 충실하게 표현해야 한다. 따라서 목적적합성과 표현충실성 두 가지를 근본적 질적 특성이라고 한다.

② 의사결정에 차이가 나도록 할 수 있는 특성은 목적적합성에 해당한다.

③ 보강적 질적 특성은 다른 질적 특성의 극대화를 위해 감소되어야 할 수도 있다. 예를 들어, 새로운 재무보고기준의 전진 적용으로 인한 비교가능성의 일시적 감소는 장기적으로 목적적합성이나 표현충실성을 향상시키기 위해 감수할 수도 있다.

④ 일관성은 비교가능성과 관련은 되어 있지만 동일하지는 않다. 일관성은 한 보고기업 내에서 기간 간 또는 같은 기간 동안에 기업 간, 동일한 항목에 대해 동일한 방법을 적용하는 것을 말한다. 비교가능성은 목표이고 일관성은 그 목표를 달성하는 데 도움을 준다.

(2016 보험계리사)

02

정답 ③

기초자본 + 당기순이익 ± 자본변동 = 기말자본

₩140,000 + 당기순이익 + 유상증자 ₩20,000 - 현금배당 ₩5,000 + 기타포괄손익 증가 ₩15,000 = ₩200,000

당기순이익 = ₩30,000

총포괄손익 = 당기순이익 ₩30,000 + 기타포괄손익 ₩15,000 = ₩45,000

03

정답 ②

A사채: 이자수익(액면이자) ₩24,000 + 평가손익(₩279,700 - ₩285,000) = ₩18,700

B사채: 이자수익(유효이자) = ₩100,000 × 10% = ₩10,000, 평가손익은 기타포괄손익으로 보고되므로 당기손익에 영향을 주지 않는다.

당기순이익에 미치는 영향 = ₩24,000(A이자수익) - ₩5,300(A평가손실) + ₩10,000(B이자수익) = ₩28,700

(2011 공인회계사 변형)

04

정답 ④

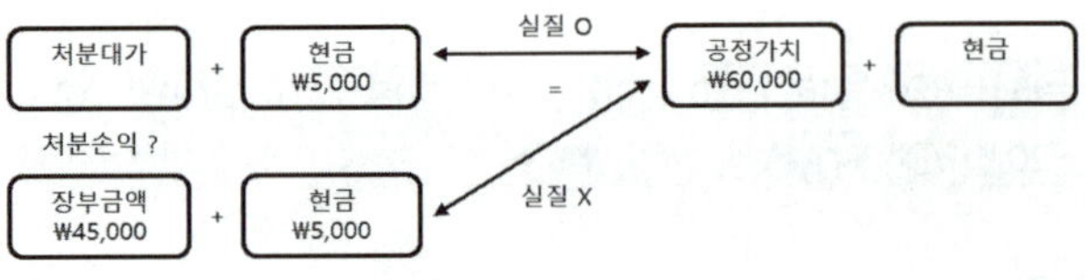

처분대가 + 지급한 현금 ₩5,000 = 자동차의 공정가치 ₩60,000

처분대가 = ₩60,000 - ₩5,000 = ₩55,000

처분손익 = 처분대가 ₩55,000 - 장부금액(취득원가 ₩100,000 - 감가상각누계액 ₩55,000) = ₩55,000 - ₩45,000 = ₩10,000

(2017 관세사 변형)

05

정답 ④

기업이 자산의 사용과 궁극적인 처분으로 얻을 것으로 기대하는 현금흐름 또는 그 밖의 경제적효익의 현재가치는 사용가치에 대한 설명이다. 이행가치는 기업이 부채를 이행할 때 이전해야 하는 현금이나 그 밖의 경제적자원의 현재가치이다.

06

정답 ①

재평가 전 연간 감가상각비 = ₩200,000 ÷ 4년 = ₩50,000

20×2년 말 장부금액 = ₩200,000 - ₩50,000 × 2년 = ₩100,000

재평가 후 연간 감가상각비 = ₩140,000 ÷ 2년 = ₩70,000

이익잉여금으로 대체되는 재평가잉여금 = 재평가로 인한 감가상각비 증가액 = ₩70,000 - ₩50,000 = ₩20,000

풀이Tip 회계기준에 따르면 재평가잉여금은 당해 자산이 제거(폐기 또는 처분)될 때 전액을 이익잉여금으로 한 번에 대체할 수 있으며, 기업이 그 자산을 사용함에 따라 재평가잉여금의 일부를 대체하는 것도 가능하다(이익잉여금으로 아예 대체하지 않고 당해 자산이 제거된 다음에도 그대로 남겨 두는 것 역시 가능하다). 만약 사용에 따른 대체를 선택하면, 최초원가에 근거한 감가상각액과 재평가된 금액에 근거한 감가상각액의 차이가 이익잉여금으로 대체되는 금액이 된다. 이는 결국 상각자산에 대한 재평가 이후 증가하는 감가상각비(최초 ₩50,000 → 재평가 후 ₩70,000)로 인해 이익잉여금이 감소하는 부분(₩20,000)을 재평가잉여금의 이익잉여금 대체(₩20,000)로 상쇄하도록 하는 회계처리에 해당한다.

(2016 보험계리사)

07

정답 ①

ㄱ. 무상증자시 자본총계는 변하지 않지만 자본금은 증가한다.

08

정답 ②

명목가치와 현재가치의 차이가 중요하므로, 현재가치로 평가한다.

매출액(수령액의 현재가치) = ₩20,000 × 1.7355 = ₩34,710

판매이익(매출총이익) = 매출액 ₩34,710 - 매출원가 ₩35,000

= (-)₩290

이자수익 = ₩34,710 × 10% = ₩3,471

당기순이익에 미치는 영향 = 판매이익 (-)₩290 + 이자수익 ₩3,471

= ₩3,181

풀이Tip 할부판매에 대한 유효이자율 상각표는 다음과 같다.

일자	유효이자	회수액	원금회수액	장부금액
20×1년 초				34,710
20×1년 말	3,471	20,000	16,529	18,181
20×2년 말	1,819	20,000	18,181	0

(2023 관세사 변형)

09 정답 ③

T계정을 그리면 다음과 같다.

건물

기초	200,000	감소(처분)	70,000
증가	?	기말	160,000
	230,000		230,000

당기 건물 취득액 = ₩230,000 - ₩200,000 = ₩30,000

순현금흐름 = 처분액 ₩40,000 - 취득액 ₩30,000 = (+)₩10,000

10 정답 ④

구분	주식수	기간	조정	가중평균주식수
1/1	15,000	12/12	20% (주식배당)	15,000 × 12/12 × (1+20%) = 18,000
2/1	3,000	11/12	20% (주식배당)	3,000 × 11/12 × (1+20%) = 3,300
9/1	(-)1,800	4/12		(-)1,800 × 4/12 = (-)600
11/1	900	2/12	-	900 × 2/12 = 150
합계				20,850주

자기주식을 소각하는 경우, 자기주식 취득시점에 이미 유통보통주식수에서 차감하였기 때문에 별도의 조정은 필요하지 않다.

(2017 세무사 변형)

11 정답 ①

① 기준서 제 1002호 재고자산 문단 32: "완성될 제품이 원가 이상으로 판매될 것으로 예상하는 경우에는 그 생산에 투입하기 위해 보유하는 원재료 및 기타 소모품을 감액하지 아니한다."

② 재고자산을 순실현가능가치로 감액하는 저가법은 항목별로 적용한다. 경우에 따라서는 서로 비슷하거나 관련된 항목들을 통합하여 적용하는 것이 적절할 수 있다. 그러나 재고자산의 분류(예: 완제품)나 특정 영업부문에 속하는 모든 재고자산에 기초하여 저가법을 적용하는 것은 적절하지 않다.

③ 통상적으로 상호 교환될 수 없는 재고자산항목의 원가와 특정 프로젝트별로 생산되고 분리되는 재화 또는 용역의 원가는 개

별법을 사용하여 결정한다. 개별법이 적용되지 않는 재고자산의 단위원가는 선입선출법이나 가중평균법을 사용하여 결정한다. 후입선출법은 IFRS에서 허용하지 않는 방법이다.

④ 기준서 제 1002호 재고자산 문단 15: "기타 원가는 재고자산을 현재의 장소에 현재의 상태로 이르게 하는 데 발생한 범위 내에서만 취득원가에 포함된다. 예를 들어 특정한 고객을 위한 비제조 간접원가 또는 제품 디자인원가를 재고자산의 원가에 포함하는 것이 적절할 수도 있다." 예를 들어 책을 출판하는 과정에서 발생한 편집, 번역 및 자료수집 등의 비제조 간접원가와 표지디자인원가는 책(재고자산)의 원가에 포함할 수 있다.

12 정답 ③

	20×1년	20×2년
결과	₩500,000 × 5% - ₩7,600 = ₩17,400	(₩500,000 + ₩600,000) × 5% - (₩7,600 + ₩15,300) = ₩55,000 - ₩22,900 = ₩32,100
잔액	₩0(기초) - ₩7,600 (당기 사용) = (-)₩7,600	₩17,400(전기 결과) - ₩15,300(당기 사용) = ₩2,100
보충	₩17,400 - (-)₩7,600 = ₩25,000	₩32,100 - ₩2,100 = ₩30,000

① 20×1년 손익계산서의 제품보증비용은 ₩25,000이다.

② 20×1년 말 재무상태표의 제품보증충당부채는 ₩17,400이다.

③ 20×2년 손익계산서의 제품보증비용은 ₩30,000이다.

④ 20×2년 말 재무상태표의 제품보증충당부채는 ₩32,100이다.

(2021 보험계리사)

13 정답 ③

① 우리나라 상법은 회사의 정관에 규정이 있는 경우 무액면주식의 발행을 허용하고 있다.

② 무액면주식을 발행하는 경우에는 액면주식을 별도로 발행할 수 없으며, 액면주식을 발행하는 경우에 액면금액은 균일하여야 한다.

③ 원칙적으로 이사회에서 결정한다. 다만 정관에서 주주총회에서 결정하기로 하였다면 주주총회에서 결정한다.

④ 간접원가는 비용으로 처리하고, 직접원가만 발행금액에서 차감하므로 자본잉여금은 ₩120,000이 증가한다.

14 정답 ③

지방자치단체의 재무제표는 지방회계기준에 따라 작성하여야 하고, 「공인회계사법」에 따른 공인회계사의 '검토의견'을 첨부하여야 한다.

(2021 공인회계사 변형)

15　정답 ①

재공품			
기초	800	제품제조	
DM	2,000		
DL			
OH	4,600 (총제조)	1,200	기말　1,200
	5,400		5,400

DL = 당기총제조원가 ₩4,600 - ₩2,000 - ₩1,200 = ₩1,400

당기제품제조원가 = ₩5,400 - ₩1,200 = ₩4,200

제품			
기초	1,600	매출원가	
제품제조	4,200	기말	
	5,800		5,800

매출원가 = 매출액 ₩6,000 - 매출총이익 ₩1,400 = ₩4,600

기말제품재고액 = ₩5,800 - ₩4,600 = ₩1,200

16　정답 ④

공장자동화 및 생산기술의 발전 등으로 직접원가의 비중이 감소하고 간접원가의 비중이 증가하였다.

17　정답 ④

부산물을 판매시점에 최초로 인식하는 경우(판매기준법) 판매시 부산물에서 생기는 이익을 잡이익으로 인식하는 방법으로 결합 원가 배분액에는 영향을 미치지 않는다. 판관비에 해당하는 판매비 역시 매출원가나 매출총이익에는 영향을 주지 않는다.

전체 매출액 = A ₩100,000 + B ₩180,000 = ₩280,000

전체 매출원가 = ₩150,000 + ₩60,000 = ₩210,000

매출원가율 = ₩210,000 ÷ ₩280,000 = 3/4 = 75%

주산물 A의 총제조원가 = ₩100,000 × 75% = ₩75,000

(2017 감정평가사 변형)

18　정답 ③

표준원가(SQ × SP)	(AQ × SP)	실제원가(AQ × AP)
200시간 × ₩80/시간 = ₩16,000	220시간 × ₩80/시간 = ₩17,600	₩18,000

능률차이 ₩1,600(불리)　｜　소비차이 ₩400(불리)

19　정답 ②

수익과 비용은 발생주의 원칙에 따라 인식한다. 비교환거래로 생긴 수익도 수익의 이전이나 납부에 상관없이 해당수익에 대한 청구권이 발생하고 그 금액을 합리적으로 측정할 수 있을 때에 인식한다.

20　정답 ④

세전이익 = ₩210,000 ÷ (1 - 30%) = ₩300,000

현재 매출액 = (세전이익 ₩300,000 + 총고정원가 ₩700,000)
　　　　　　÷ 공헌이익률 20% = ₩5,000,000

손익분기점 매출액 = 총고정원가 ₩700,000 ÷ 공헌이익률 20%
　　　　　　= ₩3,500,000

안전한계 = ₩5,000,000 - ₩3,500,000 = ₩1,500,000

안전한계율 = ₩1,500,000 ÷ ₩5,000,000 = 30%

(2016 감정평가사 변형)

14	④	15	①	16	②	17	③	18	②
19	①	20	④						

14

정답 ④

① 영업이익은 포괄손익계산서 본문에 구분하여 표시한다.

② 현금흐름표에 대한 설명이다.

③ 비용을 기능별로 분류하는 기업이 성격에 대한 추가 정보를 공시한다.

(2013 관세사 변형)

15

정답 ①

20×2년 사채할인발행차금 상각액

  = X1년 말 사채할인발행차금 ₩1,000

  − X2년 말 사채할인발행차금 ₩880 = ₩120

20×2년 회사가 인식한 이자비용

  = 액면이자 ₩600 + 사채할인발행차금상각액 ₩120 = ₩720

사채의 유효이자율

  = 20×2년 이자비용 ₩720

  ÷ 20×1년 말 사채 장부금액 ₩9,000 = 8%

16

정답 ②

20×1년 매출원가 = 기초재고 ₩1,000 + 당기매입 ₩8,000

  − 기말재고 ₩3,000 = ₩6,000

20×1년 매출원가율 = 매출원가 ₩6,000 ÷ 매출액 ₩10,000 = 60%

20×2년 매출원가 = 매출액 ₩12,000 × 매출원가율(20×1년과 동일)

  60% = ₩7,200

20×2년 매출원가 ₩7,200 = 기초재고 ₩3,000 + 당기매입 ₩8,000

  − 기말재고

기말재고 = ₩3,800

(2025 관세사 변형)

17

정답 ③

시산표 합계변화

차변		대변	
자산	선급보험료 ⊖80,000 FVPL금융자산 ⊕100,000	자산 차감	감가상각누계액 ⊕200,000
비용	감가상각비 ⊕200,000 이자비용 ⊕120,000 보험료 ⊕80,000	부채	미지급이자 ⊕120,000
		수익	금융자산평가이익 ⊕100,000
합계	⊕420,000	합계	⊕420,000

수정 후 차변합계 = 수정 전 ₩2,000,000 + ₩420,000 = ₩2,420,000

18

정답 ②

구분	재고자산		기계장치		보험료(20×1년)		보험료(20×2년)	
	20×1년	20×2년	20×1년	20×2년	20×1년	20×2년	20×1년	20×2년
ㄱ. 회사 인식	⊕ 2,000	⊖ 1,000	⊖ 10,000	-	⊖ 2,000	-	-	-
ㄴ. 바른 손익		⊕ 2,000	⊖ 2,000	⊖ 2,000	⊖ 1,500	⊖ 500	-	⊖ 1,500
ㄷ. (ㄴ − ㄱ)		⊕ 3,000		⊖ 2,000		⊖ 500		⊖ 1,500

20×2년 수정 후 당기순이익: ₩25,000 + ₩3,000 − ₩2,000

  − ₩500 − ₩1,500 = ₩24,000

19

정답 ①

자기자본을 가상의 숫자 100으로 놓고 파악하면 다음과 같다.

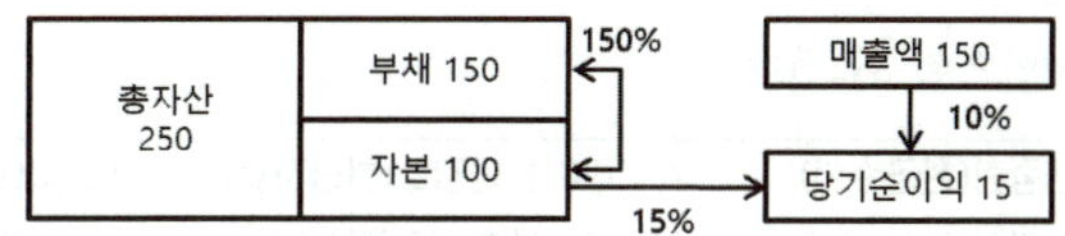

총자산 = 100 + 100 × 150% = 250

당기순이익 = 100 × 15% = 15

매출액 = 15 ÷ 10% = 150

총자산회전율 = 150 ÷ 250 = 0.6

20

정답 ④

무형자산 원가의 인식은 그 자산을 경영자가 의도하는 방식으로 운용될 수 있는 상태에 이르면 중지한다. 따라서 무형자산을 사용하거나 재배치하는 데 발생하는 원가는 자산의 장부금액에 포함하지 않는다.

(2016 감정평가사 변형)

1	④	2	①	3	②	4	②	5	③
6	①	7	③	8	③	9	②	10	④
11	③	12	④	13	①	14	①	15	④
16	③	17	①	18	③	19	②	20	②

01
정답 ④

측정기준이 변경되면 재무제표의 이해가능성이 감소할 수 있다. 그러나 예를 들어, 변경으로 인해 정보가 보다 목적적합해지는 경우와 같이 이해가능성 감소보다 다른 요소가 더 중요하다면 변경이 정당화될 수 있다.

02
정답 ①

원샷법으로 접근한다.

현금증가(현금수익)	645,000	현금감소(현금지출)	428,000
재고자산(자산) 증가	5,000	매출채권(자산) 감소	6,000
선수수익(부채) 감소	3,000	매입채무(부채) 증가	6,000
		매출총이익	?
	653,000		653,000

매출총이익 = ₩653,000 - ₩428,000 - ₩6,000 - ₩6,000 = ₩213,000

(2017 관세사 변형)

03
정답 ②

당기 매출액: ₩600,000 × 2회 = ₩1,200,000

매출원가 ₩1,200,000 × (1 - 20%)

　 = ₩120,000 + ₩1,100,000 - 기말재고

기말재고 = ₩260,000

풀이Tip 총자산회전율은 매출액을 총자산으로 나누어 구한다. 따라서 '매출액 = 총자산 × 총자산회전율'이라는 식이 성립한다.

04
정답 ②

정부보조금만큼 싸게 구입한 것(₩32,000 - ₩4,000 = ₩28,000)으로 계산하면 다음과 같다.

연간 감가상각비 = (₩28,000 - ₩2,000) ÷ 5년 = ₩5,200

20×2년 말 장부금액 = ₩28,000 - ₩5,200 × 2년 = ₩17,600

처분손익 = 처분대가(₩18,400 - ₩400) - 장부금액 ₩17,600

　 = ₩400

(2014 보험계리사)

05
정답 ③

금융자산을 재분류하는 경우에 그 재분류를 재분류일부터 전진적으로 적용한다. 재분류 전에 인식한 손익이나 이자는 다시 작성하지 않는다.

06
정답 ①

처분손익 = 처분대가 ₩1,150,000 - 장부금액(전년도말 공정가치)

　　　 ₩1,200,000 = (-)₩50,000

20×3년 말 재무상태표에 보고되는 금액은 토지 ₩1,200,000, 재평가잉여금(기타포괄손익누계액) ₩200,000이다. 20×4년 초 처분시점의 분개는 다음과 같다.

(차) 현금	1,150,000	(대) 토지	1,200,000
토지처분손실	50,000		
(당기손익)			
(차) 재평가잉여금	200,000	(대) 이익잉여금	200,000

따라서 당기손익에는 토지처분손실 ₩50,000이 보고된다. 재평가잉여금(기타포괄손익누계액)은 포괄손익계산서를 거치지 않고 이익잉여금으로 바로 대체되기 때문에 기타포괄손익에 미치는 영향은 없다.

(2017 세무사 변형)

07
정답 ③

계절적, 주기적 또는 일시적으로 발생하는 수익은 연차보고기간말에 미리 예측하여 인식하거나 이연하는 것이 적절하지 않은 경우 중간보고기간말에도 미리 예측하여 인식하거나 이연하여서는 아니 된다.

08
정답 ③

20×2년 이자수익 = ₩100,000 × 12% × 1개월/12개월 = ₩1,000

금융자산처분손익 = 처분대가(이자제외) ₩117,000

　　　　 - 장부금액 ₩110,000 = ₩7,000

당기손익에 미치는 영향 = 이자수익 ₩1,000

　　　　　 + 처분손익 ₩7,000 = ₩8,000

(2024 보험계리사 변형)

풀이Tip 결국 장부금액 ₩110,000의 금융자산이 제거되고, ₩118,000의 현금이 증가하여 자산 증가액은 ₩8,000이 된다. 부채의 변동이 없고, 기타포괄손익으로 보고될 부분도 없으므로 자산 증가 ₩8,000이 당기손익이 된다.

09
정답 ②

20×2년 말 미처분이익잉여금 ₩121,000

　 = 20×1년 말 미처분이익잉여금 ₩100,000 - 현금배당액

　 - 이익준비금(현금배당액의 10%) - 사업확장적립금 적립 ₩20,000

　 + 감채기금적립금 이입 ₩6,100 + 당기순이익 ₩47,000

₩121,000 = ₩100,000 - 현금배당액 × 1.1 - ₩20,000

　 + ₩6,100 + ₩47,000

현금배당액 × 1.1 = ₩12,100

현금배당액 = ₩11,000

(2015 보험계리사 변형)

10

보통주 주당순이익(EPS) = (₩1,200,000 - ₩200,000) ÷ 2,000주
= ₩500

PER = ₩3,000/₩500 = 6.0

11

(A) 유형자산 재평가모형

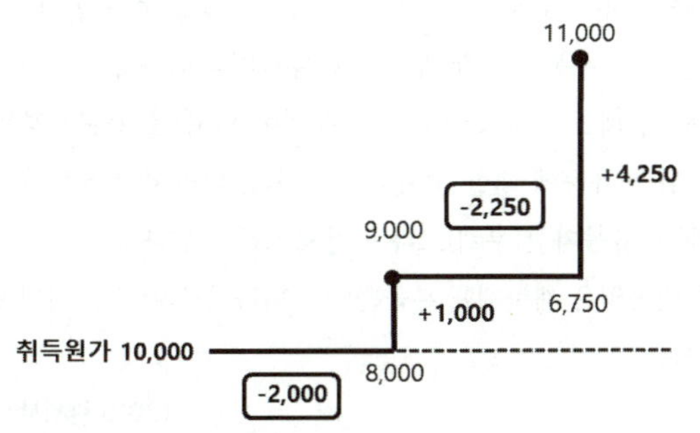

20×1년 감가상각비 = ₩10,000 ÷ 5년 = ₩2,000

20×1년 말 상각후원가 = ₩10,000 - ₩2,000 = ₩8,000

20×1년 말 재평가잉여금 증가액

  = 공정가치 ₩9,000 - 상각후원가 ₩8,000 = ₩1,000(기타포괄손익)

20×1년 말 유형자산 장부금액 = 공정가치 ₩9,000

20×2년 감가상각비 = ₩9,000 ÷ 잔존내용연수 4년 = ₩2,250

20×2년 말 상각후원가 = ₩9,000 - ₩2,250 = ₩6,750

20×2년 말 재평가잉여금 증가액

  = 공정가치 ₩11,000 - 상각후원가 ₩6,750

  = ₩4,250(기타포괄손익)

20×2년 당기순이익에 미치는 영향 = 감가상각비 (-)₩2,250

(B) 투자부동산 공정가치 모형

20×2년 감가상각비 없음(공정가치모형에서는 별도의 감가상각을 수행하지 않는다).

20×2년 투자부동산 평가손익

  = 공정가치 ₩11,000 - 장부금액(직전년도 공정가치) ₩9,000

  = ₩2,000

20×2년 당기순이익에 미치는 영향 = 투자부동산 평가손익 ₩2,000

(2024 감정평가사 변형)

12

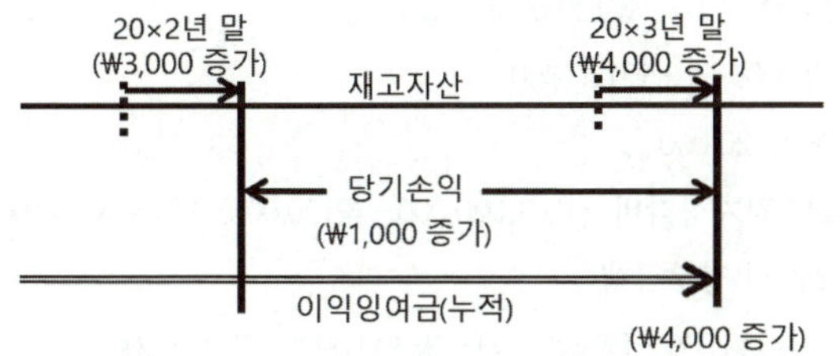

회계정책 변경으로 인해 20×2년 말 재고자산은 ₩3,000이 증가(₩14,000 - ₩11,000)하고, 20×3년 말 재고자산은 ₩4,000이 증가

한다(₩16,000 - ₩12,000). 이로 인해 20×3년 당기손익이 ₩1,000 증가하므로 매출원가는 ₩1,000 감소한 ₩69,000이 된다. 이익잉여금의 경우 20×3년 말 재고자산 증가액만큼 ₩4,000이 증가하여 ₩604,000이 된다.

(2016 세무사 변형)

13

원샷법의 풀이 순서를 반대로 가져가야 한다.

(1) 영업관련 자산·부채 조정(원샷법)

현금(자산) 증가	80,000	영업관련이익	?
매출채권 증가	4,000	매입채무 증가	3,000
재고자산 증가	2,000		
	86,000		86,000

영업관련이익 = ₩86,000 - ₩3,000 = ₩83,000

(2) 영업무관 손익조정: 영업관련이익 ₩83,000 = 당기순이익 + 감가상각비 ₩10,000

  당기순이익 = ₩73,000

14

20×2년 개발단계에 발생한 비용 합계(자본화대상 차입원가 포함)가 무형자산(개발비)의 취득원가가 된다.

무형자산 취득원가

  = ₩30,000 + ₩20,000 + ₩5,000 + ₩5,000 = ₩60,000

20×2년 7월 1일 ~ 12월 31일 상각비

  = (₩60,000 ÷ 5년) × 6개월/12개월 = ₩6,000

20×2년 말 장부금액

  = 취득원가 ₩60,000 - 상각비 ₩6,000 = ₩54,000

(2016 세무사 변형)

15

미결산항목이나 비망계정은 재정상태표의 자산 또는 부채항목으로 표시하지 아니한다.

16

① 정액법에 따라 상각한다.

② 10년 ☞ 20년

④ 정액법이 아닌 유효이자율법을 적용한다.

17

가공원가 ₩160,000 = DL + OH = DL + 0.6DL = 1.6DL

DL = ₩100,000, OH = ₩60,000

DM = 기본원가 ₩120,000 - DL ₩100,000 = ₩20,000

매출원가 = 매출액 ₩180,000 ÷ 1.2 = ₩150,000

<table>
<tr><td colspan="4" align="center">제품</td></tr>
<tr><td>기초</td><td align="right">0</td><td>매출원가</td><td align="right">150,000</td></tr>
<tr><td>제품제조</td><td align="right">?</td><td>기말</td><td align="right">0</td></tr>
<tr><td></td><td align="right">150,000</td><td></td><td align="right">150,000</td></tr>
</table>

당기제품제조원가 = ₩150,000

<table>
<tr><td colspan="4" align="center">재공품</td></tr>
<tr><td>기초</td><td align="right">20,000</td><td>제품제조</td><td align="right">150,000</td></tr>
<tr><td>DM</td><td align="right">20,000</td><td></td><td></td></tr>
<tr><td>DL</td><td align="right">100,000</td><td></td><td></td></tr>
<tr><td>OH</td><td align="right">60,000</td><td>기말</td><td align="right">?</td></tr>
<tr><td></td><td align="right">200,000</td><td></td><td align="right">200,000</td></tr>
</table>

기말재공품 = ₩200,000 - ₩150,000 = ₩50,000

(2014 감정평가사 변형)

18　정답 ③

자재이동원가 배부율 = ₩150,000 ÷ 50회 = ₩3,000/회

제품 A의 총 자재이동원가 = 20회 × ₩3,000/회 = ₩60,000

제품 A의 단위당 자재이동원가 = ₩60,000 ÷ 200개 = ₩300/개

19　정답 ②

				검사통과 (50%)	재료비	가공비
기초	100	완성 ┌ 기초	100 (-80%)	100		
		└ 착수	550	550		
		공손 ┌ 정상	80 (50%)		80	40
	100	└ 비정상	20 (50%)			
착수	800	기말	150 (60%)	150		
	900		900		800	

정상공손원가 = 80개 × ₩100 + 40개 × ₩60 = ₩10,400

20　정답 ②

제약조건은 기계시간이고, 기계시간당 공헌이익은 다음과 같다.

제품 A: (₩1,500 - ₩1,200) ÷ 4시간 = ₩75

제품 B: (₩600 - ₩400) ÷ 2시간 = ₩100

따라서, 기계시간당 공헌이익이 높은 제품 B를 우선생산하고, 나머지 시간에 제품 A를 생산한다.

제품 B 생산량: 100단위

제품 A 생산량: (480시간 - 제품 B 100단위 × 2시간) ÷ 4시간
　　　　　　 = 70단위

15	①	16	④	17	②	18	①	19	③
20	④								

15　정답 ①

② 기업이 재무상태표에 유동자산과 비유동자산, 그리고 유동부채와 비유동부채로 구분하여 표시하는 경우, 이연법인세자산(부채)은 유동자산(부채)으로 분류하지 아니한다.

③ 재무상태표를 유동/비유동 구분법에 의해 표시하는 경우 유동과 비유동에 대한 순서구분은 없다. 따라서 비유동자산(부채)을 유동자산(부채)보다 먼저 표시해도 된다.

④ 특별손익은 재무제표 본문뿐만 아니라 주석에도 표시되지 않는다.

(2016 관세사 변형)

16　정답 ④

기말재고자산(순실현가능가치)

　= ₩2,500,000 - 평가손실 ₩400,000 = ₩2,100,000

총비용 = 기초재고 ₩2,000,000 + 당기매입 (₩3,500,000
　　　　 + ₩500,000) - 기말재고(NRV) ₩2,100,000 = ₩3,900,000

매출원가 = 총비용 ₩3,900,000

　　　　 - 기타비용(비정상감모손실) ₩200,000 = ₩3,700,000

매출총이익 = 순매출액 (₩6,500,000 - ₩800,000)

　　　　　 - 매출원가 ₩3,700,000 = ₩2,000,000

(2015 보험계리사)

17　정답 ②

비현금 대가의 경우 거래가격은 기업이 받기로 한 비현금 대가의 공정가치로 측정한다. 비현금 대가의 공정가치를 합리적으로 추정할 수 없는 경우에, 고객에게 약속한 재화나 용역의 개별 판매가격을 참조하여 간접적으로 그 대가를 측정한다.

18　정답 ①

취득원가를 A라 하면,

20×1년 감가상각비 ₩225,000

　= (A - ₩120,000) × 1/3 × 9개월/12개월

₩225,000 = (A - ₩120,000) × 1/4

₩900,000 = A - ₩120,000

A = ₩1,020,000

20×2년 감가상각비 = (₩1,020,000 - ₩120,000) ÷ 3 = ₩300,000

20×2년 말 장부금액

　= ₩1,020,000 - (₩225,000 + ₩300,000) = ₩495,000

(2017 보험계리사)

19

정답 ③

선급임차료로 자산계상해야 할 부분을 임차료로 비용처리하였
으므로, 자산은 과소계상되고 비용은 과대계상되었다. 비용이
과대계상되면 순이익은 과소계상되고, 마감분개를 통해 자본도
과소계상된다.

20

정답 ④

T계정을 그리면 다음과 같다.

건물

기초	62	감소(처분)	16
증가(취득)	?	기말	88
	104		104

건물 취득액 = ₩104 - ₩62 = ₩42

감가상각누계액

감소(처분)	12	기초	24
기말	18	증가	?
	30		30

개발비

기초	16	감소(상각)	6
증가	?	기말	20
	26		26

개발비 증가액 = ₩26 - ₩16 = ₩10

투자활동 순현금흐름 = 투자활동 현금유입(건물 처분 ₩8) - 투
자활동 현금유출(건물 취득 ₩42 + 개발비 증가 ₩10) = (-)₩44

(2014 보험계리사)

MEMO